独具匠心
做最小可行性产品（MVP）方法与实践

"精华在笔端，咫尺匠心难。"
——唐代诗人 张佑《题王右丞山水障二首》

张乐飞 @ 著

人民邮电出版社

北京

图书在版编目（CIP）数据

独具匠心：做最小可行性产品（MVP）方法与实践 / 张乐飞著. -- 北京：人民邮电出版社，2021.3（2023.3重印）
ISBN 978-7-115-55780-3

Ⅰ. ①独… Ⅱ. ①张… Ⅲ. ①企业管理—产品管理 Ⅳ. ①F273.2

中国版本图书馆CIP数据核字(2020)第265019号

内 容 提 要

本书作为市面上为数不多的"产品创新"图书，借助于MVP思维、理念、原则及价值观对产品创新的全生命周期进行了详细介绍。

本书共分为10章，内容涵盖了产品经理与产品团队、产品战略与产品规划、市场研究与客群分析、产品创意与机会识别、MVP产品与敏捷开发、市场营销与产品运营、产品管理与生命周期、商业模式与生态协同等。本书中涉及的理论知识、方法、工具可服务于书中介绍的"做最小可行性产品"（MVP）实践，旨在让读者以MVP思维、理念、原则与价值观为导向，掌握MVP方法，加强MVP实践，快速提升个人产品专业技能，为企业创造产品价值。

本书适合创业者、大中型企业的高级管理人员，以及与产品、技术、运营、市场、营销等相关的人员阅读，也适合作为高校企业管理专业的教材。

♦ 著　　　 张乐飞
　 责任编辑　 傅道坤
　 责任印制　 王　郁　彭志环
♦ 人民邮电出版社出版发行　 北京市丰台区成寿寺路11号
　 邮编　100164　 电子邮件　315@ptpress.com.cn
　 网址　https://www.ptpress.com.cn
　 涿州市京南印刷厂印刷

♦ 开本：800×1000　1/16
　 印张：23.5　　　　　　　　　2021年3月第1版
　 字数：474千字　　　　　　　2023年3月河北第5次印刷

定价：108.00元

读者服务热线：(010)81055410　印装质量热线：(010)81055316
反盗版热线：(010)81055315
广告经营许可证：京东市监广登字 20170147 号

推荐序 1

过去 4 年多，我一直都在做 To B 创业。2015—2020 年，作为一家 To B 的创业型公司，神策数据公司经历了一个快速成长和发展的过程。截至目前，神策已拥有神策分析、神策智能运营、神策智能推荐、神策用户画像、神策客景等多条产品线，形成了产品矩阵，服务了 1000 家以上的各行业的标杆客户。

有一本书叫作《精益创业》，一共讲了两个核心观点。一个观点与 MVP（最小可行化产品）相关，适用于从 0 到 1；另外一个观点是把大数据分析引入到产品迭代的思维里面。我们在凭感觉做产品时，就是为意向产品赋予一个功能，然后把产品做出来，再不断地给它添加功能——但这要依赖你的天赋，而且会不断碰壁。科学的方法就是引入数据分析，用数据来进行分析。比如我们发现用户流失比较大，那我们先把这个问题解决，再上线；上线后再看用户的流失情况，收集数据查看结果。所以数据分析是一种技能，让产品的分析更加科学。

在创业的过程中，我一直向团队强调：凡是能用产品解决的，就不用服务去解决；能用服务解决的，就不用咨询去解决。尽量把咨询工作服务化，把服务工作产品化。因为一旦你的模式越来越依赖于高阶的人，一定很难规模化。我对神策数据的定位是，神策是一个产品公司，我们就是卖产品的。坚持产品化是我们的原则。但 To C 和 To B 有很大的区别。To C 产品是发布即交付。一个产品做出来，把它发布到 App 市场，马上会很多人去下载应用。但是对 To B 来说，发布只是交付的开始，后边还有很长的交付过程。往往会出现产品功能做出来之后，真正到交付环节时却发现有很多流程走不通，用户也用不起来。如果一个产品看似做了很多功能，但是价值发挥不出来，客户对你的满意度自然也就不高。所以我们在做产品的时候，一定要将交付价值考虑进去。

张乐飞所著的《独具匠心：做最小可行性产品（MVP）方法与实践》一书，从产品经理负责制（CEO 视角）出发，以产品价值交付和商业化为导向，向读者提供了涉及产品战略、市场、创新、开发、营销等产品全生命周期管理知识体系，为"做最小可行性产品"（MVP）提供了方法与实践指导。

我也有写作出版图书的经历：一本书就是一款产品，写书是一次微型创业，这不仅需要作者具备丰富的学识,还需要具备产品思维,这也是一次 MVP 实践。本书选题标新立异,定位清晰,内容全面,理论扎实,方法实用,值得大家深入学习。

创业是一个不断学习的过程。其实我们创业也是为了不断提升自己,提升整个组织。最后,送给大家一句话:创业就是去做成一件事,成就一批人;写书亦如此。

——神策数据创始人兼 CEO、畅销书《数据驱动》作者　桑文锋

推荐序 2

我和乐飞的认识过程很有趣，作为豆果美食App的合伙人，我查阅和关注了许多与我们App相关的测评文章，其中有一篇见解非常独到，分析的逻辑也十分清晰，所以想联系作者一起学习一下，之后便找到了MVP的公众号，也找到了乐飞。一开始我以为他只是管理公众号的管理员，后来在互相了解学习的时候发现他是MVP社群的发起人，还是资深的产品经理。随着交流的深入，我们成为了好朋友，身边也多了一位"产品顾问"。

本书是乐飞从业10年的结晶，可以说是十年磨一剑。我特别佩服他这股愿意"折腾"的劲头——在业余时间创建产品会，为产品经理提供学习交流的平台，而且还坚持向社群成员提供知识输出（本书是最好的佐证）。特别是书中提到的产品战略"全局性谋划产品发展"，对于我们美食社区的产品结构化特别有帮助。我们曾坐在一起讨论豆果美食从2011年创始至今的发展历程（拥有超过5000万注册用户），从单一的菜谱演化出了美食生态。向用户提供"美食"价值服务一直是我们不变的追求和目标，如何在产品的更新迭代中不断创新升级，给用户最好的使用体验，是我们一直在思考的问题。乐飞作为一名资深产品经理给了我们许多的建议，书中的"产品创新"章节（第4章）更是给了我们启发和系统化创新的方式、方法，对我们的工作起到了很大的帮助。

今年突如其来的疫情给豆果美食带来了机会，不能出门吃饭的日子里大家都会利用我们的App自己在家学习做饭。乐飞当时跟我说，他也通过豆果美食学会了第一道菜"葱油鲤鱼"，我特别开心。我想每一个做产品的人都希望用户可以因为自己的产品而有所学、有所得吧！

在此推荐每一个产品新人或者对产品有兴趣的人都来阅读本书。本书以一种易懂的方式帮助你快速了解和贯穿专业化产品管理知识，在阅读的过程中可以完成从"产品设计"到"产品管理"的思维转变，从而更好地探索和升级自己的产品，创造更大价值。

通过本书的学习，你会对于产品及产品经理有一个全新的理解，这将会是专属于你的宝藏财富。那么，现在就开始吧！

——豆果美食App合伙人、COO　钟锋

推荐序 3

创业 7 年,做一款有价值的产品一直是我的梦想。在追逐梦想的道路上,我犯过无数的错误,每个错误代价的学费低的几十万元,高的达上千万元。所有的错误都源于对产品理念和方法论的不够敬畏和认知不足。作为创业者,更应该懂产品,因为产品是战略和商业模式的基础。产品战略决定企业的生命周期,而企业在起步阶段或者转型寻找第二增长曲线的阶段,坚持"做最小可行性产品"的原则可以帮助企业节约成本,避免不必要的盲目投入。

最小化原则不但可以验证可行性,而且在组织层面上可以更加让你清晰地知道这个阶段需要什么人,让画像更加清晰和精准。可行性的验证一方面是验证产品需求和接受度,另一方面是寻找可复制的增长方法,以保证资金的投入是有效率的,哪怕是烧钱也烧得有效率。

初次与乐飞相识就深深地被乐飞那种对产品的热爱所感染。为了在产品方面更加精湛,乐飞远离家乡来到中国互联网的人才集中地——北京,实践自己的产品理念和梦想,并在多年的产品工作中形成了一套专业的产品管理体系和产品方法论。特别是乐飞提出的"做最小可行性产品"的理念对我影响颇深。乐飞提出的产品经理的核心工作职责是"产品管理",而非"产品设计";产品经理不再是为完成"产品任务"而工作,而是要为"产品商业化"结果负责;建议企业把管理重心放在"产品管理"而非"职能管理"上;倡导企业用"产品经理负责制"代替"职能领导负责制"等产品管理思想理念,我非常认同,这是发展大趋势,也深深地相信乐飞这本书会给广大热爱产品和产品工作的从业者带来福音。

作为一名创业老兵,我一直在路上。在此强烈推荐创业者及"产品管理者"阅读《独具匠心:做最小可行性产品(MVP)方法与实践》,你不仅可以少走弯路,还能提升产品核心竞争力。

——上海小鑫科技创始人　张海鑫

对本书的赞誉

由于种种原因，我国的产品设计总体水平与发达国家还差距甚远。张乐飞所传播的"面向市场，以产品为中心"的产品管理理念及方法，可以帮助企业在日益激烈的市场竞争中，解决产品同质化严重的问题，提升产品核心竞争力。研究表明，质量管理先进的企业因质量造成的损失占销售额的 5%，而一般企业则高达 15%~25%。注重"产品管理"的企业，其产品的市场占有率、投资回报率、利润率都会显著提高。

——中国人民大学商学院经济学博士、副教授　李东贤

以前保险市场的竞争主要集中在渠道和营销上，但随着互联网保险的迅速崛起，这种竞争格局正在改变。互联网消除了保险产品价值传播的信息壁垒，让产品对比变得更加简单、快捷、直观。消费者对产品的认知能力有了极大提升，这促使保险公司由原来的渠道竞争转变为产品竞争。在这种形势下，张乐飞所提出的"面向市场，以产品为中心"的管理理念非常适用于保险公司，他在职业生涯中学习总结的全生命周期产品管理的专业知识理论、方法及工具都值得在保险机构中学习和推广应用。

——中国保险 40 年 40 人、国信同源保险经纪有限公司董事长　于文博

投资公司，其实就是在投资创始人。创始人是一家公司里的灵魂人物，创始人的格局、智商、情商、财商决定了公司的发展前景，也决定了下面的人是否愿意追随，更决定企业的高度和深度。因此，在尽职调查时一定要评估创始人或 CEO 的四种能力：战略能力、产品能力、管理能力、财务能力。产品经理是 CEO 的后备军，《独具匠心：做最小可行性产品（MVP）方法与实践》不仅详释了创始人应该具有的产品专业知识，还涉及了战略、管理、财务、商业等关键能力素养，为投资经理评估创始人或 CEO 提供了专业视角。

——中国企业资本联盟常任副理事长、凤凰中企智库创始人　刘东

最近几年，创业投资的门槛越来越高，出现了很多天使轮就需要上亿投入的项目。而我们都知道创业九死一生，即使再好的项目，初期的风险也是很大的。作为天使投资人，我们最期望的就是创业者能降低试错成本，做最小可行性产品。张乐飞的《独具匠心：做

《最小可行性产品（MVP）方法与实践》为创业者提供了理论指导，建议初创者、二次创业者、"草根"创业者或陷入"泥潭"的创业者阅读，相信能给你带来不一样的收获。

——煦日科创基金合伙人、天使投资人　郁思宇

乡村振兴的重点是产业兴旺，产业兴旺的核心是农产品创新。一直以来，农村地区受人才、技术、设备等资源影响，涉农产品都处于粗犷式发展阶段。如果不能从产品全产业链出发提升农副产品附加值，那么农民的收入根本无法提高。深度发展农产品产业的首要问题是解决人才问题。张乐飞撰写的《独具匠心：做最小可行性产品（MVP）方法与实践》一书，通俗易懂，深入浅出，从产品全生命周期管理的视角为农产品及产业的升级提供了理论和方法指导。

——联众集团董事长、中商联众有限公司总裁　余学兵

以前，传统企业并没有"产品经理"的角色。2013年，"互联网+"兴起，部分传统企业开始借鉴互联网企业的做法，引入产品管理的职能。但是此过程中，"最小可行性产品"的管理能力并没有学习到位，虽然口号和理念都在喊。科技产品在研发过程中，参与的业务部门、领导、伙伴众多，大家都在提意见，添砖加瓦，这往往导致的是一个庞大臃肿、交付缓慢的系统，其中唯独缺失了对最终用户的真正核心诉求的满足。如何做减法，既是挑战，又是必需。它需要极度理性、逻辑自洽的产品管理能力，需要方法论。张乐飞这本书是比较少见的聚焦这个领域的专著，相信能给处于数字化转型中的各行各业的同行带来启迪。

——前雅虎北京研究院首席架构师、凡泰极客CEO　梁启鸿

产品经理的稀缺性不在于其专业性，而在于综合素质。没有哪个岗位像产品经理一样要求既懂市场，还会设计，还能运营，还了解技术，还要具备财务管理、项目管理、企业战略规划、商业模式设计、撰写商业计划书等能力素养。产品经理这一职位目前已经出现了严重的两极分化——高端人才稀缺，低端人才过剩。张乐飞所整合的产品管理知识体系，偏向于高端产品管理，而非产品设计，可有效地帮助多数产品经理提升自我，突破职业瓶颈。

——薪职网创始人，猎头老王自媒体主理人，《登峰》《造极》《行为经济学》作者　王付有

在未来，将是一切皆产品。产品管理将成为最热门的职业之一。目前国内大学尚未开设"产品管理"专业，社会上以"就业"为目标的职业培训以基础技能为主，并且培训内容多为经验分享，缺乏系统的理论体系支撑。《独具匠心——做最小可行性产品（MVP）方法与实践》系统地融合了国内外专业产品管理知识、理论、方法与工具，是产品经理自学提升的优质教材。

——飞马牧场创始人、迭代力创新理论创始人、《迭代力》作者　张增先

从 0 到 1 做产品需要扎实的基础知识，本书以"非商业背景的产品经理了解市场"为主题，以"产品经理为产品的商业化结果负责"为核心，提供了全生命周期产品管理知识体系，非常适合产品经理用于补充产品商业化领域知识。

——公众号"唐韧"主理人、畅销书《产品经理必懂的技术那点事儿》作者　唐韧

见过太多的公司，随便招一个人充当产品经理，而他的职责就是画原型图，并没有其他的作用。难到产品经理的职责只是画原型图吗？难道不应该懂一点市场运作的原理吗？现在，应该有一个人站出来告诉大家，"并非人人都是产品经理"，而且要把产品经理的工作进行梳理，让新入行的产品经理不再那么迷茫，让工作三五年的产品经理有道有术地进行产品管理。显然，乐飞做到了。他在本书中的诉求，值得产品经理或者想要了解产品经理的人，读一遍、两遍，甚至是三遍。

——第四范式运营专家、畅销书《运营思维》作者　张沐

初识乐飞时，我是一个长期在一线为青少年成长不断研发解决方案的人，课程开发多但很凌乱，没有产品概念。乐飞以产品经理的专业眼光看到了价值，帮我梳理产品，清晰市场定位，甚至把产品构架、课程的标准化模板提供给我，让我为青少年的健康成长搭建起三维立体空间，打开了一个前景广阔的市场。人凡有成就者，必有异于常人的特质！这是我亲眼看到乐飞一路走来最深的感受。10 年中，我看到他不屈服于命运安排的四处求索，看到他心怀大任从底层奋斗的顽强和执着，看到他专业至上锲而不舍的学习，更看到这其中他经历的沉浮、眼泪、孤独与忘我！与其说这本书是产品成功最实战的指导，不如说他奋斗的本身，就是对产品如何成功最生动的证明。

——心理咨询师、情感作家、幸福力教育创始人　沈会芝

产品设计与产品的商业价值相比，商业价值大于产品设计。很多产品经理的思维仍然停留在产品设计上，忽略了产品的商业价值。本书从"产品经理为产品的商业化结果负责"的视角入手，为产品经理提供了全生命周期的产品管理知识。本书深入浅出，精细入微，条分缕析，非常值得想晋升高阶产品经理的人阅读。能让读者产生共鸣的书才是好书，这本书引人入胜，让我爱不释手，拍案叫绝。

——星河系教育学院院长　刘建国

三年前，我向乐飞讲述了在保险领域"影响力中心"的概念，他很快地融会贯通并付诸实践，创建了 MVP 联盟。我为此感到非常荣幸。更让我意想不到的是，他竟然将自己的所学和积累的宝贵经验与他人分享，这一点更值得称赞！一个人的价值是有限的，但通过图书的形式来传播知识、经验、实践，赋能更多的人，可以创造更大的价值，这就是一种超越！

——汇丰人寿经代负责人　庄菱菱

乐飞，是我见过的最犀利、最具有洞察力的产品专家之一。他通透真实，堪称良师益友。在本书的成型过程中，乐飞曾多次与我们分享观点和思考。本书系统地表述了乐飞近10年的产品生涯中所积累产品理念、方法、工具及实践案例，框架结构完整，逻辑条理清晰，内容货真价实，确是"匠心"之作；尤其是对于产品经理的理解颇有独到之处。乐飞打出了一个"并非人人都是产品经理"的口号，详细地罗列和解释了原因，以及产品经理所需要的能力到底是什么。本书对于一些3年经验以下的产品新人会有不小的帮助，也许在看完本书后能成为真正的产品经理（产品Owner）。本书对于产品经理、企业管理层和创业者都有很大的参考价值，是一本不可多得的具有真知灼见的好书！

——阿里巴巴 高级产品经理 张雨杰

如今的产品经理已经从早年的人人可当，演变为越来越专业化、精细化。产品经理不能再局限于一个个功能，而是要为产品的成功负责。对产品经理来说，这带来了生态、战略、市场等方方面面的认知挑战。在本书中，作者结合他10余年的丰富产品实践，总结了产品经理工作中的各大关键模块要领，提供了专业的工具模型，帮助我们重新认知产品的本质，改善我们的产品决策。

——网易资深产品经理 林孝煜

作为一个具有8年产品经验的"老鸟"，深知当前瓶颈——仅仅产品设计已无法满足当前产品经理的晋升和企业需求，而本书恰恰为迷茫中的产品经理指明了方向。本书以产品管理为目标，利用MVP产品开发模式阐述产品全生命周期，包含产品营销方法论（产品管理者非常欠缺），同时还介绍商业模式和产品生态，实为一本非常适合产品经理晋升的不可多得的宝典。

——平安集团高级产品经理 宋优林

本书的核心观点是向产品经理提供一种产品管理的思维，强调产品经理的职责不仅仅是产品设计，而是产品管理。作者结合多年丰富的一线从业经验，构建了产品管理思维框架模型，注重点与面、微观和宏观的结合，在普及产品基础概念和方法的同时也侧重于提供了方法和实践。本书可作为对现在从事及未来计划从事互联网产品工作岗位的人的参考书，相信会给每一位读者带来全新的认知升级。

——新浪保险运营负责人 杨亚南

产品经理的核心职责是"产品管理"而非"产品设计"，这句话是我工作10年后才逐步理解的。《独具匠心：做最小可行性产品（MVP）方法与实践》不仅对产品经理的核心职责做了定义，还融合了大量的"产品管理"实战内容。希望读者能够深入阅读，并结合自己的工作场景去实践、创造产品价值。

——苏宁高级产品经理 于益虎

作者以多年的商业化产品思维，从产品基础概念出发，到战略、市场、创新、开发、上市、管理等各方面，描绘出一套完善的产品管理知识结构，赋予了"产品"活的灵魂，深入浅出地讲述了产品的"道与术"。全书以"产品"为中心，内容贴合实际，适合具有3～5年产品经验的人阅读。推荐大家购买阅读。

——联想新视界产品经理 杨振

与作者相识多年，见证了作者成长的过程，如今作者能推出《独具匠心：做最小可行性产品（MVP）方法与实践》这本书，我为他感到高兴。本书不仅是作者10年成长经验的总结，还具有理论的高度，能对产品管理工作起到科学的指导作用，值得广大产品经理学习。特别是书中的一些方法和工具，非常具有实用价值。

——京东零售产品经理 高继超

互联网行业已悄然进入到下半场，传统意义上的产品经理技能显然已满足不了如今的企业需求，产品经理需要具备更好的产品管理能力，对所处行业有更深的业务理解。乐飞写作的这本书思路清晰，内容丰富，不仅描述了如何从本质提升自身的产品管理能力，同时也描述了如何让自己的能力更具竞争力，形成自我生态，正所谓"授人以鱼，不如授人以渔"。本书由浅入深，层层剖析，适合各个阶段的产品从业者阅读。

——轻松筹高级产品经理 宋辉

10年前，一本名为《人人都是产品经理》的图书横空出世。那是一个野蛮生长的时代，只要你有梦想，只要你敢于拼搏，你就会有所成就。10年之间，仅仅是书名中的这寥寥数字，就引领了产品经理这一职业的发展趋势。然而，经历了10年的变迁，产品经理这个职业好像变了，变得好像并非人人都是产品经理了。就连腾讯也重新定义了产品经理：P4级别以下，只能叫产品策划或者产品运营。本书结合新时代的发展趋势，重新定义了产品经理的角色，指出产品经理的核心工作职责是"产品管理"，而非"产品设计"。本书在"产品商业化"这个核心目标的基础之上，提出了一系列的思想观念、理论方法、工具模板以及场景案例。下一个10年，顶着"产品经理"头衔的职场人，或许从入职公司的那一刻起，就已然蜕变为真正的经理人！而蜕变之路，就从本书开始说起吧……

——公众号"晓庄同学产品笔记"主理人 啊庄

前些年移动互联网快速发展，带动了大量产品经理入行。但随着流量红利的消失，产品从业者越来越发现，需要持续提升专业化、商业化和大局观，才能不被淘汰。本书从产品经理的概念讲起，到产品从概念到落地到推广全流程的方法论与思考，对于产品从业者来说是不可多得的提升理论与认知水平的作品。推荐有志于长期深耕产品领域的从业者阅读。

——知乎Live讲师、公众号"产品经理读书会"创始人 小乐帝乐飞兄在做的事情我十分肯定。我亦在杭州做着类似的事，希望能发挥一些价值。路途险阻且漫长，需要志同道合的朋友齐心协力，互相各取其长，在好的氛围环境下去为中国产品经理的发展贡献自己的一份力量。很认可本书提到的"产品经理为产品的商业化结果负责"。的确，产品经理从1.0到4.0，远不再只是产品设计、跟进入项目开发，更要做好规划、策略、数据和入市后的商业化迭代。产品经理作为产品的父亲，要培养孩子，使其长得更健壮、更完美。产品经理不是人人都可以做好的，需要热情，要铺路，要皮实，要机敏善言。这条路很长，大产品的范围也很广，可能三五年才只是入门，愿与你一路同行，共同成长。

——大产品之路社群创始人、有赞中台产品经理　曲春旭

乐飞身上有一种坚韧不拔的精神，5年来不计回报地运营产品会。当前，产品会汇聚了各界产品精英上万人，成为一个交流学习的良好平台，在此表示感谢。这些年关于产品经理这一角色充斥着各种不同的解读，而乐飞这本书揭秘了"并非人人都是产品经理"的真相，这恰是本书最有价值的地方。这本书不蒙人，不神化产品和产品经理，清楚解释了产品经理是什么、做什么，以及所要具备的产品专业知识。值得一读。

——壹米滴答产品负责人　赵文明

作者是一名从业多年的互联网老兵，经历过多个角色的转换，对产品的认知和思考是非常全面的。产品经理的成长过程也是从设计执行到产品管理到战略方向的重心转化过程。本书从产品的整体描述，到战略思维的培养、市场挖掘、产品设计、产品项目理念、市场价值观、产品生命周期等多个方面全面的阐述，点明了在各个阶段产品经理需要掌握的技能和思路。本书也提供了一些非常有用的工具和模板，相信能对产品经理的工作有所帮助。

——YY数据产品经理　李瑞

我原来是做SEO推广的，飞哥是我的产品领路人，帮助我从0到1成为产品经理，在此对飞哥给予的指点和帮助表示感谢！本书是飞哥结合他多年实践经验编著而成的，不仅深入浅出地解答了产品经理在产品各个阶段的产品管理方面的疑惑，还为产品经理提供了职业生涯成长规划。本书特别适合产品新人和产品老兵阅读。

——管家婆产品经理　刘波

初级产品经理重细节，中级产品经理重设计，高级产品经理重管理和规划。每个产品经理都会遇到自己的瓶颈期，单纯依靠技能和方法的提升很难实现跨圈层跃迁。本书对底层的商业及产品逻辑进行了细致的描述及讲解，并应用了大量真实鲜明的案例，可以帮助产品经理搭建自己的大产品体系，从商业角度对产品进行赋能。

——大衍网产品负责人　李彦冰

2016年下半年，我从沈阳来到了北京这个陌生的城市。对于初来乍到的我，北京这座城市让我向往也让我迷茫，甚至产生了逃离的想法。不过，很荣幸，在我要放弃北漂的那一刻，与本书的作者张乐飞（其实我更喜欢称呼为飞哥）相识，并且有幸加入了产品会的社群。在飞哥的指引下，我对产品经理的职责有了更深刻的理解——产品经理不单单是画原型、写文档，而是更多地要从战略层面、市场层面进行考虑，要更加注重创新思维的培养，并且从整体的产品生命周期进行管理。在阅读本书期间，我想起了当年与飞哥促膝长谈的场景，在此由衷地感谢飞哥的谆谆教诲。最后，希望本书对于处于迷茫期的你有所帮助。

——MVP 金融联盟发起人、高级产品经理　马玉刚

产品经理和产品管理有什么区别和联系？产品管理和产品设计是什么关系？产品管理和项目管理有什么区别？产品管理和产品营销有什么关系？产品战略和企业战略的关系是什么？本书不仅解答了上述疑惑，还从产品 MVP 的角度系统性地阐述了产品全生命周期管理方法与实践，提供了全新的思想、理论、方法、工具、案例、经验、模板。在此强烈推荐大家阅读。

——前湖北省楚天云高级产品经理　叶克威

作为产品经理，须从宏观经济层面理解自己所在行业的本质和趋势，洞察消费者需求和消费观的更迭。理解消费大环境，才能居高临下地看到未来，看透层出不穷的模式背后的本质，才能深刻精准地构思产品设计，做出深受用户喜爱的产品。本书从广阔的视角介绍了产品经理的知识体系，提供了丰富的实践工具。本书不但适合初入产品行业的新手阅读，使其快速全面地学习产品知识，而且也适合入行多年的专业产品管理人员阅读，使其丰富自己的眼界，不断地完善和进化自己的知识结构。

——创业失败经验特别丰富的产品经理　陈斯伟

我加入产品会已有 3 年的时间，并多次参与线上、线下活动，受益良多，还交到了不少朋友。在这期间我参与制定了产品会的愿景、使命、价值观、原则、文化、宣言、共享服务等核心内容。社群即产品，产品会已经经过 5 年的打磨，《独具匠心：做最小可行性产品（MVP）方法与实践》不仅是创始人的"匠心"作品，更是社群成员共同的"结晶"。在此祝愿产品会社群及 MVP 联盟发扬光大，欢迎各位同学加入"中国产品经理学习型组织"。

——国家电网高级产品经理　李聪聪

好产品自身就是品牌。作者在本书中一直强调产品价值，这一点非常值得称赞。特别是作者在图书中强化的以用户为中心，在市场调研的基础上，围绕用户真实需求提炼产品概念、价值主张、差异化、产品定位、产品卖点等，为塑造产品品牌做了大量的铺垫工作。

作为品牌经理，如果能与这样的产品经理合作，我会感到十分荣幸。

——十年广告老兵，品牌推广专家　刘鹏飞

如果你认为产品相关的图书只需要从事互联网行业的人学习，那你就大错特错了。在这个全球化剧变的时代，人工智能快速发展，重复性的工作将被快速淘汰。每一个人都需要找到自己独特的价值对外进行输出，而所有的输出形式都将被归纳为产品力。本书通过作者的经验与实践帮助产品经理梳理自己可用的知识和工具。本书独具匠心，完全实现了它的目的：让每个人了解从想法到实践在内的所有细节，让每个人学会在这个时代创造自己独特的价值。

——优路商学院院长、基因养育理念创始人　李忠华

有幸与乐飞有过一段共同创业的经历，一同为项目多次熬夜。乐飞是一个主动意识非常强的人，充满创业热情，也勤于思考，乐于分享。本书是作者多年工作实践的思考总结，它结合现有国内外产品理论，用系统化的思路，把产品理念、定位、方法和工具，凝聚成"最小可行性产品"输出，这本就是一个非常成功的产品。希望本书能成为已经走到"产品全生命周期"管理阶段的广大产品经理的"他山之石"，为还在"工具型"产品经理阶段的广大从业者带来希望。

——连续创业者、运营专家　闫豫滇

从品牌的角度来说，产品是和目标群体沟通的最基础、最本质的语言载体。产品规划、设计、执行、管理的过程，将直接决定着品牌未来的发展走向。因此，作为产品体系专业从业人员，如何由大见小，再由小见大，会体现出产品从业者在产品规划、设计、执行、管理过程的专业能力。在这本书中，我看到了"独具匠心"的用意，作者毫无保留地系统阐述了产品体系的宏观认知，提出了最小产品单元的操作思路，总结了产品体系系统操作的实践方法，期望能通过自己的实战经历，给更多关心产品建设的读者最实用的帮助。本书也体现了作者"见自己、见天地、见众生"的至高境界！

——资深品牌运营管理专家　徐同先

非常荣幸承接本书的插图设计工作。在与张乐飞老师合作的几个月中，发现他不仅拥有丰富的知识结构，而且有常人不具备的毅力和坚韧，能严格按照计划进行图书创作。本书不仅为大家提供了科学的理论、方法、工具，更以图文并茂的形式向大家做了呈现。全书近200张的图片相信可以为大家学习本书提供便利。

——高级平面设计师　李静

作者简介

张乐飞（笔名"长乘"），产品会创始人，MVP 联盟发起人，中国人民大学企业管理专业硕士研究生，世界 500 强资深产品经理。专注于研究企业专业化产品管理，深耕产品一线十年，在金融、教育领域积累了丰富的产品实战经验。联合 MVP 社群精英，挖掘精英智慧，结合实战经验，提炼精髓内容，形成"MVP 精粹"产品管理知识体系，帮助产品经理快速提升产品管理技能，为企业提供专业化产品管理及创新服务。

"长乘"于 2016 年创办产品会社群，寻找产品同道中人一同前行，带领社群成员一起学习交流、总结分享、共同进步。于 2020 年发起 MVP 产品经理社群联盟，建立"中国产品经理学习型组织"，为产品精英提供学习、交流、成长服务平台。目前，产品会 MVP 社群已获得 10000 名以上的产品精英加入，分布在北京、上海、广州、深圳、杭州等 12 座大城市，50 余个产品专业社群。

"长乘"携手 MVP 联盟精英成员打造产品管理系列著作。要提前试读后续著作的部分内容，可关注"产品会"微信公众号：MVP-PM。为了使图书的内容更加科学、完善、实用，欢迎留言"拍砖"。也可通过扫描下方二维码加作者微信，提供意见及建议。

作者微信

致　　谢

　　有写一本关于产品经理的图书的想法已经有5年了，至此终于如愿以偿，感慨万千：想和做真的是两回事。以前是觉得自己的专业知识少，后来阅读了多达数十本产品相关的图书，参加了一系列的专业培训，又经过了5年的专业沉淀和积累，形成了自己独特的观点和见解，觉得这下总可以了吧！可事实并非如此。以前表达一个观点、发表一篇文章也就2000字左右，并没有什么困难的，而且反响也不错。我记得有一段时间我的文章每周都能上产品壹佰社区的周排行榜前五位。可是到了撰写本书的时候我才发现，写文章与写书有本质的差异：立意要求更加新颖、观点要求更加明确、措辞要求更加严谨、格式要求更加规范、结构要求更加合理、前后要求更加流畅、聚焦标题更加困难、理论要求更加扎实、方法要求更加实用、案例要求更加易懂等。加上是第一次写书，整个创作的过程举步维艰。案头时常放着20多本参考图书，浏览器也会同时打开数十个页面，以便随时比对和验证一些观点，同时搜集一些素材和案例。虽然已经提前做了定位，搭好了框架，制订了写作大纲，但是当真正落笔写作的时候却发现思维、逻辑或认知有问题，需要修正。这样的过程在章节更替的时候尤为明显，甚至出现了数次更改目录大纲的情况（这与软件开发过程中变更需求并无差异，只不过在图书写作中设计师是自己，开发者也是自己，无处"甩锅"，无人抱怨）。那些自己原以为浅显易懂的道理，甚至是实践过的理论方法，在这里要变成文字语言精准地传递给读者也变得异常困难，经常是写了改，删了重写，已经记不清有多少次都是还剩一点点就完成了，最终却熬到了深夜2点。这段历程，感慨太多，不再一一列举。

　　2020年的新冠肺炎疫情对于我们来说是天灾，对我个人写作而言，生活与工作放慢了节奏，我有了更多的时间和精力投入到写作上。经过6个月的日夜奋战，我终于将自己10年以来的所学、所践、所感、所悟进行了整体的汇总，并全部融入本书中。当初稿呈现在我眼前的时候，我发现它与我当初想象的有所不同，已经超出了我原有的预期。在这个过程中我吸收了更多的专业知识，进行了大量的深度思考，对过往一知半解或道听途说的知识进行了深度地消化吸收。这是一个全面、系统、深度、快速提升的过程，我的视野延伸到了之前未曾关注的领域。希望本书也能给大家的工作带来一些帮助。

　　虽然我个人付出了巨大的艰辛和努力，但本书得以完成也并非靠我一个的力量。在此，感谢人民邮电出版社的傅道坤编辑，在你的指导和大力支持下，我才能顺利地完成"处女作"，完成多年来的出版心愿；感谢插图设计师李静，在你的协助下，本书才能图文并茂地呈现给大家；感谢产品会 MVP 社群的张雨杰、刘乐、李彦冰、于益虎、杨振、李博、袁俪源、宋优林、陈斯伟、叶克威、马玉刚、庄宁超、刘波、李聪聪、罗长春、刘会玲、刘鹏飞、杨小南、闫豫滇等产品精英提供的素材内容，并作为图书手稿的试读人员给予了建议和意见。感谢那些在我的成长中给我指导和机会的领导、投资人及投资机构，是你们给予我实践成长的平台和各种试错的机会，使我得到了巨大的成长和提升。感谢曾经与我一起创业的小伙伴韦远飞、李立强、闫豫滇、孙世通、王建伟、张严飞等对我的信任和支持，是你们给了我信心，让我懂得了责任与坚持！

前　言

10年前，我还是一个码农，怀揣着靠产品成功来实现人生巅峰的梦想，不停地做着各种尝试。我在2011年就独立研发了"投资担保信息管理系统"，并被河南省科技厅确认为科技成果，它也是互联网金融P2P平台的原型产品。2014年，在"大众创新、万众创业"的浪潮下，我创办的"黄金珠宝O2O服务平台"更是获得了中国500强企业的数千万战略投资。但一系列的努力最终都以失败告终。也正是一次又一次的失败，使我彻底明白：自己缺乏产品思维，缺乏产品专业知识，缺乏产品商业化能力，更缺乏从0到1做最小可行性产品（MVP）以减少试错成本的意识。如同红杉资本全球执行合伙人沈鹏南所讲的那样"产品能力是创业者的四大核心能力之一"，缺乏核心产品能力的创业，失败是必然的。

2016年，经过数月的修整后，我决定再就业，专职从事产品经理岗位，去成功的企业潜心学习、锻炼、实践几年，弥补自己在产品专业领域的"欠账"。很幸运，借助创业者的综合素质优势，我顺利地进入了一家中型互联网保险服务平台公司。在这家公司，我快速地汲取了其成功经验，并依托其平台资源实践自己从产品专业图书和产品经理网络社区中学来的产品专业知识。凭借将行业细分领域的产品服务推向市场前三的突出业绩和成功经验，我顺利加入世界五百强保险集团，开启了专业化产品管理之路。

近5年的专职产品职业生涯，让我从一名产品小白成长为资深产品经理。在这5年里，为了快速提升，我还创建了"产品会"这个产品经理社群组织，带领社群成员一起学习交流、总结分享、共同进步。目前产品会已经是分布在全国12个核心城市、50余个产品专业社群、拥有10000名以上的产品精英人士的庞大社群。从2016年社群创办的那一天起，我就有一个心愿，即联合社群精英，挖掘精英智慧，结合实战经验，提炼精髓内容，写一本关于产品经理和产品管理的图书。可是这一想法却因各种因素迟迟没有落地。我甚至在2018年还进行了市场调研，撰写了《推荐产品经理阅读的108本书》一文来进行选题定位，可最终发现自己的思想认知、专业知识、实践经验不够，即使写出来也是一本平庸的书，不能在同类书籍中脱颖而出。随后，我暂时放弃了这一计划，开始潜心阅读国内外产品专业图书，还报了一系列产品相关专业培训班，学习专业化产品管理知识，并依托500强企业平台进行实践，沉淀积累经验。

直到 2019 年年底，在阅读了大量的国内外产品专业图书后，我发现国内真正的"产品管理"相关的图书相当匮乏（国内图书多以介绍"产品设计"经验为主），而国外的产品管理知识体系成熟，可惜相关图书都是翻译过来的，词不达意，语言不符合国人的阅读习惯，可读性较差。我由此萌生了一个想法：为什么不从产品经理的角度，结合国内当前的产品管理现状，写一本关于"产品管理"的本土图书来减少两者之间的差距呢？在好友李思的引荐下，我认识了人民邮电出版社的傅道坤编辑，向其表达了我的构思和想法，当场就达成了出版合作意向。这就是这本书的由来。

本书组织结构

本书结合作者 10 年来深耕产品一线所积累的经验，向大家传播与行业现状不一样的价值主张：产品经理的核心工作职责是产品管理，而非产品设计；产品经理不再是为完成产品任务而工作，而是要为产品商业化结果负责；建议企业把管理重心放在产品管理上，而非职能管理；倡导企业用产品经理负责制代替职能领导负责制等产品管理思想理念。本书融合大量国内外产品管理相关图书的精髓内容及思想理念，旨在帮助产品经理快速提升产品管理技能，为企业提供专业化产品管理支持。

本书共 10 章，具体内容如下。

- 第 1 章，"**产品经理：从 CEO 视角看产品管理**"，为大家介绍产品相关的基础知识，并明确了本书的观点及写作视角：产品经理的核心工作职责是产品管理，而非产品设计。

- 第 2 章，"**产品战略：绘制产品行军路线图**"，为大家提供具有企业战略高度的产品相关专业知识、方法、工具，并结合产品规划，为产品战略规划提供科学指导。

- 第 3 章，"**市场研究：知己知彼，百战不殆**"，通过市场细分、市场调查、市场研究、需求分析、客群定位等一系列方法，借助用户画像精准呈现目标客户群体及需求。

- 第 4 章，"**产品创新：探寻产品驱动力**"，为大家提供系统的创新方法来发现产品创意，并通过竞争分析、机会识别、精算评估等综合衡量产品机会，做出正确的产品决策。

- 第 5 章，"**MVP 开发：做最小可行性产品**"，提炼产品概念，明确价值主张及产品定位，借助精益画布、质量屋工具定义呈现产品，通过敏捷开发快速落地，测试并修正产品。

- 第 6 章,"**上市发布:将产品成功推向市场**",通过上市战略、营销沟通、销售渠道、定价策略等方式方法解决产品卖什么、怎么卖、在哪里卖、卖什么价等问题,将产品成功推向市场。

- 第 7 章,"**产品管理:上市后的产品管理**",为大家提供产品上市后的需求管理、项目管理、数据管理、组合管理相关的知识、理论、方法及工具。

- 第 8 章,"**生命周期:跨越鸿沟**",带领大家了解产品生命周期概念及不同阶段的应对策略,让大家掌握技术采用生命周期与营销之间的关系及策略,跨越鸿沟。

- 第 9 章,"**商业模式:重构商业价值链**",了解商业模式的本质,掌握商业画布工具,深入浅出平台模式的商业逻辑与网络效应,完成思维从价值链到价值环的转变。

- 第 10 章,"**生态协同:构建产品价值生态**",从竞争到协同,从融入产品价值生态到构建产品价值生态,帮助企业适应生态协同带来的商业变革。

本书特色

本书从产品经理负责制(产品 Owner)的角度,通过做最小可行性产品的思想、理念、原则及价值观,将生硬的"专业化"产品管理知识理论、方法、工具贯穿起来,并结合实战案例,为大家提供涉及产品全生命周期管理的耳目一新的思想理念、专业实用的理论方法、丰富多样的工具模板、真实易懂的场景案例,供大家拓展学习,并在实践中参考。

本书读者对象

如果你是产品新人或大学生,本书将引领你快速走上产品管理之路,成长为真正的产品经理;如果你是产品设计师或产品经理,本书将帮助你完成从产品设计到产品管理的核心职能转变,晋级为产品 Owner;如果你是初创企业 CEO 或企业高管,本书将从产品管理的专业视角给你带来全新的企业管理模式。

资源与支持

本书由异步社区出品,社区(https://www.epubit.com/)为您提供相关资源和后续服务。

配套资源

本书提供了一系列资源以及增值服务,请在异步社区本书页面中点击 配套资源 ,跳转到下载界面,按提示进行操作即可。注意:为保证购书读者的权益,该操作会给出相关提示,要求输入提取码进行验证。

提交勘误

作者和编辑尽最大努力来确保书中内容的准确性,但难免会存在疏漏。欢迎您将发现的问题反馈给我们,帮助我们提升图书的质量。

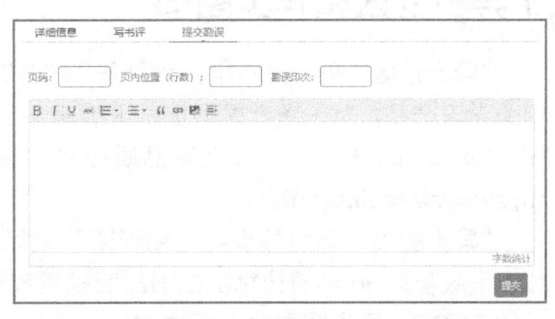

当您发现错误时,请登录异步社区,按书名搜索,进入本书页面,单击"提交勘误",输入勘误信息,单击"提交"按钮即可。本书的作者和编辑会对您提交的勘误进行审核,确认并接受后,您将获赠异步社区的 100 积分。积分可用于在异步社区兑换优惠券、样书或奖品。

扫码关注本书

扫描下方二维码,您将会在异步社区微信服务号中看到本书信息及相关的服务提示。

与我们联系

我们的联系邮箱是contact@epubit.com.cn。

如果您对本书有任何疑问或建议,请您发邮件给我们,并请在邮件标题中注明本书书名,以便我们更高效地做出反馈。

如果您有兴趣出版图书、录制教学视频,或者参与图书翻译、技术审校等工作,可以发邮件给我们;有意出版图书的作者也可以到异步社区在线投稿(直接访问www.epubit.com/selfpublish/submission 即可)。

如果您所在的学校、培训机构或企业,想批量购买本书或异步社区出版的其他图书,也可以发邮件给我们。

如果您在网上发现有针对异步社区出品图书的各种形式的盗版行为,包括对图书全部或部分内容的非授权传播,请您将怀疑有侵权行为的链接发邮件给我们。您的这一举动是对作者权益的保护,也是我们持续为您提供有价值的内容的动力之源。

关于异步社区和异步图书

"异步社区"是人民邮电出版社旗下IT专业图书社区,致力于出版精品IT技术图书和相关学习产品,为作译者提供优质出版服务。异步社区创办于2015年8月,提供大量精品IT技术图书和电子书,以及高品质技术文章和视频课程。更多详情请访问异步社区官网https://www.epubit.com。

"异步图书"是由异步社区编辑团队策划出版的精品IT专业图书的品牌,依托于人民邮电出版社近30年的计算机图书出版积累和专业编辑团队,相关图书在封面上印有异步图书的LOGO。异步图书的出版领域包括软件开发、大数据、AI、测试、前端、网络技术等。

异步社区

微信服务号

目 录

第1章 产品经理：从CEO视角看产品管理 ·················· 1
  1.1 什么是产品：产品的定义与概念 ·················· 1
    1.1.1 产品平台 ·················· 2
    1.1.2 产品元素和模块 ·················· 4
    1.1.3 产品 ·················· 4
    1.1.4 产品线 ·················· 6
    1.1.5 产品解决方案 ·················· 7
    1.1.6 产品组合 ·················· 9
  1.2 产品经理：并非人人都是产品经理 ·················· 10
    1.2.1 谁适合做产品经理 ·················· 10
    1.2.2 产品经理应具备哪些技能 ·················· 11
    1.2.3 产品经理做什么 ·················· 14
    1.2.4 产品经理的角色扮演 ·················· 16
  1.3 产品团队：产品经理并不是孤军奋战 ·················· 17
    1.3.1 职能产品团队 ·················· 17
    1.3.2 跨职能产品团队 ·················· 18
    1.3.3 高绩效产品团队 ·················· 21
    1.3.4 创建并领导产品团队 ·················· 22
  1.4 产品管理：为产品的商业化结果负责 ·················· 24
    1.4.1 什么是产品管理 ·················· 25
    1.4.2 以产品为中心的企业管理 ·················· 25
    1.4.3 产品经理负责制是大趋势 ·················· 27
    1.4.4 MVP做最小可行性产品 ·················· 29
  1.5 总结 ·················· 34

第2章 产品战略：绘制产品行军路线图 36
2.1 企业战略：高屋建瓴掌控全局 36
2.1.1 企业战略 37
2.1.2 组织战略——迈尔斯和斯诺战略 39
2.1.3 竞争战略——波特战略 40
2.1.4 创新战略——皮萨诺战略 42
2.1.5 平台战略——产品平台 44
2.1.6 产品战略——产品路线图 46
2.1.7 技术战略——技术路线图 47
2.1.8 营销战略 49
2.1.9 能力战略 50
2.1.10 知识产权战略 51
2.2 产品战略：全局性谋划产品发展 52
2.2.1 持续性创新 53
2.2.2 颠覆性创新 54
2.2.3 开放性创新 55
2.2.4 产品结构策略——波士顿矩阵 56
2.2.5 产品市场策略——安索夫矩阵 59
2.2.6 产品生命周期——迭代矩阵 60
2.3 产品规划——制定产品路线图 61
2.3.1 规划内容 62
2.3.2 规划重点 63
2.3.3 规划流程 67
2.3.4 规划大纲 68
2.4 总结 69

第3章 市场研究：知己知彼，百战不殆 72
3.1 市场细分：开辟新天地 72
3.1.1 市场地图 73
3.1.2 市场细分 74
3.1.3 市场分析 79
3.1.4 目标市场 81

3.2 调查研究：挖掘市场需求 ························· 83
3.2.1 次级市场研究 ························· 84
3.2.2 一级市场研究 ························· 84
3.2.3 定性与定量 ························· 85
3.2.4 焦点小组 ························· 87
3.2.5 抽样方法 ························· 89
3.2.6 问卷调查 ························· 90
3.2.7 客户现场访问 ························· 91
3.2.8 消费者检测组 ························· 92
3.2.9 人种学 ························· 93
3.2.10 社交媒体 ························· 94
3.2.11 众包 ························· 95
3.2.12 大数据分析 ························· 96

3.3 需求分析：洞察用户需求 ························· 97
3.3.1 马斯洛需求层次理论 ························· 98
3.3.2 KANO 模型 ························· 100
3.3.3 因子分析 ························· 102
3.3.4 聚类分析 ························· 103
3.3.5 多维度尺度法 ························· 104
3.3.6 联合分析 ························· 105
3.3.7 李克特量表 ························· 106

3.4 用户画像：客群定位呈现 ························· 108
3.4.1 客群定位 ························· 109
3.4.2 用户标签 ························· 110
3.4.3 角色细分 ························· 111
3.4.4 创建人物角色 ························· 113

3.5 总结 ························· 116

第4章 产品创新：探寻产品驱动力 ························· 118
4.1 产品创意：打开脑洞，创造价值 ························· 118
4.1.1 问题到产品 ························· 119
4.1.2 设计思维 ························· 121

    4.1.3 六西格玛设计 ... 124
    4.1.4 8种创意工具 ... 128
    4.1.5 竞品驱动 ... 132
    4.1.6 技术驱动 ... 134
  4.2 竞争分析：寻找市场突破口 ... 135
    4.2.1 市场吸引力评估 ... 136
    4.2.2 市场竞争地位评估 ... 137
    4.2.3 产品竞争力分析 ... 141
    4.2.4 产品竞争定位 ... 143
  4.3 机会识别：确保做正确的事 ... 144
    4.3.1 产品机会评估 ... 145
    4.3.2 评估评分法 ... 147
    4.3.3 ATAR模型 ... 148
    4.3.4 决策树 ... 149
  4.4 精算评估：产品商业化核算 ... 151
    4.4.1 成本与售价 ... 151
    4.4.2 投资回收期 ... 153
    4.4.3 净现值 ... 154
    4.4.4 内部收益率 ... 155
  4.5 总结 ... 156

第5章 MVP开发：做最小可行性产品 ... 158
  5.1 概念定位：MVP定义 ... 158
    5.1.1 产品概念——电梯测试 ... 159
    5.1.2 价值主张评估 ... 160
    5.1.3 产品定位 ... 163
    5.1.4 精益画布 ... 165
  5.2 MVP设计：质量屋 ... 172
    5.2.1 质量屋 ... 173
    5.2.2 产品文档 ... 179
    5.2.3 开发产品包 ... 183
    5.2.4 MVP模式探索 ... 185

5.3 敏捷开发：精益 187
5.3.1 敏捷开发宣言 187
5.3.2 Scrum 敏捷开发 190
5.3.3 Sprint 计划会议 193
5.3.4 Bocklog 用户故事 195

5.4 测试修正：验证 197
5.4.1 阿尔法测试 197
5.4.2 贝塔测试 198
5.4.3 伽马测试 199
5.4.4 试销 199

5.5 总结 202

第6章 上市发布：将产品成功推向市场 204

6.1 市场战略：卖什么 204
6.1.1 产品卖点 205
6.1.2 营销组合 207
6.1.3 营销理念 208
6.1.4 营销方式 212
6.1.5 数字营销 214

6.2 营销沟通：怎么卖 215
6.2.1 HOOK 模型 216
6.2.2 口碑营销 218
6.2.3 话题营销 220
6.2.4 情感营销 223
6.2.5 借势营销 224
6.2.6 捆绑营销 227
6.2.7 社群营销 228
6.2.8 互联网营销 230

6.3 销售渠道：在哪里卖 232
6.3.1 渠道选择 233
6.3.2 渠道产品匹配 235
6.3.3 抢滩战略 237

6.3.4　网络推广 238
　6.4　定价策略：卖什么价 240
　　　6.4.1　价格定位 241
　　　6.4.2　定价策略 242
　　　6.4.3　竞争定价 244
　　　6.4.4　促销定价 246
　6.5　总结 249

第7章　产品管理：上市后的产品管理 252
　7.1　需求管理：产品升级迭代 252
　　　7.1.1　需求来源 253
　　　7.1.2　需求采集 255
　　　7.1.3　需求管理 258
　　　7.1.4　多产品线 259
　7.2　项目管理：确保产品落地 260
　　　7.2.1　范围管理 261
　　　7.2.2　进度管理 263
　　　7.2.3　成本管理 266
　　　7.2.4　质量管理 268
　7.3　数据管理：驱动产品商业化 269
　　　7.3.1　常用用户指标 270
　　　7.3.2　精益业务指标 272
　　　7.3.3　产品度量指标 274
　　　7.3.4　财务衡量指标 276
　7.4　组合管理：产品投资策略 282
　　　7.4.1　组合管理 282
　　　7.4.2　组合优化 283
　　　7.4.3　组合平衡 285
　　　7.4.4　组合决策 287
　7.5　总结 288

第8章　生命周期：跨越鸿沟 291
　8.1　产品生命周期 291

8.2　技术采用生命周期 ·· 294
8.3　高科技营销的启示 ·· 297
8.4　跨越鸿沟进入主流市场 ··· 300
8.5　总结 ·· 304

第9章　商业模式：重构商业价值链 ·· 307
9.1　商业模式浅析 ·· 307
9.2　商业模式画布 ·· 310
9.3　平台模式的价值逻辑与网络效应 ·· 313
9.4　互联网模式：从"价值链"到"价值环" ·· 317
9.5　总结 ·· 319

第10章　生态协同：构建产品价值生态 ·· 321
10.1　竞争法则：从竞争到协同 ··· 321
10.2　做减法：融入产品价值生态 ··· 324
10.3　做加法：构建产品价值生态 ··· 328
10.4　商道：生态协同带来的商业变革 ··· 330
10.5　总结 ·· 332

附录A　MVP职业生涯规划 ··· 335

附录B　与MVP同行 ·· 342

参考资料 ·· 344

第 1 章

产品经理：从 CEO 视角看产品管理

学习目标

- 了解产品的基础定义与概念；
- 了解自己是否适合做产品经理，以及优秀的产品经理应具有哪些特质、技能，需担负哪些职责和扮演什么角色；
- 学习建立适合发展需要的跨职能高绩效产品团队；
- 了解产品经理真正的产品管理职责，以及以产品为中心的企业管理模式，学习应用产品经理负责制，掌握做最小可行性产品的思想理念。

在产品界流传着这样几句话："产品经理是一个小 CEO""产品经理是 CEO 的摇篮""产品经理是 CEO 的学前班""产品经理是 CEO 的后备军"。由此可见，产品经理与 CEO 近在咫尺，但在现实中却又那么遥远。"近"是因为常伴 CEO 左右，"远"是因与 CEO 隔着多个职级。这源于企业对产品经理的定位及职责不同。

本章将带领读者从 CEO 的视角认识什么是真正的产品经理及产品经理的产品管理职责。

1.1 什么是产品：产品的定义与概念

产品具有多重属性（特征、功能、收益和用途），既可以是有形的实物产品，也可以是无形的服务或收益，还可以是两者相结合。产品并不总是单一、独立的物品。一种产品可能是其他产品或产品线的一部分,还可能与其他一组产品一同包装,甚至可以作为一种解决方案或系统以满足顾客更广泛的需求。产品或产品线通常又是一个更大产品组合的一部分,它既可能是一个独立公司,也可能是一个业务单元,还可能是大型公司的事业部。产品也可被分解为产品要素、模块或条款(如在金融产品中)。可见,产品的定义各不相同。在此,我们将产品的定义归为6类:产品平台、产品元素和模块、产品、产品线、产品解决方案、产品组合。

1.1.1 产品平台

中台源于大型数字化企业。经过10多年的发展,且伴随着移动互联网的崛起,企业的服务用户已达10亿级别,服务产品多达上百个,涉及信息化系统模块上千个,功能应用更是数不胜数。系统信息化结构错综复杂,牵一发而动全身,造成工作效率逐步降低,服务成本直线上升。而与此同时,市场竞争变化却日趋激烈,客户需求海量增长,体验要求也在不断提高。为应对市场变化,解决效能低下的问题,"企业中台"概念及"技术中台"应用被快速吸收和采纳。

腾讯、阿里巴巴是"中台"概念的提出者和先行者,它们在获取一定成效后开始积极宣导。一些传统实体企业和中小企业也纷纷效仿,参与"中台"建设和应用中,可最终却是劳师动众,收获甚微。造成这一现状的主要原因是大家没有真正地理解"中台"的概念。真正的中台应该是"产品平台",通过调整组织架构及协同机制,面向市场和消费者,从后勤保障到产品研发、生产、交付等环节,全面构建"产品平台",提升服务能力。"产品平台"即产品构建的潜在基础、技术框架、基础架构及各个组件。产品平台能提供共通性,因此在一个产品组合中能实现更高水平的标准化。这种标准化能提供更大的规模经济,并在产品设计和造型中增加灵活性,以迎合不同的细分市场及消费者的需求。

为产品提供标准化能力的是企业,因此我们将企业视为产品平台。企业为应对多变的市场环境和多元化需求,逐步演化出了前台、中台、后台的组织架构(见图1-1),以支撑产品的规模化生产及交付,满足市场和消费者的需求。

以阿里巴巴集团为例,它向市场提供阿里巴巴(B2B商城)、淘宝(C2C商城)、天猫(B2C商城)、聚划算(促销商城)、支付宝(金融服务)、菜鸟(物流服务)等上百个产品服务,且各个业务存在较强的关联性。为避免重复建设,缩短研发周期,快速应对市场变化,满足消费者多样化需求,降低经营成本,必须采用"产品平台"来解决产品管理问题。由于阿里巴巴向市场提供的产品主要为技术服务,因此常被称为"技术中台",平台架构如图1-2所示。

每家企业的产品不同,其产品平台结构也不同。因此在构建产品平台的过程中切忌模仿照抄,要结合自身的产品特点和需求进行搭建。《产品平台的力量》一书中提到:"产品平台必须得到妥善管理，如果一个产品平台无法获得更新，其衍生产品将会被淘汰，因为它在职能及价值上无法满足客户需求。如果一个公司的产品平台能够得到定期更新、重新设计，以融合新职能、组件及材料，那其产品家族将一直保持健壮的生命力……富有生命力的产品平台并不是偶然产生的，它是独特的方法论的结果，是长期设计、发展和战略更新的结果。"

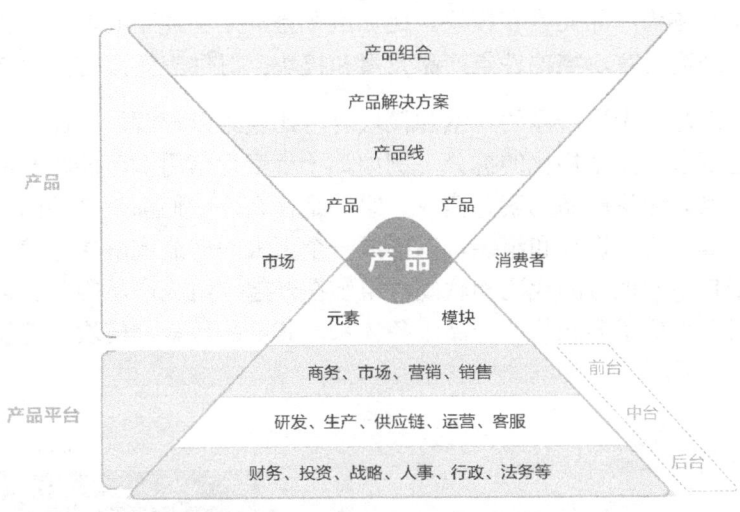

图 1-1　企业产品平台与产品结构

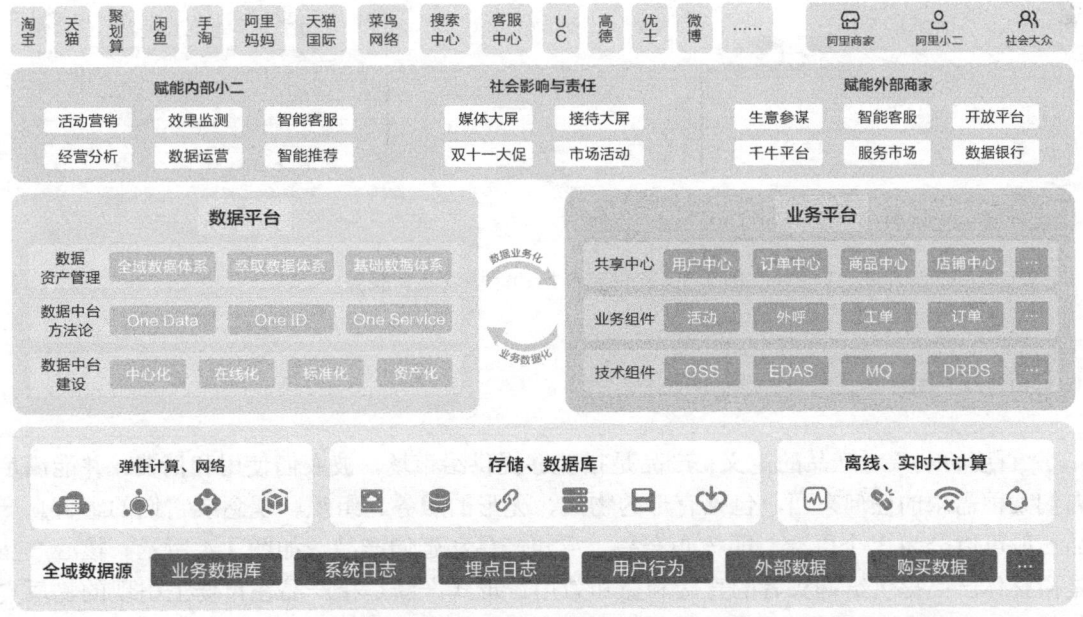

图 1-2　阿里巴巴"技术中台"架构

1.1.2 产品元素和模块

对大多数有形产品而言,产品元素和模块一般是指构成产品的零部件。这些零部件由企业全部自己生产完成,或部分通过采购组装而成。前文已经定义过产品为"可出售的物品或服务",也就是说产品元素和模块也是产品,只不过当被组合定义为另外一个新产品后,在特定的场景中被称为产品元素和模块。比如汽车是一个交通工具产品,由上万个零部件组成,对汽车品牌商而言,零部件是产品元素和模块;对供应商而言,零部件是产品。

相较于有形产品,无形产品的元素和模块有时比较难以理解。产品元素和模块即产品的组成部分,是复杂产品结构化的拆分。例如,一个银行信用卡可能将产品特点、条款或条件作为产品元素。无论产品元素、模块、组件是什么,它们都是产品的构建材料,需要产品管理者监管其定义、设计和组装,以形成一个更大的产品或解决方案。在互联网应用和科技领域,来自不同地方的代码和软硬件组装在一起,组成产品服务。以支付宝为例,现已围绕"支付"形成了多元化的产品服务体系,其产品元素、模块、功能应用已经数不胜数,如图1-3所示。

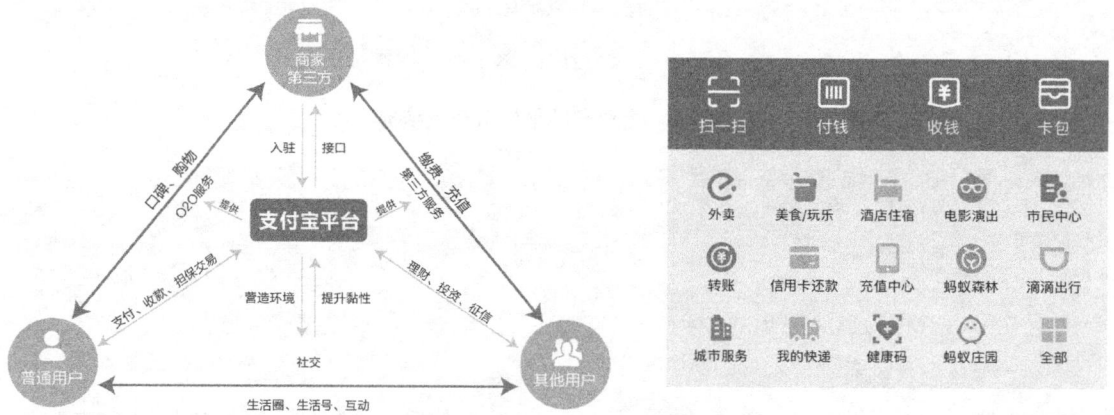

图1-3 支付宝产品功能模块及其服务

1.1.3 产品

"百度百科"对产品的定义:产品是指能够提供给市场,被人们使用和消费,并能满足人们某种需求的任何东西,包括有形的物品、无形的服务、组织、观念或它们的组合。产品一般可以分为3个层次,即核心产品、形式产品和延伸产品,如图1-4所示。核心产品是指整体产品提供给购买者的直接利益和效用;形式产品是指产品在市场上出现的物质实体外形,包括产品的品质、特征、造型、商标和包装等;延伸产品是指整体产品提供给顾客的一系列附加利益,包括运送、安装、维修、保证等在消费领域给予消费者的好处。除此之外,社会还衍生出了一种更高级无形的产品形态品牌,即心理产品。

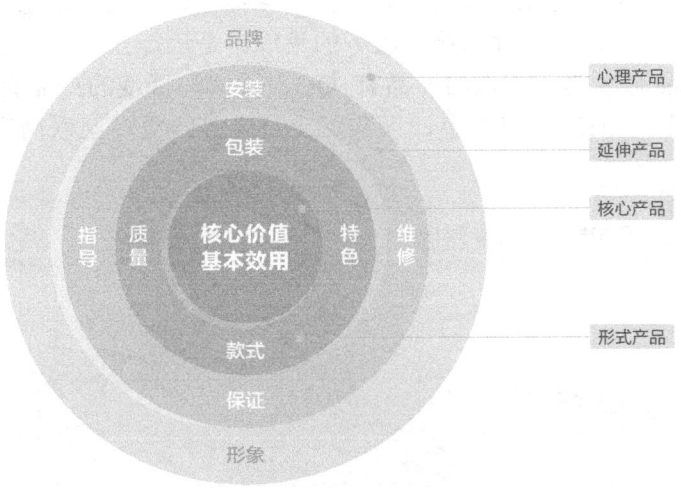

图 1-4 产品

在商业领域,产品是由企业生产出来可出售的事物,包括有形的(针、可乐、房子等实物产品)和无形的(股票、理财、保险等产品),如图 1-5 所示。

图 1-5 有形产品和无形产品

什么是互联网产品？互联网产品的概念是从传统意义上的"产品"延伸而来的，是在互联网领域中产出而用于经营的产品，它是满足互联网用户需求和欲望的无形载体。简单来说，互联网产品就是指网站为满足用户需求而创建的用于运营的功能及服务，它是网站、App、工具应用、软件系统与服务的集成，是运行在智能硬件上的软件产品。例如，新浪的产品有微博，腾讯的产品有 QQ、微信，百度的产品有搜索，网易的产品有 163 邮箱，阿里的产品有淘宝、天猫、支付宝等。更多互联网产品应用如图 1-6 所示。

图 1-6　知名互联网产品展示

1.1.4　产品线

通常，公司会将一系列相关的产品及服务归为同一产品线，极少有公司会生产孤立的、一次性的产品。产品线是一组产品，为适应类似的市场或解决顾客一个特定的问题而产生。典型地，同一产品线内的产品为类似的市场服务，或者能够以相似的方式生产。实际上，一条产品线就是一个小型的产品组合。例如，阿里巴巴根据不同的客户群体的不同需求开发提供不同的产品服务，从起步时的阿里巴巴（B2B 商城），延伸出淘宝（C2C 商城）、天猫（B2C 商城）、支付宝（金服）、菜鸟（物流）、阿里云（技术服务）、钉钉（办公）等产品线，为卖家和买家提供全方位的电子商务服务，如图 1-7 所示。

图 1-7　阿里巴巴集团产品生态主要产品线（图片来源网络）

1.1.5　产品解决方案

在 B2B 领域，"解决方案"这个词经常会被用到。解决方案通常是十分复杂的，因为它们一般用来解决复杂问题，集成度很高，且通常需要定制化以满足某一特定客户群体或行业应用的需求。"解决方案"这个词有时会被误用。原则上说，每个产品都是针对一些问题的解决方案。如果假定每个产品都是充满利益的解决方案，那么所有的公司都在经营解决方案业务。然而，事实上，一些产品不能从头到尾解决客户的所有问题，或客户会发现其中一个或几个部件存在缺点，而后要寻找其他产品来解决他们的问题。这时就需要把一些这样的产品组合在一起来解决问题。这种组合为客户增加了价值，因为它能提供一整套解决方案，包括问题诊断、解决方案建议、执行和集成。这套解决方案的各个部分不能被分开出售，它才是一个真正的产品解决方案。专注于出售解决方案的组织在组建时，应注意支持以解决方案为基础的销售、营销、交付和后期部署服务。理想情况下，这种做法能将所需的国内外产品、科技和服务集中起来，将几条内部产品线和一个外部公司产品结合在一起，以提供更有价值的项目，如图 1-8 所示。

"智慧城市"是 21 世纪的主题之一，但没有一家公司可以提供"智慧城市"所需的所有产品服务。因此"智慧城市"一般都是由一家具有实力和经验的企业与政府一同制定"解决方案"，然后组织各类供应商按照解决方案统一标准要求将产品集成而成，如图 1-9 所示。目前阿里巴巴、腾讯、百度、京东、华为等企业都已成立了相关部门与各地政府达成战略合作，共建区域智慧城市。

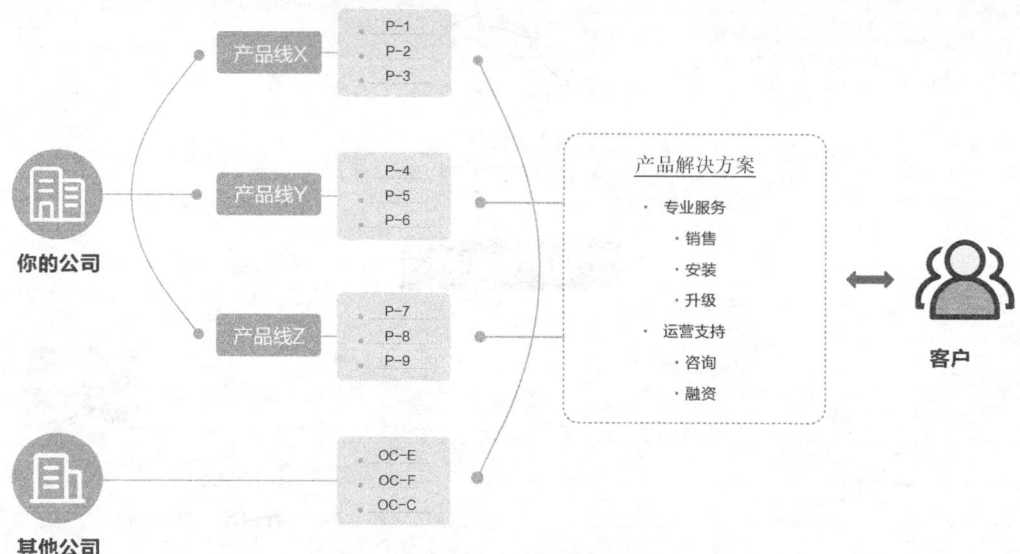

图 1-8 解决方案的结构

图 1-9 智慧城市解决方案图谱

1.1.6 产品组合

产品组合，也称为"产品的各色品种集合"（Product Assortment），是指一个企业在一定时期内生产经营的各种不同产品、产品项目的组合。一个产品组合是一个业务单元或事业部的一套产品、产品线或其他组群。产品组合可以包含现有产品，这些产品可能处于生命周期的不同阶段，也可以包含即将出现的产品（处于设想，实际上在开发或上市阶段的产品）。在小型企业中，整个产品组合可能只包含单个产品或产品线，如图 1-10 所示。

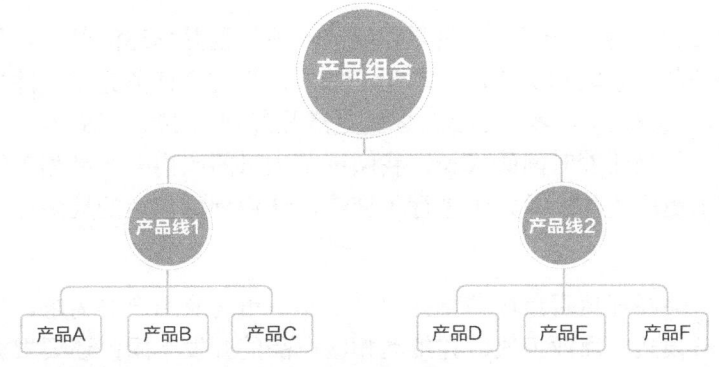

图 1-10　普通产品组合结构

多数公司经营着多种产品，为便于产品管理，它们会将几个产品或产品线合在一起组成一个产品组合。以下是几种常见的组织产品组合的方法。

- 以市场为中心。例如，一个医疗设备公司可能将几个产品线——助听器、老花镜、电动轮椅归入一个产品组合："老年人用品"系列。
- 以产品生产方式为中心。在这种情况下，一个玩具公司的自行车系列可能包含 3 个产品线：三轮车、山地车和 BMX 越野车。
- 以广义的职能为中心。许多技术公司使用这种结构，以便在组织内部建立紧密联系，减少工作重叠，鼓励合作。例如，一家公司可以分成 3 个重要领域：硬件、软件和专业服务。
- 以材料种类和开发方式划分。这种组织方式的一个例子是一家厨具公司可以按金属种类将产品线分成铸铁制品、铜制品和铝制品。
- 以应用功能模块进行划分。这种组织方式常见于软件及互联网应用领域。以微信为例，包含了即时通信、朋友圈、公众号、视频号、支付等多个产品线；支付模块除了收付款服务外，又包含了九宫格产品服务 9 项、第三方产品服务 12 项。

不同公司组织产品组合的方式往往差异很大。在某些情况下，一条产品线可能被同时划分到两个不同的产品组合。例如，一家知名计算机设备供应商有一种安全服务器产品组合，它可能同时将其归入安控系列和多重处理计算机系列。理想状态下可能不会这样，但在某些情况下，这种双重分类有其合理性。

1.2 产品经理：并非人人都是产品经理

《人人都是产品经理》中提到，"只要你能够发现问题并描述清楚，转化为一个需求，进而转化为一个任务，争取到支持，发动起一批人，将这个任务完成，并持续不断以主人翁的心态去跟踪、维护这个产物，那么，你就是产品经理"。刚入门做专职产品经理的时候我很认同这句话，但是随着时间的成长，我阅读了大量的国内外产品相关的图书，并结合工作实战经验，与更广泛的产品人士进行了交流，认识到这句话的局限性和给我们带来的误导。

在大企业，产品经理负责市场调查并根据产品、市场及用户等需求，确定开发何种产品，选择何种业务模式、商业模式，并推动相应产品的开发组织；还要根据产品的生命周期，协调研发、营销、运营等，确定和组织实施相应的产品策略，以及其他一系列相关的产品管理活动。由此可见，产品经理需要特定的职业素养、专业的知识技能、与众不同的岗位责任，且需要根据不同工作场景扮演者不同的角色。产品经理是综合型人才，非经过数年学习实战不能胜任。因此，并非人人都是产品经理，本节将带你重新认识产品经理。

1.2.1 谁适合做产品经理

如果说并非人人都是产品经理，那么谁适合做产品经理呢？通过多年来对众多产品经理的观察，我发现产品经理通常有以下"职业病"。这给我们释放了信号，可以帮助我们识别出谁具有做产品经理的潜质。

> **适合做产品经理的潜质和识别信号**
>
> * 是谁？每次 K 歌都对着点歌板评头论足。
> * 是谁？逛超市时总在想这个产品能解决什么需求？
> * 是谁？会给自己的个人发展做战略规划。
> * 是谁？一定要在自己的婚礼中做一个 PPT 展示。

- * 是谁？会拿用户调研的方法与亲朋好友交流。
- * 是谁？装修房子的时候抢着当项目经理。
- * 是谁？看电视广告时总想在几十秒中提炼出三大卖点。
- * 是谁？访问任何网站都能挑出好几个Bug。
- * ……

如果你也有以上表现，说明你具有做产品经理的潜质。但这不意味着你能成为优秀的产品经理。优秀的产品经理应具备以下特质。

- **激情**：产品经理是发现者、创造者、推动者、负责人，激情是自我驱动和团队驱动的最佳动力。
- **善于捕捉问题**：善于识别抓住关键问题和矛盾，是有效推进工作的前提条件。
- **思路清晰**：良好的逻辑分析能力和对事物的本质认知是工作重点及优先级判断的关键。
- **聚焦**：资源有限，而好的产品又需要打磨，战略定力是关键，而聚焦突破是成功的最佳选择。
- **判断力**：选择不对，努力白费，决策是成败的关键，而决策力是产品经理的核心能力。
- **果断**：产品的市场竞争日趋激烈，生命周期骤然缩短，机会成本大大提升，果断决策是关键。
- **用数据说话**：避免个人经验、喜好、认知、价值观局限性，用数据说话，客观分析，科学决策。
- **持续学习**：产品经理的工作涉及的知识范围甚广，只有通过不断的学习、实战、总结才能逐步地成为成熟的产品经理，从而有机会成为优秀/成功的产品经理。
- ……

1.2.2 产品经理应具备哪些技能

不同行业和不同企业对产品经理的定位不同，对其技能要求也不同，但是大家有共同的认识,那就是"能通过功能设计满足相应需求"的产品经理为"合格",能"对产品进行持续优化升级"的产品经理为优秀,能"创造出好产品"的产品经理为卓越,但是这几个维度都不好衡量。让我们借助 KANO 模型从企业需求满足度来评价"产品人才",可以从"基本型能力""期望型能力""兴奋型能力"三个层级来度量。以互联网行业为例,企业对产品经理的能力需求如图 1-11、图 1-12、图 1-13 所示。

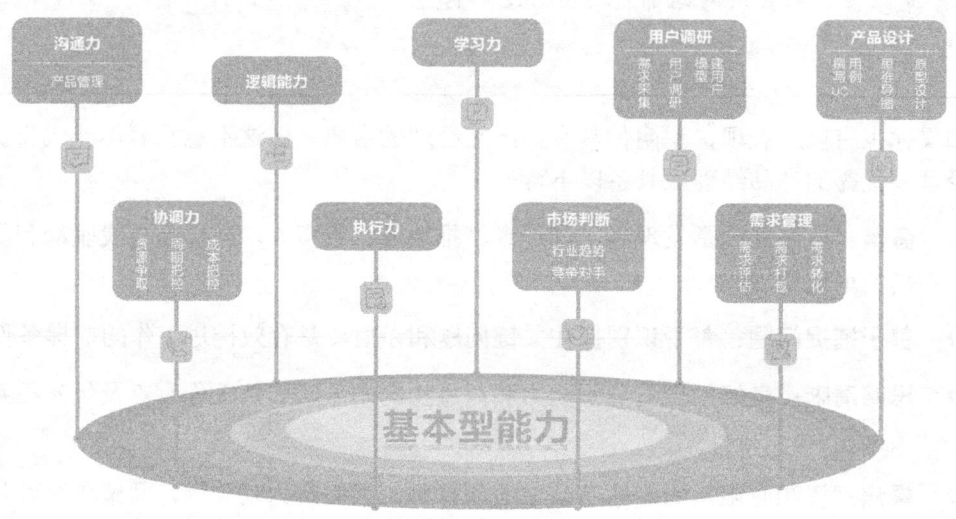

图 1-11 互联网行业产品经理的基本型能力

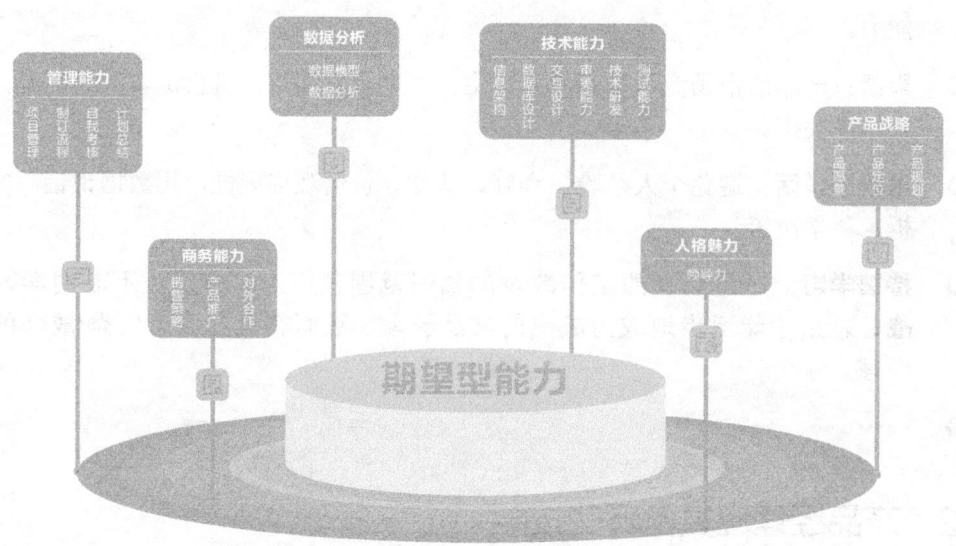

图 1-12 互联网行业产品经理的期望型能力

1.2　产品经理：并非人人都是产品经理

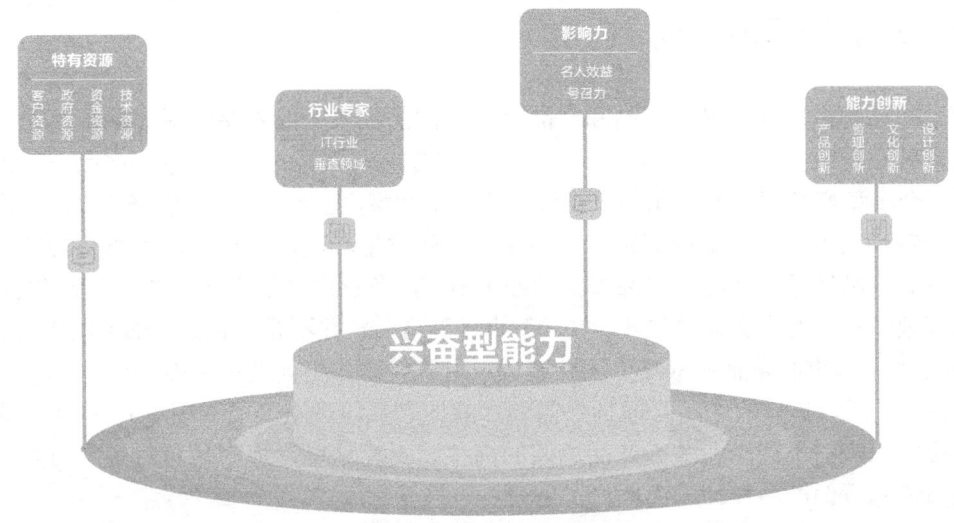

图 1-13　互联网行业产品经理的兴奋性型能力

这里不再对以上产品经理耳熟能详的技能词汇详加说明。各大型企业也都有自己的员工能力评估模型用于定级定薪。我参考行业标准，在本书的结尾将为你送上产品经理自我评估模型，希望大家能对自己的能力水平有一个全新的认识和评估，以查短补缺。

除了技能外，优秀的产品经理还需要特有的素养和品质，包括但不限于下面这些。

- **态度**：愿意为产品的最终成败承担责任，绝不找借口。
- **信心**：能给公司高管、产品团队、销售团队带来信心，确保他们愿意为产品投入。
- **职业操守**：可以肩负产品的前途和命运，不是贪图安逸的人。
- **用户立场**：从市场和用户视角看产品，能有效规避个人经验、喜好、价值观。
- **对产品的热情**：具有夜以继日克服困难、完善产品的动力，这份热情能感染团队成员，激励所有人。
- **运用技术的能力**：不需要自己发明或实现新技术，但必须有能力理解技术，发掘技术的应用潜力。
- **时间管理**：高度自律，能够有效地管理个人时间，并能把控项目进度。
- **沟通技能**：具有优秀的口头和书面表达能力，情商高，协调能力强。
- **商业技能**：能与管理层和营销人员讨论成本结构、边际效应、市场份额、产品定位和品牌。

1.2.3 产品经理做什么

介于产品的多层次定义，产品和产品经理之间的关系一般不是一对一的。一个产品经理可能单独负责或参与一个产品平台、一个模块或一系列模块、一个单一产品、一条产品线（或一个小型产品组合）或几条产品线（或一个大型产品组合）。一般来说，产品经理负责他们管辖产品范围（如市场调研、产品设计、研发生产、运营维护、销售服务等）内的所有事务。产品经理是产品或产品线的"小 CEO"，负责产品的全生命周期（从生到死），为产品绩效负责。有人会问"这不是 CEO 的职责吗"？并不是。读过 MBA 的人都知道，CEO 的三大工作重心是企业战略、团队建设、融资管理，更何况很多企业经营不止一款产品、一条产品线，具体的产品管理工作需要专业的产品经理来负责。图 1-14 是我从猎聘网为大家搜集而来的不同企业关于产品总监的岗位职责。这里选择产品总监是因为多数的产品经理岗位职责偏产品设计，而非产品管理。

产品总监/高级经理	产品总监	产品总监
岗位职责： 1.负责公司互联网产品的全过程管理，规划符合业务发展要求的产品发展路线； 2.深刻理解项目总体业务战略，洞察场景和目标用户，负责从产品预研设计策划，至资源整合实施，至测试发布上线，再至回访调研数据分析归口，直至产品内外运营及配合推广节奏策略，全程对产品的用户和产品价值负责； 3.负责撰写产品需求文档，阐明核心逻辑，完成基础模型，指定产品版本功能范围和迭代策略。 4.负责收集与判断各子模块产品团队需求，不断迭代用户体验，并协调视觉、交互、前端、后端、市场、运营等多个团队，且高质量完成功能开发与系统上线； 5.定期跟踪竞品，提出竞争策略和落地计划，寻找产品切入的机会和突破点。	**岗位职责：** 1.负责新客户端产品规划相关业务； 2.负责业务目标方向产出可执行的产品规划并推动落地； 3.能深刻理解音频/小说类产品用户需求及用户心理，发现问题，解决问题； 4.规划设计产品和功能，优化已有功能或策略以提升用户体验，产出高质量的产品需求文档； 5.把握项目周期，与研发等合作部门交流沟通，保证项目的顺利进行； 6.具备运营意识，从功能到运营全方面推进项目； 7.及时准确地分析竞品动态，关注新产品，关注新趋势，并提出相应对策。	**岗位职责：** 1.制定年度产品策略，完成产品立项工作（包含为制定策略而做的职场调研、数据分析等工作）及产品预算。 2.主导新产品项目管理，协调公司各方资源在项目节点内完成新产品上市项目； 3.参与新产品工作（产品概念、包装、价格制定、渠道利润、销售渠道），参与产品研发转化、生产工厂确定、从实验室小样到产品成品的转化； 4.负责对现有产品的优化工作（产品内容物、包装、成本等）； 5.主导产品上市、下市计划制定，并监控上市后跟踪、推广工作； 6.对现有产品线定期分析，并对同行业品类的市场、竞品及目标人群进行研究，组织市场、消费者调研，并提交以用于产品策略制定。

图 1-14　国内高端产品岗位职责

由图 1-14 可知，不同企业对产品经理的岗位职责定义不同。但有关产品经理的岗位职责还是有迹可循的。通过调研，我们将产品经理的主要工作职责归纳如下。

- **评估行业和竞争**。产品经理的一项工作是解析公司现在所处行业和未来可能进入行业的环境。另外，公司产品在行业内与其他公司产品竞争，无论公司内部是否有正式机构收集、处理有关行业及竞争环境的数据，产品经理都有责任收集、管理这些数据。有了这一洞察力，产品经理可以设定产品战略，并且帮助公司在产品组合中分配投资额。

- **制定产品及市场战略**。产品经理应在跨职能团队的帮助下，为产品设立愿景，规划未来发展之路。产品经理最重要的责任是将产品战略与公司战略进行统一，并确保两者在纷繁复杂的产品组合投资中相互关联。

- **组建跨职能团队**。产品经理不能亲力亲为所有与产品相关的工作，因此他们需要许多人的帮助，包括那些从不同领域和职能部门带来专业知识的人。这些技术和知识的运用对产品的成功十分重要。产品经理组建并领导这样一个跨职能团队，团队成员的工作使产品获得成功。除了领导这个团队，产品经理还必须促进交流和讨论，调节冲突，培育合作。

- **产品创新与机会评估**。产品经理带领跨职能团队开展市场调研，了解细分市场，识别目标顾客，了解顾客需求，挖掘产品创意，创新产品服务，利用各种分析工具对产品创新进行评估，撰写可行性分析报告，上报审批获取授权开发。

- **产品设计与迭代**。产品经理亲自参与提炼产品概念，对产品进行定位，明确产品价值主张，进行架构设计，绘制原型，把控交互式设计和 UI 视觉设计，研讨完成定稿并输出 PRD 产品文档，交付研发生产。在产品上市后，分析运营数据，获取用户反馈，不断优化产品，对产品进行迭代，以提升用户体验。

- **项目管理与风险把控**。产品经理负责把握产品目标、时间节点，并跟踪技术开发，完成产品测试验收，按标准把关产品上线。项目执行中严格控制成本预算，把控产品质量，对项目可能出现的风险进行预测、防控，并制订应急预案。

- **主导新产品上市发布**。产品经理需要带领团队成员制订上市计划、营销计划（产品定价策略、渠道政策），编写产品手册，建立产品品牌定位，开展产品广告宣传，对产品资料物料进行把关，协助配合市场团队和产品运营团队的工作。

- **数据分析和做出决策**。产品经理要分析产品工作相关的各种数据度量指标，在产品生命周期的各个阶段实时做出正确决定。好的决策技巧是可以学习培养的，这种技巧最好是在实践中学习，而不是听从教科书中的建议。

- **财务计划与预测分析**。预测数量、市场份额及收益是产品经理工作的一个基本部分。计划产品利润率及评估现有产品的利润率是产品管理的一个重要方面。公司在产品上投资，期望产品能为公司提供回报。产品经理应当承担计划利润率的责任，因此他们需要对财务知识有扎实的理解。

- **产品生命周期管理**。产品经理要为已经上市的处于不同生命周期阶段的产品进行战略及战术的管理。这可能包括调整各个营销组合、衍生品的新产品生产计划，以及制订替代品计划。这里，产品经理的工作是不断收集并分析性能数据（如市场、财务和运营数据），以便识别新的商机。

1.2.4　产品经理的角色扮演

产品经理具有产品管理岗位职责定位，其不像普通的职能岗位一样具有明显的工作职责边界，反而在不同的产品工作场景中承担不同的角色定位。这也是为什么我们称"产品经理是一个小 CEO"的原因。产品经理在不同的工作场景中扮演几个不同的重要角色，如图 1-15 所示。

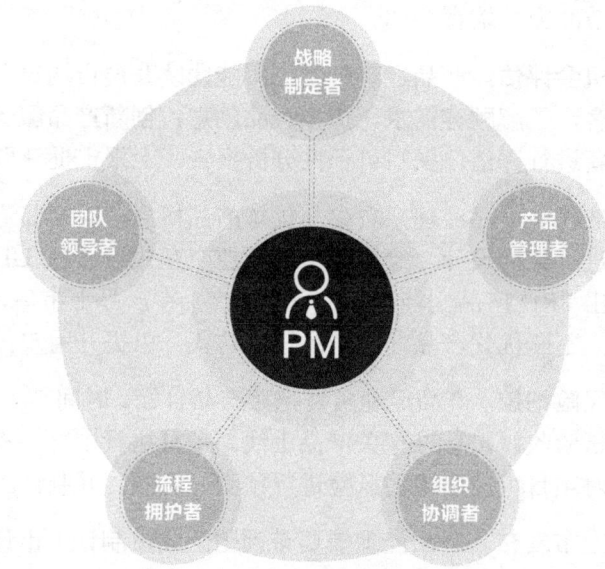

图 1-15　产品经理主要角色类型

- **战略制定者**

产品经理参与制定企业战略，并根据企业战略组织跨职能团队（如财务、研发、营销等部门负责人）制定所负责产品组合、产品线、产品的发展战略。

- **团队领导者**

产品经理是产品的领导者，在产品团队中承担着团队领导者的重要角色。产品经理不是靠行政命令指挥团队成员工作，而是靠建立统一目标，为团队提供方向、说明和指导，让工作变得有趣，并吸引成员参与，鼓舞并激励团队成员，领导和促进建设性的沟通交流，为结果建立共享所有权，从而开发团队成员的全部潜能。

- **流程拥护者**

产品经理负责建立新产品开发流程，对现有流程进行调整，创新和持续改进，确保流程中的创意和项目按时有序进行。对新产品开发流程的战略性结果包括生产能力、输出质量和组织内的参与度等。

- **组织协调者**

产品经理负责组建产品跨职能团队，选拔以及持续培训团队成员，营造积极氛围，保证团队内氛围融洽，大家遵守团队规则，从而建设一支高效率团队。

- **产品管理者**

产品经理负责一款产品或一条产品线的战略、路线图以及功能定义，与工程、销售、制造、营销等主要领导紧密协作，确保开发出支持企业目标的新产品，并推向市场，通过不断监控和修正营销组合要素（如产品卖点、沟通策略、销售渠道和销售价格等），确保产品或服务总能充分满足客户的需求。

1.3　产品团队：产品经理并不是孤军奋战

既然产品经理的核心工作职责为产品管理而非产品设计，那就意味着产品经理一般要有行政职级，但在国内大多数产品经理在企业内部属于P（专业）系列人才，并没有行政头衔，却要以发起者、推动者、责任人的身份推进完成工作，这使得在行政职级文化环境下工作的产品经理在多数情况下处于孤军奋战的状态。"产品汪"的称号从侧面反映了这一现状，要通过汪"程序猿"、汪"运营猫"等成员才能推动工作。也许你会说"产品经理并不是孤军奋战，我们有产品团队"。一般意义上的产品团队是指产品部门，而多数公司并未建立独立的产品部门。产品经理的直属上级通常为技术负责人或运营负责人，加之产品经理大多数的工作任务依赖于其他职能部门成员来完成，真正需要的是跨职能团队。目前，在大多数公司中跨职能团队是一个虚拟组织，在管理机制缺失、无产品负责制、缺乏充分授权和激励的情况下，产品经理很难找到归属感和责任感（因为职能领导才是公认的负责人）。要充分发挥产品经理的产品管理职能及岗位价值，必须从建设产品团队、跨职能产品团队、高绩效产品团队入手，产品经理才不是孤军奋战。

1.3.1　职能产品团队

职能型团队是比较成熟且被广泛应用的组织架构，它是按职能来组织部门分工，即从企业高层到基层，均把承担相同职能的管理业务及其人员组合在一起，设置相应的管理部门和管理职务。在职能型组织中，产品经理并不是产品负责人，承担产品管理工作任务及责任的一般为事业部负责人或产品部门负责人。产品经理一般仅承担产品设计和产品研发工作,只负责产品管理工作的一环或一部分。传统制造业职能产品团队的表现形式如图1-16所示。

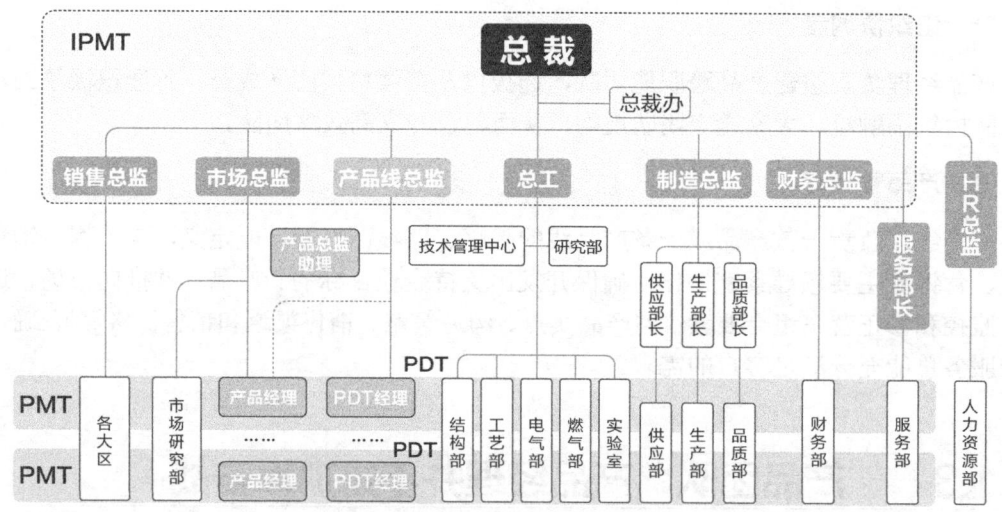

图1-16 以市场为导向的传统制造业职能产品团队的表现形式

在互联网及科技应用领域,产品经理根据不同企业的性质及业务重点不同而隶属于技术部、运营部或产品部,这与CEO及高管对产品经理的认知和定位有密不可分的关联。因地制宜,根据企业的实际需要设置组织架构和定义岗位职责无可非议。我想说的是,如果一个企业有自己独立的产品(拥有自主知识产权),并致力于以产品而非业务的形式向用户交付价值并获取利润,那么建议成立独立的产品部门,请专业的产品管理人才来领导产品管理工作,以帮助企业做出可赢得市场竞争的产品,并通过专业化产品管理获取最大收益。

当前我国高校并没有培养产品经理的专业,产品经理主要是根据企业自身发展的需要由其他的岗位转化而来。在互联网产品经理的"高薪"(年薪普遍在20万元人民币以上,这是其他行业普通岗位不能及的)诱惑下,社会上兴起了一批专业的产品经理社培机构,专门为产品新人提供入门培训,为企业提供基础型产品人才。但是很多人并不适合做产品经理。做产品经理不仅需要一定的特质,更需要专业知识和应对复杂事物的能力。所以,从职能产品的团队建设上,更推崇从企业内部选拔人才,培养担任产品经理,或从市场上招募有成熟经验的产品经理。

1.3.2 跨职能产品团队

理想中的跨职能产品团队是指在产品负责制下各职能部门向产品经理汇报,并受产品经理领导的多职能团队。这样有助于产品经理协调资源,统一目标和管理,为产品的最终绩效结果负责。但是企业不能仅仅经营单一的产品,世界上很多企业经营的产品往往种类繁多，如美国光学公司生产的产品超过 3 万种，美国通用电气公司经营的产品多达 25 万种。在多产品线企业中，普遍存在产品资源共用的情况。独占资源会造成资源浪费，降低投入产出比，甚至导致企业亏损，因此以职能组织架构为基础的跨职能产品团队应运而生。跨职能产品团队是以产品经理为了开发新产品和技术、设计和改进现有产品、提高产品作业效率而把各个职能部门联系起来以增强产品创新、服务创新能力的跨职能团队，如图 1-17 所示。

图 1-17 职能产品团队与跨职能产品团队的对比

由于跨职能产品团队多为一个虚拟的组织，并非一个部门，很难与职能部门划清责任边界，因此在实际工作中会遇到诸多的障碍。此时，产品经理首先要根据自己的产品类型匹配适合的跨职能产品团队类型，以免出现常见的"小马拉大车"或资源浪费的现象。这里我们将产品类型分为产品改进型、派生型、新领域、全新产品 4 类，将跨职能团队分为职能型、轻量型、重量型、自主型 4 类，然后进行匹配，如图 1-18 所示。

产品类型	产品线类型	团队类型	团队特点	职责	能力
改进型	流程跟进	职能型	资源分散在各职能部门中；无明确领导者	负责轻微的产品变化	最弱
派生型	产品线扩张	轻量型	资源受到职能部门的约束，多头管理；领导无实权，无自己的资源	负责开发产品概念、增加产品线，或者开发新产品线	弱
新领域	新产品线	重量型	领导有实权，整个团队一般由高层领导负责	负责不确定的、更复杂的、新领域的、新分类的产品开发	强
全新产品	全新产品线	自主型	项目团队和项目负责人是每个团队的唯一评估者；领导有实权，权限近乎CEO	负责颠覆性或者游戏规则颠覆性的项目	最强

图 1-18 产品类型与跨职能团队匹配图表

产品经理在进行跨职能产品团队类型选择时,要充分考虑其优势和局限性(见图1-19),做好心理预期和应对措施,以免陷入被动局面。

开发团队的类型	优势	局限性
职能型	优化利用资源、专业人士,有深度,具有规模经济型;责任清晰,职业成长路径一致	宽度不够,较为僵化与官僚;任务不是项目导向的,速度慢,难以形成合力;经验驱动
轻量型	沟通和协同得到改进,任务之间的空闲时间缩短	项目领导和项目聚集不足,个体会有挫败感
重量型	强化项目聚集、承诺与责任,整合解决方案	对员工有难度,要求有深度;必须打破部门壁垒
自主型	聚焦结果,对目标负责;有创新性	独立,与组织的其他部分分离开;自治是核心价值观

图1-19 跨职能产品团队各类型的优势和局限性

在不同的跨职能产品团队中,产品经理的角色定位不同,负责的工作内容不同,承担的责任也不同。但是,无论如何,产品经理都要认清自己在不同团队类型中所处的环境和角色特点(见图1-20),以便自我定位,顺利开展工作。

团队类型	不同团队类型领导者角色特点
职能型团队	1.一次只做一个项目的公司; 2.公司同时开发多个项目,但没有一个项目的规模大到有必要任命一个团队领导; 3.项目被分为多个职能模块,每个模块有相应的职能经理负责,并由职能经理或高级管理人员进行协调。
轻量型团队	1.有一个名义上的领导,致力于项目。问题在于,这个人没有实权,只能负责监督其他人制定的计划; 2.与职能相比,这种形式有加快项目的潜力,因为有专人负责规划日程、检查表并对流程进行监督。因此,细节不太可能被遗漏; 3.按照定义,轻量型项目领导几乎没有权利进行改变或重新配置资源; 4.职能管理者在项目上有绝对的权威。这种形势下,组织的交流与决策与职能型相同。
重量型团队	1.明确地列出项目,职能活动有优先权; 2.项目领导有权利和权威指挥团队成员关注项目; 3.大多数情况下,团队领导对团队成员的绩效考核有一定的影响,但最终的工资、精神、职能发展等取决于职能经理。
自主型团队	1.又称为"老虎"团队。在这里,团队领导的职责特别像创业公司CEO; 2.对员工负全面的责任,至少在项目时间表内是如此; 3.有安全关注团队的优势; 4.通常用于主要的、长期项目(如风险项目); 5.仍会引起一些管理责任方面的问题,尤其是绩效考核、培训、晋升等。

图1-20 产品经理在不同团队类型中所处的环境和扮演的角色

在大企业中一般还会单独存在项目经理这个角色，负责协调资源，完成产品相关工作任务，为结果负责。那么，产品经理与项目经理有什么不同呢？如图 1-21 所示。在互联网企业的跨职能团队中，产品经理多兼任项目经理的角色和工作职责，负责项目管理工作（与项目经理相关的专业知识技能请参考 PMP）。

内容	产品经理	项目经理
职责	发现并定义范围	执行并交付范围
范围	对产品整个生命周期负责	阶段性对项目负责
范围	像母亲，定义（怀胎）、发布（生产），然后在生命周期的各个阶段继续培育产品	像助产护士，一直待在产品旁边，直到产品进入市场

图 1-21 产品经理与项目经理有什么不同

1.3.3 高绩效产品团队

高绩效产品团队不是偶然出现的，这取决于在团队形成期所做出的努力——选择合适的成员进行正确组合。因此，产品经理在创建跨职能产品团队时应注意选择符合高绩效团队特质的核心成员参与，包括企业家、发起倡议者、项目领导者、氛围制造者、信息处理者及有创造力的产品开发者。更重要的一点是，团队需要不断发展成员，这就需要通过实践凝炼出高绩效文化，如图 1-22 所示。

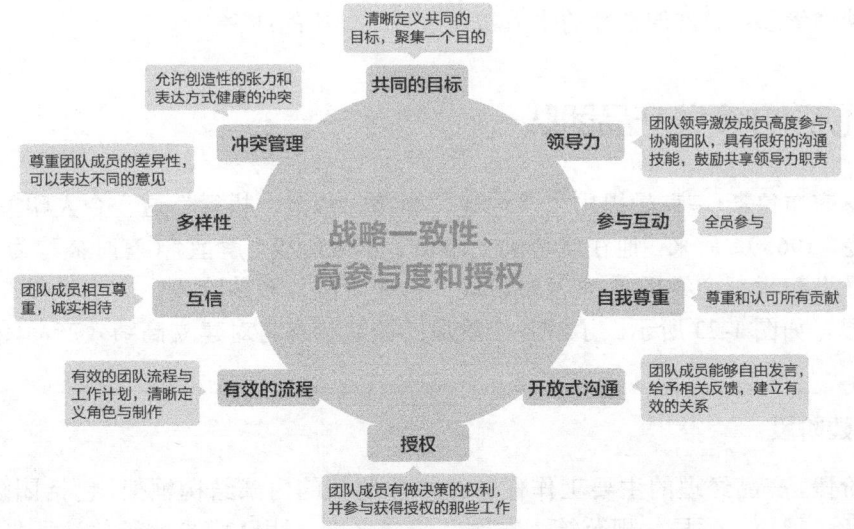

图 1-22 高绩效产品团队文化特质

- **战略协调一致**：确保产品项目与企业战略、商业战略、产品战略和创新战略紧密相联；每个团队成员都知道为什么参与这个项目，以及对组织目标应做出怎样的贡献。

- **共同的目标**：清晰定义共同的目标，聚集一个目的，有清晰的团队绩效目标，要求每个团队成员对绩效做出承诺，并设置绩效奖励。

- **领导力**：由对项目成功起到关键影响的所有职能代表组成，团队领导激发成员高度参与，协调团队，需要具有很好的沟通技能，鼓励共享领导力职责。

- **参与互动**：跨职能代表互动自始至终参与项目，获得归属感，实现自我价值，知道自己是团队的重要组成部分，知道自己的贡献是有价值的。

- **自我尊重**：相互尊重，认可彼此所做的贡献。

- **开放式沟通**：团队成员能够自由发言，给予相关反馈，建立有效的关系。

- **授权**：团队成员被赋予做出个人决定的权力，或者至少在团队面临决策时自己提出的意见会被积极考虑。

- **有效的流程**：具有有效的团队流程与工作计划，清晰定义角色与职责，有清晰的报告顺序，以区分职能责任和项目责任。

- **互信**：团队成员彼此信任，相互尊重，认可彼此所做的贡献，以诚相待。

- **多样性**：尊重团队成员的差异性，团队成员可以表达不同意见。

- **冲突管理**：允许创造性的张力和表达方式健康的冲突。

1.3.4 创建并领导产品团队

心理学家布鲁斯·塔克曼提出了"创建、激荡、规范、执行"这一令人印象深刻的概念（塔克曼，1965）。后来，他在此基础上添加了第五阶段"解散"（有时被称为"休止"）。每个产品团队建设都会经历 5 个发展阶段：创建阶段、激荡阶段、规范阶段、执行阶段和休止阶段，如图 1-23 所示。了解各个阶段的团队状态将对建立高绩效产品团队有极大帮助。

1. 创建阶段

在此阶段，产品经理的主要工作任务是搭建团队的内部结构框架，包括团队的任务、目标、角色、规模、领导、规范等。在团队组建之初，团队成员比较关注所做的工作的目标和工作程序。此时，团队成员的角色和职责还不清晰，在完全了解情势之前，团队成员不会轻易投入工作，有些人甚至会表现出焦虑情绪，因为他们还不完全了解团队将要做什么。因此产品经理的影响十分重要。产品经理需要让团队成员明白：团队的任务是什么？团队中包括什么样的成员？角色如何分配？该做什么？有什么规矩？如何快速融入团队？

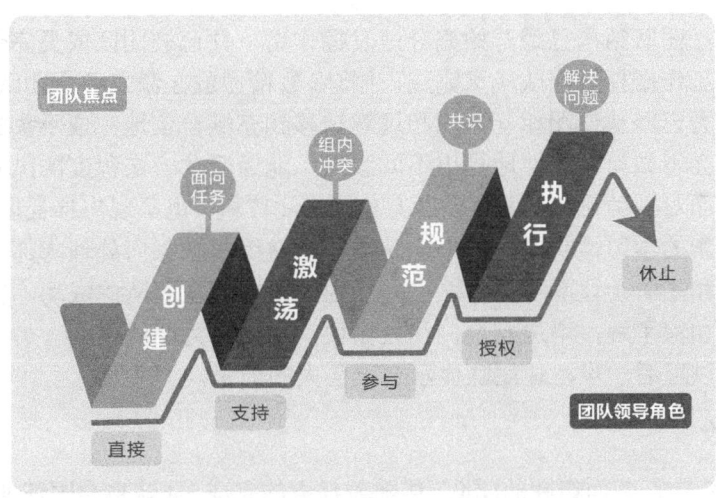

图 1-23　创建、激荡、规范、执行团队建设模型

2. 激荡阶段

团队经过组建阶段后，隐藏的问题逐渐暴露，团队内部冲突加剧。虽然说团队成员接受了团队的存在，但对团队加给他们的约束，仍然会加以抵制。团队进入激荡期后，成员之间由于立场、观念、方法、行为等方面的差异必然会产生各种冲突，工作行为、任务目标、工作指导等统统忘于脑后。新旧观念与行为之间的激荡在激荡期会产生新旧观念、行为之间的激荡，抗拒、较劲是常有的现象，那些团队组建之初就确立的基本原则可能会被推倒。这是很多团队发生失败的阶段。激荡往往源于团队成员之间工作模式的冲突。大家以不同的方式工作，有不同的个性。有时，团队成员会由于方向不明确和工作任务分配不公平变得沮丧。产品经理必须及时解决这些问题，并向整个团队清晰地传达解决方案，促进团队的成长。

3. 规范阶段

经过一段时间的激荡，团队将逐渐走向规范。在这个阶段中，大家开始解决彼此之间的分歧，欣赏同事的优点，尊重领导者的权威。团队内部成员之间的了解更加深入，开始形成亲密的关系，他们能彼此交往、寻求帮助并提供建设性的反馈意见，团队表现出一定的凝聚力。这时会产生强烈的团队身份感和友谊关系，彼此之间保持积极的态度，表现出相互之间的理解、关心和友爱，并再次把注意力转移到工作任务和目标上来。此时大家关心的问题是彼此的合作和团队的发展。团队成员对新的技术、制度也逐步熟悉和适应，并在新旧制度之间寻求某种均衡。团队与环境的关系也逐渐理顺，会逐步克服团队建设中碰到的一系列阻力，成员们更加坚定于完成团队目标和获得自我成就。

4．执行阶段

在这个阶段，团队结构已经开始充分地发挥作用，并已被团队成员完全接受。产品经理能够将更多的工作授权给团队成员完成，并将多数精力放在激发各个团队成员的潜力上。团队成员的注意力已经从试图相互认识和理解转移到充满自信地完成手头的任务。至此，团队成员已经学会了如何建设性地提出不同意见，能经受住一定程度的风险，并且能用他们的全部能量去面对各种挑战。大家高度互信、彼此尊重，也呈现出接受团队外部新方法、新输入和自我创新的学习性状态。整个团队成员已熟练掌握如何处理内部冲突的技巧，也学会了团队决策和团队会议的各类方法，并能通过团队追求团队的成功。在执行任务的过程中，团队成员加深了解，增进友谊，相处愉快，享受作为团队中的一员。除了高度的相互信任外，还可以退后一步，让团队显示自己巨大的能量。

5．休止阶段

为完成某项特定任务而组建的团队，伴随着任务的完成，团队也会因任务的完成而解散。大多数团队最终都会走到这个阶段。很多项目团队只存在一段时间，即便永久性团队也可能会由于组织结构的重组而解散。这个阶段，团队成员的反应差异很大，有的很乐观，沉浸于团队的成就中；有的则很悲观，惋惜在共同的工作团队中建立起的友谊关系，不能再像以前那样继续下去，特别是如果他们同时还需面对不确定性的前景时更是如此。对于另外一些团队，如重量型或自主型团队在任务（如一年为周期）之后，会开始休整而准备进行下一个工作周期，此间可能会有团队成员的更替，即可能有新成员加入，或有原成员流出。

1.4　产品管理：为产品的商业化结果负责

近期市场开始涌现大量的商业化产品经理岗位，从招聘岗位职责上看，主要集中在互联网平台流量变现上——负责产品成熟期的商业变现产品设计，为商业变现结果负责。这种是后置的商业化产品思维，前期产品并没有盈利能力，企业为获取用户和市场份额不得不进行融资输血，待规模做大后再植入商业化变现产品获取利润，弥补前期的投入和亏损，这是互联网平台的主流模式。但是这种模式具有极大的风险，一旦商业化失败，将前功尽弃，陷入困境，甚至是死亡的境地，因此而失败的案例已数不胜数。因此，我更推崇产品商业化前置，即在产品一开始的时候就考虑商业化，并围绕产品商业化开展产品管理工作，只有这样，产品经理才能为产品的商业化结果负责。

1.4.1 什么是产品管理

据说，在 20 世纪 30 年代，宝洁公司的产品管理是为了改善对其不断扩大的消费品业务的监管。产品管理的概念及其无数的解释开始进入全世界产品及服务公司的核心。

产品管理是企业或组织在产品生命周期中对产品规划、开发、生产、营销、销售和支持等环节进行管理的业务活动，是公司为了管理一个产品或者产品线的产品计划、产品市场和产品生命周期所采用的组织架构。它是一种打破部门壁垒，整合跨部门资源，帮助实现企业或组织价值最大化，提高客户（或用户）满意度的非常典型的强矩阵型管理方式。

由于内外两方面的原因，企业迫切需要产品管理。

先谈外部原因。市场需求变化越来越快，竞争越来越激烈，技术不断更新换代，产品——尤其是产品背后的核心技术成为企业制胜的关键。面对纷繁复杂和变化多端的外部环境，企业如何应对？企业需要对市场和产品进行细分，选择自己的细分市场，根据目标客户群不断变化的需求提供不断更新的产品。这时就需要不同的产品管理团队关注不同客户群需求，有效把握市场和竞争的变化，并提供满足市场需要的产品。

从内部来看，当企业的产品线成长到原来以职能划分的组织架构难以负荷的程度时，就需要产品管理了。打个比方，一个家庭准备养很多孩子。如果开始时孩子很少，只有三五个，靠一对父母，再加上家庭教师、保姆就可以养好。如果有几十个孩子，光靠一对父母，即便加上一大堆家庭教师、保姆甚至其他专业人士，大家各司其责，可能也很难养好了。这是就需要对孩子进行分组，比如 5 个孩子一组，每组分别指定一对父母对该组孩子的培养负责，教师和保姆则根据父母的要求负责配合工作，这样，孩子们的成长就有了好的保障。企业的产品就像企业的孩子，"孩子"多了也需要给他们指定负责人（通常是产品经理）来专门负责，而不能光靠总经理来负责。

有人质疑，产品管理会造成复杂的"横向产品管理+纵向专业管理"的矩阵组织结构，难以操作。但正如著名咨询机构科尔尼指出：企业面对复杂性的挑战，也唯有以复杂的矩阵组织结构去应对！随着企业的产品越来越多，矩阵化的产品管理组织应该是必然的选择，除非企业按产品划分进行独立经营。那么，企业要面对的就应该是如何掌控产品管理组织模式。

1.4.2 以产品为中心的企业管理

产品管理（作为一个专有名词）的核心是商业组织的模型，如图 1-24 所示。采用这种模式的公司，紧紧围绕产品为中心开展各项工作，产品管理将整个企业及其业务职能进行了翻天覆地的改变，以满足市场和消费者的需求。这种模式会改善产品绩效，增加产品组合的价值。当产品被看作业务（产品）组合的投资时，战略及战术上的产品计划会更加细化，业务收益就会增加。运用这种方式，可以建立以产品为中心的企业管理，组织中的每个人都以这样或那样的形式参与产品管理，每个人都需要了解自己的角色、职责、产出，以确保产品价值交付。

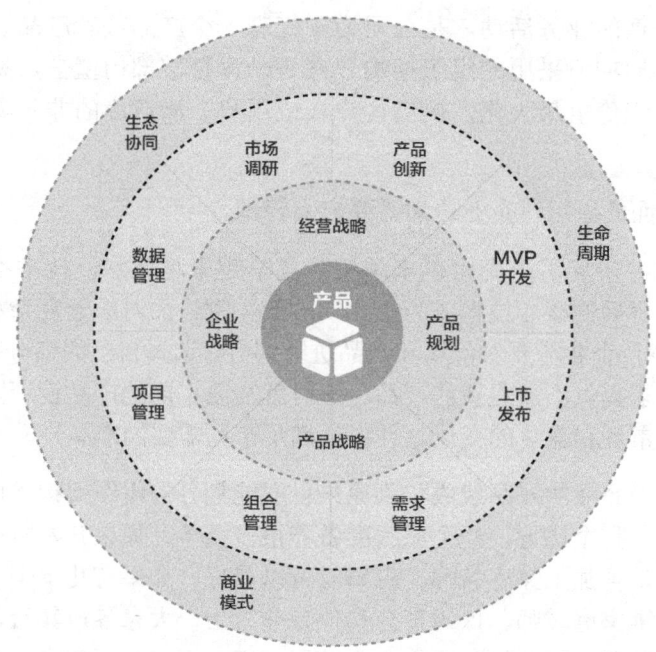

图 1-24　以产品为中心的企业管理

　　这是不是意味着产品管理将支撑起整个企业呢？不是。尽管产品管理根植于整个企业的基因中，它接触并影响着整个有机支撑结构——企业内的所有职能。想象一下人的身体，产品管理在基因物质中，在骨骼中，在循环系统中，在神经系统中，当然也在控制中心（大脑）中。

　　由于商业世界飞速前进，许多公司获得了一种顿悟。企业领导者说："我们正在改组公司，把焦点放在产品管理上。我们将振兴产品管理这一职能。"通过调研这些公司的所作所为及其原因，我们清楚地看到：他们意识到产品管理为其改变旧的管理模式提供了方法。他们想要把重心放在产品管理上，把产品管理当作小型企业，即整个大企业中的小企业。另外，这些公司力图将一条产品线或产品组合中的所有产品一同管理，这样可以同时管理一个系列的投资。许多原因促使企业决定重组，包括产品绩效差、全球市场产品重复甚至于渠道冲突。改革常常是由问题引起的，通常是一些业务问题或挑战，使一家公司将转向产品管理作为出路。

1.4.3 产品经理负责制是大趋势

我们已经提出了产品管理的详细定义。为了全面理解这一定义,我们还要解释一下产品管理如何将优秀的理念变为成功的产品,以及公司如何从精心组织的产品管理结构中受益。任何一项经营策略或管理思想,必须落实到责任体系与组织结构中,才能得到贯彻执行。产品管理也是一样,其核心是要推行产品经理负责制,按产品品类进行管理,由产品经理担当责任与目标管理,形成企业的组织结构与管控体系,如图1-25所示。

图1-25　产品经理负责制下的组织结构

产品经理负责制是指产品经理在企业中对商品产品化和商业化全过程和最终结果负责的机制,是全面产品管理思想的核心所在。按照目标管理的思想,组织目标的实现必是通过逐层分解来层层担当的。由于企业的利润中心核算总是按照其对外提供的产品或服务来进行的,因此不管组织目标怎样分解,最终总要落实到产品或产品类上来。有些单位看上去业绩目标是按职能部门来分解的,实际上职能部门只会是目标归集的单位,任何一份销售业绩的发生,承载对象还是产品或服务,部门与业务单位本身是不能被销售而获得收入的。产品经理负责制,就是产品经理对企业中实现收入与利润的产品从无到有、从投入到收益、从发展到衰退全程全面负责,为产品的最终绩效负责,如图1-26所示。

按照产品管理的思想,既然专职产品策划的经理、产品设计的经理,并不是严格意义上的产品经理,那么谁是真正的产品经理呢?企业按照什么维度划分产品品类,并且按照这个维度采取了责任制体系，谁就应该是产品经理。有些企业经营的业务领域比较集中，业绩目标难以划分为不同的品类分别下达，只能强调整体经营，那么企业最高的领导人就是其真正意义上的产品经理。乔布斯在苹果公司就称自己是最高产品官（CPO），马化腾称自己是腾讯最大的产品经理，这都是不无道理的。而有些企业参与的业务领域比较多，虽各产品品类间具有较高的独立性，采取事业部制或者其他的业务单元制，这时其事业部的总经理或各业务单元的负责人，都应该是真正意义上的产品经理。从这里可以看出，并不是公司一定要有产品经理这样的岗位，才是实施了产品经理负责制。只要企业目标是按产品来组织运营与责任担当，就会有实质上的产品经理的岗位。

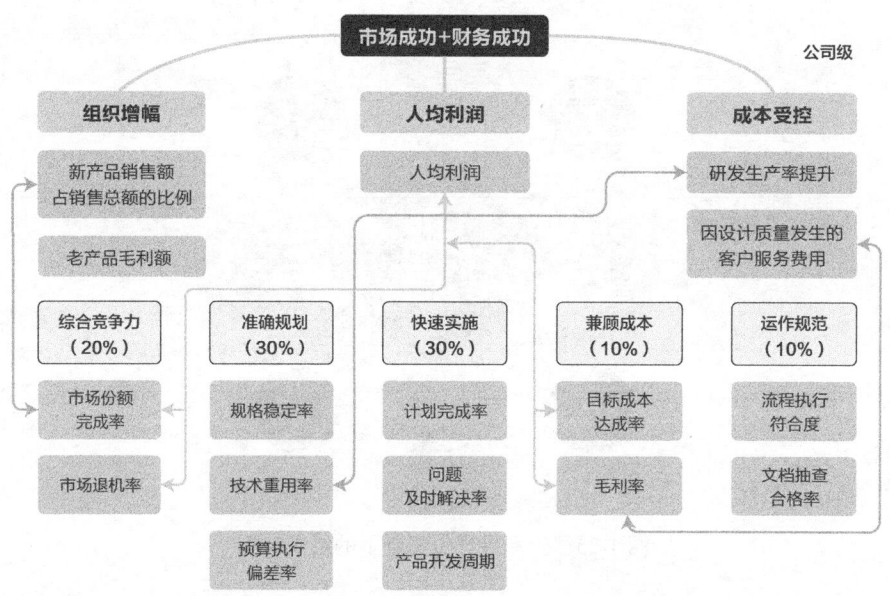

图 1-26　产品经理负责制下的产品绩效管理

对于产品线众多且界线清晰的企业，在需要采取按产品线实施不同的经营策略或管理模式，以分别进行业绩核算与资源配置时，产品经理负责制就是不二的选择。产品经理的岗位一般才会明确地提出来。产品经理岗位的提出，不但明确赋予了产品经理全过程跟踪与目标实施的职责，也区别了其与产品策划经理、产品设计经理、项目跟进与协调经理的差异，这也是常说的"产品经理是无冕之王""产品经理就是帅"的由来。

市场竞争日趋激烈，产品的供需已经发生了本质的变化，企业对外必须更加关注产品的竞争优势，对内强化产品管理以降低成本，才能在市场中竞争获取生存空间，靠"山寨"生存的时代一去不复返。这必须依托专业化的产品管理人才和产品管理知识，对产品经理进行充分的授权，执行产品经理负责制。

> **注意**
>
> 　　产品经理负责制的明确与实施，区别于行政领导责任制，也会带来职业经理人在企业中的定位、行政负责人的定位等实际问题。这是产品经理负责制的最大困惑与窘迫之处，需要在工作中去面对和定义。

1.4.4　MVP 做最小可行性产品

最小可行性产品（Minimum Viable Product，MVP）是一种产品思想，它是以极低的成本、最快的速度，向用户交付产品的主要功能及特色。然后，通过及早地接触用户，获取客户反馈和市场验证来改进产品，迭代升级，以避免窝在家里做没人要的产品。MVP 的应用路径如图 1-27 所示。

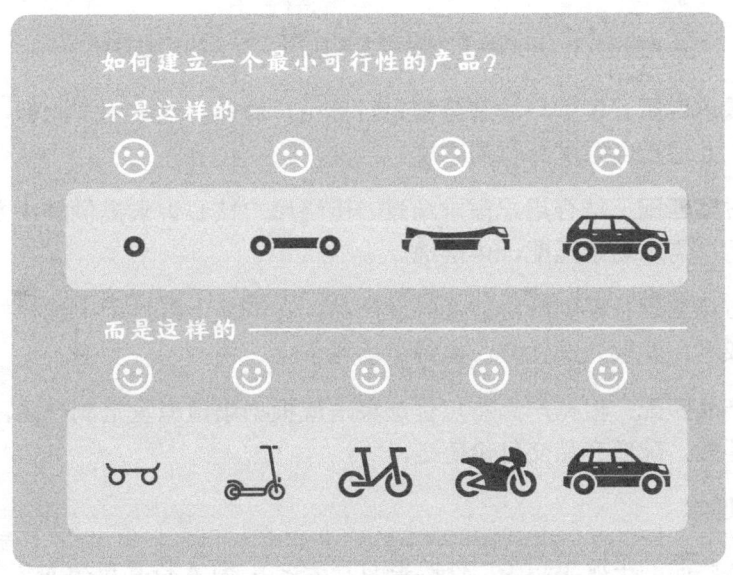

图 1-27　做最小可行性产品迭代思维

MVP 不是每个迭代做出产品功能的一部分，而是每次迭代都要交付一个可用的最小功能集合。这个集合的功能可以满足用户的基本需求，虽不完善但至少可用。然后逐次迭代做出满足客户预期的产品，直至最后完全满足客户需求。

领导新产品开发是产品经理的核心工作职责之一，也是重中之重。在新产品开发过程中，我们首选做最小可行性产品（MVP），这在产品会与 MVP 联盟已经成为一种共识。我们通过 5 年的实践、讨论，精炼形成了一套完整的 MVP 思维、MVP 理念、MVP 原则及价值观，以及 MVP 路线图，为做最小可行性产品（MVP）提供了方法论和实践支撑。

1. MVP 思维

在 MVP 落地执行的过程中首先要具有 MVP 思维，具体体现在新产品开发过程的主要阶段：发现阶段（用户需求匹配）、方案阶段（解决方案匹配）、MVP 阶段（产品市场匹配）和扩展阶段（渠道产品匹配）4 个方面，逻辑结构关系如图 1-28 所示。

图 1-28　新产品开发过程主要阶段及对应的思维逻辑

- **用户需求匹配**：根据市场细分锁定目标用户群体，建立用户画像，挖掘用户真实需求，并通过多维度分析需求度。
- **解决方案匹配**：结合用户需求场景，围绕用户核心诉求提供解决方案，产品创意要与用户需求场景匹配，可落地。
- **产品市场匹配**：根据解决方案开发产品，在产品上市过程中选择抢滩战略，降低试错成本，获取先发优势，赢得市场竞争。
- **渠道产品匹配**：根据产品特点优选渠道或根据渠道流量定制产品，做到产品与渠道相匹配，疏通产品交付价值链。

2. MVP 理念

有关互联网产品的主流思想（一种做事的方法论），有人将其总结为 7 个字：专注、极致、口碑、快。我本人非常认同，但这不适用于所有产品，也不能完全表达做最小可行性产品（MVP）的核心思想。因此，我们在七字诀的基础上，提炼出了 MVP 理念，一共 8 个关键词，用于指导做最小可行性产品（MVP），如图 1-29 所示。

- **创新**：深入细分市场，挖掘用户需求，以创新为驱动，为用户提供可感知价值的最优解决方案。
- **最小**：抓住用户核心诉求并提供最优解，控制需求范围和项目预算，降低产品创新试错成本。

1.4 产品管理：为产品的商业化结果负责 | 31

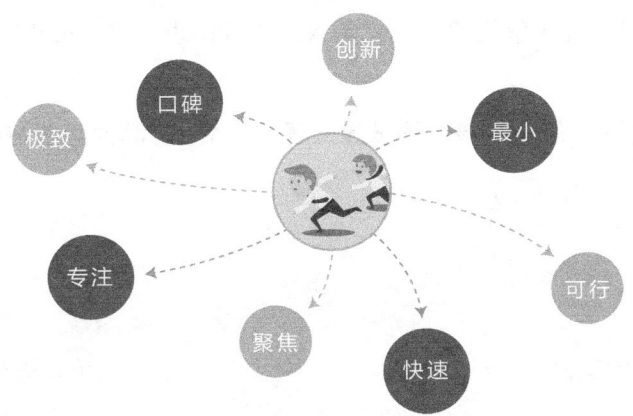

图 1-29 做最小可行性产品（MVP）八大理念

- **可行**：进行充分的市场调研，在产品开发过程中利用科学的方法工具，增加可行性和成功率。
- **快速**：天下武功，唯快不破。调整结构，建立新产品开发战略，快速推陈出新，赢得市场竞争。
- **聚焦**：少即是多，大道至简。聚焦一个领域、一个需求方向进行深挖，打磨产品，做到极致。
- **专注**：专注是单调漫长的，没有足够的耐力、时间、精力和智慧，就无法打磨出极致的产品。
- **极致**：10 倍好。不仅满足用户的基础需求，还要满足用户的期望需求，甚至满足兴奋型需求。
- **口碑**：能够让用户感知超出预期，让用户兴奋，忍不住地说好，自愿推荐给身边的人。

3. MVP 原则及价值观

为了给做最小可行性产品（MVP）提供具体行为指导，我们 MVP 联盟的精英代表经过多次的线上、线下沟通，达成了一些共识。在此将其总结为 12 个原则及价值观（见图 1-30），用于作为 MVP 落地执行的行为准则，以增加可行性，提升新产品成功率。

- **市场要细分**：要研究细分市场，锁定早期用户，并列出早期会采用的客户特征，为用户画像。
- **场景要真实**：用户需求场景要精准、真实，规避主观臆断和片面分析，避免伪需求。

- **需求要痛点**：要了解用户的真实需求，进行需求多维度分析，区分出高频及痛点强需求。
- **方案要可行**：围绕用户核心诉求提供解决方案，产品创意要与用户需求场景匹配，可落地。

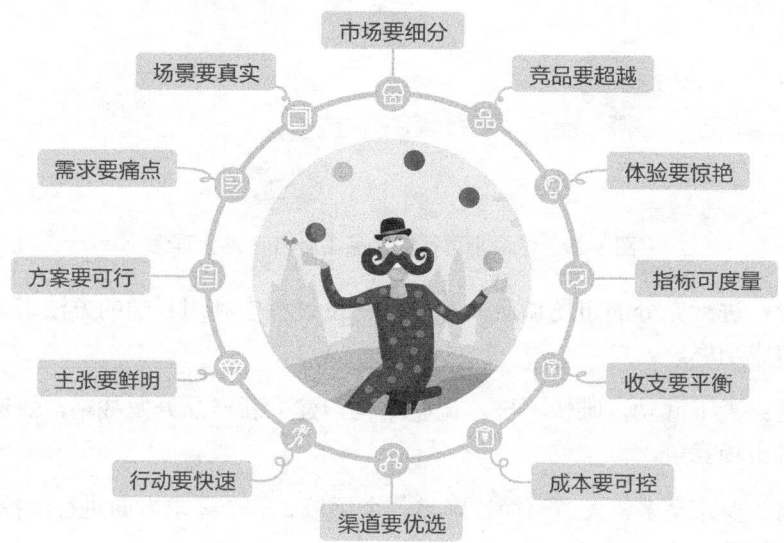

图 1-30　做最小可行性产品（MVP）原则及价值观

- **主张要鲜明**：要具有鲜明的价值主张，如新颖、性能、定制化、品牌/身份地位、价格、效率提升、成本控制、风险控制、可达性、便利性、可用性等，说明产品不同和值得购买的地方。
- **行动要快速**：成立自主型产品项目团队，采用敏捷迭代方法，聚焦结果，对目标负责。
- **渠道要优选**：选择成本最低、路径最短、速度最快的市场渠道将产品价值传导终端给用户。
- **成本要可控**：产品项目制独立核算，要做好成本预算，控制好需求范围及进度，降低试错成本。
- **收支要平衡**：对产品未来 3~5 年的投入和成本进行精算，为投资决策和风险控制提供财务支撑。
- **指标可度量**：产品关键绩效指标可用数据化度量，能通过数据分析决策产品迭代和调整市场策略。

- **体验要惊艳**：能够让用户感知超出预期，给用户带来惊喜，让用户兴奋，忍不住地说好。

- **竞品要超越**：产品解决方案要做到人无我有、人有我精，不轻易被竞争对手复制或超越。

4. MVP 路线图

基于 MVP 思维、理念、原则及价值观做最小可行性产品（新产品开发），我们总结了一条可行的 MVP 路线图，用于指导 MVP 实践，如图 1-31 所示。这也是本书的核心内容及脉络，以此向读者依次讲解做最小可行性产品（MVP）的方法与实践。

图 1-31　做最小可行性产品（MVP）路线图

- **市场研究**：进行市场调研，选择细分市场，明确用户群体，建立用户画像，分析用户需求，首选用户高频、痛点需求，根据需求场景发现产品创意，做到产品创意与需求匹配。

- **产品创新**：缩小用户需求范围，对用户需求与产品创意匹配度、价值度、可行性进行综合评估筛选，调查竞品并进行 SWOT 分析，明确产品竞争优势，提炼产品概念，定义产品。

- **MVP 开发**：根据产品定位设计开发产品，参照产品类别及属性选择适配的产品开发流程（衍生产品优选精益产品流程、新产品选择敏捷产品流程），快速迭代，推向市场进行验证。

- **上市发布**：结合产品抢滩战略，优选渠道及区域进行产品推广，根据市场反馈快速修正，合理定价产品，构建与用户沟通的最佳方式和通道，建立产品品牌认知，加快传播。

本书的核心内容将从产品经理负责制的角度，通过做最小可行性产品的思想、理念、原则及价值观，将生硬的专业化产品管理知识理论、方法、工具贯穿起来，为产品经理提供涉及产品全生命周期管理的耳目一新的思想理念、专业实用的理论方法、丰富多样的工具模板、真实易懂的场景案例。

1.5 总结

本章介绍了产品经理的基础概念定义：企业在产品平台的支撑下开发产品元素及模块，组装成产品，根据产品相似性形成产品线，为复杂的场景需求提供增值服务（产品解决方案），为便于产品价值最大化而进行产品投资组合管理。多元化、海量及复杂的产品结构催生了专业化产品管理。产品经理的核心工作职责并非产品设计，而是产品管理。在以产品管理为中心的企业里，多执行产品经理负责制，产品经理对产品商业化的全过程和最终结果负责。这需要产品经理具有特殊的职业素养、知识技能，肩负产品全生命周期管理的重任，在不同的工作场景切换扮演不同的职能角色；还要求产品经理具有较强的领导力，能够根据需要组建跨职能产品团队，并领导团队达成产品绩效指标，解决团队执行过程中遇到的各种问题障碍。建议在新产品开发时遵循做最小可行性产品（MVP）的思想、理念、原则及价值观。

MVP 行动指南

- 深入学习产品平台概念，致力于建设产品平台，提升产品服务能力。
- 了解产品经理真正的产品管理职责，并根据要求提升自身素养技能，以胜任高阶产品管理职位，实现职业生涯的跃迁。
- 掌握产品团队、跨职能产品团队、高绩效产品团队的特点，并能根据工作需要组建并领导跨职能产品团队完成工作任务。
- 向 CEO 或企业高管普及产品管理知识，宣导产品经理负责制，主动承担更多责任，获取更大职业发展空间。
- 学习 MVP 思想、理念、原则及价值观，践行 MVP 产品路线图，在工作实践最小可行性产品，并总结经验与大家分享。

第 2 章

产品战略：绘制产品行军路线图

学习目标

- 深入理解企业战略，掌握主流的战略理论、方法、工具，并借助职能战略为产品战略服务；
- 学习产品战略知识，结合企业战略谋划产品战略，制定产品战略目标；
- 了解产品规划步骤，掌握规划要点，能根据规划大纲输出产品路线图。

产品战略规划是企业对其所生产与经营的产品进行的全局性谋划。它与企业战略密切相关，也是企业经营战略的重要组成部分。产品战略是否正确，直接关系到企业的胜败兴衰和生死存亡。

本章将从企业战略、产品战略、产品规划 3 个层次进行讲解，帮助产品经理深入理解企业战略，掌握产品战略规划的理论知识、方法、工具和流程，从而制定产品路线图，为产品管理工作提供战略指导。

2.1 企业战略：高屋建瓴掌控全局

企业就像建一栋大厦，愿景、使命、价值观与企业战略目标是房屋的顶层和整体风格；组织战略、竞争战略、创新战略、中台战略、产品战略、技术战略、营销战略、能力战略、知识产权战略等是房屋的架构支撑；产品是企业的根基，产品战略规划的各种方法和工具是房屋的基础，如图 2-1 所示。

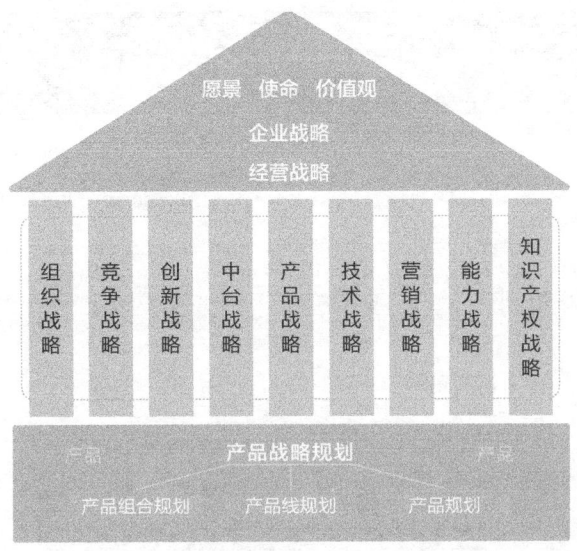

图 2-1 企业战略与产品战略规划架构

修建企业这座大厦,首先我们应该绘制"大厦图纸",即企业战略。企业战略的顶层设计主要包含愿景、使命、价值观、战略目标及经营战略。其次是借助战略规划方法与工具去设计完成企业战略规划,包括组织战略、竞争战略、创新战略、中台战略、产品战略、技术战略、营销战略、能力战略、知识产权战略等。最后将产品战略落实到产品组合规划、产品线规划、产品规划 3 个层次。如此层层落实与实践才能打造出一个优秀的企业,持续提升企业竞争力。

2.1.1 企业战略

企业即组织,组织建立在组织认同之上,组织认同体现在组织愿景、使命、价值观。因此,制定企业战略首先要定义组织愿景、使命及核心价值观。它们是企业的"魂",不仅定义了组织期望实现的目标,还定义了组织的"个性"——组织的行动和感受。

- **愿景**:企业长期努力追求的理想,想成为的样子——我是谁?
- **使命**:企业全体员工努力的理由与目的——我去哪儿?
- **价值观**:企业发展过程中应遵守的行为准则——怎么去?

企业战略为企业的发展树立清晰的战略目标,具体体现在企业的产品经营指标上,各经营战略围绕企业战略及目标展开,为企业战略目标的达成提供支撑。我们通过一个极简的示例来向大家直观地展示一下企业战略,如图 2-2 所示。

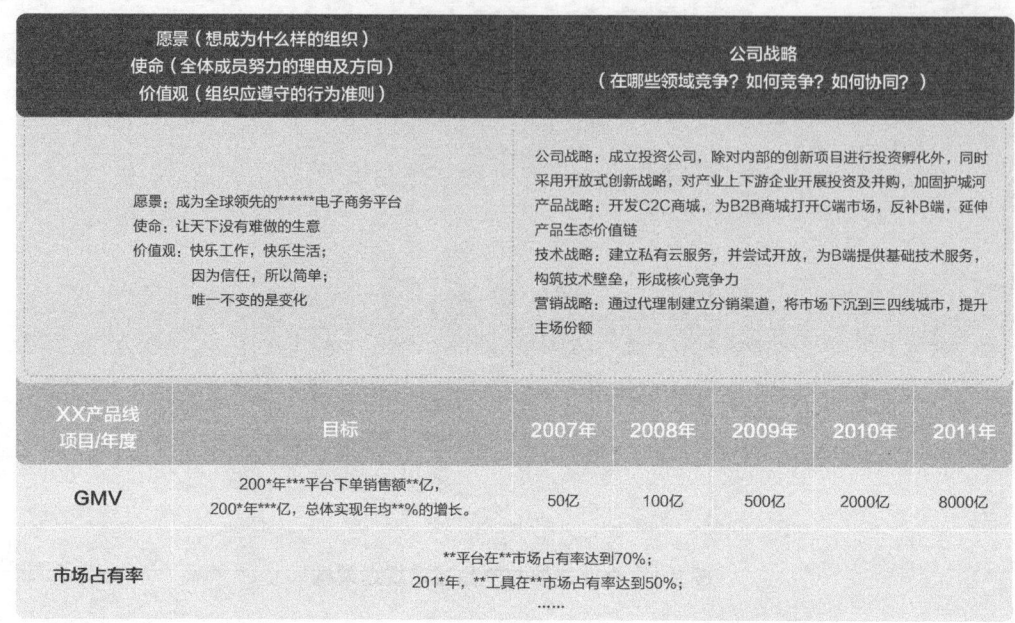

图2-2 示例：某公司愿景、使命、价值观、战略和目标

经营战略是企业面对激烈变化、严峻挑战的环境，为求得长期生存，实现企业战略目标而不断进行的全局性谋划。更具体地说，经营战略是在符合和保证实现企业使命的条件下，在充分利用环境中存在的各种机会和创造新机会的基础上，确定企业同环境的关系，规定企业从事的事业范围、成长方向和竞争对策，合理地调整企业结构和分配企业的全部资源。从其制定要求看，经营战略就是用机会和威胁评价未来的环境，用优势和劣势评价企业现状，进而选择和确定企业的总体、长远目标，制定和抉择实现目标的行动方案。企业经营战略的范围如图2-3所示。

下面揭开企业战略的神秘面纱，即企业在那些领域竞争？如何竞争？怎么协同？企业根据环境变化，依据本身资源和实力选择适合的经营领域和产品，制定竞争战略，形成自己的核心竞争力，并通过差异化在竞争中取胜。一个企业战略就是旨在用来开发核心竞争力、获取竞争优势的一系列综合的、协调的约定和行动。如果选择了一种战略，公司即在不同的竞争方式中做出了选择。从这个意义上来说，战略选择表明了这家公司打算做什么，以及不做什么。

当一家公司实施的战略，竞争对手不能复制或因成本太高而无法模仿时，它就获得了竞争优势。只有当竞争对手模仿其战略的努力停止或失败后，一个组织才能确信其战略产生了一个或多个有用的竞争优势。此外，公司也必须知道，没有任何竞争优势是永恒的。竞争对手获得"用于复制该公司价值创造战略的技能"所用的时间，决定了该公司的竞争优势能够持续多久。

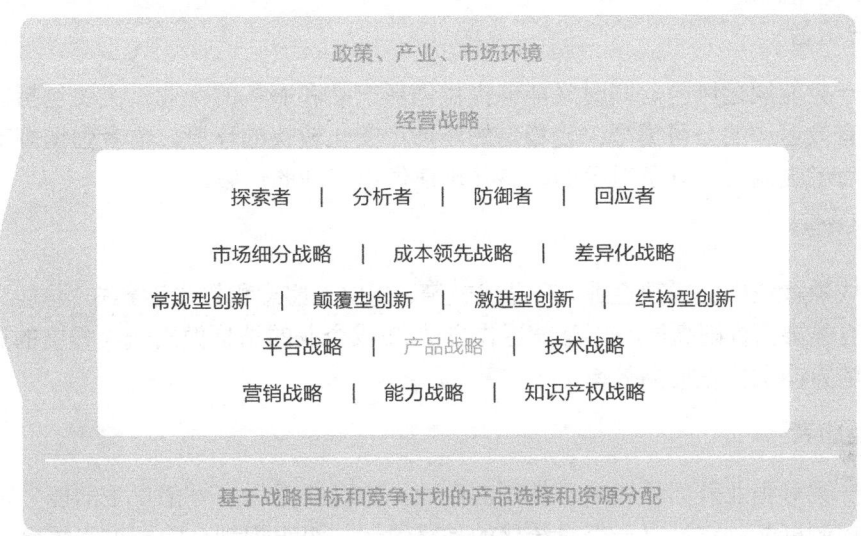

图 2-3　企业经营战略范围

2.1.2　组织战略——迈尔斯和斯诺战略

企业都有自己的组织类型和风格,这与企业所处的政策、产业、市场环境有关,也与企业的愿景、使命和目标有关,但最终取决于企业面对市场竞争和解决产品问题而做出的战略选择。雷蒙德、迈尔斯和斯诺在 1978 年出版的《组织战略、结构和方法》一书中提出了企业 4 种战略类型:探索者、分析者、防御者、反应者,代表了企业面对竞争的态度和战略选择,如图 2-4 所示。

探索者	首先上市,寻求增长,敢冒风险
分析者	快速跟进,产品通常更好
防御者	在稳定市场中维护利基市场份额
反应者	只有在遭遇威胁时才有所反应

图 2-4　雷蒙德、迈尔斯和斯诺的战略框架

1. 探索者

致力于发现和发掘新产品、新市场机会的企业,通常是该产业的标杆。它的核心技能是市场能力和研发能力,它可以拥有较多的技术类型和较长的产品线。

2. 分析者

这是一类能规避风险，同时又能够提供创新产品和服务的企业。主要包括在两种市场环境下能有效运作的公司类型：较稳定的环境；变化较快的环境。前者强调规范化和高效率运作，后者强调关注竞争对手的动态并迅速做出有利的调整。

3. 防御者

作为成熟行业中的成熟企业，产品线较窄，高层不愿意积极探索熟知领域以外的机会。除非顾客有需要，否则高层不愿意就运作方法和/或企业的结构做出较大程度的调整。这类企业努力的方向主要是提高效率。

4. 反应者

这是一类对企业外部环境缺乏控制的企业，它既缺乏适应外部竞争的能力，又缺乏有效的内部控制机能。它没有一个系统化的战略设计与组织规划。除非迫不得已，否则企业不会就外部环境的变化做出调整。

> **注意**
>
> 没有哪一种战略是最好的。迈尔斯和斯诺认为，决定企业成功的并不在于哪一种特定的战略模式，只要所采取的战略与企业所处的环境、技术、结构相吻合，就都能取得成功。

2.1.3 竞争战略——波特战略

竞争战略是由当今全球第一战略权威，被誉为"竞争战略之父"的美国学者迈克尔·波特于1980年在其出版的《竞争战略》一书中提出的。竞争战略属于企业战略的一种，它是指企业在同一使用价值的竞争上采取进攻或防守的长期行为。波特为商界人士提供了3种卓有成效的竞争战略，它们是成本领先战略、差异化战略和市场细分战略，如图2-5所示。

1. 成本领先战略

成本领先战略要求建立起高效且规模化的生产能力，全力以赴降低成本，严格控制成本与管理费用，以及最大限度地压缩研发、服务、推销、广告等方面的成本费用。为了达到这些目标，就要在管理方面对成本给予高度的重视。尽管质量、服务以及其他方面也不容忽视，但贯穿于整个战略之中的是使成本低于竞争对手。该公司成本较低，意味着当别的公司在竞争过程中已失去利润时，这个公司依然可以获得利润。要赢得成本最低的有利地位，通常要求具备较高的相对市场份额或其他优势，诸如与原材料供应商方面的良好关系；或要求产品的设计要便于制造生产，易于保持一个较宽的相关产品线以分散固定成本；以及为建立起批量生产而只对主要客群进行服务。

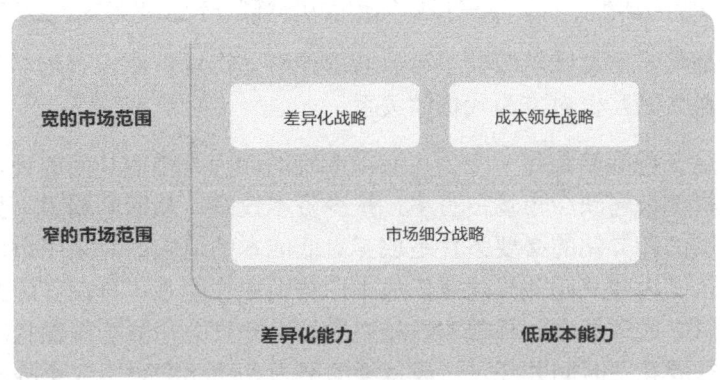

图 2-5　示例：波特提出的 3 种竞争战略

成本领先地位非常吸引人。一旦公司赢得了这样的地位，所获得的较高的边际利润又可以重新对新设备、现代设施进行投资以维护成本上的领先地位，而这种再投资往往是保持低成本状态的先决条件。

2. 差异化战略

差异化战略是将公司产品提供的服务差异化，树立起一些全产业范围中具有独特性的产品服务。可以有许多方式实现差异化战略：设计品牌形象、技术创新或应用创新、性能特点、顾客服务、商业网络及其他方面的独特性。最理想的情况是公司在几个方面都有差异化特点。例如大众公司（Volkswagen）不仅根据市场竞争建立了大众、奥迪、兰博基尼、宾利、布加迪、保时捷等众多世界知名汽车品牌，还利用技术创新和应用创新，凭借其精湛的工艺，在产品质量方面享有优质耐用的盛誉。

波特认为，推行差异化战略有时会与争取占有更大的市场份额的活动相矛盾。推行差异化战略往往要求公司对这一战略的排它性有思想准备。这一战略与提高市场份额两者不可兼顾。在建立公司的差异化战略的活动中总是伴随着很高的成本代价，有时即便全产业范围的顾客都了解公司的独特优点，也并不是所有顾客都将愿意或有能力支付公司要求的高价格。

3. 市场细分战略

市场细分战略是主攻某个特殊的顾客群、某产品线的一个细分区段或某一地区市场。正如差异化战略一样，市场细分战略可以具有许多形式。成本领先战略与差异化战略都是要在全产业范围内实现其目标，而市场细分战略的整体却是"围绕着某一特殊目标服务"这一中心建立的，它所开发推行的每一项职能化方针都要考虑这一中心思想。这一战略依靠的前提是：公司业务的市场细分能够以更高的效率、更好的效果为某一狭窄的战略对象服务，从而超过在较广阔范围内的竞争对手。波特认为，这样做的结果是公司或者通过满足特殊对象的需要而实现了差异化，或者在为这一对象服务时实现了低成本，或者二者兼得。这样公司可以使其赢利的潜力超过行业的平均水平。这些优势可以保护公司抵御各种竞争力量的威胁。

但市场细分战略常常意味着限制了可以获取的整体市场份额。市场细分战略必然包含着利润率与销售额之间互以对方为代价的关系。

波特认为，这3种战略是每一个公司必须明确的，因为徘徊其间的公司处于极其糟糕的战略地位。这样的公司缺少市场占有率，缺少资本投资，从而削弱了"打低成本牌"的资本；全产业范围的差异化的必要条件是放弃对低成本的追求；而采用市场细分战略，在更加有限的市场范围内建立起差异化或低成本优势则更加困难。徘徊其间的公司几乎注定是低利润的，所以它必须做出一种根本性战略决策。一旦公司处于徘徊状况，摆脱这种令人不快的状态往往要花费时间并经过一段持续的努力；而相继采用3个战略，波特认为注定会失败，因为它们要求的条件是不一致的。波特战略优劣势对比如图2-6所示。

战略名称	特点	优势	劣势
成本领先战略	吸引价格敏感型客户，扩大市场份额，规模生产，降低成本，优化供应链	提升价格优势，是保持市场地位的方法	利润低，降低成本会影响产品质量，客户流向竞争对手
差异化战略	聚焦较宽的产品，交付优质产品，建立忠诚的客户关系，获取市场份额	利于建立客户忠诚度，差异化产品性能，获得更高利润率	必须持续创新，开发新产品性能，吸引客户；性能不好可能导致市场份额大幅减少
市场细分战略	也称（聚焦战略）适用于狭小市场，对市场有深入认识，有独特需求	聚焦营销和新产品开发工作，具有很高竞争壁垒，为提高利润率创造机会	依赖单一狭小市场，风险大，容易受到新技术冲击

图2-6 示例：波特战略优劣势对比

2.1.4 创新战略——皮萨诺战略

每个公司都想成长，最成熟的方式是通过创新来成长。传统的观点是，只有破坏性的、敏捷的初创企业才能创新，一旦一个企业越来越大，越来越复杂，企业的"动脉硬化症"就开始了。那么，深陷创新窘境的大企业之殇，灵丹妙药在哪里？

哈佛商学院教授加里·皮萨诺，世界领先的创新、战略、制造和竞争力研究者之一，通过自己30余年的学术研究成果和咨询经验，在《变革性创新》一书中介绍了从IBM到苹果公司的许多成功创新案例，并揭示了它们的成功之道：有的靠打造创新能力；有的靠识别尚未被满足的客户需求；有的靠在熟悉环境或未知环境里打拼。这些案例涵盖了各种创新类型，包括颠覆型创新、结构型创新、常规型创新、激进型创新等。皮萨诺战略案例如图 2-7 所示。

图 2-7　创新画布

1. 颠覆型创新

颠覆型创新不仅仅依靠技术的突破式创新，还包括商业模式创新，比如我们熟知的互联网模式。互联网对原有的商业价值链进行重构，形成新的商业价值生态，创造更大的价值。例如，阿里巴巴电子商务平台对整个贸易供应链的影响，不仅抢占了商超零售的大量市场份额，还改变了原有层层代理供应的利益结构，为上游工厂和终端消费者创造了价值。

2. 结构型创新

结构型创新通常伴随着技术创新和商业模式创新的同步进行，由技术突破式创新而引发商业模式变革。例如，在通信领域，3G 时代的网络语音和社交通信代替了 2G 时代的电话和短信。通信技术的发展不仅革新了通信方式，还改变了三大运营商的盈利模式：由靠电话通信盈利变成靠销售流量盈利；由通信服务商变成通信基础设施提供商。

3. 常规型创新

常规型创新多以现有技术为基础，通过对其改进提升性能，或改变外观增加应用场景，常见于产品的版本迭代升级。例如，iPhone 5 是在 iPhone 4S 的基础上进行的迭代升级，主要增加了尺寸，改变了外观，其他功能或性能指标无较大改变提升。这就属于常规型创新。

4. 激进型创新

激进型创新也常称为突破式创新，常见于技术创新，依靠技术突破颠覆变革原有市场，主要表现在效能和成本优势上。例如，在存储领域，激进型创新体现在存储方式、容量、尺寸上，每一次的技术突破都给产业和行业带来了巨大改变：固态硬盘 vs.机械硬盘；大容量 vs.小容量；移动存储设备 vs.固定存储设备。

2.1.5　平台战略——产品平台

中台战略是近几年兴起的热点概念，本质上是企业在谋求平台化模式转型的过程中，为了解决既有的前台、后台协作不力的问题，所叠加出来的新管理对象。在当今互联网时代，用户是一切商业行为的基础。为了快速响应用户需求，平台化模式的优点得到充分体现，因为它赋予或加强了企业的用户响应能力，可以帮助企业在竞争中先发之人。

在平台化模式中，组织前台通常是指企业最终用户直接使用或交互的系统，是企业与用户的交点。为了保持良好的用户响应能力，组织前台通常表现为小规模、灵活机动。相比之下，组织后台通常是指管理企业核心资源的系统，这些系统更加强调稳定、规范，往往受到安全、审计、合规、法律等方面的限制，无法快速变化并直接支持前台的创新需求。在此情况下，为了确保前台、后台既能各司其职，又能协调一致，就衍生出了中台这一解决方案。大家熟知的阿里巴巴中台战略集中表现为业务中台与技术中台，如图 2-8 所示。

图 2-8　阿里巴巴技术栈全景

所谓中台，是指真正为前台而生的平台（可以是技术平台、产品平台、业务能力甚至是组织机构），它存在的唯一目的就是更好地服务于前台规模化创新，进而更好地响应服务引领用户，使企业真正做到自身能力与用户需求的持续对接。中台就像是在前台与后台之间添加的一组"变速齿轮"，将前台与后台的速率进行匹配，是前台与后台的桥梁。它为前台而生，易于前台使用，同时将后台资源顺滑流向用户，响应用户。

波特咨询基于研究及企业实践发现，企业的中台战略主要包括两种发展方向：将早已臃肿不堪的前台系统中的稳定、通用的业务能力沉降到中台层，为前台系统减肥，恢复前台的快速响应能力；将后台系统中需要频繁变化的或是需要被前台直接使用的业务能力提取到中台层，赋予前台业务能力更强的灵活度、更低的变更成本，从而为前台提供更强大的"能力炮火"支援。具体到不同企业，中台战略的表现形式包括业务中台、数据中台、技术中台、研发中台以及组织中台等多种类型。

从产品视角来看，企业围绕产品开展工作，为用户交付价值。在多产品、多产品线、多产品组合的产品管理中建立产品平台是非常必要的，如图 2-9 所示。在以产品为中心的企业管理模式下，业务中台、数据中台、技术中台、组织中台等战略都应以支撑产品平台及产品价值交付为导向。

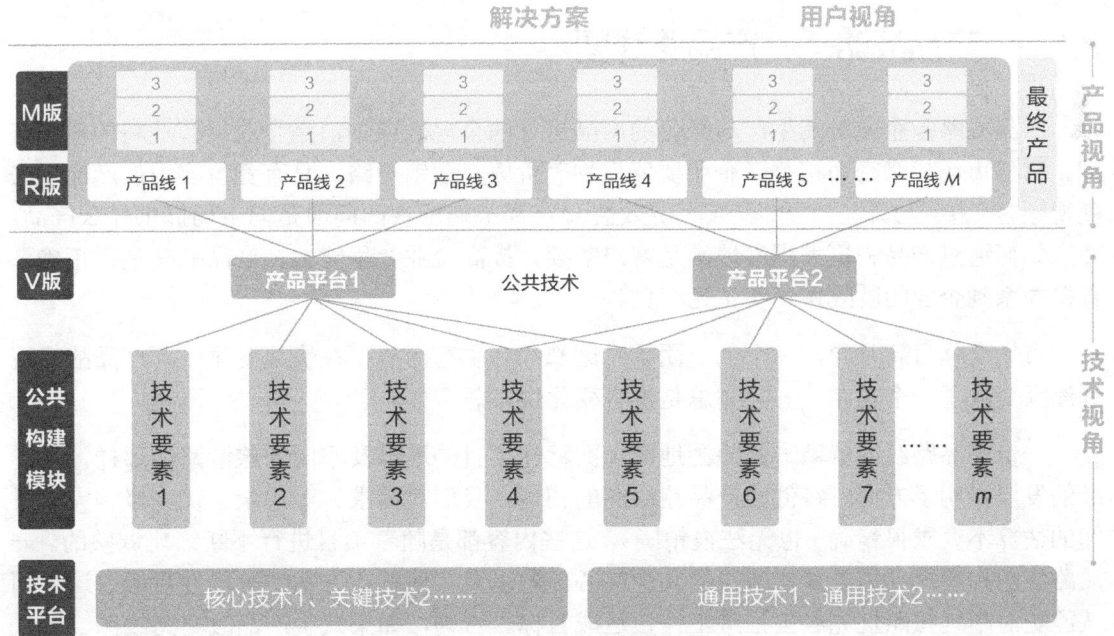

图 2-9 中台战略之产品平台

对于中台战略的设计、实现与持续更新，主要有两个关键决策点。

- **能力转化是核心**：无论何种形式、何种导向的中台战略，其本质必须是能力转化，即围绕"以产品为中心的持续化规模创新"这一目标，将后台的一种或多种资源转化为前台易于使用的特定能力，帮助企业赢得竞争优势。
- **价值评判看前台**：评价企业中台战略的成功与否，最终既不是技术的先进性，也不是转化和提供了哪些能力。主要的评价权还是来自于前台业务。前台想不想用、爱不爱用、好不好用，帮了前台多大的忙，从中台获得了多大的好处，愿意掏出多少利润来帮助建设中台，这才是甄别中台战略对错好坏的标准。

当然，中台战略并不是普遍适用的万能模式，企业还是要结合自身业务特征、运营特点进行整体考量。一般来说，当企业存在多种形态的产品服务，且这些产品服务在资源、场景、模式等方面存在共性特征时，借助中台战略来提升整体运营管理的效能是相对可行的。也就是说，中台的威力在于产品服务重用。阿里巴巴是很好的例子，它的一套技术中台可以应用于多个产品服务。如果产品服务差异巨大，无法找到可重用的场景组件，则中台威力就大大受限。不过目前没有不代表以后没有，很多企业建中台的目的就是想从现在的产品服务中提炼可复用的场景组件，复用到其他新的领域和产品服务中，构建生态。这也是企业未来发展的一种路径选择。

2.1.6 产品战略——产品路线图

产品战略是企业对其生产与经营的产品进行的全局性谋划，是企业经营战略的重要基础。它与市场战略密切相关（企业要依靠物美价廉、适销对路、具有竞争实力的产品，去赢得顾客，占领与开拓市场，获取经济效益）。产品战略解决的问题是向市场提供什么产品，并应如何通过产品去更大程度地满足客户需要，提高企业竞争能力。产品战略是否正确，直接关系到企业的胜败兴衰和生死存亡。

市场变化日新月异，一个创业团队时刻都在为生存而战。在快速变化中，产品战略规划逐渐变成了一个难题——计划总是没有变化快，怎么办？

一份产品路线图就像一张旅游地图上面标注了目的地以及不同的旅游路线那样，为产品的发展指明了方向。在创建产品路线图的初期，我们对需求、工作量、优先级、完成时间的估算不要求很精确（也无法很精确），这些内容都是随着项目进行不断细化调整的。产品路线图指明产品需要聚焦解决的几个核心问题以及实现解决方案的阶段性目标。这样团队能更清晰地按照优先级去推进工作，达成目标。否则，如果缺少产品战略路线图，团队则很可能在毫无价值的事情上浪费大把时间却毫无察觉。以苹果的 iPhone 手机为例，其历年及各版本的迭代路线图如图 2-10 所示。

时间	2013年	2014年	2015年	2016年	2017年	2018年
苹果型号	iPhone 5S	iPhone 6	iPhone 6S	iPhone 7	iPhone 8	iPhone X
苹果型号						
PCB分析（系统+咨询）主板——正面			未分析（考虑到与iPhone 6接近）	未分析（考虑到与iPhone 6接近）		
手机表面积（mm²）	7254.68	9252.7	9279.93	9279.93	9314.32	10181.24
手机厚度（mm）	7.6	6.9	7.1	7.1	7.3	7.7
PCB表面积（mm²）	1517.97	1834.73	1834.73	1834.73	1800	1849.2
PCB/手机面积比	21%	20%	20%	20%	19%	18%
技术	减成工艺	减成工艺	减成工艺	减成工艺	减成工艺+mSAP	三明治PCB减成工艺+mSAP

图 2-10 iPhone 产品路线图

产品路线图可以针对特定受众、信息类型、不同关键点进行定制，针对外部利益相关者和内部管理层提供完全不同的信息。根据产品的类型、数量，路线图可以包括一个或多个产品，或者包括产品和功能作为信息单元。

2.1.7 技术战略——技术路线图

进入 21 世纪，在全球化背景下，技术发展更加迅速，技术资源的重要性和转移性增强，技术战略在企业战略中的地位显著提高，任何类型的企业总体战略都不能忽视技术战略。

技术战略是技术创新领域的行动总路线。它指明了在市场竞争环境中，企业希望在技术上占据怎样的地位，如何通过技术创新和通过什么类型的技术创新来占据这一地位。技术战略的目的不是技术本身，而是通过技术提高企业的资源——能力价值，使企业在市场竞争中持续保持优势。技术战略的效果最后要体现在企业的产品和服务中，因此它不仅仅是技术引进和技术开发的过程，还包括广泛的资源、能力和市场机遇中的技术方面问题，其直观的呈现方式为技术路线图。

技术路线图最早出现在美国的汽车行业。汽车企业为了降低成本，要求供应商提供它们产品的技术路线图。这个工具为设计和研发工程师与进行市场调研和营销的同事之间提供了交流的渠道,建立了各部门之间识别重要技术、传达重要技术的机制,使得技术服务于未来的产品开发和应用。

技术路线图是指应用简洁的图形、表格、文字等形式描述技术变化的步骤或技术相关环节之间的逻辑关系。它能够帮助使用者明确该领域的发展方向和实现目标所需的关键技术,并将市场、产品及技术的演变信息置于一张图中展示出来,如图 2-11 所示。纵向上它有力地将目标、资源及市场有机结合起来,并明确它们之间的关系和属性;横向上它可以将过去、现在和未来统一起来,既描述现状,又预测未来。技术路线图具有高度概括、高度综合和前瞻性的基本特征。正因如此,它已经广泛应用于政府管理、企业经营、科学研究、技术研发等方面。

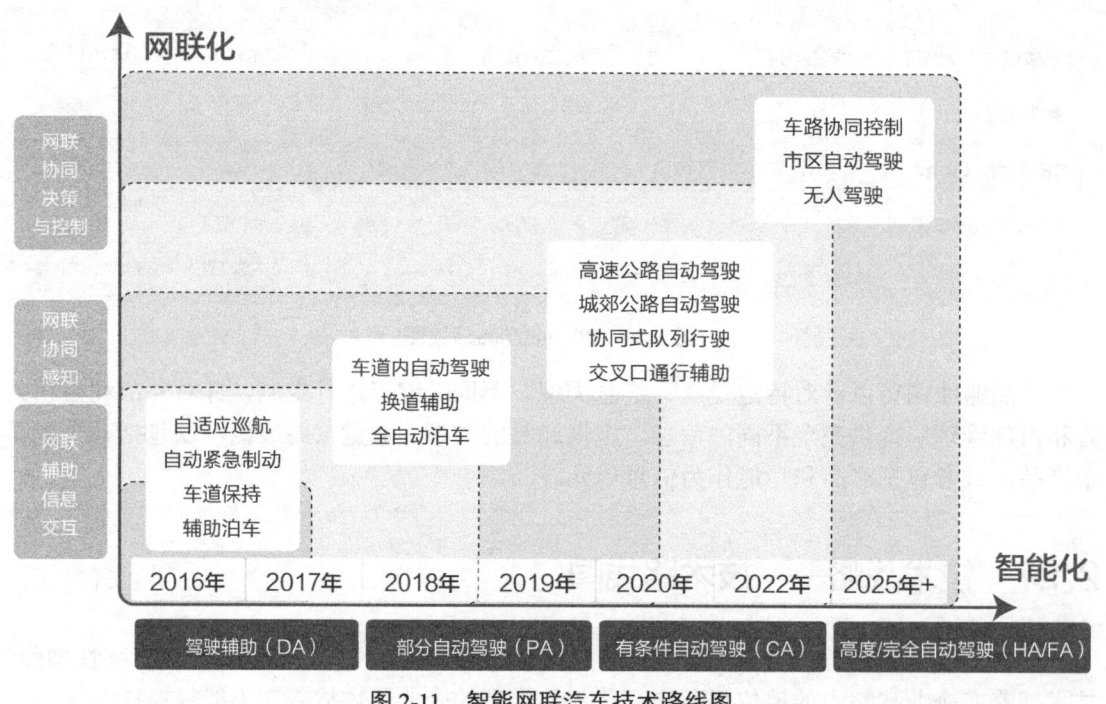

图 2-11 智能网联汽车技术路线图

在绘制技术路线图时,需要关注其关键组成要素:时间规划、层次关系、重要突破点等。借用信息分析的手段,从战略信息资源(如期刊论文、会议录、报纸等)中分析抽取出具有时间性提示(如本研究正处于起步阶段或进入成果多发期等)、趋势性提示(如搜索引擎技术的发展趋势是智能搜索)、关系性提示(如汉语切分技术对于个性化搜索引擎的发展至关重要)的典型观点,然后将这些观点进行分类、整理、统计,按技术路线图的层次性提炼出技术和科学发展的描述性认识;并根据不同观点的统计数据排列出不同技术的重要程度和先后顺序;依据关系性提示信息建立不同层之间、不同观点之间的相互联系,依据时间性提示粗略地确定出不同观点的时间预测,然后通过专家访谈或问卷调查明确具体的时间规划,最后绘制出技术路线图。

2.1.8 营销战略

市场领导者掌握了40%的市场份额,该公司拥有整个市场中最大的市场份额;另外30%的市场份额掌握在市场挑战者手中,而且它们正在为获得更多的市场份额而努力;还有20%掌握在市场追随者手中,它们是在试图维持现有的市场份额,并不希望扰乱市场的局面;剩余的10%被市场利基者控制,这些公司存在于那些大公司所不感兴趣的小细分市场。在市场竞争中,企业要想保护自己的市场地位,或向其他竞争对手发起攻击,替代其市场地位,就必须依靠市场营销战略。

市场营销战略是指企业在现代市场营销的观念下,为实现其经营目标,对一定时期内市场营销发展的总体设想和规划。市场营销战略作为一种重要战略,其主旨是提高企业营销资源的利用效率,使企业资源的利用效率最大化。由于营销在企业经营中的突出战略地位,使其连同产品战略组合在一起,被称为企业的基本经营战略,对保证企业总体战略的实施起到了关键作用。尤其是对处于激烈竞争中的企业,制定营销战略更显得非常迫切和必要。

市场营销战略服务于企业经营战略,以业务目标为导向(见图2-12)。根据购买对象的不同,将顾客划分为若干种类,以某一类或几类顾客为目标,集中力量满足其需要,这种做法叫作确定目标市场。这是市场营销首先应当确定的战略决策。市场营销战略主要包括两项内容:营销组合管理(包含产品包、定价、渠道、促销策略等);营销计划,设计具体的任务和活动,以实现营销战略业务目标(更多详细的内容及实操将在第6章介绍)。

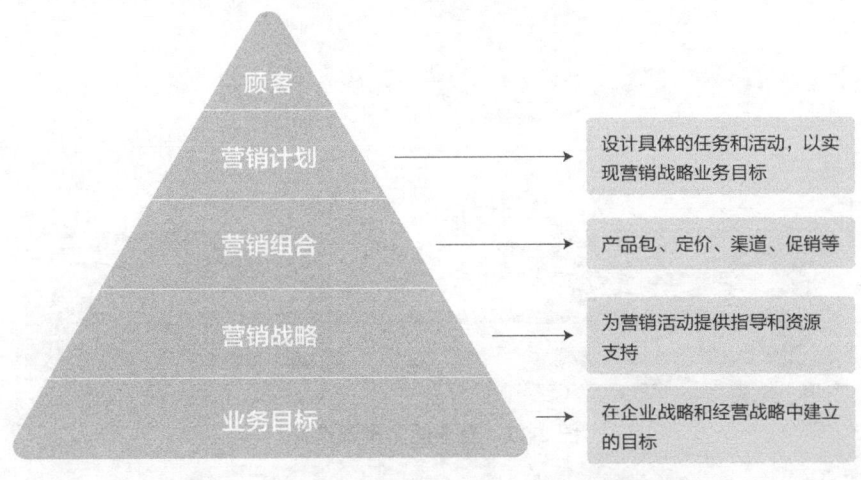

图2-12 市场营销战略:从业务目标到营销计划

2.1.9 能力战略

彼得·德鲁克说:"竞争战略的主要目的是为了能比竞争对手更好地满足顾客的需求。"这不仅需要企业在战略上提供支持,而且需要与能力有效地结合,即从企业能力战略的角度思考问题。因能力不足而流产失败的项目数不胜数,甚至可以说任何一家企业的失败都是能力缺失的体现。

那么,什么是企业能力战略呢?

企业能力战略是指企业能够为企业战略提供能力支撑的战略,确保企业在市场竞争环境中能够拥有资源和能力来赢得竞争。企业拥有一定的资源是必要的,但关键要看企业所能利用的资源数量和利用资源的方法与效率;企业拥有一定的核心能力是必要的,但关键是要寻找到差距,寻找到未来正确的成长方向。这就是为什么企业要制定能力战略。它是企业创造持续竞争优势的充分条件,即企业有了能力,肯定能为企业创造价值,获得竞争优势。

企业可能通过自身拥有的资源和能力,在一时一事上获得竞争优势,但要想不断获得竞争优势,实现可持续的有质量的稳健发展,必须拥有能力战略。企业能力主要是从企业成长的过程中积累而产生的,包括技术、设备、管理、营销等方面;但也可以通过市场交易而获得,只是可能需要很大的搜寻成本和转换交易成本。

因此,企业在制定能力战略时应从内外两个方向入手,如图2-13所示。

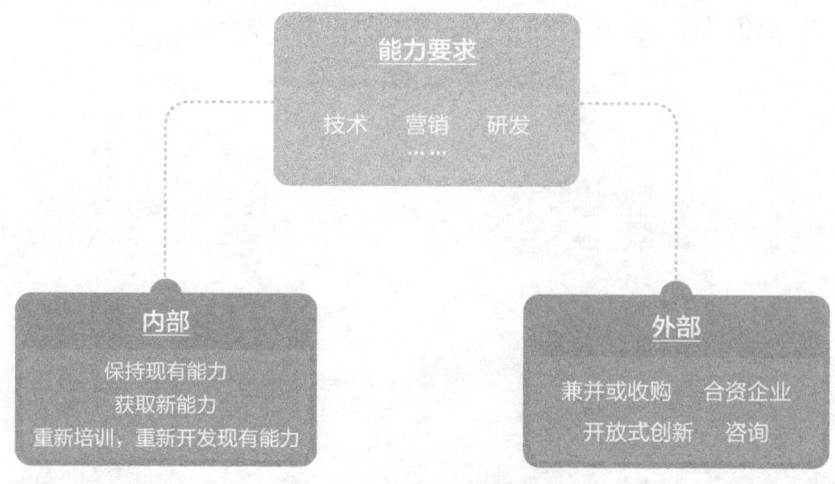

图2-13 企业能力来源选择

2.1.10 知识产权战略

21世纪是知识经济的时代，创新是知识经济时代的灵魂。一方面，没有创新，企业便失去了发展动力；另一方面，企业因创新而产生的知识产权如果得不到有力的保护，那么创新便会很快被复制，不仅创新成本无法回收，而且会因创新成本而增加产品价格，使创新产品失去市场竞争力。因此，对于企业而言，尤其是高新技术企业，不创新是死路，创新而不保护更是死路。

企业资产不仅包括看得见、摸得着的有形资产，而且还包括看不见、摸不着的无形资产。无形资产的价值往往比有形资产的价值大得多，如一个技术含量颇高的专利、一个信誉良好的商标，其蕴含的市场价值是不可估量的。以专利为例，专利产品首先可以排除竞争对手的模仿和复制，提高专利产品在相关产品市场中的市场份额。另外，要想了解一个企业的创新能力，一个简单的方法便是了解企业的知识产权拥有量。知识产权拥有量能够强有力地证明企业的创新能力，可以以此获取客户信任，树立企业品牌。此外，知识产权还可以为企业带来许多利益，如许可他人使用知识产权的许可费、无形的广告效应、申请政府项目以获取政府资金支持等。

在企业发展战略中，知识产权战略是其重要的组成部分。知识产权主要包括商标、专利、著作权、商业秘密、创新设计等。企业研发新产品（此处指广义的产品，包括一切有形和无形的产品）必然会投入大量的人力、物力和财力。如果不对知识产权进行有效保护，那么竞争对手便会通过模仿、复制、反向工程、商业间谍等不正当手段低成本地获得知识产权，从而生产出新产品来参与市场竞争。由于其新产品没有投入研发成本，因此价格自然较低，这样会严重损害投入研发成本的创新企业，有时这种损害是致命的。

知识产权虽然在形态上有其特殊性，但它仍然是客观实在的财产。知识产权管理实质上是知识产权人对知识产权实行财产所有权的管理。所有权是财产所有人在法律规定的范围内对其所有的财产享有的占有、使用、收益和处分的权利。所以，我们仍然可以对无形的知识产权进行科学管理，提高知识产权的经营、使用效益。常见的企业知识产权战略可分为战略型、主动型、优化型、回应型，在各个层面上体现的差异性如图2-14所示。

尽管当前对知识产权的保护力度不够，知识产权的侵权行为得不到有力惩罚，企业对知识产权丧失信心，但是我们应该用发展的眼光看问题，不能以昨日之心度今日之事。全球经济一体化是必然趋势，统一的市场必然要求加强对知识产权的保护力度，否则企业便不会有国际市场，更不会有国际竞争力。而且，我国对知识产权的保护力度也在逐年增加，这是客观形势的必然要求。因此，企业不应担心知识产权得不到有力的保护，而应担心企业没有知识产权。

	战略型	主动型	优化型	回应型
技术研发与产品开发	与企业保持一致	业务驱动知识产权管理	知识产权驱动战略优化	事后考虑知识
知识产权组合管理	对研发的知识产权输入及输出进行组合管理	对业务相关的知识产品进行组合管理	为获得竞争优势进行知识产权组合管理	无知识产权管理
知识产权货币化	知识产权获取、并购、变现，以收入为目标	主动识别授权伙伴	业务驱动制定知识产权货币化与并购目标	被动回应知识产权机会
知识产权竞争情报	持续分析完整的知识产权竞争情报	关注关键行业角色知识产权竞争情报	在制定经验战略时关注知识产权竞争情报	特定情况下被动驱使搜集知识产权竞争情报
知识产权风险诉讼	依法保护知识产权	外部监控风险防御侵权	存在知识产权风险	回应意外诉讼

图 2-14　知识产权管理方法

在当今经济快速发展的时代，知识产权对企业的发展有着十分重要的意义，在本企业建立和完善的知识产权保护制度是必须考虑、实施的问题。只有这样才能更好地保护本公司的知识产权不受侵犯，并且能更好地利用知识产权来鼓励员工创新，降低产品成本，增加企业利润，防止窃取研发成果，使企业在激烈的竞争中占领专利的至高点，从而使企业在复杂的经济环境中立于不败之地。

> **注意**
> 对企业而言，一方面要保护自己的产品不被侵权，另一方面也要防止自己的产品侵犯他人的权利。

2.2　产品战略：全局性谋划产品发展

产品是企业的生命，是企业健康发展的基石，是企业与代理商、经销商以及消费者沟通的桥梁。产品，一个至关重要的经济要素，通过产品与货币的交换获取利润，承载着众多企业家的梦想。可见，产品是一个企业发展的命脉。企业是否有好的产品，产品能否适应市场的发展和需要，是决定企业是否持续发展的核心动力。产品不仅要适应市场，还要引领市场。企业要有超前意识，按市场发展趋势不断开发新产品。这就需要从全局视角谋划产品发展，制定产品战略。

2.2.1 持续性创新

在如今这个竞争激烈的时代,企业现状不容乐观。当所有人都用同一种方法寻求成功时,怎样才能杀出重围,进行全新的突破呢?答案无疑是创新。创新通常分为 3 类:持续性创新、颠覆性创新和开放性创新。

所谓持续就是延续、继续。持续性创新是一种渐进的创新。它建立在现有的产品、现有的市场和现有的技术基础设施之上。它的主要任务是不断地改善产品和不断地专业化。如苹果公司逐年依次发布了 iPhone 5S、iPhone 6、iPhone 6S、iPhone 7、iPhone 8、iPhone X 等一系列升级产品。再如微软的操作系统,由最初的 Windows 1.0 发展到 Windows 95、Windows 98、Windows 2000、Windows XP 等,如图 2-15 所示。

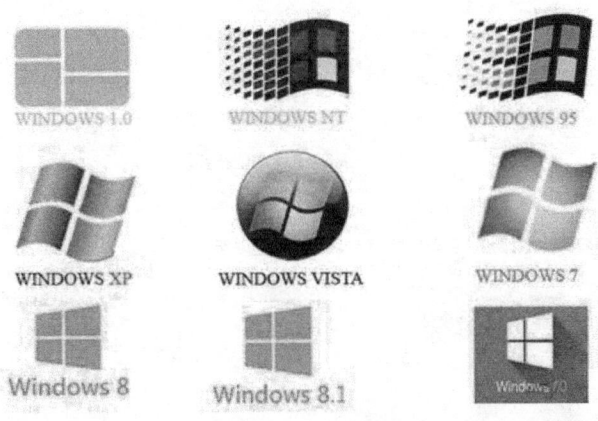

图 2-15　Windows 系统持续性创新过程

持续性创新在创新的过程中,并不完全否定原有的技术,而且往往会借用原有技术的部分甚至核心要件,在其基础上进行进一步的修复与完善。实际上,在持续性创新的过程中,其对原有技术的发展会基于现有市场与网络的方便之路,迅速地达到商业化的目标,在获取利益的同时留住顾客,也将技术留在了市场上,让技术起到持续的商业创造作用。

持续性创新是产品战略的基本组成部分,它基于市场需求、基础研究、应用研究,或综合已有的科学技术,通过引入新工艺、新技术、新管理方法,并引入生产系统,实现产品服务迭代升级,以求持续地开拓市场,占领新的市场,从而更好地满足市场需求。持续性创新在互联网行业尤为常见,比如提升用户体验、版本升级、新增功能等都是持续创新的表现。

> **注意**
>
> 以持续性创新的观点来看,初始创新者未必能从创新中获益最大,而模仿者或竞争对手可能受益最大。如慧聪网是中国电子商务服务的先行者,而阿里巴巴却从中获益更大。这一现象对我们产业竞争策略的制定有很大启示意义。

2.2.2 颠覆性创新

持续性创新是对产品进行流程优化、功能增加、迭代升级、体验改善,从而提升市场竞争力。而颠覆性创新指的是引入新技术、产品或者服务来推动变革,在市场竞争中获得绝对竞争优势,起到替代的作用。持续性创新与颠覆性创新的不同体现如图 2-16 所示。

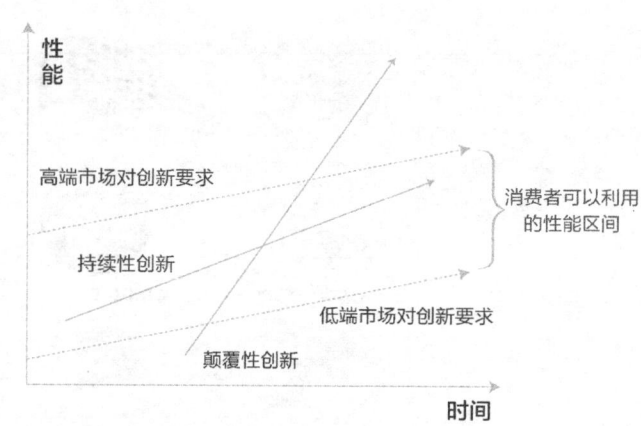

图 2-16 持续性创新与颠覆性创新

颠覆性创新的案例有很多。免费的 360 杀毒软件冲击了瑞星、金山毒霸、卡巴斯基的按年付费模式,从赚用户的钱到赚广告费,这是商业模式的颠覆性创新。阿里巴巴依托互联网及信息技术开发阿里巴巴、淘宝、天猫等电子商务平台,从线下商场、代理商、零售商那里抢占了大量批发及零售市场份额(2019 年上半年达到 24.7%),这是技术应用颠覆性创新。随着 3G、4G、5G 网络通信技术的突破及普及应用,腾讯的 QQ、微信逐步成为了人们最主要的通信工具,对移动、联通、电信的计时通话市场造成了巨大冲击,这是技术颠覆性创新。在 2.1.4 节我们提到,颠覆性创新不仅来源于技术突破式创新,还来源于商业模式创新。多数颠覆性创新是技术突破式创新和商业模式创新共同作用的结果。

颠覆性创新虽然可以给企业带来巨大的利润,甚至是主导市场的地位,但是也面临巨大的投资风险。在巨大的利润的诱惑下,众多初创企业蜂拥而至。建议创业者在选择颠覆性创新战略时一定要做可行性评估,特别是能力评估,通过制定配套的能力战略确保颠覆性创新成果可以落地。中小企业在采用颠覆性创新战略时也要慎之又慎。

大型企业虽然有颠覆性创新的条件,但其自身已在行业中处于有利位置,缺乏颠覆性创新的动力,往往对颠覆性创新采用的是防范的态度。然而从市场的实践来看,往往是因为这种傲慢的态度,使那些采用颠覆式创新的创业企业有了可乘之机,上演了一幕又一幕"兔子扳倒大象"的好戏。对大型企业而言,颠覆性创新意味着员工要迅速适应不同的生产开发或者市场营销方式,这常出现"船大难调头"的局面。克莱顿在《创新者的窘境》一书中也指出,大企业在颠覆性创新领域困难重重,缺乏环境基础,往往以失败告终。多数大企业通常采用开放性创新战略,通过授权、投资、并购的方式来应对颠覆性创新。

2.2.3 开放性创新

20世纪80年代以前,企业之间的竞争遵循的是"扑克规则":每个企业都对外保持高度的神秘感,企业对研发信息的保密程序几乎上升到了国家机密的程度(不知底牌);只要拥有一项核心技术,就可以"一招鲜,吃遍天"(好牌致胜)。20世纪80年代以后,企业之间的竞争遵循的则是"象棋规则":企业不再神秘,企业有多少家底外界都一清二楚,对研发信息没必要也无法保密(知道底牌);每一次竞争都可能是致命的,企业经营必须小心谨慎、步步为营,必须准确把握未来的态势演变(打法致胜)。

在知识经济时代,企业仅仅依靠内部的资源进行高成本的创新活动,已经难以适应快速发展的市场需求以及日益激烈的企业竞争。在这种背景下,开放性创新正在逐渐成为企业创新的主导模式。该观念指出,企业应把外部创意和外部市场化渠道的作用上升到与封闭式创新模式下的内部创意以及内部市场化渠道同等重要的地位,均衡协调内部和外部的资源进行创新;不仅仅把创新的目标寄托在传统的产品经营上,还要积极寻找外部的合资、技术特许、委外研究、技术合伙、战略联盟或者风险投资等合适的商业模式来尽快地把创新思想变为现实产品与利润。相对封闭性创新(常称之为内部创新),开放性创新的基本原则有本质的不同,如图2-17所示。

开放性创新是将企业传统的封闭式创新模式开放,引入外部的创新能力。在开放性创新下,企业在期望发展技术和产品时,也能够像使用内部研究能力一样借用外部的研究能力,也能够使用自身渠道和外部渠道来共同拓展市场。这种方式能快速地融合新知识、新技术、新能力,提升产品市场竞争力。因此,开放性创新已经成为企业的必然选择。

封闭性创新的基本规则	开放性创新的基本规则
本行业里最聪明的员工为我们工作	并非所有的聪明人都为我们工作，我们需要和企业内外部的所有聪明人合作
为了从研发中获利，我们必须自己进行发明创造、开发产品并推向市场	外部研发工作可以创造巨大的价值
如果我们自己进行研究，就能最先把产品推向市场	我们不是非要自己进行研究才能从中受益
最先将创新进行商业化的企业将成为赢者	建立一个更好的商业模式要比贸然冲向市场好得多
如果我们创造出行业中最多最好的创意，我们必将胜利	如果我们能充分利用企业内外部的创意，我们必将胜利
我们必须控制知识产权，这样竞争对手就无法从我们的创意中获利	我们应当通过让他人使用我们的知识产权而从中获利，同时应当购买别人的知识产权，只要它能提升我们的商业模式

图 2-17　封闭性创新与开放性创新

2.2.4　产品结构策略——波士顿矩阵

波士顿矩阵，又称市场增长率—相对市场份额矩阵、波士顿咨询集团法、四象限分析法、产品系列结构管理法等，由美国著名的管理学家、波士顿咨询公司创始人布鲁斯·亨德森于 1970 年首创。波士顿矩阵认为一般决定产品结构的基本因素有两个：市场引力与企业实力。

市场引力包括整个市场的销售增长率、竞争对手强弱及利润高低等。其中最主要的是反映市场引力的综合指标——销售增长率，这是决定企业产品结构是否合理的外在因素。

企业实力包括市场占有率、技术、设备、资金利用能力等，其中市场占有率是决定企业产品结构的内在要素，它直接显示出企业竞争实力。销售增长率与市场占有率既相互影响，又互为条件：市场引力大，市场占有高，可以显示产品发展的良好前景，企业也具备相应的适应能力，实力较强；如果仅仅市场引力大，而没有相应的高市场占有率，则说明企业尚无足够实力，该种产品也无法顺利发展。相反，企业实力强，而市场引力小的产品也预示了该产品的市场前景不佳。

以上两个因素相互作用，会出现 4 种不同性质的产品类型，形成不同的产品发展前景，如图 2-18 所示。

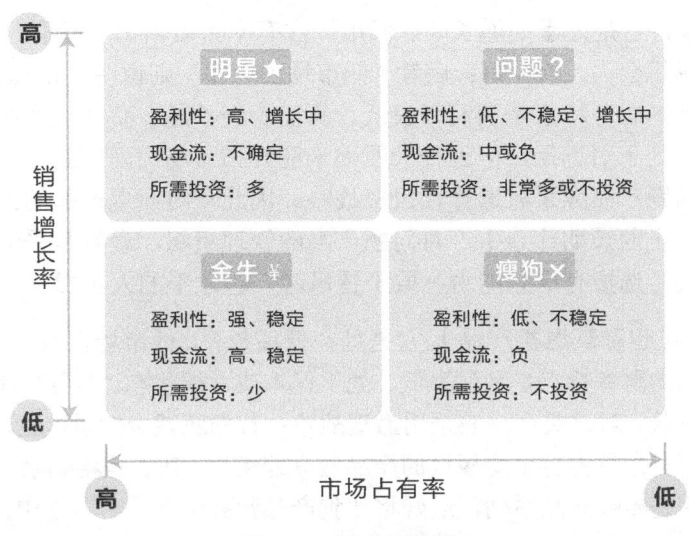

图 2-18 波士顿矩阵

波士顿矩阵将企业所有产品从销售增长率和市场占有率角度进行再组合。在图 2-18 所示的坐标图上，纵轴表示企业销售增长率，横轴表示市场占有率，各以 10% 和 20% 作为区分高、低的中点。坐标图划分为 4 个象限，依次为"明星产品（★）""问题产品（？）""金牛产品（¥）""瘦狗产品（×）"，其目的在于通过产品所处不同象限的划分，使企业采取不同决策，以保证其不断地淘汰无发展前景的产品，保持"问题""明星""金牛"产品的合理组合，实现产品及资源分配结构的良性循环。波士顿矩阵对于企业产品所处的 4 个象限具有不同的定义和相应的战略对策。

- **明星产品**。它是指处于高增长率、高市场占有率象限内的产品群，这类产品可能成为企业的金牛产品，需要加大投资以支持其迅速发展。针对明星产品采用的发展战略是，积极扩大经济规模和市场机会，以长远利益为目标，提高市场占有率，加强竞争地位。发展战略以及明星产品的管理与组织最好采用事业部形式，由对生产技术和销售两方面都很内行的经营者负责。

- **金牛产品（又称厚利产品）**。它是指处于低增长率、高市场占有率象限内的产品群，已进入成熟期。金牛产品的财务特点是销售量大、产品利润率高、负债比率低，可以为企业提供资金，而且由于增长率低，也无须增大投资，因而成为企业回收资金、支持其他产品（尤其明星产品）投资的后盾。针对金牛产品采用的发展战略是：把设备投资和其他投资尽量压缩；采用榨油式方法，争取在短时间内获取更多利润，为其他产品提供资金。对于处于这一象限内且销售增长率仍有所增长的产品，应进一步进行市场细分，维持现存市场增长率或延缓其下降速度。对于金牛产品，适合采用事业部制进行管理，其经营者最好是市场营销型人物。

○ **问题产品**。它是处于高增长率、低市场占有率象限内的产品群。前者(高增长率)说明市场机会大,前景好;后者(低市场占有率)则说明在市场营销上存在问题。问题产品的财务特点是利润率较低、所需资金不足、负债比率高。例如在产品生命周期中处于引进期,但因种种原因未能开拓市场局面的新产品即属此类问题产品。对问题产品应采取选择性投资战略。因此,对问题产品的改进与扶持方案一般均列入企业长期计划中。对问题产品的管理组织,最好是采取智囊团或项目组织等形式,选拔有规划能力、敢于冒风险、有才干的人负责。

○ **瘦狗产品(也称衰退类产品)**。它是处在低增长率、低市场占有率象限内的产品群。瘦狗产品的财务特点是利润率低、处于保本或亏损状态、负债比率高,且无法为企业带来收益。对这类产品应采用撤退战略:首先应减少批量,逐渐撤退,对那些销售增长率和市场占有率均极低的产品应立即淘汰;其次是将剩余资源向其他产品倾斜;最后是整顿产品系列,最好将瘦狗产品归并到其他事业部中,统一管理。

波士顿矩阵的应用

波士顿矩阵用于核算企业各种产品的销售增长率和市场占有率。销售增长率可以用本企业的产品销售额或销售量增长率衡量。时间可以是 1 年或是 3 年甚至更长时间。市场占有率可以用相对市场占有率或绝对市场占有率衡量,但使用最新资料。

基本计算公式为:

本企业某种产品绝对市场占有率=该产品本企业销售量/该产品市场销售总量

本企业某种产品相对市场占有率=该产品本企业市场占有率/该产品市场占有份额最大者(或特定的竞争对手)的市场占有率

绘制四象限图,以 10%的销售增长率和 20%的市场占有率为高低标准分界线,将坐标图划分为 4 个象限。然后把企业全部产品按其销售增长率和市场占有率的大小,在坐标图上标出其相应位置(圆心)。定位后,按每种产品当年销售额的多少,绘成面积不等的圆圈,顺序标上不同的数字代号以示区别。定位的结果即将产品划分为 4 种类型。

波士顿矩阵的应用不但提高了管理人员的分析和战略决策能力,同时还帮助他们以前瞻性的眼光看待问题,更深刻地理解企业各项业务活动之间的联系,加强业务单位和企业管理人员之间的沟通,及时调整企业的产品投资组合,收获或放弃萎缩产品,加大更有发展前景的产品的投资,紧缩那些没有发展前景的产品的投资。

2.2.5 产品市场策略——安索夫矩阵

策略管理之父安索夫博士于 1957 年提出安索夫矩阵。该矩阵以产品和市场作为两大基本面，区别出 4 种产品/市场组合和相对应的营销策略，是应用最广泛的营销分析工具之一。安索夫矩阵是以 2×2 的矩阵代表企业试图使收入或获利成长的 4 种选择，其主要的逻辑是企业可以选择 4 种不同的成长性策略来达成增加收入的目标，如图 2-19 所示。

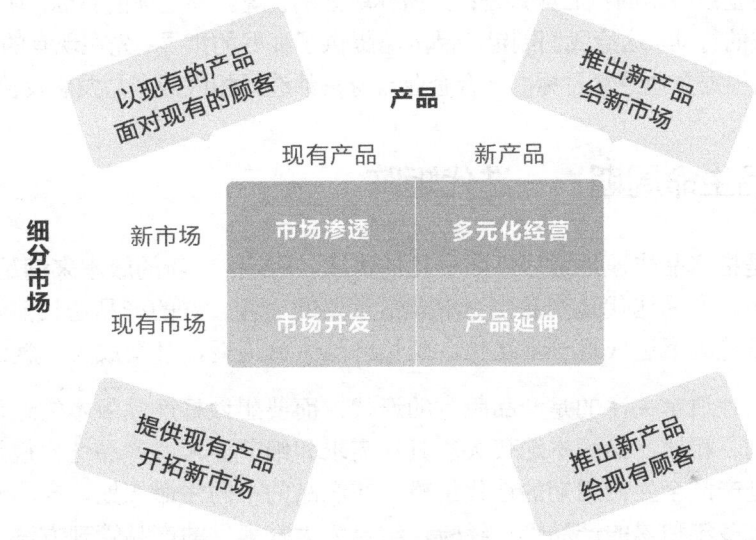

图 2-19 安索夫矩阵

1. 市场渗透

以现有的产品面对现有的顾客，以产品市场组合为发展焦点，力求增大产品的市场占有率。采取市场渗透的策略，借由促销或是提升服务品质等方式来说服消费者改用不同品牌的产品，或是说服消费者改变使用习惯、增加购买量等。采用产品差异化战略来加强客户忠诚度。同时，当总体市场份额有所下降时，缩小规模和缩减部门成为不可避免的应对措施。

2. 市场开发

提供现有产品开拓新市场，企业必须在不同的市场上找到具有相同产品需求的使用顾客，其中往往产品定位和销售方法会有所调整，但产品本身的核心技术则不必改变。

3. 产品延伸

推出新产品给现有顾客，采取产品延伸的策略，利用现有的顾客关系来借力使力。通常是扩大现有产品的深度和广度，推出新一代或是相关的产品给现有的顾客，提高该厂商的产品在消费者市场的占有率。

4. 多元化经营

提供新产品给新市场，此时由于企业的既有专业知识、能力可能派不上用场，因此是最冒险的多角化策略。其中成功的企业多半能在销售、通路或产品技术等核心知识上取得某种综效，否则多元化的失败机率很高。

安索夫认为企业战略的核心应该是：弄清你所处的位置，界定你的目标，明确为实现这些目标而必须采取的行动。这给我们制定产品战略提供了良好的指导：先在现有的市场中找准自己的位置，然后根据企业经营目标，结合企业自身条件选择相应的产品发展及营销策略。

2.2.6 产品生命周期——迭代矩阵

产品迭代是指产品快速地适应不断变化的需求，不断推出新的版本来满足或引领需求，永远快对手一步。产品迭代是产品生命中非常重要的一环，好的产品迭代能够让产品结合市场、用户需求等因素达成进一步优化，延长产品生命周期，甚至成为一款优秀产品。

多数产品经理通常关注的是产品版本的迭代，而要想做好产品版本的迭代则首先要做好产品迭代规划。相比产品版本迭代关注具体需求和细节而言，产品迭代规划更加宏观，它通常考虑的是产品全生命周期的迭代策略。在产品的不同生命周期，产品迭代的侧重点不同。本书凭借多年积累的产品管理经验，结合为大家提供的产品管理方法，根据产品生命周期的不同特点，为大家绘制了产品生命周期管理策略矩阵，如图 2-20 所示。

场景环节	进入期	成长期	成熟期	衰退期
产品战略	市场细分战略	跨越鸿沟	差异化战略	成本领先战略
市场研究	领先用户	客户现场访问	人种学	多维度分析
产品创新	开放性创新	持续性创新	结构性创新	颠覆性创新
产品开发	敏捷开发	迭代开发	精益生产	循环经济
市场营销	抢滩战略	市场开发	市场渗透	促销推广
产品管理	机会识别	数据驱动	组合优化	评估下线

图 2-20 产品生命周期管理策略矩阵

每一次的产品迭代跟产品的从 0 到 1 一样,都要经过市场研究、产品创新、MVP 开发、上市发布这些关键过程,并遵循产品战略和管理规范。只是在不同的产品生命周期关注的重点不同,采用的策略不同,选择的战略不同。这也是本书称之为产品管理专业图书的内在逻辑。产品生命周期管理策略矩阵是对前文战略方法和后文重点知识的应用集合,为产品战略规划提供了思想、理论及方法。

2.3 产品规划——制定产品路线图

产品战略规划是指产品规划人员通过调查研究,在了解环境、理解战略、了解市场客户、了解竞争对手、了解外在机会与风险,以及市场和技术发展态势的基础上,根据公司自身的情况和发展方向,制定出可以把握市场机会、满足消费者需要的产品的远景目标,以及实施该远景目标的战略、战术的过程。

产品战略规划从级别上可分为企业级产品战略规划、产品组合战略规划、产品线战略规划、产品战略规划、新产品战略规划。常见的规划方式可分为自上而下和自下而上两种,如图 2-21 所示。自上而下的产品战略规划使整体更加地聚焦企业战略,但可能会使部分产品偏离市场;自下而上的产品战略规划贴合市场需求,可行性强,但却给产品的投资组合管理提出了更高的要求。两种方式各有利弊,建议根据需要选择,最好是融合使用,相互取长补短。

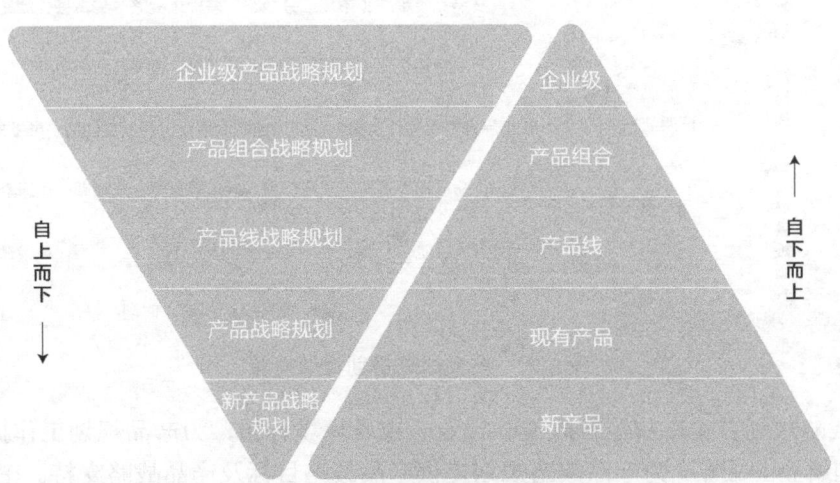

图 2-21 产品战略规划方式及层级

产品战略规划是一个系统,是为实现公司产品战略目标,通过市场分析、竞争分析、结构分析、营销分析等制定产品竞争策略,获取市场竞争优势,而进行的整体性谋划。产品战略规划为产品的发展提供了清晰的路线图，最终使公司能够通过科学的资源配置，创造最大价值。接下来从规划内容、规划重点、规划流程、规划大纲 4 个方面向大家介绍如何绘制产品路线图。

2.3.1 规划内容

产品战略规划是企业战略的重要组成部分，也是与各个企业战略关系最紧密的战略。前文介绍了大量的企业战略和产品战略知识，就是为了给产品战略规划打基础，依托专业的思想、理念、方法做好产品战略规划，为产品管理工作及企业经营提供战略指导。由于制定企业级产品战略规划、产品组合战略规划、产品线战略规划、产品战略规划及新产品战略规划在方法路径上具有高度的相似性，只是范围不同，这里为大家提供了统一的参考框架，如图 2-22 所示。

了解环境	政策、行业、市场环境
理解战略	企业战略 ｜ 经营战略 ｜ 组织战略 ｜ 竞争战略 ｜ 创新战略 ｜ 平台战略 产品战略 ｜ 技术战略 ｜ 营销战略 ｜ 能力战略 ｜ 知识产权战略

产品战略规划	产品组合规划 产品线规划 产品规划	目标市场	市场地图 市场细分 市场分析	竞争分析 竞品分析 SWOT分析
		产品方案 框架结构	市场竞争策略（抢滩战略、市场开发、市场渗透、促销推广）	
			产品竞争策略（市场细分战略、差异化战略、成本领先战略）	
			产品结构优化（明星产品、问题产品、金牛产品、瘦狗产品）	
			新产品开发管理（持续性创新、结构性创新、开放性创新、颠覆式创新）	
			生命周期管理（种子期、引入期、成长期、成熟期、衰退期）	
			产品组合与生态	财务预测与分析	风险预测与管理
		行动计划	任务、责任人、资源、时间	

图 2-22 产品战略规划框架内容

产品战略规划首先应从了解政策、行业、市场环境开始，为产品规划工作提供宏观条件，同时理解企业战略，为产品战略规划提供产品战略目标及产品战略支持。在此基础上，公司的不同层级产品负责人才能带领跨职能团队制定企业级产品战略规划、产品组合战略规划、产品线战略规划、产品战略规划及新产品战略规划。

产品战略规划是为企业获取产品市场竞争力而进行的整体性谋划。因此，任何产品规划都是从关注目标市场开始的,通过了解目标市场,对市场进行细分和分析,并对自身产品的市场吸引力和竞品对象进行分析,综合评估产品的市场竞争环境及竞争机会,从而制定产品竞争市场策略和竞品策略。在产品战略目标和产品竞争策略的双重指导下对产品的结构进行分析和优化,根据发展需要制定新产品开发规划,并结合产品的生命周期做出相应的策略调整,以确保企业产品规划的整体结构平衡,健康稳定发展。除此之外,还应该根据相应的产品规划做出产品的销售预测及投入预算,包括风险评估和预案,为高层提供产品战略决策分析及依据。最后,依据产品规划制定行动计划,包含具体的任务事项、责任人、所需资源及时间节点,确保整个产品战略规划可落地、可执行。

2.3.2 规划重点

产品规划是围绕产品战略目标(包含企业愿景、使命、经营目标及产品战略目标等)的实现而进行的。在不同级别的产品规划中所关注的侧重点不同,在这里不再为大家一一区分介绍,而是将整体产品规划中所涉及的重点为大家做以下解析,具体体现在6个方面,如图2-23所示。

图2-23 产品战略规划重点内容

1. 市场竞争策略

企业在市场上的竞争地位,以及企业可能采取的竞争策略,往往要受到企业所在行业竞争结构的影响。企业在市场上的竞争地位,决定其可能采取的竞争策略。企业在特定市场的竞争地位,大致可分为市场领先者、市场挑战者、市场追随者和市场补缺者4类。

- **市场领先者**。市场领先者为了保持自己在市场上的领先地位和既得利益,可能采取扩大市场需求、维持市场份额或提高市场占有率等竞争策略。为扩大市场需求,采取发现新用户、开辟新用途、增加使用量、提高使用频率等策略。为保护市场份额,采取创新发展、筑垒防御、直接反击等策略。

- **市场挑战者**。市场挑战者是指那些在市场上居于次要地位的企业,它们不甘目前的地位,通过对市场领先者或其他竞争对手的挑战与攻击,来提高自己的市场份额和市场竞争地位,甚至拟取代市场领先者的地位。它们采取的策略有价格竞争、产品竞争、服务竞争、渠道竞争等。

- **市场追随者**。市场领先者与市场挑战者的角逐,往往是两败俱伤,从而使其他竞争者通常要三思而行,不敢贸然向市场领先者直接发起攻击,更多的还是选择市场追随者的竞争策略。它们的策略有仿效跟随、差距跟随、选择跟随等。

- **市场补缺者**。几乎所有的行业都有大量中小企业,这些中小企业盯住大企业忽略的市场空缺,通过专业化营销,集中自己的资源优势来满足这部分市场的需要。它们的策略有市场专门化、顾客专门化、产品专门化等。

2. **产品竞争策略**

产品竞争策略是指企业通过提供与众不同的产品,进而赢得顾客,获取竞争优势的一种手段。常见的产品竞争策略有产品创新竞争策略、产品特色竞争策略、产品质量竞争策略、产品服务竞争策略、产品价格竞争策略、产品销售竞争策略、产品组合竞争策略、产品生命周期竞争策略等。

- **产品创新竞争策略**。当今时代是科学技术飞速发展的时代。科学技术的发展,一方面使产品更新换代的周期不断缩短,另一方面改变着人们的消费观念和消费习惯,使产品畅销、流行的时间不断缩短。这就要求企业努力开发新产品,以适应时代的发展,满足人们日益变化的需要。为此,企业必须掌握科学技术和市场需求的变动趋势及变化规律,做到销售一代产品、储备一代产品、试制一代产品、开发一代产品,保证新产品投入市场的连续性。

- **产品特色竞争策略**。产品特色是指某一产品所拥有的其他同类产品所不具备的特点。由于产品特色能够赢得众多消费者的偏爱,进而使之成为常用品或固定享用品,因此会在某种程度上取得垄断性竞争地位,使企业在市场竞争中取得较大的主动权。产品特色集中体现在:"精",即质地优良,做工精细,现在人们的购买力不断提高，名优产品日益成为消费的重点目标，由于名优产品价高利大，可给企业带来丰厚的利润；"美"，即色泽、质地、造型、包装等清新高雅、美观大方，爱美之心人皆有之，在其他条件相同时，美是消费者选购产品的首要标准；"特"，即能满足消费者的特殊需要，如特大、特小、特长、特短等，它对人们有特殊的吸引力，甚至可在一定时间内形成垄断市场的局面。

- **产品质量竞争策略**。质量是产品的生命，它直接关系到消费者的切身利益。在价格一定的情况下，提高产品质量，会使消费从购买产品中得到更多的利益，提高产品对消费者的满足程度。反之，降低产品质量，会减少消费者从购买产品中应得的利益，降低产品对消费者的满足程度。正因为如此，消费者总是愿意购买物美价廉的产品，而不愿意购买质次价高的产品。随着生活水平的提高，人们越来越重视产品质量。实践证明，质优就有市场，靠提高产品质量去竞争，是成功的良策。产品质量包括产品的可靠性、先进性以及在形状、外观、包装装潢等方面的适应性等。企业无论在哪一方面改进，都足以达到提高质量、增强竞争能力的目的。

- **产品服务竞争策略**。服务是指不以实物形式而以提供活动服务的形式，满足他人某种特殊的需要。服务竞争策略是指通过增加服务项目、提高服务质量来扩大产品销售量和劳务量的争夺方法与技巧。服务竞争策略的原则是用户至上、用户第一。

- **产品价格竞争策略**。产品价格是价值的货币表现。产品价格竞争是指产品生产者、经营者之间为了推销产品、占领市场、获取利润、击败对手而采取的订价策略、订价方法的争夺活动。产品价格策略是销售产品、获取利润的主要手段，同时是战胜对手、占领市场的重要途径。价格要以价值为基础，同时反映供求关系变化和符合国家法令。

- **产品销售竞争策略**。产品销售策略是指产品生产（经营）者运用各种方法帮助顾客认识和注意产品或劳务，激发顾客的购买欲望，促进产品或劳务转移的技巧与手段。主要体现在品牌定位、宣传广告、营销方式、营销渠道、营销区域差异化等方面。

- **产品组合竞争策略**。产品组合策略实质上就是根据目标市场的实际需要，对产品组合的深度、广度进行决策，以充分利用企业资源，达到产品组合最优化。在产品竞争中，企业对产品深浅宽窄组合的选择要考虑竞争对手及自身的情况，同时还应考虑战略目标及战略类型。深的产品组合策略能够扩大目标市场，满足同类产品的不同层次的消费需求，提高市场占有率。浅的产品组合策略实际上是单一生产，它能集中力量发展企业专长，有条件创名牌产品，稳定市场占有率，便于批量生产，降低成本。宽的产品组合策略可以从多方面满足消费者的需要，加强产品竞争的应变能力，减少经营风险。窄的产品组合策略可以集中各种资源，提高专业化水平，降低成本，加速资金周转。产品组合策略在实践中是相互交叉的，可以彼此组合采用，形成复合的产品组合策略。

- **产品生命周期竞争策略**。产品生命周期是指产品从进入市场到被市场淘汰的全过程。一般分为投入期、成长期、成熟期、衰落期。每个时期都具有相应的产品营销特点，因而需要采取不同的产品经营策略。产品生命周期不同阶段的不同策略的成功选择是产品竞争成功的关键。

3. 产品结构优化

产品结构优化的整个过程也是企业产品战略决策的过程。它使企业遵循一定的优化原则，考虑多方面的有利条件和制约因素，运用科学的决策方法和手段，对多种产品组合的方案进行论证、比较，直至最终找出不同产品的最佳组合。企业产品的组合随市场需求、资源条件和经营环境等各种因素的变化而变动。它的优化只有通过不断开发新产品、改进或淘汰老产品、适时调整企业产品战略来实现（参考 2.2.4 节）。

4. 新产品开发

从广义而言，新产品开发既包括新产品的研制，也包括原有的老产品的改进与换代。新产品开发是企业研究与开发的重点内容，也是企业生存和发展的战略核心之一。企业新产品开发的实质是推出不同内涵与外延的新产品。对大多数公司来说，是改进现有产品而非创造全新产品（参考 2.2.6 节）。

5. 产品绩效管理

产品经理为产品的商业化结果负责，即为产品绩效负责。产品绩效管理主要体现在内外方面：对外体现在产品的经营指标上，如定价、销售额、市场占有率、毛利润率等，它是产品市场化价值的体现，直观反映了产品的市场表现和给企业带来的价值回报；对内体现在各项产品工作的表现上，如产品的各项工作任务的达成率、产能、供应链效率、客户满意度等。在产品规划中要对产品绩效进行分析并提出新的要求和目标，并配套产品绩效激励机制，以增强产品团队的工作能动力（参考 7.3 节）。

6. 财务预测预算

产品经理为产品的商业化结果负责，最终体现在财务上。因此，财务计划是产品规划中的核心内容，主要包括产品销售预测和投资预算，为产品规划落地提供资源支持和可行性评估。涉及的内容有产品的成本与售价，投资回收期、NPV（净现值）、内部收益率、产品现金流量表、利润表、资产负债表等（参考第 4 章）。

2.3.3 规划流程

产品战略规划是一个复杂的系统工程,这里将整个规划过程分为了8个步骤,产品经理可以参考相应步骤来搜集资料、分析市场和产品,并运用科学的方法进行产品战略规划,如图2-24所示。

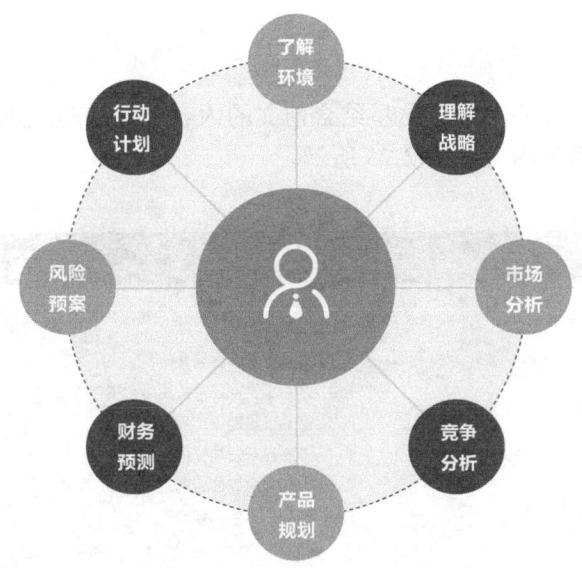

图2-24 产品战略规划流程步骤

步骤1 **了解环境**。收集相关产业政策、行业竞争及市场竞争信息,对其进行分析,把控竞争宏观环境,确定企业目标市场。

步骤2 **理解战略**。理解企业战略、经营战略、竞争战略、创新战略、平台战略、技术战略等职能领域战略,明确产品战略目标。

步骤3 **市场分析**。对目标市场分析,绘制市场地图,进行市场细分,分析各产品的市场竞争地位,根据目标客群分析制定相应的市场竞争策略。

步骤4 **竞争分析**。调查产品市场吸引力,与竞争对手产品进行对比分析,发现竞争机会,明确竞争定位,制定相应的产品竞争策略。

步骤5 **产品规划**。结合市场竞争策略和产品竞争策略对现有产品结构进行分析优化,从而进一步制定各个产品及领域性战略规划。

步骤6 **财务预测**。根据产品市场分析及过往销售数据,结合市场策略、竞争策略、产品规划对未来的销售进行预测,并核算相应的投入预算。

步骤 7　风险预案。对外部和内部的风险进行分析和评估，制定相应的应对预案，并制定切实可行的风险管理计划。

步骤 8　行动计划。根据产品规划制定行动计划，提供与之相匹配的资源，重点面向市场制定可行的营销计划，确保达成产品商业化战略目标。

2.3.4　规划大纲

为了便于实践产品战略规划，这里结合前文的内容产品战略规划知识绘制了产品战略规划大纲，供大家参考使用，如图 2-25 所示。

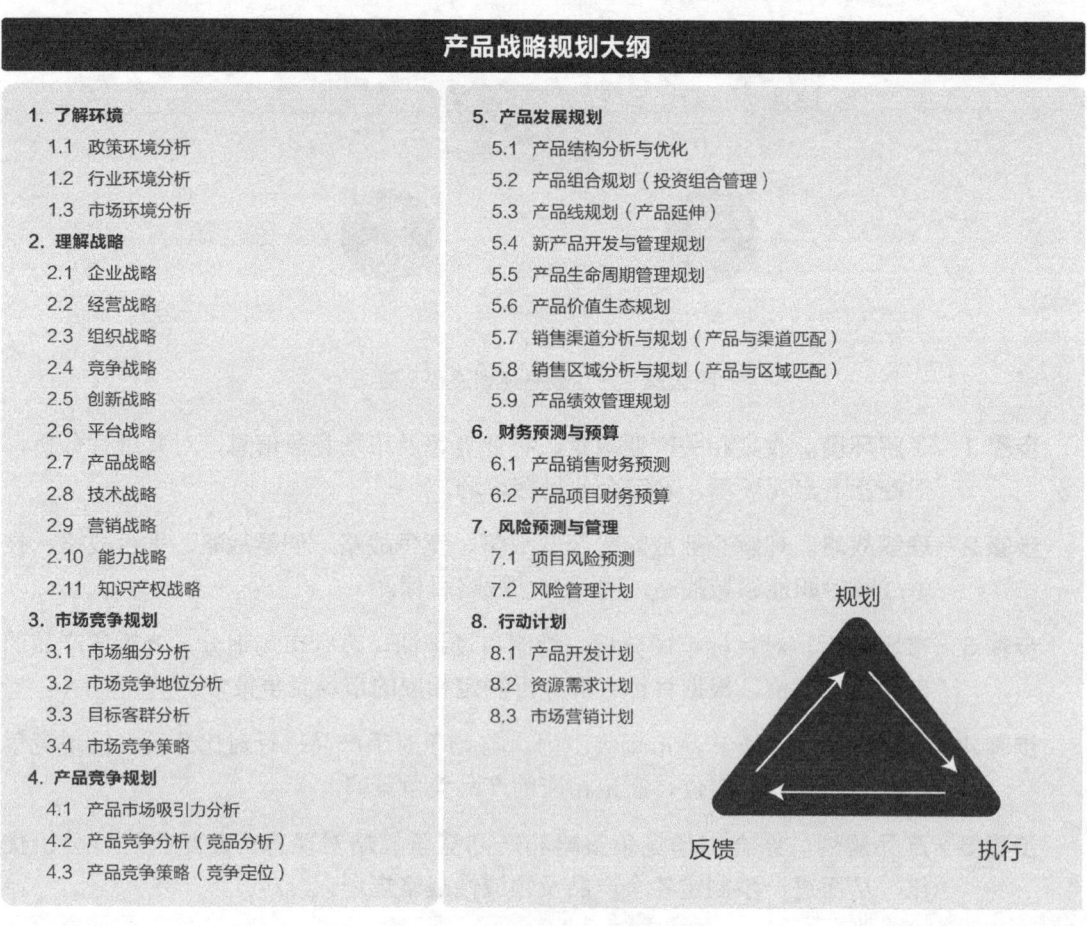

图 2-25　产品战略规划流程步骤

产品战略规划是一个持续的过程，像产品迭代一样不停地规划、执行、反馈、再规划……

如此形成一个良性循环，只有这样才具有可行性，才能应对日益快速变化的市场环境及竞争，并以此为企业带来竞争优势和产品优势。

> 问：为什么做了大量规划的产品还是失败了？
>
> 答：
> - 受政策影响；
> - 市场环境变化太快；
> - 市场竞争过于激烈；
> - 产品定位错误；
> - 研发周期太长以至错过机遇；
> - 给产品赋予了过多职责，以至不堪重负；
> - 新产品对用户预测有太多假设，有些假设不成立，导致失败。

产品失败的原因太多，在此不一一列举。那是不是说产品规划是无用的呢？并不是，产品规划不能确保产品的绝对成功，却可以降低产品失败的概率，提升产品的成功率。本书的重点不是产品战略规划，而是通过做最小可行性产品来弥补产品战略规划不灵活、反应慢、不确定性高的缺陷，降低试错成本，以应对快速变化的市场和日益激烈的竞争环境，满足客户对产品更高的要求和差异化需求，在市场竞争中取胜。产品战略规划将为做最小可行性产品提供环境、方向、资源及科学方法支持，确保在产品快速发展的过程中不偏离企业战略。

2.4 总结

本章介绍了企业战略的主要组成部分，包含企业愿景、使命、价值观、企业战略、经营战略、竞争战略、创新战略、平台战略、产品战略、技术战略、营销战略、能力战略、知识产权战略的定义及内容，为产品战略规划提供了顶层设计指导。又从持续性创新、颠覆性创新、开放性创新、产品结构策略、产品市场策略、产品生命周期的角度提供了产品战略规划的相关专业知识及方法技巧。最后为大家提供了具有实战指导性的产品战略规划内容范围、规划重点、规划流程及规划大纲，以帮助产品负责人做好产品战略规划。

当前市场上的产品经理已呈现出同质化严重的现象，靠画原型、写文档、推动研发的产品经理逐渐失去竞争优势。而掌握产品战略规划能力的产品经理却脱颖而出，逐步成长为产品负责人。本章为产品经理提供了大量的产品战略规划专业知识、方法策略、实操指导，帮助从业3～5年的产品经理提升产品战略规划能力，从而获取市场竞争优势，成为真正的产品经理（Owner）。

MVP 行动指南

- 结合企业战略的相关知识与自身企业做对比，学会快速理解企业战略。
- 学习产品战略专业知识，并结合自己实际接触的产品管理工作进行消化吸收、应用、实践。
- 根据本章提供的专业指导制订自己所负责产品线或产品的战略规划，绘制产品路线图。
- 产品战略规划内容、重点、流程、大纲不可死搬硬套，要根据自身企业及产品情况进行适当的调整和裁剪后再应用。
- 产品战略规划不是万能的，也不是一成不变的，在实际的产品工作中要随时做好应对变化的准备，并根据市场变化不停对其进行优化迭代。

第 3 章

市场研究：知己知彼，百战不殆

学习目标

- 学习市场细分和市场分析方法，锁定目标市场，发现产品新机遇；
- 掌握市场调查研究的方式、方法，科学地挖掘市场需求；
- 学习需求分析理论、方法、工具，深度洞察用户真实需求；
- 学习用户画像方法，创建人物角色，精准、清晰地呈现客群定位。

对于产品管理来说，市场调研的重要性犹如侦察之于军事指挥。不进行系统客观的市场调研与预测，仅凭经验或不够完备的信息，就作出种种产品决策是非常危险的，这也是十分落后的行为。通过市场调研，能够让该产品生产或提供服务的企业了解消费者对产品或服务质量的评价、期望和想法，从而做出更加符合消费者期望的产品，提升市场竞争力。

本章将从市场分析定位、调查研究、需求分析、客群定位4个维度，帮助产品经理掌握市场研究理论、方法、工具，为做最小可行性产品打下坚实基础，做到"知己知彼，百战不殆"。

3.1 市场细分：开辟新天地

在众多产品市场，行业巨头控制着市场主导地位，在产品功能、质量、成本、价格、渠道上占据优势。面对激烈的市场竞争，中小企业要想脱颖而出，不得不选择市场细分领域进行深耕细作，积累资本、经验、优势，而后向市场主导者发起进攻，从而获取更大的生存空间和利润。大企业为了防止中小企业的进攻和崛起，也在不断地选择细分领域进行市场渗透和产品延伸，构筑护城河，加强防御，以巩固市场地位。从这两个角度看，在众多产品市场由卖方市场转化为买方市场的大环境下，市场细分成为企业贯彻"以消费者为中心的现代产品管理观念"的必然结果。

市场细分是指企业按照某种标准将市场上的顾客划分成若干个顾客群，每一个顾客群构成一个子市场，不同子市场之间存在着明显的需求差别。市场细分是选择目标市场的基础工作。产品市场细分在企业的活动中包括细分一个市场并把它作为公司的目标市场，设计正确的产品、服务、价格，然后与促销和分销系统组合，从而满足细分市场内顾客的需要和欲望。

3.1.1 市场地图

对于产品经理来说，如果不清楚谁是潜在的客户群体，不知道客户看重什么，将无法成功开发产品。正如哲学家卢卡斯·赛内加所说："如果不知道要航行到那个港口，那么任何风向都是无用的。"成功的产品经理都深刻理解这个道理。

通常来说，市场由买方和卖方组成。卖方是指在特定的行业和产业中相互争夺客户的公司。在企业战略中我们重点强化的是竞争对手，本章将注意力转向客户。市场细分是一种帮助产品经理根据特定的类别将客户进行分类归纳的一种划分方法，比如基于一些常见的需求或相类似的购买习惯等。当产品经理真正了解到不同客户类型的需要和动机时，就可以针对这些客户类别创建最佳的产品组合战略，开发出符合市场和消费者真正需要，且具有市场竞争力的产品。

在了解公司的客户之前首先要明确自身在市场中的位置，能够在任何客户环境下理解"谁是谁"。产品经理要了解各种客户及合作伙伴类型，而不仅仅是某个企业和消费者。它可以帮助产品经理了解买家、使用者、影响者及决策人的潜在需求。当产品经理能够与团队成员分享这些客户的特点时，他们将能够更好地合理安排自己的工作。同时，准备产品需求或考虑产品设计时，要能够更好地描述用户需求，或者使用其他技术来描绘客户的具体情况。当为不同的客户开发适合的产品时，也会获得相关的需求导向的价值建议，这些价值建议将在产品竞争中起到重要的作用。"你的公司"在市场中的位置及价值关系如图3-1所示。

市场上通常将客户分为两类：消费者客户和企业客户（这里将政府客户归为企业客户）。在B2B业务中，很多人所说的客户实际指的是企业，而一个企业客户包含多个个体：使用者、影响者、决策者等。很多情况下，企业客户所表达的需求并不是它真正的重要的需求。还有，如果一家B2B公司想要把某个产品卖给一家企业，那么这件产品可能是这家企业所生产产品中的一个组件，最终被销售给另一家企业（B2B2B）或消费者（B2B2C）。此时还要考虑下一个B端或C端的真实需求和期望，只有这样客户才能选择自己作为它们的供应商。在当前市场细分、高度协同的大环境下，没有任何一家企业可以独存。这里之所以将供应商与企业自身的关系单列，是因为在生态协同的产品结构中，供应商与企业自身被视为一个高度融合的整体，以便于向下游获取市场竞争优势（第10章会进一步讲述）。

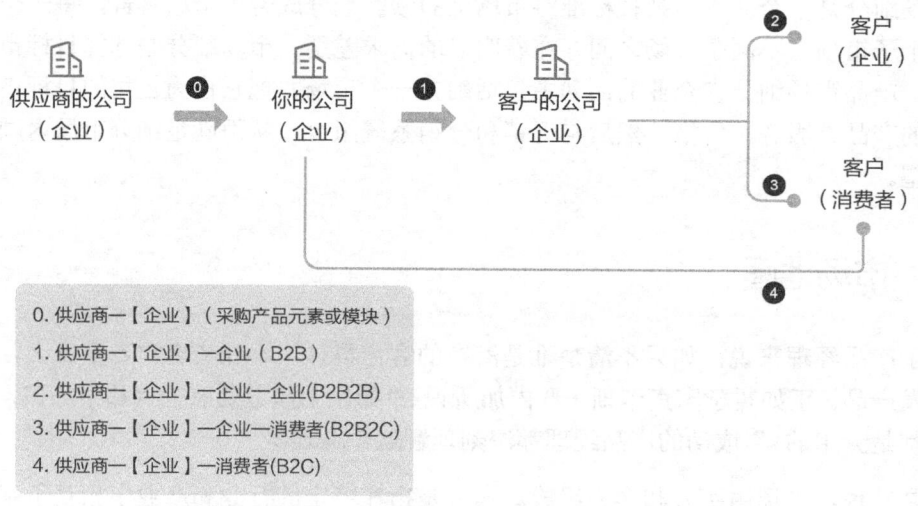

图 3-1　市场地图（企业在市场中的位置及价值传递关系）

通过图 3-1 所示的市场地图，产品经理可以清晰地看到顾客价值的传递模式，从而了解每一种客户类型需要的从产品制造到使用的真正价值，以找到客户真实的行为和意图，为产品工作指明方向，确保做正确的事。

3.1.2　市场细分

市场细分有利于企业发掘和开拓新的市场机会，有利于选择目标市场，有利于进行产品战略和角色定位，有利于制定市场营销策略，有利于提高企业经济效益。产品市场细分是在最终产品和服务的交换场所及交换关系的总和中，依据不同类别的客户需求和相同的客户需求将市场划分为不同群体。产品市场细分的基础是消费者需求的差异性，即在差异化市场需求中寻找需求一致的消费者群，其实质是在差异化市场中求同质。根据消费者需求细分市场的基础如下。

1. 消费者需求存在差异性

消费者需求差异性是指不同消费者之间的需求是不一样的。在市场上，消费者总是希望根据自己的独特需求去购买产品。根据消费者需求的差异性，我们可以把市场分为同质性需求和异质性需求两大类。同质性需求是指由于消费者的需求差异性很小，甚至可以忽略不计，因此没有必要进行市场细分；异质性需求是指由于消费者所处的地理位置、社会环境不同，自身的心理和购买动机也不同，因此他们对产品的价格、质量、款式的需求也不同。这种需求的差异性就是我们市场细分的基础。

2. 消费者需求存在相似性

在同一地理条件、社会环境和文化背景下的人们会形成具有相对类似的人生观、价值观的亚文化群，他们的需求特点和消费习惯大致相同。正是因为消费需求在某些方面的相对同质，市场上绝对差异的消费者才能按一定标准聚合成不同的群体。所以消费者需求的绝对差异造成了市场细分的必要性，消费需求的相对同质性则使市场细分有了实现的可能性。

3. 企业资源有限

现代企业由于受到自身实力的限制，不可能向市场提供能够满足一切需求的产品和服务。为了进行有效竞争，企业必须进行市场细分，选择最有利可图的目标细分市场，集中资源，制定有效的竞争策略，以取得和增加竞争优势。

企业进行市场细分的目的是通过对消费者的需求差异予以定位，来取得更大的经济效益。众所周知，产品的差异化将导致生产成本和推销费用的相应增长。所以企业在市场细分所得收益与市场细分所增成本之间要做一个权衡。由此，有效的市场细分应满足以下 5 个原则，如图 3-2 所示。

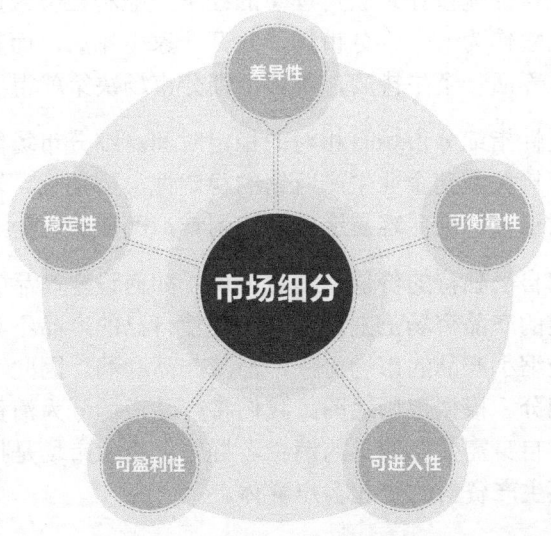

图 3-2　市场细分的 5 个原则

- **差异性**。差异性指细分市场在观念上能被区别并对不同的产品组合因素和方案有不同的反应。凡是使消费者需求产生差异的因素都可以作为市场细分的标准。如果不同细分市场的消费者对产品需求的差异不大,行为上的同质性远大于其异质性,此时企业就不必进行市场细分。另一方面,对于细分市场,企业应分别制订独立的产品方案。如果无法制订出这样的方案,便不必进行市场细分。

- **可衡量性**。可衡量性是指细分市场的标准及细分后的市场是可以识别和衡量的,即有明显的区别、合理的范围。如果某些细分市场或购买者的需求和特点很难衡量,市场细分后无法界定,难以描述,那么市场细分就失去了意义。一般来说,一些带有客观性的因素,如年龄、性别、收入、地理位置、民族等,都易于确定,并且有关的信息和统计数据也比较容易获得;而一些带有主观性的因素,如心理和性格方面的因素,就比较难以确定。

- **可进入性**。可进入性指企业通过努力能够使产品进入并对消费者施加影响的市场。一方面,有关产品的信息能够通过一定媒介顺利传递给该市场的大多数消费者;另一方面,企业在一定时期内有可能将产品通过一定的分销渠道运送到该市场。否则,该细分市场的价值就不大。比如,生产手机的企业,如果将豪华手机市场作为一个细分市场,没有品牌和高端技术的支持,恐怕难以进入。

- **可盈利性**。可盈利性是指细分市场的规模要大到能够使企业足够获利的程度,使企业值得为它设计一套产品规划方案,以便顺利地实现其产品目标,并且有可拓展的潜力,以保证能按计划获得理想的经济效益和社会效益。比如,一个县城的一家饭店将西餐作为一个细分市场,并开一家牛排店,而整个县城吃西餐的人群太少,不足以养活一个牛排店,则这个细分市场决策就得不偿失。

- **稳定性**。稳定性指细分市场有相对的稳定时间。细分市场能否在一定时间内保持相对稳定,直接关系到企业生产营销的稳定性。周期长、转产慢的企业,细分市场如不能相对稳定,则更容易造成经营困难,严重影响企业的经营效益。

每一种产品应该有自己独特的价值和消费市场。如何设定产品的价值来满足消费市场的需求呢?如果所划定的产品市场范围过宽,就会使自己的产品不具有针对性;如果划定的范围过于狭窄,就会缩小产品的市场份额,消减产品利润。因此,我们需要根据市场客户的特性来进行市场细分。根据市场地图,我们将产品市场分为消费者市场和企业市场。消费者市场是指为满足自身需要而购买的消费者群体;企业市场是指为了生产或再生产的需求而购买或准备购买生产资料的企业客户群体。

消费品市场的细分依据可以包括地理因素、人口统计因素、心理因素和行为因素4个方面，每一方面又包含一系列的细分变量，如图 3-3 所示。

细分依据	细分变量
地理因素	地理位置、城镇大小、地貌、气候、交通状况、人口密集度等
人口统计因素	年龄、性别、职业、收入、民族、宗教、教育、家庭人口、生命周期等
心理因素	生活方式、性格、购买动机、态度等
行为因素	购买时间、购买数量、购买频率、购买习惯（品牌忠诚度）、对服务/价格/渠道/广告的敏感程度等

图 3-3　消费品市场细分依据变量一览表

- **按地理因素细分**。即按消费者所在的地理位置、城镇大小及地理环境等因素来细分市场。处于不同地理环境下的消费者，对同一类产品往往会有不同的需求与偏好。例如，对手机的选购，可以按地理位置来划分——城市居民喜欢美观、轻巧、高性能的手机，而农村的居民注重功能齐全、质量可靠、耐用的手机。

- **按人口统计因素细分**。即按年龄、性别、职业、收入、民族、宗教信仰等因素，将市场划分为不同的群体。由于人口因素比其他因素更容易测量，且适用范围比较广，因而人口因素一直是细分消费者市场的重要依据。纵然现在是智能手机时代，一个不为人所知的事实是，在老年细分市场，功能手机的市场销量多达每年 2000 万台。

- **按心理因素细分**。即将消费者按其生活方式、性格、购买动机、态度等因素细分成不同群体。这种细分方法能显示出不同群体对同种产品在心理需求方面的差异性。比如，企业家购买高端的三星商务手机主要是为了彰显身份和地位；年轻人购买苹果手机除了产品质量高以外还有虚荣心的成分；农村老大爷购买便宜的手机主要是为了通信。

- **按行为因素细分**。即按照消费者购买或使用某种产品的时间、数量、频率、对品牌的忠诚度等因素来细分市场。比如"米粉"热衷于购买小米手机，而智能手机产品的生命周期基本为两年，所以小米公司必须频繁更新迭代产品，以免客户流失。

综上所述，以我国手机市场为例：按地理因素可以分为城市和农村；按人口统计因素可以分为年轻人和老年人；按心理因素可以分为豪华、高档、中档和普通、低端；按行为因素中的品牌忠诚度可以分为苹果、华为、小米等，如图 3-4 所示。

手机类型	产品特点	价位（元）	市场份额	客群年龄段（岁）	客群对象
豪华	简洁、大气、性能高	10000以上	1%以内	40~60	企业家、富二代、高管
高档	美观、轻巧、性能高	4000~10000	10.8%	25~45	中小企业主、都市白领
中档	性能高、耐用	2000~4000	41.7%	30~55	城市居民、蓝领
普通	功能全、质量可靠	1000~2000	32.7%	18~55	农村年轻居民、城市工薪阶层
低端	按键大、待机时长	1000以下	13.8%	50~70	农村居民、老年人

图 3-4　以心理因素为主的手机市场细分

很多用来细分消费者市场的标准同样也可用于细分企业市场。例如根据地理位置、追求的利益和使用率等变量加以细分。不过，由于企业客户与消费者在购买动机与行为上存在差别，所以除了运用前述消费者市场细分标准外，还可用一些新的标准来细分生产者市场。常用的细分标准有客户要求、客户经营规模、产业集中度等因素。

- **按客户要求细分**。不同的客户对同一产品有不同的需求。比如，企业对服务器的需求：网络运营商建设公有云向市场提供云服务，需要采购服务器集群构建服务能力，要求存储量大、性能高、稳定性强；大中型企业选择购买服务器进行托管，要求质量有保障、稳定性强、售后服务到位；小微企业选择租用云服务器，要求性价比高、维护成本低、网络稳定。因此，企业应针对不同客户的需求，提供不同的产品，设计不同的市场营销组合策略，以满足客户的不同要求。

- **按客户经营规模细分**。客户经营规模决定其购买能力的大小。按客户经营规模划分，可分为大用户、中用户、小用户。以用友软件为例，T3 系列产品主要面向小微企业，T6 系列产品主要面向中型企业，U8 系列产品主要面向大型企业，NC 系列产品主要面向集团化企业。

- **按产业集中度细分**。企业市场有一个明显的特点就是产业集中。以大数据市场为例，提供大数据服务的企业和需要大数据服务的企业基本都集中在大城市，不仅受人才结构的影响，还受到产业结构的制约。互联网企业及大型企业都集中在大城市，因此数据中心也建在大城市，形成了稳定的产业集群。阿里巴巴作为电商引擎带动了成千上万家电商服务企业落户杭州，形成了电子商务产业集群。按客户的产业结构细分市场，选择客户较为集中的地区作为目标，有利于节省推销人员往返于不同客户之间的成本，而且还便于产品价值交付，降低运输成本。

3.1 市场细分：开辟新天地 | 79

> **注意**
>
> 上文从消费者市场和企业市场两方面具体介绍了细分依据和变量。为了有效地进行市场细分，有以下几个问题应引起注意。
> - **动态性**：细分的依据和因素不是固定不变的，如收入水平、城市大小、交通条件、年龄等，都会随着时间的推移而变化。因此，应树立动态观念，适时进行调整。
> - **适用性**：市场细分的因素有很多，各企业的实际情况又各异，不同的企业在细分市场时采用的细分因素和依据不一定相同，究竟选择哪种因素，应视具体情况加以确定，切忌生搬硬套和盲目模仿。
> - **组合性**：要注意细分因素的综合运用，在实际产品活动中，一个理想的目标市场是通过有层次或交错地运用上述各种因素的组合来确定的。比如，手机行业将市场细分为豪华、高档、中档、普通和低端5个等级，但消费者却在年龄、地理、性别、收入结构上都是交叉的。

3.1.3 市场分析

市场分析是对市场供需变化的各种因素及其动态、趋势的分析。分析过程是：搜集有关资料和数据，采用适当的方法，分析研究、探索市场变化规律，了解消费者对产品品种、规格、质量、性能、价格的意见和要求，了解市场对某种产品的需求量和销售趋势，了解产品的市场占有率和竞争企业的市场占有情况，了解社会产品购买力和社会产品可供量的变化等，为企业产品经营决策（合理安排生产、进行市场竞争、正确调节市场、平衡产销供应）提供重要依据，同时也为从细分市场中选择目标市场提供决策依据。市场分析的汇报呈现形式如图3-5所示。

细分市场	市场规模	市场类型	行业特征分析		行业发展趋势分析				
			经济周期	生命周期	历年经营状况	成长性	安全性	发展驱动力	整体吸引力
市场❶	大	完全竞争	增长型	起步期	利润高	高速	高	技术	高（选择）
市场❷	中	垄断竞争	周期型	成长期	利润中	快速	中	成本	中（慎入）
市场❸	小	寡头垄断	防御型	成熟期	利润低	稳定	低	渠道	低（放弃）
市场❹	微	完全垄断	—	衰退期	极少或亏损	缓慢	—	—	放弃

图3-5　细分市场行业特征及行业发展趋势分析

市场分析的内容和市场分析的研究对象是紧密相连的。根据市场分析的研究对象，市场分析主要表现在两个方面：行业特征分析、行业发展趋势分析。

1. 行业特征分析

行业特征分析是公司产品分析的前提，行业特征是决定公司是否具有投资价值的重要因素之一。如果直接进行行业细分市场决策，会影响我们对产品未来发展的预测，因为我们不知道公司所在行业的发展现状和公司在整个行业中的位置，因此首先有必要从行业进行分析。行业特征分析主要包括行业的市场类型分析、经济周期分析和生命周期分析 3 个部分。

- **市场类型分析**。随着行业中企业数量、产品性质、价格制订和其他一些因素的变化，行业的经济结构呈现不同的特征。根据行业的经济结构，可将行业基本上分为 4 种市场类型：完全竞争、垄断竞争、寡头垄断和完全垄断。按照经济效益的高低和产量的大小排列，4 种市场类型依次为完全竞争、垄断竞争、寡头垄断和完全垄断；而按照价格的高低和可能获得的利润的大小排列，则次序正好相反，即依次为完全垄断、寡头垄断、垄断竞争和完全竞争。

- **经济周期分析**。各行业在变动时，往往呈现出明显的、可测的增长或衰退的格局。根据这些变动与国民经济总体周期变动的密切程度不同，可以基本将行业分为增长型行业、周期型行业和防御型行业。

- **生命周期分析**。一般而言，每个行业都要经历一个由成长到衰退的发展演变过程，这个过程称为行业的生命周期。与产品生命周期类似，行业的生命周期也可分为 4 个阶段：即起步期、成长期、成熟期和衰退期。每个阶段都有不同的表现特点。识别行业生命周期所处阶段的主要指标有需求度、市场增长率、产品品类结构、竞争者数量、技术变革、用户购买行为、进入壁垒及退出壁垒等。通过对行业市场类型、经济周期和生命周期的分析、判断，可以初步判定该行业这一时期盈利水平的高低、经营的稳定状况等特征，对后续的产品市场细分决策，选择目标市场起到指导作用。

2. 行业发展趋势分析

行业发展趋势分析是建立在目前行业发展状况的基础上，对行业未来发展走向的一种预测。我们将从行业历年经营状况、行业成长性、行业安全性和行业发展驱动力 4 个方面进行分析。

- **行业历年经营状况**。行业历年经营状况是分析该行业在某区域入市以来销售额、利润等的表现情况。通过各项目的数据统计，可以将结果呈现在图表中，便于后续分析。

- **行业成长性**。行业成长性是指行业在一定时期内经营能力的发展状况，它是衡量行业发展速度与稳定性的重要指标，可利用总资产增长率、固定资产增长率、主营业务增长率、主营利润增长率和净利润增长率等指标进行评价。其中最重要的参考指标是主营业务年度增长率。整合公司 3 年以上的财报，主营业务年收入平均增长率连续稳定在 50%以上的属于高速发展，在 30%～50%属于快速增长，在 10%～ 20%属于稳定增长，10%以下的属于缓慢增长，当然还有负增长。新兴行业的增长率比传统行业高，而传统行业的增长稳定性要比新兴行业好。

- **行业安全性**。行业安全性是指行业的风险抵御能力，安全性在经济不景气时的影响会非常大（例如经济危机）。在判断行业安全性时，有行业企业数量占行业总体规模比例、行业增长率的稳定性、行业集中度、行业社会评价和政策 4 个指标。

- **行业发展驱动力**。行业发展的驱动力是指能促使行业向前发展的力量，具体体现在行业需求、行业供给、成本、技术水平、政策激励等方面，每一个驱动力有若干个驱动因素。例如，行业需求受人均 GDP、人均可支配收入、经济景气指数等因素影响。公司可以根据不同行业分析其驱动力，明确驱动因素。关注重点驱动力，可以为公司的发展创造有利条件，促进行业与公司的快速发展。

3.1.4 目标市场

为什么要选择目标市场呢?因为并不是所有的子市场对本企业都有吸引力，任何企业都没有足够的人力资源和资金满足整个市场或追求过分大的目标，只有扬长避短，找到有利于发挥本企业现有的人、财、物优势的目标市场，才不至于在庞大的市场上瞎撞乱碰。所谓目标市场，就是指企业在市场细分之后的若干子市场中，选择为哪个或哪几个子市场服务的市场。目标市场的选择通常有以下 5 种模式供参考。

- **市场集中化**

企业选择一个细分市场，集中力量为之服务。例如海澜之家专注于男装品牌这一细分市场，并且只为成年人提供服饰产品。目标集中可使企业深刻了解该细分市场的需求特点，采用针对性的产品、价格、渠道和促销策略，从而获得强有力的市场地位和良好的声誉。这一模式的缺陷是不利于后期企业的产品延伸。

- **产品专门化**

企业集中生产一种产品，并向所有顾客销售这种产品。例如某家服装厂商向青年、中年和老年消费者销售高档服装，它为不同年龄段的顾客提供不同种类的高档服装产品和服务，但不生产消费者需要的其他档次的服装。这样，企业在高档服装产品方面树立很高的声誉，但一旦出现替代品牌或消费者的偏好转移，企业将面临巨大的威胁。

- **市场专门化**

企业专门服务于某一特定顾客群，尽力满足他们的各种需求。例如企业专门为年轻时尚的消费者提供各种档次的服装，专门为这个顾客群服务，从而建立良好的声誉。一旦这个顾客群的需求潜量和特点发生突然变化，企业要承担较大风险。

- **有选择的专门化**

企业选择几个细分市场，且每一个细分市场对企业的目标和资源利用都有一定的吸引力。但各细分市场彼此之间很少或根本没有任何联系。例如，耐克公司在生产运动装时不仅选择品类细分，还根据不同的年龄段提供不同的服饰产品。这种策略能分散企业经营风险，即使其中某个细分市场失去了吸引力，企业还能在其他细分市场盈利。

- **完全市场覆盖**

企业力图用各种产品满足各种顾客群体的需求，即以所有的细分市场作为目标市场，例如上例中的服装厂商为不同年龄层次的顾客提供各种档次的服装。一般只有实力强大的大企业才能采用这种策略。例如阿里巴巴在电子商务市场、美团在生活服务领域开发众多产品，满足各种消费需求。

银行业的信用卡市场竞争相当激烈。假设你是一家银行负责信用卡产品的产品经理，在针对信用卡市场进行细分和选择目标市场时，你会怎么做？作为在金融行业从业10年的产品经理，我的经验是至少做以下两件事：

- 保证现有客户不会流失，尤其是那些收支良好，能为你提供盈利的客户；
- 通过寻找盈利能力强的客户，并从竞争对手那里抢夺市场份额。

要做到以上两点，首先要对信用卡市场进行细分。虽然信用卡产品市场的客户具有明确的属性：性别、年龄、职业、家庭资产、区域等，但是信用卡产品通常是针对所有人的产品，客户交叉性很强。而客户的需求主要体现在额度上，因此我们将信用卡额度作为第一要素进行市场细分，然后根据市场分析做出相应的产品市场战略选择，如图3-6所示。

信用卡产品初次准入时，产品经理根据客户属性来对客户的信用等级做出判断，给出初始额度，后期根据客户消费、使用情况及产品的细分客群整体表现对额度进行升降管理，从而实现资金合理配比、控制风险、获取最大利润的战略目标。5000元以下的小额信用卡竞争最为激烈，准入门槛低、额度小，客户通常作为日常消费使用，一般都能准时还款。这样一来，做分期的少，银行获取的利息收益也就少，虽然用户基数大，但是盈利能力却低，因此在战略上选择保持。随着额度的提升，竞争激烈程度降低，风险指数上升，符合要求的客户数量也在减少,但做分期的客户却在增加,这给银行带来的利润增加。因此,产品经理会将产品战略重心放在能给银行带来利润的细分市场上,致力于开拓大额市场,优化产品结构,调整业务规则,合理资金配比,争取更多大额客户市场份额,帮助企业获取更多利益。

信用卡额度	账户数量	盈利能力	竞争指数	战略选择
5000元以下	480000	低	5	保持
5000~20000元	670000	中下	4	保持
20000~50000元	278000	中等	3	增长
50000~100000元	125000	中上	2	增长
100000元以上	56000	高	1	增长

图 3-6 信用卡产品市场细分及战略选择

通过这个简单的例子,产品或投资经理就可以根据在产品投资风险过程中不同市场的回报率不同,来进行决策。良好的细分模型可以更好地研究客户,同时使产品经理和市场营销人员可以更有效地集中精力推动客户使用产品。这一模型在研究市场需求和产品新功能开发方面起到了推动作用。

3.2 调查研究:挖掘市场需求

在确定目标市场后,产品是否都够达到预期获取市场的认可呢?产品经理需要思考"谁是我们的潜在客户以及为什么?谁将会购买我们的产品?为什么购买?"等问题。搞清楚"为什么"尤为重要。这会帮助产品经理了解客户的首要问题及需求。是什么使客户决定购买或使用你的产品?是什么引导客户愿意寻求一种尚未投入生产的产品?只有很好地了解客户需求,才能达到客户甚至超过客户的预期。

要知道客户心里想什么,就需要进行市场调研。而市场调研是一个令很多中小企业营销管理者感到迷茫的问题:人力上,既没有专职的市调人员,也没有独立的市场部门;财力上,请不起专业的市场调研公司……而市场调研工作又不能不做,不做就不知道你要服务的对象是谁,他在想什么、做什么;不做就不知道自己的竞争对手是怎么做的或将要怎么做。这就需要产品经理学会用于市场调研的方式、方法,组织企业资源去完成市场调查研究，走进客户心里，捕捉客户心声。有关如何做好调查研究，这足以写一本书来。但由于这并不是本书的核心，所以这里只用少量篇幅来讲述用户调研的方法。

3.2.1 次级市场研究

相对于一级市场研究直接面向市场和用户，次级市场研究是利用他人研究成果或提供的相关数据进行的二次研究。次级市场研究可以提供趋势信息（市场、技术、人口统计、政策等）、竞争分析、专利信息等，为进行一级市场研究奠定基础。次级市场研究特别适用于信息无须应用于高风险或高成本决策的情景。次级市场研究的数据信息资料来源有：

- 政府统计报告；
- 公开出版物；
- 报纸和杂志；
- 产品展会；
- 企业年度报告；
- 行业研究报告；
- 专利；
- 论坛。

由于次级市场研究具有收集时间短、成本低、数据来源广泛、为一级市场研究奠定基础的优点，因此被广泛使用于市场细分、市场分析及新产品开发流程中，其价值主要体现在项目的早期阶段，即在寻求一般背景信息以更好地判断市场及产品的方向时。但是次级市场研究也有缺点，比如，缺少具体的重点、数据的准确性和可信度不确定、数据经常是过期的等，因此一级市场研究还是非常必要的。

3.2.2 一级市场研究

一级市场研究是直接针对市场和用户进行数据收集而进行的初始研究。如果产品经理认为用户是至关重要的，同时也意识到团队并不完全了解用户，那么下一步就需要去了解更多关于用户的知识。那么最有效率和效果的方法就是与市场和用户进行直接沟通。一级市场研究包含不同的分类方法，包括定性研究、定量研究、焦点小组、抽样方法、问卷调查、客户现场访问、消费者检测组、人种学、社交媒体、众包、大数据分析等，接下来将为大家一一介绍。

3.2.3 定性与定量

所谓定性研究，是指对一小部分人群进行个体或集体调研，了解他们的想法、意向、动机和观点，收集用户的初始需求以及对于创意和概念的第一反应。通过分析无序信息探寻某个主题的"为什么"，而不是"怎么办"，这些信息包括各类信息，如历史记录、会谈记录脚本和录音、注释、反馈表、照片以及视频等。具体目的是深入研究对象的具体特征或行为，进一步探讨其产生的原因。如果说定量研究解决"是什么"的问题，那么定性研究解决的就是"为什么"的问题。

通常，作为一个新产品，策划者在上市前会面临很多困惑。比如，它应该卖给谁，它的产品利益点是什么，这些利益点消费者是否需要，他们愿意花多少钱来买这些利益点，消费者对这个新产品有何看法，他们会不会喜欢这种包装、款式……这么多问题是策划者在办公室里开个会、上网或者拍个脑袋不能解决的，只有通过控制得当的定性研究，才能获得这些问题的正确答案。

定性研究大多是采用参与观察和深度访谈而获得第一手资料，具体的方法主要有焦点小组、客户现场访问、人种学、消费者检测组等方法，如图 3-7 所示。其中的客户现场访问是定性研究中经常用到的一种方法。客户现场访问的优势在于，不仅能观察到被观察者采取行为的原因、态度、努力程度、行为决策依据，还能获得一个特定社会情景中一员的感受，因而能更全面地理解行为。然后通过归纳法对观察和访谈法等所获得的资料进行处理，使其逐步由具体向抽象转化，以至形成理论。

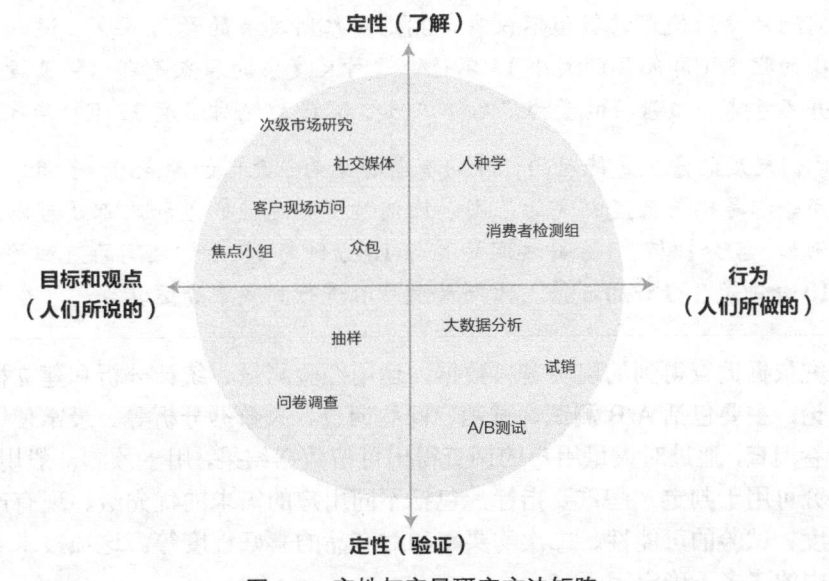

图 3-7 定性与定量研究方法矩阵

与定量研究相反，定性研究是以"有根据的理论"为基础。这种方式形成的理论是从收集到的许多不同的证据之间的相互联系中产生的，这是一个自下而上的过程。定量研究主要以数据、模式、图形等来表达；定性研究结论多以文字描述为主。定性研究是定量研究的基础，是它的指南，但只有同时运用定量研究，才能在精确定量的根据下准确定性。

所谓定量研究，是指确定事物某方面的规定性的科学研究，就是将问题与现象用数量来表示，进而去分析、考验、解释，从而获得有意义的研究方法和过程。定量就是以数字化符号为基础去测量。定量研究通过对研究对象的特征按某种标准作定量的比较来测定对象特征数值，或求出某些因素间的量的变化规律。由于其目的是对事物及其运动的量的属性作出回答，故名定量研究。

> 史蒂文斯（S. S. Stevens）将定量研究的测定尺度分为4种类型：名义尺度、顺序尺度、间距尺度和比例尺度。
>
> ○ 名义尺度所使用的数值用于表现它是否属于同一个人或物。例如，给属于特定群体的事物编号（性别、职业、区域等）。
>
> ○ 顺序尺度所使用的数值的大小是与研究对象的特定顺序相对应的。例如，给社会阶层中的上上层、中上层、中层、中下层、下下层等分别标为"5、4、3、2、1"或者"3、2.5、2、1.5、1"就属于这一类。只是其中表示上上层的5与表示中上层的4的差距，与表示中上层的4与表示中层的3的差距，并不一定是相等的。5、4、3等是任意加上去的符号，如果记为100、50、10也无妨。
>
> ○ 间距尺度所使用的数值不仅表示测定对象所具有的量的多少，还表示它们大小的程度（即间隔的大小）。不过，这种尺度中的原点是可以任意设定的，这并不意味着该事物的量为"无"。例如，0°C为绝对温度273K，华氏度32°F。
>
> ○ 比例尺度的意义是绝对的，即它有着含义为"无"的原点0。长度、重量、时间等都是比例尺度测定的范围。比例尺度测定值的差和比都是可以比较的。例如，5分钟与10分钟之间的差与10分钟与15分钟之间的差都是5分钟；10分钟是2分钟的5倍。比例尺度可以进行加减乘除运算。

定量研究依据调查得到的现实资料数据，运用经验测量、统计分析和建立模型等方法得出研究结论，主要包括A/B测试、试销、问卷调查、大数据分析等。最常使用的定量研究形式是问卷调查，通过对大量用户的调查得出可信数据结果，用于预测一般用户的反馈。定量市场研究可用于判定一些重要指标，包括不同用户的需求的优先级、现有产品性能等级和满意程度、试验的可能性、二次购买率和对产品的喜好程度等。这项技术可以减少产品开发流程中的诸多不确定因素。

近年来，随着计算机的推广和应用，以及度量设计和计算技术的改进和发展，社会统计法日臻完善。因而，定量研究在社会学中的运用越来越普及。定量研究的特点是具有逻辑的严密性和可靠性，它推导出来的结论通常是十分精确的。但是在具体运用时，必须要有正确的理论观点作指导，把定量研究和定性研究有机地结合起来，而绝不能主观地割裂量和质的关系，避免孤立地、片面地和静止地分析和研究问题。

3.2.4　焦点小组

焦点小组，即焦点小组访谈法，就是采用小型座谈会的形式，挑选一组具有共同质性的消费者或客户，由一位经过训练的主持人以一种无结构、自然的形式与一个小组的具有代表性的消费者或客户交谈，从而获得对有关问题的深入了解。焦点小组访谈主要有两个特殊作用。一是深入探索知之不多的研究问题。焦点小组访谈适合于迅速了解顾客对某一产品、计划、服务等的印象；诊断新计划、服务、产品（如开发、包装）或广告中潜在的问题；收集研究主题的一般背景信息，形成研究假设；了解团体访谈参与人对特定现象或问题的看法和态度，为问卷、调查工具或其他轻量化研究采用的研究工具的设计收集资料等。二是为分析大规模、定量调查提供补充。焦点小组访谈可在定量调查之后进一步收集资料，帮助更全面地解释定量研究结果。

焦点小组访谈法在实操应用中主要分为以下 6 个步骤。

步骤 1　准备环境：准备一个焦点小组测试室，主要设备应包括话筒、单向镜、室温控制、摄像机。考虑为受访者提供一些小礼物。

步骤 2　选择主持人：一位优秀的主持人是焦点小组访谈法成功的关键因素。主持人的职责是尽量让每个人在每个问题上发表观点，让气氛活跃，大家发言积极。但是主持人自己不能参与讨论，不能发表观点，不能说诱导性的话，否则会导致结果不真实。

步骤 3　征选受访者：每个访谈小组需要 8~12 个参与者，但也有 4~6 人的焦点小组，这主要看讨论什么内容。比如我在做保险购买者的焦点小组访谈时，为了让每个受访者都深入发表意见，每组只有 6 个参与者，而座谈持续 2 小时以上。按照我的经验，首先在选人上要尽可能找不同类型的消费者，如果都是一样的消费者，大家说的观点都类似，那么得到的东西就很有限。所以在约人做焦点小组访谈之前我会提前将消费者分好类，设置参照组，便于后期分析对比，了解更多真相。

步骤 4　列出访谈大纲：访谈大纲即在本子上列出自己所要提的问题。小组座谈的问题一般都是结构化的，也就是说问哪些问题、顺序怎样，都是基本定下来的，如图 3-8 所示。拟定的访谈提纲的好坏，关键是看所列出的问题是否到位，方向是否正确。

板块	一级	二级
用户信息	年龄、性别、家庭组成、教育背景、职业、收入……	・家庭人口结构 ・是否购车 ・是否已购买保险 ……
心理及行为	咨询购买渠道、产品选择的着重点及原因、是否利用过保险岛（或其他互联网保险平台）及原因、是否购买过保险产品及原因……	・一般通过何种渠道去了解和购买保险产品及其原因 ・在选择保险产品时最关注产品的哪一个方面，为什么 ・对互联网保险平台（含保险岛）的评价 ……
问题发现	保险岛界面操作体验、产品定制及购买过程、售后使用及理赔体验……	・保险岛界面操作是否简便有效，是否满足需求 ・保险产品的制定及购买流程是否便捷、顺利、安全 ・售后是否有持续跟进服务，理赔过程是否高效
需求及期望	对现有保险产品及服务的评价、对现有解决手段的满意度及建议、用户未来的购买需求及倾向、对未来保险咨询购买渠道发展的期待……	・现有的保险产品是否满足用户需求、用户期望 ・现有的保险购买平台是否满足用户需求、用户期望 ・对现有问题解决方式不满意的地方是什么

图 3-8　焦点小组访谈大纲结构

步骤 5　开展访谈：小组座谈不适合海阔天空地谈论，因为我们的目的是在一两个小时里面尽可能多地收集我们想要的信息，一旦海阔天空起来，主持人就不好控制，就会跑题，结果白费钱。所以一旦话题偏离太远，主持人应该及时把话题引回到主题上。在提问问题的时候，主持人的技巧很重要。问题的顺序应该是先易后难，先问行为后问态度。在有些消费者不太愿意说的话题上可以用投射的方法，例如，可以问"你的朋友会买吗？如果不会，你觉得他们的原因是什么？"这时消费者的心理防线就没那么强，并进行回复（其实他说的还是自己）。在访谈的过程中要做好访谈记录，并对访谈全程进行录音录像，以便后续回放分析，供撰写访谈报告使用。

步骤 6　编写访谈报告：在撰写访谈报告前，不仅要认真分析访谈记录内容，而且还要重新观看录像观察发言者的面部表情和肢体语言。在正式的报告中，开头通常解释调研目的，申明所调查的主要问题，描述小组参与者的个人情况，并说明征选受访者的过程。接着，总结调研发现，并提出建议（通常有 2~3 页的篇幅）。如果小组成员的交谈内容经过了精心归类，那么组织报告的主体部分也就很容易了。先列出第一个主题，然后总结对这一主题的重要观点，最后使用小组成员的真实记录进一步阐明这些主要观点。以同样的方式一一总结所有的主题，主题结构如图 3-8 中的"板块"所示，涉及用户信息、心理及行为、问题发现、需求及期望。

焦点小组是定性研究最常用的方法之一,有它的优势,但也有它的局限性:它允许个人提出尝试性的解释,随后其他人可以进行否决;它容许以强凌弱者们将他们自己的观点强加到别人头上;由于人们的爱憎情感,解释常被模式化与扭曲化。这些都是现实中经常发生的事情,且受受访者的范围、区域差异、年龄差异、性别差异等因素影响,并不能完全代表广泛群体的意见,因此访谈结论可能与真实情况存在偏差,这时就需要通过"定量验证"进一步确认。

3.2.5 抽样方法

定量研究虽然比定性研究的覆盖面要广,但依然做不到覆盖多数客户。因此需要采用抽样的方法获得确切的事实数据,指导可靠合理的决策。抽样方法主要包括随机抽样、分层抽样、整体抽样、系统抽样。

1. 随机抽样

随机抽样要求严格遵循概率原则,每个抽样单元被抽中的概率相同,并且可以重现。随机抽样常常用于总体个数较少时,它的主要特征是从总体中逐个抽取。优点是操作简便易行;缺点是总体过大不易实行。随机抽样方法主要有以下两种。

- **抽签法**。一般而言,抽签法就是把总体中的 N 个个体编号,把号码写在号签上,将号签放在一个容器中,搅拌均匀后,每次从中抽取一个号签,连续抽取 N 次,就得到一个容量为 N 的样本。抽签法简单易行,适用于总体中的个数不多的情况。当总体中的个体数较多时,将总体"搅拌均匀"就比较困难,用抽签法产生的样本的代表性可能就比较差。

- **随机数法**。在随机抽样中,另一个经常被采用的方法是随机数法,即利用随机数表、随机数骰子或计算机产生的随机数进行抽样。

2. 分层抽样

分层抽样是指在抽样时将总体分成互不相交的层,然后按照一定的比例从各层独立地抽取一定数量的个体,将各层取出的个体合在一起作为样本。层内变异越小越好,层间变异越大越好。分层抽样旨在减少抽样误差,分层后增加了层内的同质性,因而可使观察值的变异度减小,各层的抽样误差减小。在样本含量相同的情况下,分层抽样总的标准误一般均小于单纯随机抽样、系统抽样和整群抽样的标准误。

3. 整体抽样

整群抽样又称聚类抽样,是将总体中的各单位归并成若干个互不交叉、互不重复的集合，称之为群；然后以群为抽样单位抽取样本的一种抽样方式。因为"群"大多是相似的，如此会导致采样误差增加；如果"群"都是一致的，则进行一次以上的观察是没有意义的，因为观察结果总是相同的。因此，应用整群抽样时，要求各群有较好的代表性，即群内各单位的差异要大，群间差异要小。整群抽样的优点是实施方便、节省经费；缺点是往往由于不同群之间的差异较大，由此引起的抽样误差往往大于简单随机抽样。

4. 系统抽样

系统抽样亦称为机械抽样、等距抽样。当总体中的个体数较多时，采用简单随机抽样显得较为费事。这时，可将总体分成均衡的几个部分，然后按照预先定出的规则，从每一部分抽取一个个体，得到所需要的样本。

3.2.6 问卷调查

问卷调查是指通过制定详细周密的问卷，要求被调查者据此进行回答以收集资料的一种方法。所谓问卷是一组与研究目标有关的问题，或者说是一份为进行调查而编制的问题表格，又称调查表。它是人们在社会调查研究活动中用来收集资料的一种常用工具。调研人员借助这一工具对社会活动过程进行准确、具体的测定，并应用社会学统计方法进行量的描述和分析，从而获取所需要的调查资料。

根据载体的不同，问卷调查可分为纸质问卷调查和网络问卷调查。纸质问卷调查就是传统的问卷调查，调查公司通过雇佣工人来分发这些纸质问卷，以回收答卷。这种形式的问卷存在一些缺点，分析与统计结果比较麻烦，成本也比较高。网络问卷调查就是用户依靠一些在线调查问卷网站，这些网站提供设计问卷、发放问卷、分析结果等一系列服务。这种方式的优点是无地域限制，成本相对低廉，缺点是答卷质量无法保证。目前国内主要的第三方调查平台有问卷网、问卷星、调查派等，为研究人员提供网络问卷及问卷调查服务。

按照问卷填答者的不同，问卷调查可分为自填式问卷调查和代填式问卷调查。其中，按照问卷传递方式的不同，自填式问卷调查可分为报刊问卷调查、邮政问卷调查和送发问卷调查；按照与被调查者交谈方式的不同，代填式问卷调查可分为访问问卷调查和电话问卷调查。这几种问卷调查方法的利弊，可简略概括为如图3-9所示。

二维码调查方法及系统是问卷调查的一种访问方式，改变了传统的面对面调查、电话调查、邮寄调查、电子邮件调查等方式，打破了传统的被动式调查方法在设备、时间和环境上的限制；受访者可以随时随地使用随身携带的移动终端设备扫码参与调查，大大减少了调查对象参与调查的阻力与成本；通过断点续答功能（在回答部分内容并退出后可在下次登录后继续回答），还能有效地利用调查对象的碎片化时间开展调查，因此更加便捷。

问卷种类	报刊问卷	邮政问卷	送发问卷	访问问卷	电话问卷
调查范围	很广	较广	窄	较窄	可广可窄
调查对象	难控制和选择，代表性差	有一定控制和选择，但回复问卷的代表性难以估计	可控制和选择，但过于集中	可控制和选择，代表性较强	可控制和选择，代表性较强
影响回答因素	无法了解、控制和判断	难以了解、控制和判断	有一定了解、控制和判断	便于了解、控制和判断	不太好了解、控制和判断
回复率	很低	较低	高	高	较高
回答质量	较高	较高	较低	不稳定	很不稳定
投入人力	较少	较少	较少	多	较多
调查费用	较低	较高	较低	高	较高
调查时间	较长	较长	短	较短	较短

图 3-9　问卷调查类型分析矩阵

由于问卷调查相对其他方法而言，更容易收集到用户的目标、行为、观点和人口统计特征的量化数据，所以这个工具是定量研究的第一选择。

3.2.7　客户现场访问

客户现场访问是一种揭示客户需求的定性市场调研方法。通过走到客户工作现场，可以观察客户如何利用产品功能来解决问题，并记录下客户做了什么、为什么这么做、客户使用该产品时遇到的问题是什么，以及解决效果如何。在客户访问现场，面对面沟通能提供更多信息，特别是当访问是在征得客户同意时；而且经常能够看到产品的使用情形，对产品的优点和缺点进行第一手观察，可以直接与客户讨论应该做哪些改进。客户现场访问对于参与新产品开发的产品经理特别有用，可以通过提问和观察的方式来洞察客户"内心"的需求——超越当前产品，理解如何将客户需求转换为产品设计规范。

这种方法的主要挑战是如何使客户配合公司访谈，同意参与访谈并提供诚实的回答。一个产品经理可以计划与销售人员或客户经理一起拜访客户，提前就需要拜访的对象与销售人员或客户经理进行沟通，获取支持。B2B 模式的目标客户类型包括买方、用户、影响者和决策者。当组织访谈时，一份结构良好、精心构思的谈话指导十分重要。这些指导的作用是合理安排问题和话题，确保整个访谈的完整性和一致性，并提供记录回答的地方。在访谈过程中，他们发掘使用者所追求的利益、功能和需求，而不仅仅是产品特点。因此，最好的问题是间接并可推理的。

> **案例:"你想从新产品中得到什么?"**
>
> 间接问题可以使你对使用者的喜好、厌恶、问题、最关心的地方、无法满足和不能用语言表达的需求有更深入的理解。

一旦访谈完成,访谈团队应该实施一个非正式调查,即与确实在使用新产品的客户相处一段时间。通常,通过观察他们对产品的使用、误用及对产品的滥用,公司可以得到更多关于无法满足的需求的启发。

客户现场访问是 B2B 企业应用最多的一种市场研究方法,它涉及与供应商的一个或多个客户(或潜在客户)进行直接交流,能够洞察到技术信息或竞争者的产品信息,获得客户不能或者不愿表达的隐性需求信息。

3.2.8 消费者检测组

消费者检测组是由研究公司和机构招募挑选出来的某类消费者群体,他们参与产品测试、味道测试或其他具体研究问题并提供反馈。一般由消费者检测组完成对产品的具体属性的定量测评,对配方产品进行测试。在一些行业中,如食品和化妆品行业,仪器测量不可用或无法提供所需的信息,就需要消费者检测组对产品所提供的感官属性进行测量,对由配方或流程变化导致的产品特征改变给出客观评价,了解消费者对产品的爱好,为新产品的评估、特性设计和功能设计提供宝贵的输入信息。

作为具有专业知识的样本群体而非大众代表样本,消费者检测组特别适合参与短期快速调查。如果公司精心挑选一些富有创造精神的领先用户,然后和他们进行密切合作,那么公司可以期望得到更具创意的新产品构思。希佩尔教授的研究表明,很多重要的商业产品最初是由用户提出的,甚至是完全由他们构想出的模型,而不是制造商想出来的。希佩尔教授还发现,这样的产品通常易于被领先用户开发出来——这里的领先用户是指创新公司、组织或者走在市场潮流前面,且需求远远超过普通使用者的个人。这种方法的关键在于追踪这些领先用户的轨迹,很明显这些人是少数的,处于产品生命周期的初期。

在互联网领域,我们常见的消费者检测组是"种子用户"。在《种子用户方法论》一书中,作者给出了种子用户的定义:种子用户一般都具有开放冒险的精神、创新的意识,他们拥抱变化,积极尝试新鲜产品或者事物,还能容忍新产品的不完美。种子用户呈现出一定的参与性,他们积极主动地向身边的人推荐新产品,参与新产品的迭代,帮助新产品变得更完善。相较于用户参与到产品的研发或者是协助产品来做一些技术迭代和完善,种子用户积极地向身边的人推荐和传播新产品要更为广泛一些，毕竟推荐更为简单些。

3.2.9 人种学

人种学法在营销中主要用来形容人类文化学，包括对消费者进行实地调研或长时间观察消费者行为。研究者在现场观察客户和所处环境，以获得对他们的生活方式或文化环境的深刻理解，从而获得有关客户需求和问题的基本信息。人种学法研究者"与客户同穿一条裤子"，从而真正了解新产品所应满足的需求。

尽管人类文化学这类研究已经出现了几十年，但是对于无法满足的需求来说，人种学法是一种相对较新的方法。这种方法的优势是公司可以获得知识的深度。人种学市场研究有助于公司了解消费者的多个方面，包括文化趋势、生活风格、态度以及社会环境如何影响他们对产品的选择和使用等。与焦点小组方法不同，人种学通过各种技术途径来描绘消费者的完整画面，并呈现出产品和服务是如何融入日常生活的。人种学方法的运用方式分为在现场和在家中。

- **在现场**。在消费者应用产品或服务的地方进行调查，比如在餐馆、商店、办公室甚至在汽车里。实地研究能够让研究者在客户的行动过程中进行采访与观察，有机会根据需要随时提问，了解客户真正看重的东西，可以识别出无法明确表达的需求，这些隐性需求是创造全新产品的基础。
- **在家中**。与现场环境类似，只不过限制在家庭环境中。可以邀请一位或多位家庭成员参加，通常持续好几个小时。研究者沉浸在家庭环境中，通过观察、提问和倾听获得对消费者的趋势、反应和问题的了解。消费者可能会提到问题的解决方案或服务中的两难问题。在家庭环境中进行调查，有助于了解如何改进产品，需要哪些新的产品类型，变化中的需求如何影响使用，以及回答如"使用方式是否符合预期""在使用产品时遇到了哪些麻烦"等问题。

人种学研究也有它的劣势：花费的时间比较长，特别是当研究者想要调查目标市场中众多的受访者时；依赖研究者对观察到的内容的解读；缺乏统计信度的依赖等。受此劣势影响，虽然它不是很普及，但是这种方达有效性非常高，排名第一。

> **注意**
>
> 人种学极其依赖观察者的技巧。如果公司员工缺乏观察和聆听技巧，或者不擅长推断和整合信息，那么观察法就会失去它的有效性。所以公司需要这方面的人才和培训。

3.2.10 社交媒体

社交媒体是互联网互动的首要载体之一，如微信、微博、知乎、脉脉等大型社交平台每个月都活跃着上亿用户，为市场调研提供了与客户进行互动的媒介。由于社交媒体能大量聚集用户信息，也能搜集用户对某件事或某种体验的反馈，因此成为用户调研的绝佳工具，特别是适用于关于普通人的日常内容的调查。

社交媒体是收集关于"人们正在做什么"和"正在想什么"的信息的绝佳途径，个人或是企业均可使用。通过社交媒体可以与现有的和潜在的市场之间进行直接的、即时的联系，甚至与某类特定的客户建立联系，有机会与忠诚的支持者或领先用户互动，完成产品设计的持续测试，提出使产品更易于接受的改进方案，持续开发创意，为产品设计过程输入信息。

世界范围的多数大型公司运用社交媒体进行营销和产品管理。比如，小米公司用足了粉丝营销的优点，利用微博、微信、QQ 空间、QQ 部落和百度贴吧等建立与用户的交流平台，提升粉丝的归属感与认同感。活跃在全国各地的"米粉"是推动小米公司发展的重要力量。小米手机在研发、生产、营销、售后服务中充分地发挥了粉丝的作用。MIUI 作为小米手机的核心产品，在与用户的沟通过程中，小米手机不仅将用户视为产品的使用者，而且更将用户视为 MIUI 传播的中心（见图 3-10）。在 MIUI 的团队看来，用户的意见就是下一个改进的方向。在部分重要功能的改进上，小米手机的工程师会在论坛上发起一系列功能问卷调查来征询用户的意见。小米粉丝经济的核心是"和用户交朋友"。小米手机等产品靠口碑传播，大部分购买小米产品的用户都是被朋友推荐过来的。当用户在使用产品的过程中遇到问题时，第一时间就会找到推荐他们购买小米产品的朋友。这些"米粉"朋友在这个时候就会充当客服的作用，资深"米粉"可以有效解决大部分的使用问题。

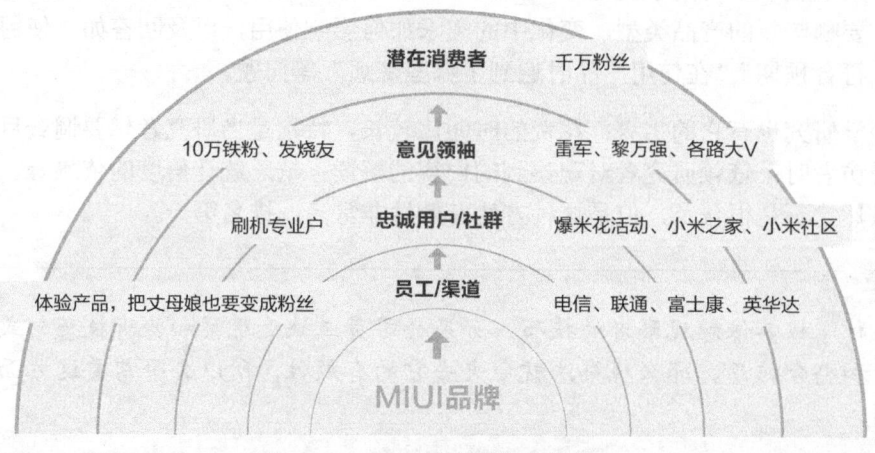

图 3-10　MIUI 社交媒体应用生态

凭借其可快捷方便地直达目标客户的属性，社交媒体成为产品开发中一个极佳的市场研究工具。但需要注意的是，互联网用户受偏见的影响极大，除非管理得当，否则很难做到聚集于某个问题，而且无法保证结果具有真实的统计置信度。

3.2.11 众包

众包指的是一个公司或机构把过去由员工执行的工作任务，以自由自愿的形式外包给非特定的（而且通常是大型的）大众志愿者。众包调研就是通过网络进行产品的开发需求调研，以用户的真实使用感受为出发点，大量征集他人的解决方案，从而获取信息并将其用于特定任务或项目。该服务可以是有偿的，也可以是无偿的。

以往架设在业余爱好者和专业人士之间的成本藩篱也由此被打破。市场的大门在一瞬间突然为爱好者、兼职者和发烧友打开，精明的公司也纷纷找到在人群中发现人才的捷径。这样的人力并不完全是免费的，但是比起传统的雇员，成本显然不值一提。外包并不能达到这样的目的，这样的趋势正是众包的概念。

> 对那些苦苦寻求答案的公司来说，这同样是非常不错的交易，尤其是当它们面对日益高昂的研发费用时。"我认识的每一个高管都面临着类似的问题"，宝洁公司副总裁 Huston 说，"每年，研发的预算增长率都超出了销售的增长率。'创新中心'打破了目前的研发模式"。
>
> 2000 年以前，宝洁公司的研发成本不断攀升，然而销售业绩平平，股价也下跌了一半多，Huston 因而受命创新公司的研发之路。他放弃了裁减内部研发人员的做法（宝洁目前有研发部门有 9000 多人），而决定从改变他们的工作方式入手。Huston 发现公司很多成功的产品都是不同部门合作的结果，由此他想到，如果这样的"交叉授粉"范围扩大，将会催生更好的产品。同时，宝洁也树立了一个目标，即把公司外部的创新比例从原来的 15%提高到 50%。6 年过去了，据 Huston 介绍，宝洁的研发能力提高了 60%，股价也逐步回升至新高。"我们对公司组织的定义有了很大的改变"，Huston 说道，"我们目前有 9000 多名研发员工，而外围网络的研发人员达到 150 万人，二者的界限很难界定"。
>
> 宝洁公司是"创新中心"最早的也是最好的企业用户之一，但"创新中心"并不是它使用的唯一研发人才交流平台，它同时还通过 YourEncore 和 NineSigma 等网站，抛出自己的研发课题，寻求外援。

众包能帮企业节约大把的金钱。随着网络的大潮成长起来的公司，从一开始就在战略设计上融入了充分利用网络资源的思路，而越来越多的传统商业也开始被网络的群体力量所吸引。

3.2.12 大数据分析

大数据时代，新的市场研究方法使"无干扰"地真实还原消费过程成为可能，智能化的信息处理技术使低成本、大样本的定量调研成为现实，这将推动消费行为及消费心理研究达到一个新的高度，帮助快速消费品企业更为精准地捕捉商机。大数据时代的市场研究方法主要体现在以下 4 个方面。

1. 基于互联网进行市场调研提高了效率，降低了成本

网络调研具有传统调研方法无可比拟的便捷性和经济性。快速消费品企业在其门户网站建立市场调研板块，再将新产品邮寄给消费者，消费者试用后只要在网站上点击即可轻松完成问卷填写。这大大降低了市场调研的人力和物力投入，也使得消费者更乐于参与市场调研。同时，网络调研的互动性使得企业在新产品尚处于概念阶段即可利用 3D 拟真技术进行产品测试，并通过与消费者互动，让消费者直接参与产品研发，从而更好地满足市场需求。

2. 挖掘网络社交平台信息成为研究消费态度及心理的新手段

QQ、微博、微信等社交平台已日渐成为新生代消费群体不可或缺的社交工具，快速消费品的消费者往往有着极高的从众性，因此针对社交平台的信息挖掘成为研究消费潮流趋势的新手段。例如，通过微博评论可以统计分析消费者对某种功能型产品的兴趣及偏好，这对研究消费态度及心理有非常大的帮助。更重要的是，这类信息属于消费者主动披露，与访谈形式的被动挖掘相比，信息的真实性更高。

3. 移动终端提供了实时、动态的消费者信息

随着 4G 网络及智能手机的普及，市场研究已渗透到移动终端领域。大量的手机 App（例如二维码扫描等）为实时采集消费信息提供了可能性。移动终端的信息分析在购买时点、产品渗透率及回购率、奖励促销效果评估等方面将发挥不可估量的作用。

4. 零售终端信息采集系统帮助企业了解市场

目前，PC-POS 系统在零售终端得到了广泛的应用，只要扫描产品条形码，消费者购买的产品名称、规格、购进价、零售价、购买地点等信息就可以轻松采集。通过构建完整的零售终端信息采集系统，快速消费品企业可以掌握商业渠道的动态信息，适时调整营销策略。

环顾四周，在每个行业中，大数据的增长正在改变我们收集、存储、分析和应用数据的方式。正如很多公司目前正在收集整理的那样，大家面临的共同问题是如何进行智能化的信息采集、储存及分析。

- 超大容量的数据仓库

数据仓库具有容量大、主题明确、高度集成、相对稳定、反映历史变化等特点，可以有效地支撑快速消费品企业进行大数据分析与应用。使用数据仓库，可以更有效地挖掘数据资源，并可以按照日、周、月、季、年等周期提供分析报表，有助于营销人员更有效地制定营销战略。

- 专业、高效的搜索引擎

旅游搜索、博客搜索、购物搜索、在线黄页搜索等专业搜索引擎已经得到了广泛应用，快速消费品企业可以根据自己的特点构建专业化的搜索引擎，对相关的企业信息、产品信息、消费者评价信息、商业服务信息等数据进行智能化检索、分类及搜集，形成高度专业化、综合性的商业搜索引擎。

- 基于云计算的数学分析模型

市场研究的关键是洞察消费者需求。基于云计算的数学分析模型可以将碎片化信息还原为完整的消费过程信息链条，更好地帮助营销人员研究消费行为及消费心理。这些碎片化的信息包括消费者在不同时间、不同地点、不同网络应用上发布的消费价值观信息、购买信息、产品评论信息等。基于云计算的智能化分析，可以帮助市场研究人员对消费行为及消费心理进行综合分析，而且计算成本低、效率高的特点非常适合用于数据量庞大的快速消费品企业。

传统的市场研究包括定性研究及定量研究。以座谈会为主的定性研究受制于主持人的访谈技巧，以街头拦截访问为主的定量研究虽然以严谨的抽样理论为基础，但同样不能完全代表总体的客观情况。而大数据时代革命性的调研方法为市场研究人员提供了以"隐形人"身份观察消费者的可能性，超大样本量的统计分析使得研究成果更接近市场的真实状态。

与此同时，大数据时代的新方法、新手段也带来新的问题：如何智能化检索及分析文本、图形、视频等非量化数据；如何防止过度采集信息，充分保护消费者隐私。虽然目前仍然有一定的技术障碍，但不可否认的是，大数据市场研究有着无限广阔的应用前景。

3.3 需求分析：洞察用户需求

需求分析是市场研究阶段的重要活动，也是新产品开发流程中的一个重要环节，是产品经理经过深入细致的调研和分析，准确理解用户对产品的功能、性能、可靠性等具体要求，将用户非形式的需求表述转化为完整的需求定义，从而确定产品必须做什么的过程。

该阶段是分析产品在功能上需要"实现什么",而不是考虑如何去"实现"。需求分析的目标是把用户针对待开发产品提出的"要求"或"需要"进行分析与整理,确认后形成描述完整、清晰与规范的文档,确定产品需要实现哪些功能,完成哪些工作。此外,产品的一些非功能性需求(如产品质量、款式、特色、包装、安装、售后等)及约束条件也是需求分析的目标。

> "消费者不知道他们想要什么。"
>
> "消费者无法很好地表达他们的需求或喜好。"
>
> "消费者对自己的具体需求很迷茫。"

这些都是从客户(产品开发或者市场部的同事)或者身边一些人(需要更多反馈的感官专家或设计者)在一整天的访谈(包括焦点小组、一对一访谈)、开放式问卷或者与消费者接触的过程中发现的问题。这就需要我们根据调研的初步结果进行深入的需求分析,才能得到想要的结论和应用价值。

3.3.1 马斯洛需求层次理论

在组织行为学中,马斯洛在 1943 年发表的论文中对人类需求做出了定义。在人类动机理论中,马斯洛提出了需求层次理论模型。这一理论可以有效地观察人类最根本、最基础的需求水平。马斯洛认为,人类具有一些先天需求,越是低级的需求就越基本,越与动物相似;越是高级的需求就越为人类所特有。同时这些需求都是按照先后顺序出现的,当一个人满足了较低的需求之后,才能出现较高级的需求,即需求层次。马斯洛理论把需求分成生理需求、安全需求、社交需求、尊重需求和自我实现 5 类,依次由较低层次到较高层次排列,如图 3-11 所示。在自我实现之后,还有自我超越需求,但通常不作为马斯洛需求层次理论中必要的层次,大多数会将自我超越合并至自我实现需求当中。

1. 第一层次:生理需求

如果这些需求的任何一项得不到满足,人类个人的生理机能就无法正常运转。换而言之,人类的生命就会因此受到威胁。从这个意义上说,生理需求是推动人们行动的最首要的动力。马斯洛认为,只有这些最基本的需求满足到维持生存所必需的程度后,其他的需求才能成为新的激励因素,而到了此时,这些已相对满足的需求也就不再成为激励因素了。

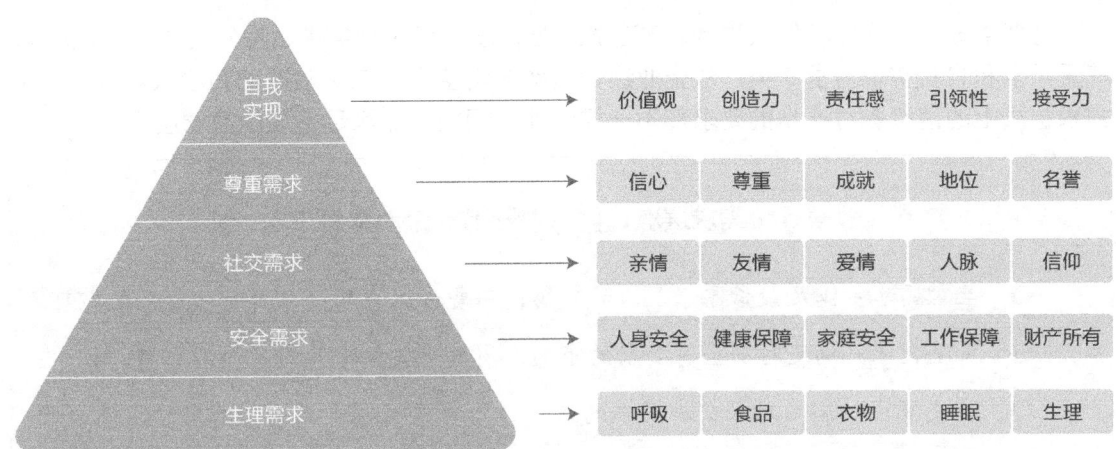

图 3-11　马斯洛需求层次理论图谱

2. 第二层次：安全需求

马斯洛认为，整个有机体是一个追求安全的机制，人的感受器官、效应器官、智能和其他能量主要是寻求安全的工具，甚至可以把科学和人生观都看成是满足安全需求的一部分。当这种需求一旦相对满足后，也就不再成为激励因素了。

3. 第三层次：社交需求

人人都希望得到相互的关心和照顾。感情上的需求比生理上的需求来得细致，它和一个人的生理特性、经历、教育、宗教信仰都有关系。

4. 第四层次：尊重需求

人人都希望自己有稳定的社会地位，希望个人的能力和成就得到社会的承认。尊重需求又可分为内部尊重和外部尊重。内部尊重是指一个人希望在各种不同情境中有实力、能胜任、充满信心、能独立自主。总之，内部尊重就是人的自尊。外部尊重是指一个人希望有地位、有威信，受到别人的尊重、信赖和高度评价。马斯洛认为，尊重需求得到满足，能使人对自己充满信心，对社会满腔热情，体验到自己活着的用处、价值。

5. 第五层次：自我实现需求

这是最高层次的需求，它是指实现个人理想、抱负，发挥个人的能力到最大程度、达到自我实现境界的人，接受自己也接受他人，解决问题能力增强，自觉性提高，善于独立处事，要求不受打扰地独处，完成与自己的能力相称的一切事情的需求。也就是说，人必须干称职的工作，这样才会使他们感到最大的快乐。马斯洛提出，为满足自我实现需求所采取的途径是因人而异的。自我实现需求是努力发挥自己的潜力，使自己越来越成为自己所期望的人物。

马斯洛理论依次由较低层次到较高层次，把需求分成生理需求、安全需求、社交需求、尊重需求和自我实现需求 5 类，从企业经营消费者满意度（CS）战略的角度来看，每一个需求层次上的消费者对产品的要求都不一样，即不同的产品满足不同的需求层次。

> **根据 5 个需求层次，可以划分出 5 个消费者市场**
>
> - 生理需求：满足最低需求层次的市场，消费者只要求产品具有一般功能即可。
> - 安全需求：满足对安全有要求的市场，消费者关注产品对身体的影响。
> - 社交需求：满足对社交有要求的市场，消费者关注产品是否有助于提高自己的交际形象。
> - 尊重需求：满足对产品有与众不同的要求的市场，消费者关注产品的象征意义。
> - 自我实现：满足对产品有自己判断标准的市场，消费者拥有自己固定的品牌，需求层次越高，消费者就越不容易被满足。

在经济学上，"消费者愿意支付的价格等同于消费者获得的满意度"。也就是说，同样的洗衣粉，满足消费者需求的层次越高，消费者能接受的产品定价也越高。市场的竞争，总是越低端越激烈，价格竞争显然是将"需求层次"降到最低，消费者感觉不到其他层次的"满意"，愿意支付的价格当然也低。

3.3.2 KANO 模型

KANO 模型是东京理工大学教授狩野纪昭（Noriaki Kano）发明的对用户需求进行分类和优先排序的有用工具，以分析用户需求对用户满意度的影响为基础，体现了产品性能和用户满意度之间的非线性关系，如图 3-12 所示。根据不同类型的质量特性与顾客满意度之间的关系，狩野教授将产品服务的质量特性分为 5 类。

- **基本型需求**

也称为必备型需求、理所当然需求，是顾客对企业提供的产品或服务因素的基本要求。是顾客认为产品"必须有"的属性或功能。当其特性不充足（不满足顾客需求）时，顾客很不满意；当其特性充足（满足顾客需求）时，顾客也可能不会因而满意。对于基本型需求，即使超过了顾客的期望，但顾客充其量达到满意度，不会对此表现出更多的好感。不过只要稍有一些疏忽，未达到顾客的期望，则顾客满意度将一落千丈。对于顾客而言，这些需求是必须满足的，理所当然的。对于这类需求，企业的做法应该是注重不要在这方面失分,这需要企业不断地调查和了解顾客需求,并通过合适的方法在产品中体现这些需求。

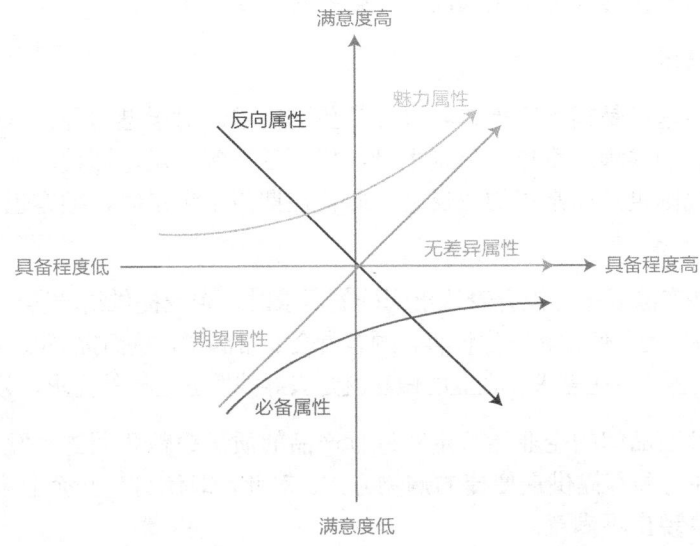

图 3-12　KANO 模型(产品性能和用户满意度之间的非线性关系)

例如,大家在夏天使用空调,如果空调正常运行,顾客不会为此而对空调质量感到满意;反之,一旦空调出现问题,无法制冷,那么顾客对该品牌空调的满意度则会明显下降,投诉、抱怨随之而来。再例如,智能手机的基本型需求有语音通话质量、信号覆盖、操作系统兼容性、安全性、日常使用和性能(待机时间、速度)等。试想一下,如果一个智能手机没有信号,通话质量差,操作系统不兼容,容易被感染病毒,待机时间不足 10 分钟,且运行速度慢到接近崩溃,这些都会使用户的不满情绪增加。但是上述这些需求都满足后,并不能带来用户满意度的增加,因为用户认为这些是必须要有的。

○　**期望型需求**

也称为意愿型需求,是指顾客的满意状况与需求的满足程度成比例关系的需求。此类需求得到满足或表现良好的话,客户满意度会显著提升,企业提供的产品和服务水平超出顾客期望越多,顾客的满意度越好。当此类需求得不到满足或表现不好的话,客户的不满也会显著增加。

期望型需求没有基本型需求那样苛刻,要求提供的产品或服务比较优秀,但是有些并非"必需"的产品属性或服务行为也是顾客希望得到的,这些期望型需求也叫用户需求的痒处。这是处于成长期的需求,客户、竞争对手和企业自身都会关注这种需求,这也是体现竞争能力的需求。对于这类需求,企业的做法应该是注重提高这方面的质量,要力争超过竞争对手。

在市场调查中，顾客谈论的通常是期望型需求。质量投诉处理也可以被视为期望型需求，如果企业对质量投诉处理得越圆满，那么顾客就越满意。

- **魅力型需求**

又称兴奋型需求，是指不会被顾客过分期望的需求。对于魅力型需求，随着满足顾客期望程度的增加，顾客满意度也会急剧上升，但一旦得到满足，即使表现并不完善，顾客表现出的满意状况则也是非常高的。反之，即使在期望不满足时，顾客也不会因而表现出明显的不满意。

当顾客对一些产品或服务没有表达出明确的需求时，企业提供给顾客一些完全出乎意料的产品属性或服务行为，使顾客产生惊喜，顾客就会非常满意，从而提高顾客的忠诚度。这类需求往往是代表顾客的潜在需求，企业的做法就是去寻找发掘这样的需求，领先对手。

例如，一些著名品牌的企业能够定时进行产品的质量跟踪和回访，发布最新的产品信息和促销内容，并为顾客提供最便捷的购物方式。对此，即使另一些企业未提供这些服务，顾客也不会由此表现出不满意。

- **无差异型需求**

不论提供与否，对用户体验并无影响。在产品质量中属于既不好也不坏的方面，它们不会导致顾客满意或不满意。例如，航空公司为乘客提供的没有实用价值的赠品。

- **反向型需求**

又称逆向型需求，是指引起强烈不满的质量特性和导致低水平满意度的质量特性，因为并非所有的消费者都有相似的喜好。许多用户根本都没有此需求，提供后用户满意度反而会下降，而且提供的程度与用户满意程度成反比。例如，一些顾客喜欢高科技产品而另一些顾客更喜欢普通产品，过多的额外功能会引起部分顾客不满。

前三种需求根据绩效指标分类就是基本因素、绩效因素和激励因素。在实际操作中，企业首先要全力以赴地满足顾客的基本型需求，保证顾客提出的问题得到认真的解决，重视顾客认为企业有义务做到的事情，尽量为顾客提供方便，以实现顾客最基本的需求。然后，企业应尽力去满足顾客的期望型需求，这是质量的竞争性因素。提供顾客喜爱的额外服务或产品功能，使其产品和服务优于竞争对手并有所不同，引导顾客加强对本企业的良好印象，使顾客满意。最后争取实现顾客的兴奋型需求，为企业建立最忠实的客户群。

3.3.3　因子分析

因子分析是指研究从变量群中提取共性因子的统计技术，最早由英国心理学家 C.E.斯皮尔曼提出。他发现学生的各科成绩之间存在着一定的相关性——一科成绩好的学生，往往其他各科成绩也比较好，从而推想是否存在某些潜在的共性因子（某些一般智力条件）影响着学生的学习成绩。因子分析可在许多变量中找出隐藏的具有代表性的因子。将相同本质的变量归入一个因子，可减少变量的数目，还可检验变量间关系的假设。

因子分析是社会研究的一种有力工具，但不能肯定地说一项研究中含有几个因子，当研究中选择的变量发生变化时，因子的数量也要变化。此外，对每个因子实际含意的解释也不是绝对的。在市场调研中，研究人员关心的是一些研究指标的集成或者组合，这些概念通常是通过等级评分问题来测量的，如利用李克特量表取得的变量。每一个指标的集合（或一组相关联的指标）就是一个因子，指标概念等级得分就是因子得分。

因子分析方法的主要应用有两种：减少变量的数量；找出变量之间的结构关系。在产品开发中，因子分析能够用于关键变量的优先级排序和分组，比如产品属性之间的关系和产品属性对产品偏好的影响。在实际应用中，通过因子得分可以得出不同因子的重要性指标，而管理者则可根据这些指标的重要性来决定首先要解决的市场问题或产品问题。

3.3.4 聚类分析

聚类分析是一种探索性的分析。在分类的过程中，人们不必事先给出一个分类的标准，聚类分析能够从样本数据出发，自动进行分类。聚类分析所使用方法的不同，常常得到的结论也不同。不同研究者对于同一组数据进行聚类分析，所得到的聚类数未必一致。从实际应用的角度看，聚类分析是数据挖掘的主要任务之一。而且聚类能够作为一个独立的工具获得数据的分布状况，观察每一簇数据的特征，集中对特定的聚簇集合作进一步的分析。聚类分析还可以作为其他算法（如分类和定性归纳算法）的预处理步骤。

聚类分析的一个重要用途就是针对目标群体进行多指标的群体划分，类似这种目标群体的分类就是精细化经营、个性化运营的基础和核心。只有进行了正确的分类，才可以有效进行个性化和精细化的运营、服务及产品支持等。聚类分析的常见业务应用场景如下。

○ **目标用户的群体分类**

通过针对特定运营目的和商业目的所挑选出的指标变量进行聚类分析，把目标群体划分成几个具有明显特征区别的细分群体，从而可以在运营活动中为这些细分群体采取精细化、个性化的运营和服务，最终提升运营的效率和商业效果（如把付费用户按照几个特定维度，[如利润贡献、用户年龄、续费次数等]进行聚类分析后得到不同特征的群体）。

- **不同产品的价值组合**

  企业可以按照不同的商业目的，依照特定的指标标量来为众多的产品种类进行聚类分析，把企业的产品体系进一步细分成具有不同价值、不同目的的多维度的产品组合，并且在此基础上分别制定相应的开发计划、运营计划和服务规划（如哪些产品是明星产品，哪些产品是瘦狗产品）。

- **数据挖掘、分析、应用**

  聚类分析是挖掘电子商务网站数据价值的重要方法之一，通过分组聚类出具有相似浏览行为的客户，并分析客户的共同特征，可以更好地帮助电子商务的用户了解自己的客户，向客户提供更合适的服务（如在某 B2C 电商平台上，根据用户的搜索、浏览、购买记录，通过大数据分析，并通过第三方平台向客户精准推送产品）。

  聚类分析是细分市场的有效工具，也可用于研究消费者行为，寻找新的潜在市场，选择实验的市场，并作为多元分析的预处理步骤。

3.3.5 多维度尺度法

多维度尺度法是一种将多维空间的研究对象（样本或变量）简化到低维空间进行定位、分析和归类，同时又保留对象间原始关系的数据分析方法。多维度尺度法的特点是将消费者对产品的感觉偏好，以点的形式反映在多维空间上，而对不同产品的感觉或偏好的差异程度，则是通过点与点间的距离体现的，我们称这种产品或项目的空间定位点图为空间图。空间轴代表着消费者得以形成对产品的感觉或偏好的各种因素或变量。

在分析消费者对产品功能的需求度时，首先选择研究对象，如列出某个产品的所有产品功能；然后从目标市场中抽取一个样本人群（通常 30～50 人），让他们对产品功能的需求度打分；最后采用多维度分析获得一张代表了产品功能需求度关系的可视化图。可视化图中的维度代表了消费者对产品功能需求依赖的关键要素（方便起见，通常选择 2～3 个维度）。投保人购买保险产品时所需的第三方互联网工具的产品功能在生命周期和需求频率上的多维度分析如图 3-13 所示。通过多维度尺度分析，产品经理可以区分功能优先级，做出产品决策。

多维度尺度分析的优点是很明显的。研究者可以利用得到的位置结构图将研究对象进行分类，还可以对隐藏在数据背后的空间维度做出相应的判断和解释。多维度尺度分析通过把所研究对象的数量关系转化为直观图形，达到直观展现研究对象的目的。多维度尺度分析的缺点是分析结果不是唯一的，结果可以在空间中旋转和平移，这为分析者对结果的解释制造了难度。

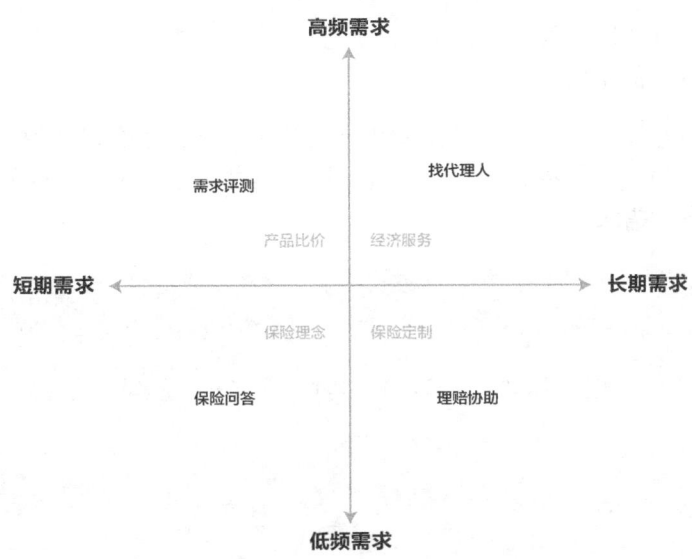

图 3-13　投保人互联网工具产品应用多维度分析

3.3.6　联合分析

联合分析法，又称结合分析法，是对结合效应的评价，有效地解决了传统调查方法中需要调研对象独立评价产品属性的问题。联合分析有 3 种主要形式：权衡矩阵法、两两比较法和全轮廓法，其中又以全轮廓法最为常用。该方法提供给研究的参与者一系列的产品描述，参与者被要求浏览所有的描述，做出一系列评价。在对调研结果进行数学方法分析后，就可以导出该类产品的各属性的效用值。

对于市场研究领域，在联合分析之前的所有方法几乎都会使用重要性比率尺度来度量产品属性的重要性水平，即都会直接要求消费者提出一个产品中他们最看重的属性。这种方法有几个严重的缺点。首先，调研的经验表明，如果不限制条件的话，消费者倾向于认为每个属性几乎都是同等重要的。其次，消费决策很大程度上依赖的是整体判断。当消费者被要求分离各种属性并且对各属性进行量化评价，并且描述某个属性水平的高低将驱使其购买一个产品而不是另一个产品时，即使是最老练的消费者也将感到无所适从。

在联合分析中，产品被描述成为轮廓，每一个轮廓由能够描述产品重要特征的属性和赋予每一属性的不同水平的组合构成。消费者在实际购买时并不是基于产品某一属性而是综合考虑产品各个属性及属性水平从而做出购买决策的。因此消费者对某一产品轮廓的评价可以分解成构成这个轮廓多个属性水平的评价以及不同属性在决策时所占的权重。在联合分析中用分值（也称为效用）来描述消费者对某一属性水平的偏好。联合分析能够较好地模拟消费者购买的实际过程，从而客观、真实地测量消费者对某一产品的偏好及产品不同属性在购买过程中的重要性。

以 QQ 群会员等级为例，图 3-14 所示为向用户展示属性组合以及用户需求等级。在本例中，有 8 个不同属性，每种属性对应 9 种不同的属性水平，由此构成的属性组合可以满足不同的 QQ 用户的需求。

特权与功能	非会员	SVIP1	SVIP2	SVIP3	SVIP4	SVIP5	SVIP6	SVIP7	SVIP8	SVIP9
好友上限	3000	3500	3500	3500	3500	3500	3800	4000	4500	5000
QQ等级加速	不加倍	1.4倍	1.6倍	1.7倍	1.8倍	1.8倍	1.9倍	2.1倍	2.2倍	2.5倍
2000人群	无	无	无	无	无	无	无	无	1	3
1000人群	无	无	无	无	无	无	无	无	3	4
表情漫游	无	100个	200个	400个	600个	800个	1000个	1200个	1400个	1400个
云消息服务	无	所有好友	所有好友	所有好友	所有好友	所有好友	所有好友	所有好友	所有好友	所有好友
离线传文件	2GB	2TB	2TB	2TB	2TB	2TB	2TB	2.5TB	4TB	4TB
文件中转站	2GB	7GB	8GB	10GB	2TB	2TB	2TB	2.5TB	2.5TB	2.5TB

图 3-14 联合分析（腾讯 QQ 群会员等级划分）

联合分析是对人们购买决策的一种现实模拟。因为在实际的抉择过程中，由于价格等原因，人们要对产品的多个特征进行综合考虑，往往要在满足一些要求的前提下，牺牲部分其他特性，是一种对特征的权衡与折衷。通过联合分析，我们可以模拟出人们的抉择行为，可以预测不同类型的人群抉择的结果。因此，通过联合分析，我们可以了解消费者对产品各特征的重视程度，并利用这些信息开发出具有竞争力的产品。

3.3.7 李克特量表

李克特量表是属评分加总式量表最常用的一种，属同一构念的这些项目是用加总方式来计分，单独或个别项目是无意义的。它是由美国社会心理学家李克特于 1932 年在原有的总加量表基础上改进而成的。李克特量表是目前调查研究中使用最广泛的量表。当受测者回答此类问卷的项目时，他们具体地指出自己对该项陈述的认同程度。该量表由一组陈述组成，每一陈述有"非常同意""同意""不一定""不同意""非常不同意" 5 种回答，分别记为 5、4、3、2、1。每个被调查者的态度总分就是他对各道题的回答所得分数的加总，这一总分可说明他的态度强弱或他在这一量表上的不同状态。

李克特量表应用步骤

1. 收集大量（50~100）与测量的概念相关的陈述语句。

2. 有研究人员根据测量的概念将每个测量项目划分为"有利"或"不利"两类。一般测量的项目中，有利的或不利的项目都应有一定的数量。

3. 选择部分受测者对全部项目进行预先测试，要求受测者指出每个项目是有利的还是不利的，并在下面的"方向—强度"描述语中进行选择，一般采用下面所谓的"五点"量表。

   a. 非常同意

   b. 同意

   c. 无所谓（不确定）

   d. 不同意

   e. 非常不同意

4. 对每个回答给一个分数，如从"非常同意"到"非常不同意"的有利项目分别为 5、4、3、2、1 分，则不利项目的分数就为 1、2、3、4、5。

5. 根据受测者的各个项目的分数计算代数和，得到个人态度总得分，并依据总分多少将受测者划分为高分组和低分组。

6. 选出若干条在高分组和低分组之间有较大区分能力的项目，构成一个李克特量表。比如可以计算每个项目在高分组和低分组中的平均得分，选择那些在高分组平均得分较高并且在低分组平均得分较低的项目。

我通常会在产品的早期创建一张范围矩阵表，用来列出所有讨论过的功能和内容。这样一个范围工具就出现了，它可以用来支持人们讨论整体的优先级别，以及每一个功能的工作量，然后决定哪些功能应该纳入范围之内，而哪些应该排除在外。在分析每一个功能的重要性的时候，把人物角色加入这个工具中，就能让这些用户始终停留在每一个人的脑海中，从而可以帮助你在决定项目范围时，把人物角色变成其中一个积极的部分，如图 3-15 所示。

ID	产品名称	人物角色				总计	优先级	工作量	发布段
		Nancy	Patrcia	Howard	Lee				
2	功能模块	–	–	–	–	–	–	–	–
2.1	功能的描述通常出现在这儿	4	5	4	3	16	H	H	1
2.2	功能的描述通常出现在这儿	5	2	4	3	14	M	L	3
2.3	功能的描述通常出现在这儿	4	3	3	2	12	M	M/H	1
2.4	功能的描述通常出现在这儿	4	2	5	3	16	M	M	2
2.5	功能的描述通常出现在这儿	2	4	3	1	10	M	M	2
2.6	功能的描述通常出现在这儿	3	4	3	3	13	M	L	3
2.7	功能的描述通常出现在这儿	5	1	5	3	14	H	L	1
2.8	功能的描述通常出现在这儿	1	5	3	3	10	M/H	L	1
2.9	功能的描述通常出现在这儿	1	5	2	3	11	L/M	M	1

图 3-15 李克特五点范围矩阵量表（功能需求度转化）

李克特量表的构造比较简单而且易于操作，因此在市场研究实务中应用非常广泛。在实地调查时，研究者通常给受测者一个"回答范围"卡，请他从中挑选一个答案。需要指出的是，目前在商业调查中很少按照上面给出的步骤来制作李克特量表，通常由产品经理和研究人员共同研究确定。

3.4 用户画像：客群定位呈现

用户画像又称用户角色。用户画像最初用于电商领域，在大数据时代背景下，用户信息充斥在网络中，将用户的每个具体信息抽象成标签，利用这些标签将用户形象具体化，从而为用户提供有针对性的服务。作为一种勾画目标用户、联系用户诉求与设计方向的有效工具，用户画像在各领域得到了广泛的应用。在实际操作的过程中往往会以最为浅显和贴近生活的话语将用户的属性、行为与期待的数据转化联结起来。作为实际用户的虚拟代表，用户画像所形成的用户角色并不是脱离产品和市场之外构建出来的，形成的用户角色需要有代表性，能代表产品的主要受众和目标群体。

用户画像可以使产品的服务对象更加聚焦，更加专注。在行业中，我们经常看到这样一种现象：做一个产品，期望目标用户能涵盖所有人——男人女人、老人小孩、专家小白、文艺青年……通常这样的产品会走向消亡，因为每一个产品都是为特定目标群的共同标准而服务的，目标群的基数越大时，这个标准就越低。换言之，如果这个产品是适合每一个人的，那么其实它是为最低的标准服务的，这样的产品要么毫无特色，要么过于简陋。

纵览成功的产品案例，它们服务的目标用户通常都非常清晰、特征明显，体现在产品上就是专注、极致，能解决核心问题。比如苹果的产品，一直都为有态度、追求品质、特立独行的人群服务，因而赢得了很好的用户口碑及市场份额。又比如豆瓣，专注文艺事业十多年，只为文艺青年服务，用户粘性非常高，文艺青年在这里能找到知音，找到归宿。所以，给特定群体提供专注的服务，远比给广泛人群提供低标准的服务更接近成功。其次，用户画像可以在一定程度上避免产品设计人员草率地代表用户。代替用户发声是在产品设计中常出现的现象，产品设计人员经常不自觉地认为用户的期望跟他们是一致的，并且还总打着"为用户服务"的旗号。这样的后果往往是我们精心设计的服务，用户并不买账，甚至觉得很糟糕。

3.4.1 客群定位

众所周知，任何企业都是通过向产业链下游提供产品（服务）来获取社会认同及股东收益的，我们统称这些购买企业产品的行为单元为客户。多数时候，企业无法将自己的产品功能丰富至可以服务于对同类产品有需求的所有客户，无法在整个同业市场中实现价值传递。于是，企业针对自身的能力向特定的客户提供有特定内涵的产品价值，这些特定的客户就是"目标客户群体"。

随着我国经济市场化程度的不断加深及买方需求的多样化，构成产业链的元素进一步分裂，市场细分成为了新世纪中国经济成熟的标志，为满足消费者日益细化的需求而衍生出许多细分行业使单元产业的价值链条愈见加长，通吃产业链的产品已经成为过去时，针对部分消费者（目标客户群体）的细分需求制定产品定位方可打造企业的核心竞争力。

在初步确定目标客户群体时，必须关注于企业的战略目标。它包括两个方面的内容：寻找企业品牌需要特别针对的具有共同需求和偏好的消费群体；寻找能帮助公司获得期望销售收入和利益的群体。通过分析居民可支配收入水平、年龄分布、地域分布、购买类似产品的支出统计，可以将所有的消费者进行初步细分，筛选掉因经济能力、地域限制、消费习惯等原因不可能为企业创造销售收入的消费者，保留可能形成购买的消费群体，并对可能形成购买行为的消费群体进行某种一维分解。分解的标准可以依据年龄层次，也可以依据购买力水平，也可以依据有理可循的消费习惯。由于分析方法更趋于定性分析，经过筛选保留下的消费群体的边界可能是模糊的，因此需要进一步的细化与探索。

3.4.2 用户标签

在对目标客群进行区分描述时，最简单直观的办法就是通过用户标签。用户标签就是用户的信息化标签，它用一些具有较强概括性的词汇对用户的兴趣爱好、行为特征进行描述。设置用户标签的角度有很多，比如可以按照用户从事的行业、用户性格、用户兴趣等条件设置标签。不同行业、不同细分、不同年龄区间的用户具有不同的特点和属性，对产品的关注点和诉求不同，这些都可以用标签（即关键词）来表示。我在对互联网保险用户需求进行分析描述时所标注的关键词如图 3-16 所示。

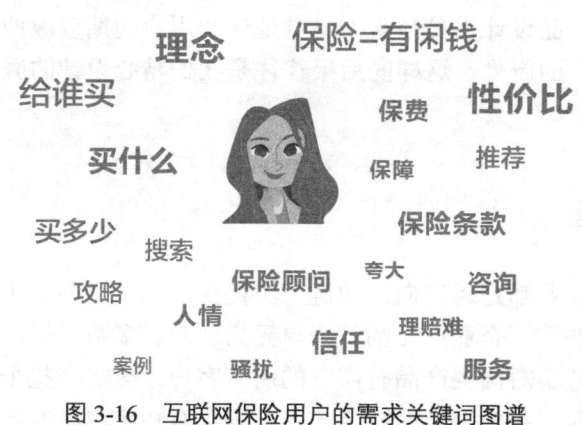

图 3-16　互联网保险用户的需求关键词图谱

设置用户标签是产品经理最基础的工作之一。按照用户的特征设置不同的标签，可以为之后的精细化产品管理工作打下基础，下面与大家交流一下，在产品管理过程中设置用户标签的主要作用有哪些。

- 为用户设置标签后，用户的个人特征更为明显，有利于用户展示，表达个性。基于用户标签，产品经理可以有针对性地进行产品设计。

- 设置用户标签，对用户的行为进行分析，可以构建更为完整的用户行为画像，为产品的运营工作提供重要参考，进一步完善运营活动的各项细节。

- 用户标签有助于企业实现精准化营销，提升宣传广告投放效果。App 产品可以根据用户标签向用户精准推送信息，提高用户的活跃度和转化率。

- 设置用户标签，便于平台用户之间的相互识别，增加匹配度。当用户被打上标签之后，系统也能为用户提供自动匹配，比如滴滴出行的乘客和司机。

- 设置用户标签，让用户的特征更为明显。如果想搜索具备某一个特征的用户，直接通过标签就可以很方便地找到所有符合条件的用户，建立起用户关系。
- 设置用户标签是建立大数据分析的基础，通过用户标签可以对用户的特点、行为、喜好进行分析，以便于制定产品迭代及营销策略。

我们在访问电商网站时都会有产品导航标签，比如京东首页的左边赫然在目的导航标签，比如家电、手机、数码、电脑、办公、男装、汽车、视频、图书等，在用户带有目标性地访问网站时，能有效地引导用户找到自己需要的产品。

互联网公司会为用户悄悄打上各类标签，对用户进行"归类整理"。传统的基础标签有活跃、付费类标签；社会属性标签有性别、年龄、收入、学历、职业、居住地、消费能力、信用等级等；偏好标签有业务偏好、内容偏好、圈子偏好、时段偏好等；生态或其他标签有根据电商网站、社交或游戏等平台内的购买、浏览、游戏行为计算出的对于某类产品的倾向、对于某类非消耗产品的拥有情况（比如是否买过电视机、电冰箱、微波炉等）、对消耗产品的日常消耗程度（每月会消耗掉多少饮料零食、洗衣粉、洗发水等）、对游戏玩法的激进程度、对某类游戏道具的拥有情况、对社交的渴望、朋友群的社群属性等。有点规模的互联网公司都会构建自己的标签平台，用来更快捷、更精细地运营自己的用户。

3.4.3 角色细分

访问网站或 App 的每一个用户都是独一无二的。但是为了便于讨论"用户是哪些人"，并"按照用户的了解来行事"，必须把他们分成不同的群组，也就是分到称为人物角色的细分用户群中去。创建这些群组的方式是至关重要的，这也是人物角色创建过程中最困难的一部分。要是定义人物角色的核心方式都不够清楚、有效的话，人物角色又能好到哪儿去呢？

对网站或 App 产品而言，不仅仅是出售某件产品——我们设计的是用户实际使用的东西。因而，我们应该关注那些揭示人们实际上是如何使用网站或 App 的属性：目标（用户想要什么）、行为（他们怎么做以及使用习惯）和观点（他们是如何看待这些经历以及如何看待他们自己的，以及对产品的要求或体验如何），如图 3-17 所示。

步骤 1　用目标来细分

通过"用户想要做什么"来分组，常常是定义人物角色最有效的方法。在很多情况下，目标总是和你必须完成的产品设计决策相联系。在列举细分群体各种各样的目标时，值得花时间来思考一下"目标"和"需要"的关系，这样有助于找到正确的目标级别。每个目标代表了一种具有独特需求的用户类型，他们不同的目标解释了各种细分群体之间的关键差异点，你可以很快地描述出这些细分群体，并且，总体来说它们基本覆盖了全部用户。

你也能将他们转化为真实人群。同时，他们与人物角色一样，能影响你针对网站内容、功能、信息架构、设计等各方面所做出的决定。

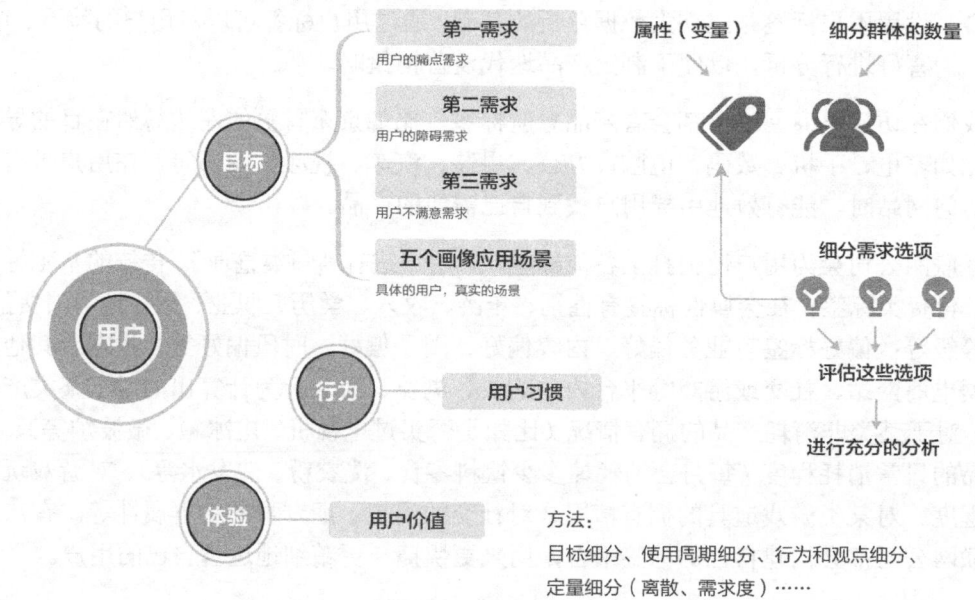

图 3-17　互联网产品用户角色细分结构图

步骤 2　用行为习惯来细分

有时候用户"做事的方式"比他们"所做的事情"能揭示更多的关键差异点。比如老年人在使用手时带有很强的行为习惯属性，他们的忘性大，耳朵不好使，眼睛不好用，因此习惯使用待机时间长、按键大、声音大的手机，我们称之为"老年机"。老年人作为手机细分市场的用户之一，市场规模不可小觑。

步骤 3　用体验及观点来细分

在互联网时代，用户体验成为评价产品好坏的代名词。不同的用户对同类产品的诉求不同，主要体现在用户体验和心理诉求（观点、对品牌的追求）上。同样以手机为例，用户购买手机已经不仅仅是为了满足通信和上网功能，比如都市白领都喜欢用功能体验好的苹果手机，而企业家老板多使用能代表身份地位的三星商务手机，三四线城市的居民因看重性价比而选择小米手机。

还有一个常见的问题，即需要得到多少个细分群体？我的经验是每个产品争取有 3～6 个细分用户群。如果只有两个细分群体，有可能漏掉用户之间的某些重要差异。如果细分超过 6 种，可以合并几个。得到 6 种以上的细分群体是一项挑战，开发太多的人物角色会让你的团队难以继续前进。

当得到满意的细分后,还需要对定性细分进行定量验证。通过一次调查问卷或其他形式的定量研究方式,用更大数量的样本来验证细分用户的角色,以进一步保证它所反映的事实的准确程度。

3.4.4 创建人物角色

当我们为用户的目标、行为和观点加入更多细节后,每个类型的用户群就会发展成为一个人物角色。我们再赋予他们名字、照片、人口统计等特征的信息、场景以及更多资料后,每个人物角色就会变得栩栩如生。人物角色很像真实存在的人类,它的作用在于产品团队可以把他们当成真人一样来了解和讨论。因此,产品团队在做出产品决策的时候,能把这些真实可信的人物角色当成依据,如图3-18所示。

创建人物角色的步骤如下。

步骤1 揭示关键差异。人物角色是基于目标、行为、观点或由此产生的细分用户群,不同的细分用户群有不同的属性,我一般会用2~3个属性来区分最重要的差异。可是这并不容易,我们总是有好多话要说。此时需要做减法,强迫自己去掉次要属性。问一下你自己:如果你有10秒钟来向某人描述这个人物角色的话,你会说什么?

步骤2 取一个名字。给人物角色取一个名字会有助于大家把它看成真实人物,而不仅仅是当成某个细分用户群或用户类型来看待。为人物角色命名的时候,可以给这个名字添加一定的描述,这样每个人能自动把这个名字和主要的用户差异联系起来。

步骤3 找一张照片。早在探索用户细分的时候,在每个人在脑海中就已经描画出这些人物的形象。为了让人物角色栩栩如生,并让团队成员达成共识,便于记忆和区分人物角色,需要为人物角色选择一张照片。选择照片时,最好是找一张真人照片。

步骤4 展示个人信息。看到的细节越多,人物就会脱离抽象的形象,越来越接近我们脑海中的样子。这些细节包括工作、公司、年龄、居住地、性格、家庭生活、爱好、喜欢的电视节目或音乐。

步骤5 展现领域行业信息。对于每一组人物角色来说,有一些信息是你总想加进去的,即你的客户所在的行业信息。如果在保险行业,你会想知道一些具体的事实,例如这个人物角色住在哪儿,做什么工作,当前什么状态,未来的计划、动机、抱怨和痛处是什么,什么时候会想买保险,财务状况如何等。这些额外的事实会让人物角色显得尤其真实,也便于后期有针对性地开展营销服务。

步骤6 详细说明计算机、手机和互联网使用情况。计算机、手机和互联网经验的配置是排在行业信息之后的另一种重要信息,它们有助于使人物角色真实可信。主要包括计算机配置、计算机经验、手机型号、互联网经验、互联网的主要使用方式、喜欢的网站/App等。这些信息可以为产品经理提供大量有价值的行为、习惯、观点、态度信息。

有远见的人 Alice

Alice出生于独生子女家庭，对事物都很挑剔，有自己独立判断事物的标准，同时是一个很现实的人，不喜欢夸夸其谈

受过高等教育的Alice，什么事情不清楚，习惯性的会通过网络搜索解决，善用互联网产品解决生活问题

跟多数的80后一代一样Alice拒绝被推销，她喜欢根据自己的意愿来选择产品或服务

个人信息
性别：女
年龄：29
学历：大专
家庭：已婚，有小孩
收入：10-20万/年
车辆：私家车10-20万
住房：按揭住房（2-3K）
职业：民营企业内勤人员
爱好：读书、旅游、健身
性格：热情、开放、关注细节、乐于接受尝试新生事物

保险信息
社保：单位缴纳有五险一金，养老保险单位缴纳的，不担心养老问题，大专二本公积金基本覆盖房价，每年社保医疗卡2000-3000元，够日常基本医疗及药品费用。

商保：由于私家车必须购买商业保险，每年开支在4000元左右，有过理赔经历，觉得保险在一些场景下还是挺有用的。随着年龄和收入的增长，家庭结构变化，感觉需要身体保险的需求增加，有意向购买补充商业保险。

家庭结构
子女：儿子5岁，上幼儿园中班
老公：在民营企业任中层干部，年收入10万左右，偶尔出差，相对稳定。
父母：自己是独生子女，父母均50多岁，工薪阶层，收入均可满足家用，稍有盈余，身体状况良好，爷爷已经过世，奶奶年迈7旬，身体不好，需要照料。
公婆：公婆有两个儿子，老公是老大，小儿子尚未结婚，公公是工人，年近6旬，身体健康，公婆身体欠佳，操心小儿子的婚事、买房……

互联网使用情况
互联网经验：丰富（10年）
主要使用方式：搜索、App
喜欢的产品：淘宝、微信、宝宝树
每周上网时长：15小时以上
手机配置：智能无线4G
计算机配置：ThinkPad、Mac

角色画像
只为Alice而设计

用户场景

Alice，80后，独女，受过高等教育，大学毕业后与同学结婚，留在省会郑州工作，在双方父母的支持下按揭购房结婚，夫妻双方工作收入稳定，已在现在单位任职3年以上，有有一子，活泼可爱，上幼儿园中班。29岁的Alice已经完成了工作、买房、结婚、生子的人生大事，生活处于小康水平。可是就在一年前，Alice的爷爷得癌症去世，不仅给她带来了失去亲人的悲伤，更让她看到生命无常，纵使花费了近10万元的医疗费用也没能挽回爷爷的生命，当时整个家庭就像炸开了锅一样，而后接二连三地听到大家谈论谁谁得了癌症，让她心里很没有安全感……

平时也有同学在保险公司上班，给Alice推荐过保险产品，但是Alice都表示不感兴趣，不需要。不过随着从个人到家庭、家族的融入，生活逐步的步入正轨，她感觉到需要一些保障，自己是独生子女，到时候要赡养四位老人，还有公婆也就是四位老人需要照料，虽然老人们现在健康状况良好，但是毕竟已经50多岁了，马上即将失去劳动能力，目前孩子已经开始上学，加上车房支出，在城市里家庭开支居高不下，虽然收入还算可以，但是依然经不起任何风波折腾，这让Alice增加了不少压力，因此她考虑要买一些必要的保险来为家庭提供一些不时之需的保障。

由于Alice和老公所在的单位都为她缴纳了五险（养老、医疗、失业、工伤、失业），一时Alice也不知道该购买哪些产品，以及购买多少合适。因此她想通过网络途径了解。先通过百度进行了查找，在百度知道里查看到了一些信息，但是基本上都没有什么价值，最终搜到了"保险岛"网站，便点击进入了解。Alice习惯性地直奔主题，通过导航栏点击"保险产品"，按照保险分类，适应人群，交费金额等进行了产品推荐筛选查阅，由于不知道这些产品是否适合自己，她感到有点迷茫。就在此时她发现网站的右上角有一个"需求测评"服务，她愿意进行点击查看，觉得有点意思，愿意一试，最终系统根据她的个人信息给出了一些购险指导建议，还为其推荐了几款有针对性的产品。在了解了相关的产品后，她还是没能下决心购买，觉得还要更多了解一些保险知识，这时她看到网站上有一个"保险学堂"很符合自己的需求，点击进入看到有关保险的理念、技巧、攻略、案例、理赔等内容，一下子就像找到了宝库一样。虽然这些内容对自己不是很有针对性，还是你补了了自己的保险知识空白，最有用的是她看到网站上一些小视频，让她在短时间内简单明了地了解相关保险知识。这次访问Alice花了大约20分钟，在她的购险历程上迈出了第一步。

过了几天，Alice想到了自己在保险公司上班的同学，便打电话把找她做进一步咨询。在与同学叙旧沟通的过程中，同学向她推荐了几款产品，这几款产品与保险岛网站上推荐的有所不同，她再次登录保险岛网站进行查阅对比，就在产品详情的旁边有一个对比功能，她点击后按照步骤找到了同学推荐的产品进行了对比。清晰的结果让她能清晰了地看到了两款产品的不同与性价比。就在产品的下方还显示了对方公司的相关信息。她点击了下去咨询，提示她下载保险岛App与保险顾问1对1咨询，由于是伴随互联网长大的一代，她对这种方式并不陌生和抗拒，既然决定要买保险，不如多了解一些，买质安心，Alice就下载了保险岛App。

Alice发现保险岛App跟保险岛网站的服务结构差不多，而且操作更加便捷，特别是提供了在线保险顾问1对1咨询服务。针对每一款产品都有的专业预问帮助了解。在进一步地了解的时的咨询后，Alice顺手地点上锁定了自己要购买的保险产品，但是心中依然有一些疑问，对于一些专业词汇觉得搞不懂，这时她通过提问的形式进行了解决，发现响应速度很捷快，很快有人跟她联系。Alice要下决心购买了，可是找谁买呢？她经过综合评估，发现同学推荐给她的产品并不适合自己，找一个陌生人购买吧，她可以从网站上减免的保险顾问中找出评价优质最好的顾问来给自己办理购买服务，而且理赔的时候认的不是业务员，就这样Alice通过在线约了一位资深的保险顾问Emly见了面。聊了两次后觉得对方人品和服务态度都挺好，就通过Emly购买了保险产品。

最终，Alice和Emly再也通过多次的业务往来，成为了了好朋友，再有什么保险问题，Alice依然会通过保险岛App进行咨询了解，然后再通过Emly为她提供服务。她还向同事和朋友们推荐了保险岛App……

目标和动机
Alice下载保险岛App是为了：
像自己这样的家庭需要买什么保险？给谁买？买多少？
朋友推荐几款保险产品不同台，希望通过第三方平台了解更多的产品信息，进行对比
不想直接找自己的熟人咨询购买，希望通过网络了解咨询，最好有在线比较专业的保险顾问提供咨询服务
在购买的过程中遇到一些专业问题，希望能够得到快速解决，最好可以有针对性的1对1咨询
Alice最关心的是：
提供的信息真实可靠、简单、明了、易懂
在线代理人专业可言，回复及时
不要有骚扰，除非自己有需要并同意，否则平台或代理人不要与自己主动联系

商业目的
我们希望Alice：
觉得保险岛公正、客观、可信
对保险岛App的产品服务表示满意
通过保险岛App找到信赖的保险顾问
将保险岛App推荐给身边的人

有好的意见或建议请联系产品经理：长乘，24小时开机，欢迎骚扰！

图 3-18　互联网保险——投保人人物角色实例

步骤 7　撰写简介。 人物角色简介是人物的主要内容，它在讲述这个人物角色是谁、想从企业得到什么、如何与企业进行交互（发生关系的方式、行为、习惯、态度等）。人物角色简介囊括了所有的关键差异和属性。

步骤 8　使用额外属性。 一个人物角色属性还可能包括社会地位、生活方式、动机、品牌认知、情感目标、语言能力、政策环境等。当拿起一份角色文档时，人们应该很快就能理解基本的意思。

步骤 9　精心设计语录。 一句来自人物角色口中的语录（非常生活化），我们能抓住它的精髓，可以帮助我们得到人物角色的快速印象。语录简洁、短小，并且集中在能将这个人物角色与其他人区别开的一两个关键点上。建议在这个过程的最后阶段再设计语录，一句语录能促使你回头看看总体画面，从而验证它的精准性。

步骤 10　加入商业目的。 正如人物角色要通过你的产品满足自己的需求一样，创建人物角色的目的是希望通过这些人物角色去做一些事，以帮助达成商业目标。大部分产品的主要目标都是通过某种服务于用户的方式来鼓励预期的用户行为，以达到商业目的。

步骤 11　确定人物角色的优先级别。 在进行产品策略决策时，你突然发现人物角色中有两个需求在某个功能上刚好是相互矛盾的：一个用户希望它以某种方式运作；另一个用户的需求完全不同。你不能两个都满足。那要怎么办？并不是所有人物角色的满意度都一样重要，这就是要确定优先级别的至关重要的原因，这样才能知道如何去解决类似这样的矛盾。在使用新人物角色之前，问一下自己哪一个或哪两个是最需要满足其需求的人物角色。做这个决定最显而易见的方法就是看看每个人物角色能为商业带来的价值。哪一个对公司而言是最具有财务价值的用户？或者，期望哪一个将来可以成为最有价值的用户？如果能把客户资源管理系统和细分用户群绑定在一起，就可以快速地拿到用于决策的信息。否则，可能还得做一个小小的分析来决定每个人物角色最有可能产生的价值。

步骤 12　撰写场景。 场景让人物角色开始动起来。它们是讲述某个人物角色如何与产品进行交互的故事。人物角色是个演员，而场景就是一段情节。人物角色具有具体的目标、观点和行为，他想要什么和喜欢用什么方式去做都是你为他们配置好的。场景则讲述了这些人物角色得到、使用产品时有可能会真正发生的事情。能让团队感受到人物角色非常满意的服务看上去会是什么样子的？了解人物角色想实现什么目标、他会怎么做，同时在真正的实践中，你的产品应如何应对？

丰满而有真实感的人物角色比正确的人物角色更有用。所谓"正确的 100%符合实际情况的角色"是不存在的，我们应该尽可能丰富、形象化我们的目标用户群，让它在设计决策过程中发挥作用。

如何保持人物角色的活力？这个问题绝对不容忽视，尤其是当团队首次创建和使用人物角色时。人物角色不只是为某个产品、某次特殊需求而创建的。持续使用和更新，将核心用户的形象融入到每个成员的开发、设计思维中，才是人物角色的使命。我们需要不断地完善、展示、解释人物角色，并使用它完成如下工作。

- **建立人物角色文档**。完整的人物角色文档包括关键差异、姓名、照片、行业信息、简介、商业目的等元素。
- **展示人物角色**。我们要把创建好的人物角色展示给团队人员，帮助大家了解产品的目标用户群，并在设计中持续为目标用户服务。
- **与人物角色一起生活**。让人物角色深入融入我们的工作与生活，时刻督导我们的设计工作。

3.5 总结

市场研究方法多种多样，所提供的信息的质量和可信度各不相同。本章以 MVP 新产品开发的视角从市场细分、分析、定位入手，发现市场产品机遇，锁定目标市场，然后通过科学的市场调查研究方法（一级/次级市场研究、定性与定量、焦点小组、抽样方法、问卷调查、客户现场访问、消费者监测组、人种学、社交媒体、众包、大数据分析）挖掘市场及客户需求，再通过专业的理论方法工具（马斯洛需求层次理论、KANO 模型、因子分析、聚类分析、多维尺度法、联合分析、李克特量表）将信息进行归类、分析、处理得出可供产品决策的依据，最后根据市场调研分析结果绘制用户画像，创建人物角色直观呈现目标客群，为产品创新和产品管理工作打下情报基础。

市场研究的理论、方法、工具是产品经理收集市场情报的基础，有助于提高产品经理的决策水平。在产品管理过程中，市场研究的主要目的是提供利益相关者所需的相关信息，从而在产品管理的不同阶段、不同场景提供有价信息，为做出正确决策提供依据。随着市场竞争的加剧，产品项目的试错成本和风险都在增加，因此市场研究的价值和作用已经不可忽视，市场研究能力也已经成为产品经理职业的核心能力之一。

MVP 行动指南

- 认识市场研究的重要性，掌握科学的市场调研理论、方法、工具。
- 绘制你的企业所面对的市场地图，并对市场进行细分和分析，重新定义目标市场，发现新机遇。
- 组织团队开展一次市场调查研究工作，挖掘市场和用户需求，了解那些未曾关注过或未知的"秘密"，为产品工作提供有价信息。
- 将日常工作中的市场和用户需求，通过科学的方法和工具进行分析，为产品管理、设计、迭代提供决策依据。
- 根据你所面对的客户群体，按照书中的方法为用户贴上标签，对用户进行细分，并创建一组栩栩如生的人物角色，为产品工作应用提供指导。

第 4 章 产品创新：探寻产品驱动力

学习目标

- 系统学习产品创新方法论，打开脑洞，为产品提供驱动力；
- 通过竞品分析将产品创意进行有效转化，获取差异化竞争力；
- 掌握产品机会评估方法，对产品创意进行有效识别判定；
- 学习产品商业化所需的基础财务知识，能对产品创意进行精算评估。

"创新"是一个充满活力、激情的词汇，是企业发展的驱动力。谈到创新，我们首先想到的是 idea，也就是创意。但是，我们通常很少对创意进行深度的探寻和评估，而且多数的创新决策来源于"拍脑袋"，结果是付出沉痛的代价。再或者，我们在面对激烈的市场竞争时缺乏创新，或者思维穷尽，没有可行的创意能够支持企业获得竞争力。这就需要我们学习系统的创新方法，并掌握科学的评估方法，才能从根本上解决产品创新所面临的困难和难题。

本章将从产品创意方法论、竞品分析、机会识别、精算评估 4 个方面入手，为产品经理提供系统的创新及可行性分析理论、方法、工具，为做最小可行性产品提供科学支撑。

4.1 产品创意：打开脑洞，创造价值

创新是当前出现频率非常高的一个词，无论是企业家、政府官员，还是专家、学者，

几乎都念念有词地谈创新；同时，创新又是一个非常古老的词。它的原意有 3 层：更新；创造新的东西；改变。至于创新作为一种理论，它的形成则是 20 世纪的事情。相较于创新，我国当前最大的优势在于强大的制造能力，即在别人创新的基础上对其予以放大，而自身的创新环境和能力亟待提升。

产品创新源于市场需求，源于市场对企业的产品技术需求，也就是技术创新活动以市场需求为出发点，明确产品技术的研究方向，通过技术创新活动，创造出适合这一需求的适销产品，使市场需求得以满足。在现实的企业中，产品创新总是在技术、需求两维之中，根据本行业、本企业的特点，将市场需求和本企业的技术能力相匹配，寻求风险收益的最佳结合点。产品创新的动力从根本上说是技术推进和需求拉引共同作用的结果。

产品创新是一个系统工程，对整个系统工程的全方位战略部署是产品创新战略。产品创新战略在第 2 章已经进行详细的讲述，本节主要从产品创新战术的角度为大家提供产品创新的方式、方法，并结合案例帮助产品经理打开脑洞，以助于涌现出无穷的创意，给产品带来改变，为企业创造价值。

4.1.1 问题到产品

广义的产品是指能解决人们某种问题（需求）的任何东西，包括有形的物品，也包括无形的服务、组织、观念或它们的组合。为解决网络通信问题，**QQ** 和微信应运而生；为解决企业采购及销售问题，阿里巴巴横空出世；为解决信息查找、筛选难题，百度搜索随之出现；为解决"懒人"用餐问题，美团从卖团购券升级为外卖平台；为解决市民"打车难"问题，滴滴出行开启了共享时代。图 4-1 所示为一些互联网行业"问题到产品"的知名案例。

问题（需求）	产品（方案）
网络通信	QQ/微信
场地租金贵	阿里巴巴
查找信息	百度
懒人用餐	美团外卖
打车难	滴滴出行

图 4-1　互联网行业"问题到产品"知名案例

纵然各行各业的市场都面临饱和，但是新的市场空间也在不停出现和增长，客户的要求（需求）也在提升和增加，未被满足的需求无处不在，关键是看是否缺乏发现的眼光。

即使某个市场领域已经有主导者或领头羊，你依然可以为客户提供比较、决定、购买、接收等差异化服务。况且，没有哪一家企业可以做到全行业和全产业链的覆盖，即使布局甚广，也会存在服务问题和难题，有让客户感受不好或不满意的地方，这些都是新的市场机遇。

> 作为产品经理，你需要思考下述问题。
>
> ○ 你的产品满足客户哪些基本需求？
>
>   （衣、食、住、行……）
>
> ○ 你的产品帮助客户完成哪些任务？
>
>   （完成某项工作或解决某个问题……）
>
> ○ 你的产品帮助客户提升了什么价值？
>
>   （更好看、升值、更有权、更有地位……）
>
> ○ 你的产品帮助客户在情绪方面带来了什么改善？
>
>   （感觉更舒服、更安全……）
>
> ○ 你的产品给客户带来什么感受？
>
>   （不满意、满意、非常满意……）
>
> ○ 你的产品与竞品有什么不同？
>
>   （功能、外观、质量、性能、价格……）

以上这些问题能够很好地帮助产品经理发现客户的"问题"。只有在不停地提出问题、发现问题、解决问题的过程中，才能为产品设计提供产品创意。产品设计是要解决问题（常规问题与发明问题）。如果产品的初始状态与理想状态之间存在距离，则称之为问题。设计过程是解决问题的过程，是使产品由初始状态通过单步或多步变换实现或接近理想状态的过程。如果实现变换的所有步骤都已知，则称为常规问题。如果至少有一步未知，则称为发明问题。解决常规问题的设计是常规设计，解决发明问题的设计是创新设计。

矛盾（冲突）普遍存在于各种产品的设计之中。按传统设计中的折衷法，冲突并没有彻底解决，而是在冲突双方取得折衷方案，或称降低冲突的程度。创造性问题解决理论（TRIZ，见图4-2）认为，产品创新的标志是解决或移走设计中的冲突，而产生新的有竞争力的解。设计人员在设计过程中不断地发现并解决冲突是推动产品进化的动力。

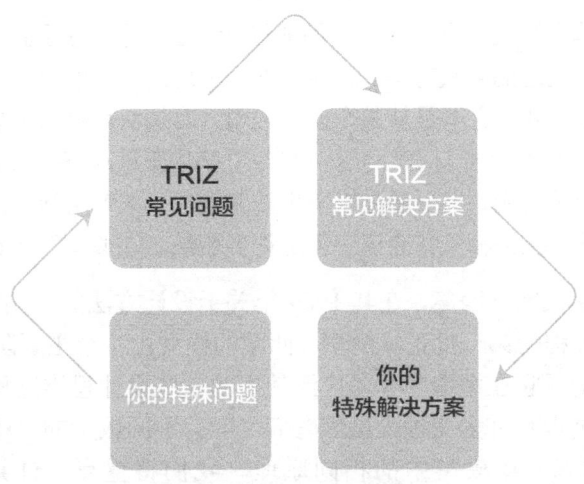

图 4-2 TRIZ 问题求解矩阵

TRIZ 是一种不基于直觉,而基于逻辑和数据的问题解决方案,该方法能加速项目团队创造性地解决问题。TRIZ 是国际创造性科学的体现,它依靠的是问题和解决方案的范式研究,而不是个人或团队自发的、直觉的创造力。

TRIZ 中的发明原理是由专门研究人员对不同领域的已有创新成果进行分析、总结,得到的具有普遍意义的经验,这些经验对指导各领域的创新都有重要的参考价值。常用的发明原理有 40 条原则,实践证明这些原理对于指导设计人员的发明创造具有重要的作用。当找到确定的发明原理以后,就可以根据这些发明原理来考虑具体的解决方案。应当注意尽可能将找到的原理都用到问题的解决中去,不要拒绝采用任何推荐的原理。假如所有可能的原理都不满足要求,则应该对冲突重新定义并再次求解。

TRIZ 中的产品进化理论将产品进化过程分为 4 个阶段:婴儿期、成长期、成熟期、退出期。处于前两个阶段的产品,企业应加大投入,尽快使其进入成熟期,以便企业获得最大效益;处于成熟期的产品,企业应对其替代技术进行研究,使产品取得新的替代技术,以应对未来的市场竞争;处于退出期的产品,企业利润急剧下降,应尽快淘汰。这些可以为企业产品规划提供具体的、科学的支持。

4.1.2 设计思维

设计思维(Design Thinking)的名字稍微有点抽象,其实这个方法就是以用户为中心,去发现用户的问题,并用设计来解决问题,因此叫"设计思维",以区别于传统的思维方式。设计思维,一是积极改变世界的信念体系;二是一套如何进行创新探索的方法论系统,包含了触发创意的方法。

设计思维是一种基于解决方案的解决问题的设计方法，用于为寻求未来改进结果的问题或事件提供实用和富有创造性的解决方案。在这方面，它是一种以解决方案为基础的，或者说以解决方案为导向的思维形式。它不是从某个问题入手，而是从目标或者要达成的成果着手，然后通过对当前和未来的关注，同时探索问题中的各项参数变量及解决方案。该方法对解决未定义或未知的复杂问题极其有用，主要通过以下手法来解决：理解所涉及的人的需求、以人为中心的方式重新解构问题、在头脑风暴会议中创造许多想法、在原型和测试中应用实践方法。

诺贝尔奖获得者赫伯特·西蒙，在其 1969 年关于设计方法的开创性文章《人工的科学》中，概述了设计思维过程的第一批正式模型。西蒙的模型由 7 个主要阶段组成，每个阶段都包含更小的阶段和活动，它在塑造当今最广泛使用的一些设计思维过程模型方面影响很大。现在使用的设计思维过程有许多变种，虽然它们可能有不同数量的阶段（从 3～7 个不等），但它们都基于西蒙 1969 年模型中的相同原理。我们将重点关注斯坦福大学设计学院（D.School）提出的 5 阶段模型。根据 D.School 的研究，设计思维的 5 个阶段为共情、确定问题、形成概念、制作原型和测试，如图 4-3 所示。

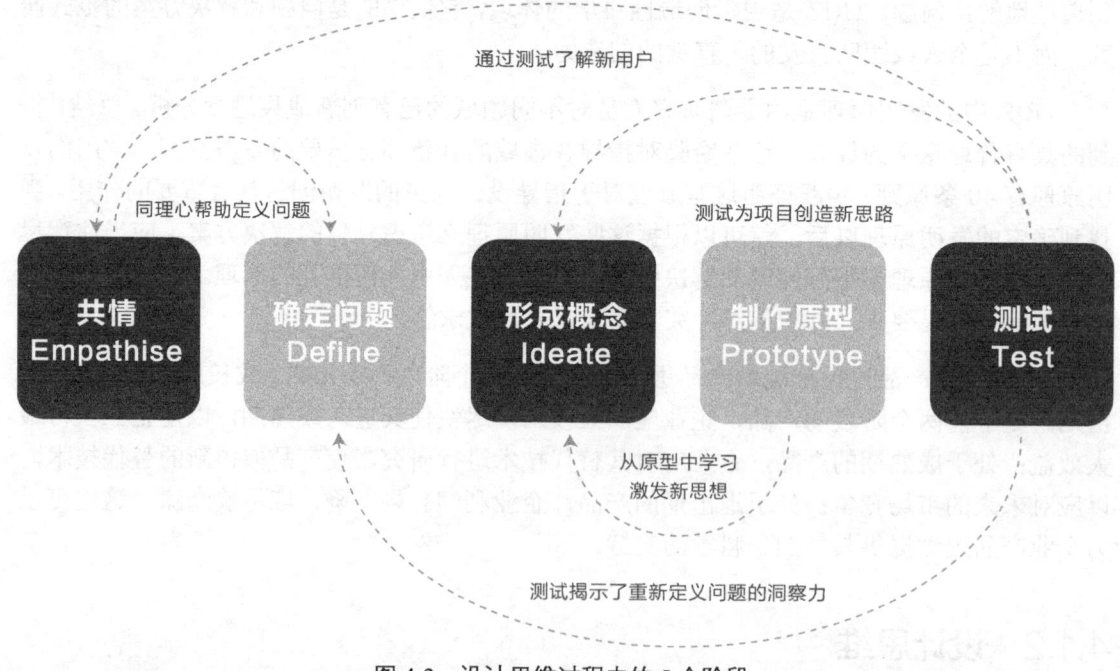

图 4-3　设计思维过程中的 5 个阶段

让我们仔细看看设计思维的 5 个不同阶段。

1. 共情

设计思维过程的第一阶段是：获得你正试图解决的问题的共情理解。共情这种方法，对于像设计思维这样的以人为本的设计过程至关重要，共情让设计思考者可以抛开自己对世界的假设，以深入了解用户及其需求。在这一阶段，大量信息被收集，以便在下一阶段中使用。研究者可以对用户的需求，以及该特定产品开发背后的问题形成最佳理解。

2．确定问题

在确定问题阶段，可以把在共情阶段创建和收集的信息集中在一起，之后分析观察结果并对其进行综合处理，以便确定核心问题。应该设法用以人为中心的方式来定义问题。具体来说，不要将问题定义为自己的愿望或者公司的需要（如，我们需要将年轻女孩的食品产品市场份额提高 5%）。更好的定义问题的方法是"十几岁的女孩需要吃营养食物才能茁壮成长，健康成长"。

定义问题阶段可以帮助团队中的设计人员收集伟大的想法，以确定特征、功能和其他任何可以帮助用户解决问题的元素，或者至少让用户以最小的难度自行解决问题的方法。在定义问题阶段，通过提出可以帮助寻找解决方案的问题，将开始逐渐进入第三个阶段——形成概念。例如，我们应该如何鼓励少女执行有利于她们的行动，并且还涉及公司的食品或服务。

3．形成概念

在设计思维过程的第三阶段，设计师已经准好开始产生想法。设计师已经在共情阶段理解了用户和他们的需求，并且已经在确定问题阶段分析和综合了观察结果，并以人为中心陈述了问题。有了这个坚实的背景，就可以开始"跳出框框思考"，为创建的问题陈述找出新的解决方案，并且可以开始寻找替代方法来查看问题。

在形成概念阶段开始时，尽可能多地获得想法或问题解决方案非常重要。在形成概念阶段结束时，应该选择其他一些评判方法来帮助调查和测试想法，以找到解决问题的最佳方法，或是规避问题所需的元素。

4．制作原型

设计团队将创造一些价格低廉的产品或产品中特定功能的缩减版本，以便他们可以调查前一阶段确定的问题的解决方案。原型可以在团队本身、其他部门或设计团队之外的一小部分人员中，进行共享和测试。这是一个实验阶段，目的是为前 3 个阶段发现的每个问题找出最佳解决方案。这些解决方案是蕴藏在原型之中的，并逐个被检验：它们或许会被接受，并进行优化和再检验；如果用户的使用体验不好，则会被拒绝。

到这个阶段结束时，设计团队将会更好地了解产品中固有的约束条件、存在的问题，并且更好地了解真实用户在与最终产品交互时的行为、想法和感受方式。

5. 测试

设计师或评估人员使用原型设计阶段确定的最佳解决方案来严格测试整个产品。这是五阶段模型的最后阶段，但是在迭代过程中，测试阶段产生的结果经常用于重新定义一个或多个问题，并告知用户的认知、使用条件、人们的思维方式、行为、感受。即使在这个阶段，更改和改进仍然在持续进行，以得到最好的解决方案，并尽可能深入地了解产品及其用户。

设计思维不应被视为固定和不灵活的设计方法，图4-3中标识的阶段示意可用作进行设计活动的指南。为了获得针对你的特定项目的最纯粹和最具信息性的见解，这些阶段可能会切换，同时进行并重复多次，以扩大解决方案空间，并缩小最佳解决方案的范围。我们或许可以勾画出一个直接和线性的设计思考过程，它们一环扣一环，以富有逻辑的方式线性运行下去。然而，实际上该过程以更灵活和非线性的方式进行。正如图4-3中显示的那样，五阶段模型的主要优点之一是后期获得的知识可以反馈到早期阶段。信息不断地用于告知对问题和解决方案的理解，并重新定义问题。这创造了一个永久的循环，在这个循环中，设计人员不断获得新的见解，创造审视产品及其可能用途的新方法，并开发对用户及其面临问题的更多理解。例如，设计团队内的不同小组可以同时进行多个阶段，或者设计师可以在整个项目中收集信息和原型，以使他们将想法变为现实并将问题解决方案可视化。此外，测试阶段的结果可能会揭示一些关于用户的见解，这反过来又可能导致另一个新原型的开发。

理解了设计思维的5个阶段后，任何人都能运用设计思维方法来解决我们周围发生的复杂问题。作为一种思维方式，设计思维被普遍认为具有综合处理能力的性质，能够理解问题产生的背景，能够催生洞察力及解决方法，并能够理性地分析和找出最合适的解决方案。在当代设计和工程技术中，以及商业活动和管理学等方面，设计思维已成为流行词汇的一部分，它还可以更广泛地应用于描述某种独特的"在行动中进行创意思考"的方式，在21世纪的教育及训导领域中有着越来越大的影响。在这方面，它类似于系统思维，因其独特的理解和解决问题的方式而命名。在设计师和其他专业人士中有一种潮流，即他们希望通过在高等教育中引入设计思维的教学，唤起对设计思维的意识。其假设是，通过了解设计师所用的构思方法和过程，通过理解设计师们处理问题和解决问题的角度，个人和企业都将能更好地连接和激发他们的构思过程，从而达到一个更高的创新水平。

4.1.3 六西格玛设计

众所周知，产品首先是设计出来的。实践表明，至少80%的产品问题是在早期设计阶段决定的。开发出满足客户需求的新产品是决定企业竞争力的核心因素。但新产品开发却是许多企业的薄弱环节。新产品的成功率低、新产品技术问题的解决速度不够快、变更过于频繁、设计成本高等是普遍存在的问题。而许多优秀公司的实践表明，新产品的成功并不仅仅靠机遇或运气。新产品的成功是能够预测、控制的。这些成功的经验表明，对于新产品导入的研发程序、研发质量的管理、研发资源的管理，需要一套科学的管理方法。

六西格玛设计（Design For Six Sigma，DFSS）是一种实现无缺陷的产品和过程设计的方法，面向产品的全生命周期，采用系统的问题解决方法，把关键顾客需求融入产品设计过程中，从而确保产品的开发速度和质量，降低产品生命周期成本，为企业解决产品和过程设计问题提供有效的方法。六西格玛设计作为六西格玛管理核心方法系统之一，虽然和业务流程重组（Business Process Reengineering，BPR）一样是一个面向流程再造的管理方法和思想。然而不同的是，DFSS 的应用绝不仅仅局限于对现有业务流程的再造，而且还广泛应用于新的产品或服务流程的设计，它包容的一揽子方法适用于引入新产品和新服务，适用于应付 DMAIC 六西格玛模型的内在局限，是六西格玛管理战略实施的最高境界。其中，DMAIC 是指定义（Define）、测量（Measure）、分析（Analyze）、改进（Improve）、控制（Control）五个阶段构成的过程改进方法，一般用于对现有流程的改进，包括制造流程、服务流程以及工作流程等。

六西格玛设计从六西格玛改进自然演变而来，是六西格玛改进的外延。更准确地说，六西格玛设计是综合考虑所要实现的六西格玛全部意图以及在新产品设计和商业投放中遭遇的各种挫折的产物。没有任何一个单独的六西格玛设计模型足以应付所有问题，而各自对六西格玛做这样或那样的调整又存在非常现实的危险——很可能遗漏顾客的根本需求。六西格玛改进可以显著地降低过程缺陷和差错率，使之达到一般商业组织普遍接受的水平。这种改进的极限是相当于最坏差错率的最大回报率。随着组织逐渐地向"每百万 3.4 个缺陷"的六西格玛目标推进，从世界水平来看得到的回报将逐渐减少，转而支持柔性效益。例如，为更好的顾客满意度和更高昂的雇员积极性而拼搏。这种柔性效益将使他们在新产品和新服务领域里感受到好得多的回报，并且得到这些回报。

六西格玛设计有自己的流程，迄今为止，研究者已提出的 DFSS 流程有 13 种，但是目前还没有形成完全统一的模式。DFSS 有两种典型的方法流程：DMADV 和 IDDOV，如图 4-4 所示。

图 4-4　六西格玛设计两种典型方法流程

1. DMADV 流程

DMADV 流程即定义（Define）、测量（Measure）、分析（Analyze）、设计（Design）、验证（Verify）。这种流程模式可以更好地利用 DMAIC 流程的基础，但一般只适用于现有产品或流程的局部重新设计。

- 定义（Define）

对项目进行清晰的描述，明确顾客需求，并根据顾客需求说明产品要求和目标，创建项目管理计划，同时明确整个项目开展中所需的资源和受限条件。

- 测量（Measure）

选择调研方法来获取客户需求，收集"客户的声音"（VOC），并将 VOC 转化为实际的要求，识别关键质量特性（CTQ）；如果需要，展开多阶段的项目计划。

- 分析（Analyze）

利用创造性的方法确定可行的概念，使用符合逻辑的、客观的方法来评估可选的方案，确认并消除产品或服务失效的潜在可能。

- 设计（Design）

展开概要设计和详细设计，制定具体的产品研发计划，尽量减少产品或流程的差异性（稳健性优化），调整输出信息，使其达到可测量的指标。

- 验证（Verify）

实现设计，实施试点调试样机（样品、模型），验证生产过程的能力，建立、测试并固化原型。

2. IDDOV 流程

IDDOV 流程即识别（Identify）、定义（Define）、展开（Develop）、优化（Optimize）、验证（Verify）。IDDOV 流程是由美国 ASI 公司的总裁乔杜里先生提出的，它更适合新产品和新流程的开发要求，但乔杜里先生未给出该流程可操作的详细工作内容。

- 识别（Identify）

识别阶段的目的是确认项目并说明存在的机会，主要任务是收集和确定待开发产品的顾客需求，并论证即将开展的 DFSS 项目的可行性。

- 定义（Define）

定义阶段是 DFSS 实施的核心过程，此阶段的任务是要清晰地说明对产品的要求。前阶段确定了谁是我们的客户以及客户需求是什么。接下来，就是进一步细化、展开顾客的需求，即通过质量功能展开（Quality Function Deployment，QFD[即"质量屋"，将在下一章重点讲解]）将 VOC 逐层展开为设计要求、工艺要求、生产要求，并提炼出顾客的关键需求，准确地识别、量化顾客需求。

- 展开（Develop）

展开阶段的目标是利用创造性的方法确定可行的产品概念，使用符合逻辑的、客观的方法来评估可选的方案。这一阶段可运用头脑风暴法、创造性问题解决理论（TRIZ）、普氏方法、失效模式和效应分析（FMEA）等方法工具。

- 优化（Optimize）

此阶段是对产品和过程设计参数的优化，其目标是在质量、成本和交付时间允许的基础上达到企业利益的最大化，主要方法是实验设计（DOE）。

- 验证（Verify）

验证阶段的任务是对产品设计是否满足顾客要求、是否达到期望的质量水平的确认过程。

能否成功推出新产品或新服务将左右着企业未来的发展。资料表明，无论什么产业，其所有推出的新产品中，只有大约 50%会成功。同时，投入到开发与商业化新产品中的资源，大约有 45%会被浪费掉，或者无法带来适当的财务报酬。企业将新产品失败的主要原因归纳为：

> 不正确的市场分析（24%）；
> 产品问题或瑕疵（16%）；
> 缺乏有效的营销（14%）；
> 成本过高（10%）；
> 竞争激烈或对手的反应（9%）；
> 上市时机不好（8%）；
> 技术或生产问题（6%）。

建议在新产品开发时即导入六西格玛设计，应用其卓越的各项指标和工具寻找和识别顾客的需求，确定顾客满意的标准和规范，将设计流程提升到六西格玛水平。即项目团队会在开发阶段的一开始时，即整合六西格玛设计的特点，并运用相关的工具以达成六西格玛的水平——百万机会缺陷数（DPMO）仅为 3.4，从而满足顾客的需求和期望，避免非符合性成本和减少不增值的符合性成本，实现经济性管理的目的。

> **注意**
>
> DFSS 必须能与新产品开发作业密切结合，才能有效地提升企业的竞争力。然而，企业如何透过 DFSS 建立自己更优良的新产品开发作业文化，则是每家企业要挑战的课题。

4.1.4　8种创意工具

在当前这个求新、求变、充满机会、充满竞争、充满挑战、事事讲求创意的年代，似乎很多东西只要加上"创意"两个字，就能自动升级，可以卖更贵，获得更多注意。或许很多人会想，自己并不是个创意家、也不是个点子王，创意离自己很远。其实，创意就在我们生活的每个角落。举例来说，尝试走不同路线上班、结合不同食材煮饭、出门旅行发现新事物、试着结合不同生活经验并拓展生活经验、用不同角度看事情等，这些都是创意，每个人都可以是创意家。

谈到创新、创意，就不得不提到苹果教父——乔布斯。乔布斯认为，创意家之所以有很多想法、创意，不是因为他们有比较多的经验，而是他们掌握了获取创意的方法及工具，才能够从自身的经验和工作中挖掘出点子。乔布斯说："好的创意来源于生活，设计不出好产品的原因是因为缺乏方法及工具。"创意不是知识的累积，而是看待事物的观点与众不同且有深刻的惊奇点。下面为大家介绍 8 种创意工具，供大家在进行创意时参考使用，如图 4-5 所示。

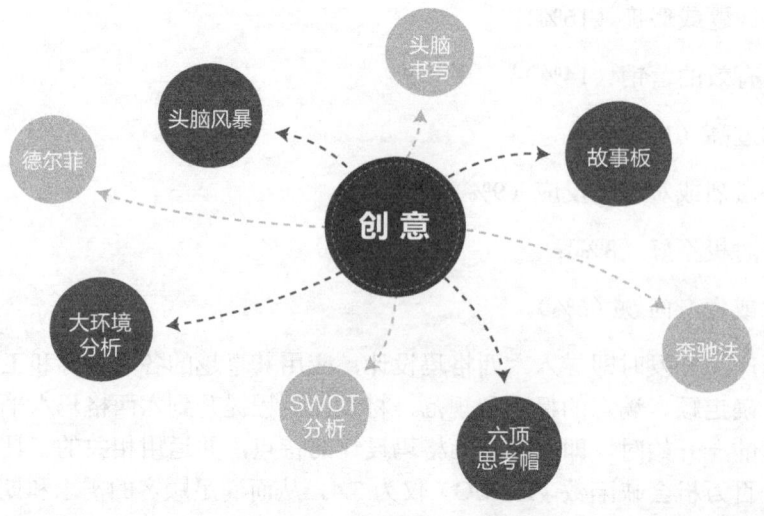

图 4-5　8 种创意工具

1. 头脑风暴

头脑风暴法（Brain Storming）由美国 BBDO 广告公司的奥斯本首创，该方法指的是由价值工程工作小组人员在正常融洽和不受任何限制的气氛中以会议形式进行讨论、座谈，打破常规，积极思考，畅所欲言，充分发表看法，其目的在于产生新观念或激发创新设想。采用头脑风暴法组织群体决策时，要集中有关专家召开专题会议，主持人以明确的方式向所有参与者阐明问题，说明会议的规则，尽力创造融洽轻松的会议气氛。主持人一般不发表意见，以免影响会议的自由气氛，而是由专家自由提出尽可能多的方案。

2. 头脑书写

在头脑风暴会议中经常会发生的事情是团队中的主要参与者发言并表达自己的想法，然后其他人进入关于这些少数想法的讨论，并且他们就解决方案达成共识，而没有考虑可能产生的许多其他想法。这是头脑风暴的缺点之一，有些小组成员可能不会说出口，因为他们很害羞，或担心他们的建议可能会被拒绝；其他人可能什么都不会说，因为他们担心他们的想法太过于无礼或大胆。个性较强的人可能会大声地推动和捍卫自己的想法，而不听别人的建议，而保守的人可能倾向于只提出安全的选择。

头脑书写与头脑风暴相似，它们都是为问题产生想法和解决方案的方法。然而，头脑书写给予每个人平等的参与机会，它可以让所有小组成员在没有任何阻碍的情况下进行思考。一切都是匿名的，你不知道谁写了哪些想法，所以有更多的自由去创造真正的创意。参与者被授权提出解决方案，否则他们可能认为这些解决方案过于不寻常，或者不会得到好评。

3. 故事板

故事板是软件显示效果的视觉草图，用于在视频创作和广告设计中表达作者的创意。故事板是传统交互设计方法的重要补充工具，平时我们的原型设计仅仅局限于屏幕环境的设计，忽略了屏幕之外的使用情景，而通过故事板绘制的关键使用场景有利于我们理解屏幕之外的用户目标和动机。其实有经验的设计师会在产品设计初期假想一些应用情景，只不过他们没有画在纸上而已。另外，故事板不仅仅是设计师头脑中假想情境的具象化，它还可以使一些模糊的用户需求更加具象，更有说服力，在设计沟通的过程中能发挥巨大的作用。

4. 奔驰法

奔驰法（SCAMPER）由美国心理学家罗伯特·艾伯尔创作。奔驰法特别适用于发散思维阶段。一般而言，在产品创意构思的后期往往会感觉创造力枯竭，尤其是在初始概念已经产生之后，继续寻找新创意时往往会陷入束手无策的困境。此时，可以暂时忽略可行性和相关性，运用奔驰法得到一些出人意料的创意。图 4-6 是 SCAMPER 检核表，这种检核表主要借几个字的代号或缩写，代表 7 种改进或改变的方向，能激发人们推敲出新的构想。

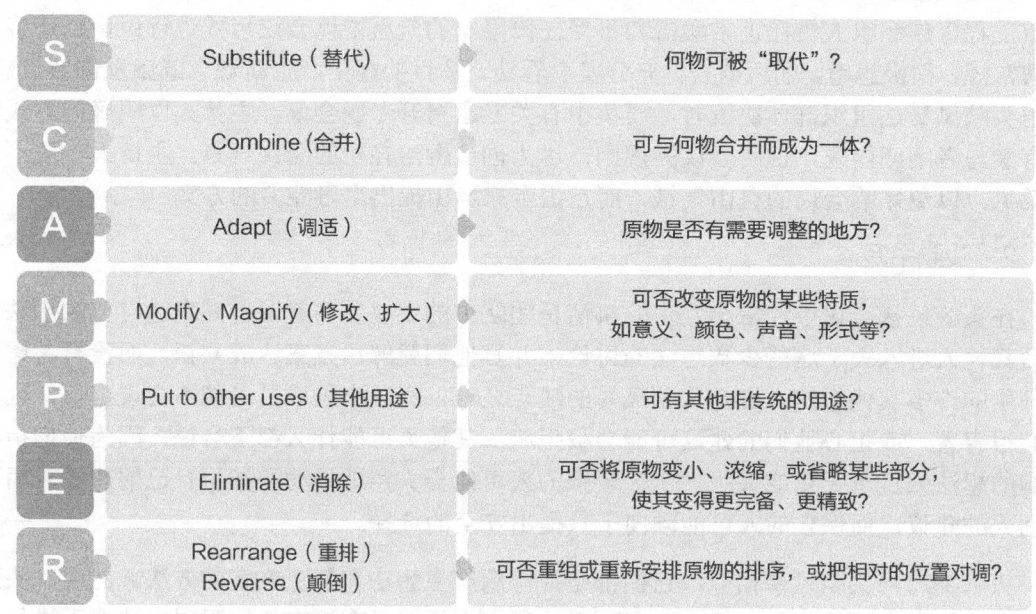

图 4-6　奔驰法（SCAMPER）检核表

创意者可以运用上述 7 种启发方式，针对现有的每一个产品创意或概念进行提问，引发思考。可以借助该方法产生更多的灵感或概念，然后再运用其他方法对所有的创意进行分类、排序，进而选出最具有价值前景的想法，之后再进一步深入设计。

5. 六顶思考帽

六顶思考帽是创新思维学之父爱德华·德·博诺（Edward de Bono）博士开发的一种思维训练模式，或者说是一个全面思考问题的模型。它提供了平行思维的工具，避免将时间浪费在互相争执上。它强调的是"能够成为什么"，而非"本身是什么"，是寻求一条向前发展的路，而不是争论谁对谁错。运用六顶思考帽，将会使混乱的思考变得更清晰，使团体中无意义的争论变成集思广益的创造，使每个人变得富有创造性。

六顶思考帽是指使用 6 种不同颜色的帽子代表 6 种不同的思维模式。任何人都有能力使用以下 6 种基本思维模式。

- **白色思考帽**：白色是中立而客观的。戴上白色思考帽，人们关注的是客观的事实和数据。

- **绿色思考帽**：绿色代表茵茵芳草，象征勃勃生机。绿色思考帽寓意创造力和想象力，具有创造性思考、头脑风暴、求异思维等功能。

- **黄色思考帽**：黄色代表价值与肯定。戴上黄色思考帽，人们从正面考虑问题，表达乐观的、满怀希望的、建设性的观点。
- **黑色思考帽**：戴上黑色思考帽，人们可以运用否定、怀疑、质疑的看法，合乎逻辑地进行批判，尽情发表负面的意见，找出逻辑上的错误。
- **红色思考帽**：红色是情感的色彩。戴上红色思考帽，人们可以表达自己的情绪，还可以表达直觉、感受、预感等方面的看法。
- **蓝色思考帽**：蓝色思考帽负责控制和调节思维过程。戴上蓝色思考帽，人们负责控制各种思考帽的使用顺序，规划和管理整个思考过程，并负责做出结论。

六项思考帽思维是革命性的，因为它把我们从思辨中解放出来，帮助人们把所有的观点并排列出，然后寻找解决之道。使用六项思考帽，我们可以理清思考的不同方面，而不是一次解决所有问题。我们可以集中考虑风险因素，其次是利益，然后是感受等。我们可以让一个人戴上帽子采用某种思维或者摘下帽子结束思考。六项思考帽使我们能够简单并礼貌地鼓励思考者在每个思考过程采用相等的精力，而不是一直僵化地固定在一种模式下。

6. SWOT 分析

所谓 SWOT（S，优势；W，劣势；O，机会；T，威胁）分析，即基于内外部竞争环境和竞争条件下的态势分析，就是将与研究对象密切相关的各种主要内部优势、劣势和外部的机会和威胁等，通过调查列举出来，并依照矩阵形式排列，然后用系统分析的思想，把各种因素相互匹配起来加以分析，从中发现机会。运用这种方法，可以对研究对象所处的情景进行全面、系统、准确的研究，从而根据研究结果制定相应的产品策略。

7. 大环境分析

大环境分析（PESTEL）模型是分析宏观环境的有效工具，不仅能够分析外部环境，而且能够识别一切对组织有冲击作用的力量。它是调查组织外部影响因素的方法，其每一个字母代表一个因素，可以分为 6 大因素：政治因素（Political）、经济因素（Economic）、社会文化因素（Sociocultural）、技术因素（Technological）、环境因素（Environmental）和法律因素（Legal）。

政治的稳定性及其所采取的政治主张及行为，将直接对整体的经济环境带来不同程度的正负面影响。经济水平所处的不同阶段和经济发展的不同速度又对其所属的社会文化及生活方式等产生不同程度的影响。经济为科技发展提供了物质保证，同时，技术革新又推动了经济不断向前发展。经济、科技的飞速发展，就要新增刚涉足领域的相关立法以及完善和健全已知领域中的相关法律法规。环保是人类及世界经济实现可持续发展的根本。

8. 德尔菲

德尔菲法也称专家调查法，1946年由美国兰德公司创始实行。德尔菲法的本质是一种反馈匿名函询法，其大致流程是在对所要预测的问题征得专家的意见之后，进行整理、归纳、统计，再匿名反馈给各专家，再次征求意见，再集中，再反馈，直至得到一致的意见。在使用该方法时，企业需组成一个专门的预测机构，其中包括若干专家和企业高管，按照规定的程序，背靠背地征询专家对未来产品的意见或者判断，然后进行预测。

德尔菲法是为了克服专家会议法的缺点而产生的一种专家预测方法，它依据系统的程序，采用匿名发表意见的方式，即专家之间不得互相讨论，不发生横向联系，只能与调查人员发生关系，通过多轮次调查专家对问卷所提问题的看法，经过反复征询、归纳、修改，最后汇总成专家基本一致的看法，作为预测的结果。这种方法具有广泛的代表性，较为可靠。这种方法的优点主要是简便易行，具有一定科学性和实用性，可以避免会议讨论时产生的因害怕权威而随声附和，或固执己见，或因顾虑情面而不愿与他人意见冲突等弊病；同时也可以使大家发表的意见较快收集，参加者也易接受结论，综合的意见具有一定程度的客观性。例如，某公司研制出一种新兴产品，市场上还没有相似产品出现，因此没有历史数据可以获得。公司需要对可能的销售量做出预测，以决定产量。于是该公司成立专家小组，并聘请业务经理、市场专家和销售人员等8位专家，预测全年可能的销售量。

4.1.5 竞品驱动

了解竞争对手的情况会非常有帮助。注意观察竞争对手的异动总是明智的，因为客户会基于他们从其他竞争对手那里看到的产品建立需求或期望值。一个常用的工具是竞争对手功能分析，用电子表格列出从竞争对手的产品那里看到的每一个功能，以及这些功能的相关信息。这个方法能让我们一目了然地看出哪些功能是客户最基本的需求（因为每个产品都会提供），哪些是潜在的机会（因为只有少数或没有竞争对手提供），如图4-7所示。

当进行类似的竞争对手功能分析时，试着把人物角色加进去。为每个人物角色加入一列，然后评估每一个功能在多大程度上满足每一个人物角色的需求。如果在市场研究时已经创建了人物角色，而且知道什么类型的功能或内容对他们有所帮助，你会发现这是一个相当容易的操作。在进行竞品功能分析时，我常使用3点量表：将对人物角色来讲最重要的功能标记为实心的原点；将少量的一些重要功能标记为中空的圆点；剩下的则不作标记。这样最后得到一份很容易查看的功能列表，它比我们通常所做的竞争对手分析表更为有用。可以快速地从表格上看出哪些功能更重要，同时发现竞争对手在什么地方已经落后于某种类型的用户需求，或者某一类型的用户需求没有竞争对手可以满足，从而为产品的全新功能创新和改进功能创新提供方向。

4.1 产品创意：打开脑洞，创造价值

ID	产品功能描述	人物角色				竞争对手			
		Nancy	Patrcia	Howard	Lee	XXX	XXX	XXX	XXX
功能1	功能的描述通常出现在这儿	◎	◎	●	●	◎	◎		●
功能2	功能的描述通常出现在这儿		●	●			●		
功能3	功能的描述通常出现在这儿		◎				●	◎	
功能4	功能的描述通常出现在这儿	●	●	●	●	◎			●
功能5	功能的描述通常出现在这儿	◎		◎			●		
功能6	功能的描述通常出现在这儿		●	●		◎	●		
功能7	功能的描述通常出现在这儿			●	●			◎	
功能8	功能的描述通常出现在这儿		◎						◎
功能9	功能的描述通常出现在这儿	◎			●		◎	◎	
功能10	功能的描述通常出现在这儿	●	◎		●				

图 4-7　3 点量表（功能需求度确认）

创新从何而来？创新就是从大家都没有的东西里发现"新大陆"。在这个分析过程中，我们很容易发现一个值得深入探讨的机会。

> 以我的经验，在做这种竞品功能分析的时候，每次用一个人物角色效果会更好。当评估每个功能对于人物角色的价值时，问问自己以下这些问题。
>
> ○ 人物角色会把这个功能看成最基本的期望吗？没有它，产品就没有使用的价值吗？或者，这个功能仅仅是"有当然最好"的那种，还是没有它，会影响人物角色的忠诚度？
>
> ○ 人物角色会把这个功能看成与其他产品不一样的某种因素，还是某种能让他经常使用产品的因素？或者，它是不是非常重要，以至于成为一个人物角色在使用时真正的特殊之处？
>
> ○ 人物角色通常多久使用一次这个功能？是有一定规律，还是很少使用？
>
> ○ 对于促使客户向着相关的"商业目的"方向前进，这个功能的效果是怎样的？它能促成客户购买吗？它会导致别的目标吗？还是它完全没有什么影响？

4.1.6 技术驱动

"科学技术是第一生产力",这句话印证了技术创新的价值。对于科研人员而言,工作的核心和重点是老技术的性能提升和新技术的发明创造;对于产品经理而言,主要的工作是技术创新的应用,将技术创新转化为产品推向市场,实现技术创新的价值。技术创新和产品创新有密切关系,又有所区别。技术的创新可能带来产品创新,但也可能无法带来产品创新。产品的创新可能需要技术创新,但也可能不需要技术创新。一般来说,运用同样的技术可以生产不同的产品,生产同样的产品可以采用不同的技术。产品创新侧重于商业和设计行为,具有成果的特征,因而具有更外在的表现;技术创新具有过程的特征,往往表现得更加内在。产品创新可能包含技术创新的成分,还可能包含商业创新和设计创新的成分。技术创新可能并不带来产品的改变,而仅仅带来成本的降低、效率的提高。例如,改善生产工艺,优化作业过程从而减少资源消费、能源消耗、人工耗费,或者提高作业速度。另一方面,新技术的诞生,往往可以带来全新的产品,技术研发往往对应于产品或者着眼于产品创新;而新的产品构想,往往需要新的技术才能实现。这在科技领域表现得尤为突出,我们看一下数字存储技术创新的应用,如图4-8所示。

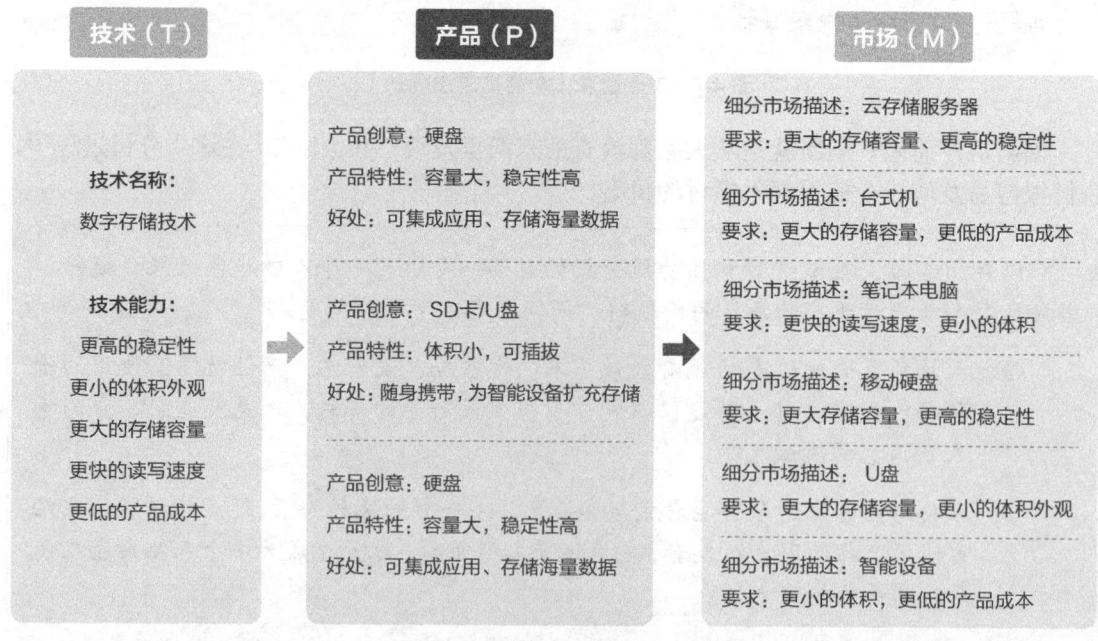

图4-8 数字存储技术创新应用

技术创新是一个从产生新产品或新工艺的设想到市场应用的完整过程,它包括新设想的产生、研究、开发、商业化生产到扩散这样一系列活动,本质上是一个科技、经济一体化过程，是技术进步与应用创新共同作用催生的产物，它包括技术创新和应用创新两大环节。这样理解的技术创新的最终目的是技术商业应用的市场成功。这一观点并不仅仅关注技术创新中的市场导向，也关注技术开发本身。由此可以看到，从科技与经济一体化过程和技术进步与应用创新"双螺旋结构"来理解技术创新，在理论上吸取了上述两种观点之精华，成为实践指导。

技术创新既可以由企业单独完成，也可以由高校、科研院所和企业协同完成。但是，技术创新过程的完成，是以产品的市场成功为全部标志。因此，技术创新的过程无论如何都少不了企业的参与。具体从企业看，某个企业以何种方式进行技术创新，要视技术创新的外部环境、企业自身的实力等有关因素而定。从大企业来看，技术创新的要求具体表现为，企业要建立自己的技术开发中心，提高技术开发的能力和层次，营造技术开发成果有效利用的机制；从中小企业看，主要是深化企业内部改革，建立承接技术开发成果并有效利用的机制。对政府而言，就是要努力营造技术开发成果有效转移和企业充分运用的社会氛围，确立企业在技术创新中的重要地位。至于提供技术开发成果的科研院所和高校，需要强化科技成果转化意识，加大技术开发成果面向市场的力度，使企业有可能获得更多有用的技术开发成果。

应用创新是以客户为中心，以市场为导向，通过产品团队与客户的互动挖掘需求，通过客户参与创意提出到技术研发与验证的全过程，发现客户的现实与潜在需求，通过各种技术创新，推动产品创新。应用创新要求建立畅通高效的创新服务体系，为技术与产品研发提供最贴近市场和用户需求的信息，推动应用创新，并进一步提供技术进步的动力。

资本对产品项目的投入和运作，永远跳不出边际效益递减的规律，钱会越来越难赚；但唯有技术创新为一个企业、社会带来的边际效益可以不断增加，因为技术进步是层层递进的，无边际的。事实上，人类文明就是靠技术进步来驱动的。

4.2　竞争分析：寻找市场突破口

单有产品创意还不够，还需要确保创意能够赢得市场竞争。在激烈的市场竞争环境中，不是每个机遇都可以去抓的，要首先进行企业竞争优劣势的分析诊断，找准发展方向，抓住行业本身内生的机遇，同时认清自我，顺势而为才能获得成功。因此，企业需要通过竞争分析，来进一步确定竞争战略：以什么样的产品和服务去竞争；在什么样的目标市场展开竞争；以什么样的策略竞争。竞争分析的主要目的在于了解竞争对手的经营状况，对现有产品或即将开发的新产品的市场吸引力、竞争地位、竞争力进行客观的评估和分析，从而选择竞争战略，制定竞争策略，确保企业产品在未来市场的竞争活动中占据主导位置（详情请参见 2.1.3 节）。

4.2.1 市场吸引力评估

所谓市场吸引力,主要是指长期获利的大小。一个市场可能具有适当规模和增长潜力,但从获利观点来看不一定具有吸引力。决定整体市场或细分市场是否具有长期吸引力的力量有 5 种:显式的竞争者、潜在的竞争者、替代产品、购买者或供养者。企业必须充分估计这 5 种力量对长期获利率所造成的威胁和机会。如果某个市场上已有为数众多、势力强大或者竞争意识强烈的竞争者,该市场就失去吸引力。如果某个市场可能吸引新的竞争者进入,他们将会投入新的生产能力和大量资源,并争夺市场占有率,这个市场未来也没有吸引力。如果某个市场已经存在现实的或潜在的替代产品,这个市场也不具有吸引力。如果某个市场购买者的谈判能力很强或正在加强,他们强求降价,或对产品或服务苛求不已,并强化卖方之间的竞争,那么这个市场就缺乏吸引力。如果企业供应者——原材料和设备供应商、公用事业部门、银行等,能够随意提高或降低产品和服务质量,或减少供应数量,该市场同样也没有吸引力。

企业在进入市场时,要进行一系列的投资。如果目标市场太小,购买力有限,企业就很难实现盈利。同时,由于现代市场的竞争很激烈,太小的市场很难形成规模效应,这样也就降低了企业的竞争能力。有些目标市场虽然规模适合,也具有吸引力,但还必须考虑是否符合企业长远目标;如果不符合,则不得不放弃。同时还要考虑企业是否具有在该市场获胜所必需的能力和资源;如果不具备,也只能放弃。

目标市场的吸引力可以从市场规模、市场增长率、市场收益率、竞争程度、战略价值、定价趋势、行业投资风险、进入障碍、产品/服务差异化机会、产品/服务需求变动性、市场细分、市场分销渠道结构、技术发展等多种因素进行综合分析和评估。在 SPAN(战略定位分析)中,细分项目的市场吸引力主要从市场规模、市场增长率、市场收益率 3 个维度来评估。

- **市场规模**:即市场容量,主要是研究目标产品或行业的整体规模,可以从一定的时间内特定市场产品的购买人数来反映,它代表了细分项目的收入机会规模。刘易斯在其《经济增长理论》一书中提出影响市场规模因素的规范分析,即"市场越大,专业化的可能性就越多。市场的规模取决于一家一户的自给程度、人口的多少、交通运输是否便宜、是否符合标准,以及人为的贸易壁垒的多少"。

- **市场增长率**:指细分市场的产品/服务的市场销售额或销售额在比较期内的增长比率。计算公式为:市场增长率=[比较期市场销售额-前期市场销售额]÷前期市场销售额×100%。它是判断产品生命周期的基本指标,在不同的生命周期阶段,其市场增长率表现出不同的特点。

- **市场收益率**：指在某特定市场投资的回报率，即净利润占使用平均资本的百分比。细分市场的市场收益率主要受竞争激烈程度的影响，借鉴"五力"竞争模型，可以从市场"五力"（供应商的议价能力、购买者的议价能力、潜在竞争者进入的能力、替代品的替代能力、行业内竞争者现在的竞争能力）对市场竞争程度的影响来分析竞争激烈程度对市场收益的影响。

市场吸引力可通过对评价要素（即市场规模、市场增长率、市场收益率、战略价值等）进行综合评分的方式来评估。可参考图 4-9 并依据公司所处行业的情况，对细分项目市场吸引力评分标准进行修改，制定符合本行业、产品的评分标准。

细分项目市场吸引力评分指标		评分标准				
		5分	4分	3分	2分	1分
市场规模	家庭的自给程度					
	相对人口数量					
	交通费用和范围					
	需求标准化程度					
	人为的贸易壁垒					
市场增长率	市场增长率					
市场收益率	供应商的议价能力					
	购买者的议价能力					
	潜在竞争者进入的能力					
	替代品的替代能力					
	行业内竞争者现在的竞争能力					
战略价值	战略价值					

图 4-9　细分项目市场吸引力评分指标

公司进入的目标市场应当是有吸引力和有市场潜力的市场，并且公司在这些目标市场上有一定的竞争地位。市场吸引力评估对细分市场进行量化和深入分析，以便确定公司要进入的目标市场，并在此基础上对产品创意的可行性提供决策依据。

4.2.2　市场竞争地位评估

市场竞争地位是指企业在目标市场中所占据的位置。企业的竞争地位不同，其竞争战略也不同。企业在目标市场中的竞争地位主要由其所拥有的竞争优势和劣势来确立，对竞争优势和劣势进行衡量和评价后，企业可以根据评价结果测定自己在市场中的竞争地位：

主宰型，这类公司控制着整个目标市场，可以选择多种竞争战略；强壮型，这类公司可以单独行动，而且能稳定其长期地位；优势型，这类公司在一定的战略中能利用较多的力量，并有较多机会改善其竞争地位；防守型，这类公司经营现状较好，能继续经营，但发展机会不多；虚弱型，这类公司经营现状不佳，但仍有机会改善其不利地位；难以生存型，这类公司经营现状差，而且没有机会改变被淘汰的命运。图 4-10 列举了表明企业市场竞争地位上升还是下降的指标。

竞争强势的信号	竞争劣势的信号
拥有资源优势	缺乏财务资源
在价值链上拥有特异能力	面临竞争劣势
很强的市场份额（或市场第一的市场份额）	竞争对手正在夺取自己的地位
客户群增大，顾客忠诚度提高	在顾客中的声誉正在下降
在有吸引力的细分市场上有着很好的地位	在有很多市场机会的领域里能力很弱
差异化很强的产品	产品质量很差
成本优势	成本很高
平均水平之上的利润率	规模太小不至于成为市场
平均水平之上的技术创新能力	产品开发和革新能力步入后尘
能够抓住新兴市场的机会	所处的状况不能很好地应付市场威胁

图 4-10　目标市场竞争地位信号指标

企业的管理者所需要做的不仅仅是确定竞争地位的改善或下降，还必须判断企业相对关键的竞争对手是处于竞争优势还是竞争劣势，企业的市场地位和业绩水平在现行的战略下是会改善还是会恶化。特别是在进行产品创意或新产品开发决策时，企业管理者将为投资的成功与失败提供关键决策信息。

在进行企业市场竞争地位评估时，对任何企业来说，成功的关键因素是那些能确保其竞争能力的有限领域/因素，是为了保证企业的发展壮大而必须良好运作的少数关键领域，这些领域创造出让企业满意的结果，确保了企业的竞争力。在市场竞争地位评估中可以使用关键成功因素法，它根据行业、企业的自身情况与目标，识别企业的关键成功因素与核心竞争力，从众多影响竞争地位的因素中选取对竞争地位具有重要影响的、可衡量的、有限的因素对竞争地位进行评估。市场竞争地位也可以通过综合评分的方式来评估。可参考图 4-11 所示的目标市场竞争地位不加权评分，并根据自己所处的行业情况进行修改，制定符合本行业、产品的评分标准。

关键成功要素	评分标准（1=非常弱；10=非常强）				
	新产品X	竞争对手A	竞争对手B	竞争对手C	竞争对手D
新产品革新能力	8	5	10	1	6
质量/产品性能	8	7	10	1	6
声誉/形象	2	10	4	5	1
市场份额	10	1	7	3	6
生产能力	9	4	10	5	1
技术能力	9	4	10	5	1
管理能力	5	10	7	3	1
渠道优势	5	10	3	1	4
品牌优势	5	7	10	1	4
资源优势	9	4	10	5	1
不加权评分总和	70	62	81	30	31

图 4-11　目标市场竞争地位不加权评分

第 1 步是列出一系列行业的关键成功因素，以及最能决定竞争优势和劣势的变量（通常 6~10 个变量就足够了）。

第 2 步就是针对每一个强势指标对极其关键的竞争对手进行评分。评分赋值最好从 1 到 10。不过，如果所需信息很少，采用数据评判会带来错误和不准确性，此时就可以采用强（+）、弱（-）和相等（=）的评分等级。

第 3 步是加总各个变量的评分，得出每一个竞争对手的竞争强势的得分。

第 4 步是得出关于公司竞争优势或劣势的结论，同时对公司的那些最强或最弱的各个领域的强势指标做出更具体的指示。

以上采用的是不加权赋值。在不加权赋值的情况下，每一个关键的成功因素和竞争强势指标都被认为是同等重要的（这是一个很值得怀疑的假设）。任何一家在给定的指标上得分最高的公司都被认为在这个指标上有优势，其优势的规模反映在该公司在这个指标上的得分和其他公司在这个指标上得分的差值。加总一个公司在所在指标上的得分就得到了公司的总强势得分。公司的总得分越高，它的竞争地位就越强。公司的总得分和低值得分竞争对手的得分之间的差值越大，它的竞争优势就越大。新产品 X 的总分为 70 分，则相对于竞争对手 C（得分为 30 分）的竞争优势就比相对于竞争对手 A（得分为 62 分）的净竞争优势要大很多。

应用加权评分体系法要更好一些，因为竞争强势的不同指标其重要性不可能完全相等。例如，在制造业中，相对于竞争对手的低成本几乎会无一例外地成为最重要的竞争强势决定变量。但是，在产品/服务差别化很强的行业中，竞争强势最重要的指标可能是品牌普及度、广告力度、质量声誉以及分销能力。在加权评分方法体系之下，竞争强势的每一个指标都会根据其影响竞争成功的已知重要程度赋于一定的权重。如果某项强势变量起着决定性作用，那么其最大的权重可能高达 0.75（也可能更高）；而如果有 2～3 个变量比其他的变量更重要的话，那么最大的权重可能只有 0.20。不太重要的竞争指标可能是 0.05 或 0.10。不管权重之间的差异有多大，所有权重之和必须等于 1.0。 通过确定公司在各个强势指标上的成绩（采用 1～10 的赋值标准），然后乘以该指标的权重，就可以计算出加权得分。这样，在特定指标上得分最高的公司就拥有在那个指标上的竞争优势，其优势的规模也反映在公司的得分与其竞争对手得分的差值之上。指标所赋于的权重反映了在这个指标上取得竞争优势的重要程度。汇总所有的加权得分就可以得到公司的总加权分，比较总加权分就可以确定处于最强和最弱地位的公司，以及用于评估被评价公司之间的竞争优势的规模。图 4-12 是结合图 4-11 非加权评分实例而升级的加权评分实例。

关键成功要素	权重	评分标准（1=非常弱；10=非常强）				
		新产品X	竞争对手A	竞争对手B	竞争对手C	竞争对手D
新产品革新能力	0.10	8/0.80	5/0.50	10/1.00	1/0.10	6/0.60
质量/产品性能	0.10	8/0.80	7/0.70	10/1.00	1/0.10	6/0.60
声誉/形象	0.10	2/0.20	10/1.00	4/0.40	5/0.50	1/0.10
市场份额	0.05	10/0.50	1/0.05	7/0.35	3/0.15	8/0.40
生产能力	0.05	9/0.45	4/0.20	10/0.50	5/0.25	1/0.05
技术能力	0.05	9/0.45	4/0.20	10/0.50	5/0.25	1/0.05
管理能力	0.10	5/0.50	10/1.00	7/0.70	3/0.30	1/0.10
渠道优势	0.25	5/1.75	10/3.50	3/1.05	1/0.35	4/1.40
品牌优势	0.15	5/0.75	7/1.05	10/1.50	1/0.15	4/1.60
资源优势	0.05	9/0.45	4/0.20	10/0.50	5/0.25	1/0.05
加权评分总和	10	5.18	12.7	6.56	0.68	3.27

图 4-12 目标市场竞争地位加权评分

通过运用加权评分来评估企业新产品 X 的竞争地位，我们可以看出加权评估和不加权评估会得到不同的公司排序结果。在加权评估体系之下，企业新产品 X 从第二位降低到了第三位，竞争对手 A 从第三位上升到了第一位，因为该公司在两项最重要的指标上得分很高。因此，对强势指标的重要性进行赋值对评估的结果有着重要的影响。竞争地位评估能够对企业或产品的竞争地位得出重要的结论。这些评分结果可以逐个因素、逐项能力地揭示企业或产品与其竞争对手的相对地位，从而为产品创意决策和新产品开发策略提供重要的依据。

4.2.3 产品竞争力分析

当前，多数企业仍在进行着没有价值的产品制造，如果不进行竞争力分析，仅指望通过降价或提升质量等传统方式提升产品竞争力，就很有可能在市场竞争中处于劣势低位。再者，就产品创新而言，很多价格适中、品质优秀的产品投放市场后并没有获得预期收益，这就是产品缺乏竞争力的表现。因此，进行产品竞争力分析，根据客户需求培养产品优势，是每个企业获得持续发展的当务之急。

产品最终是面向客户，被客户享用的，它的竞争力评价者是客户。因此，在评估产品竞争力要素的时候，需满足客户的欲望和需求，从客户的角度去制定产品竞争力影响要素，正确分析产品竞争力大小。客户需求模型$APPEALS 从客户角度来检视细分项目的竞争性，它使用客户欲望和需求框架，通过评价自身产品与竞争对手之间的差距，分析公司在细分市场的竞争地位。$APPEALS 模型从价格、保证、性能、包装、易用性、可获得性、生命周期成本、社会接受程度 8 个要素进行分析。为了直观地体现产品竞争力差异性，我们可以通过雷达图进行呈现，如图 4-13 所示。

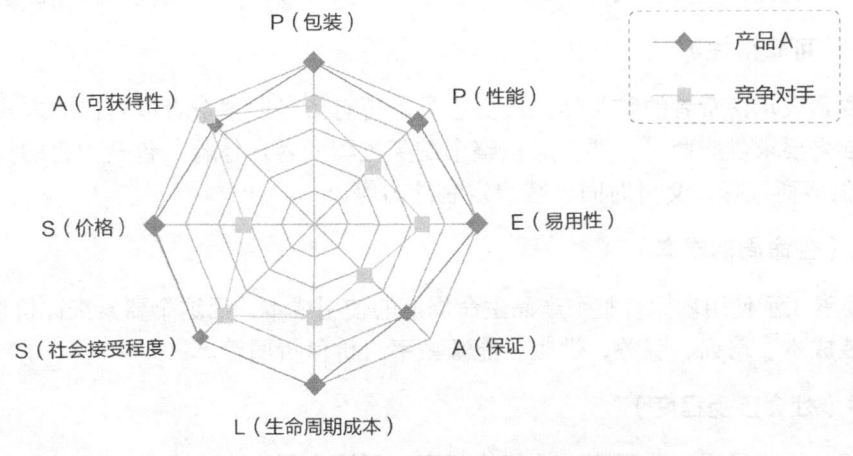

图 4-13　产品竞争力分析（客户需求雷达图）

○ S（价格）

这个要素反映了客户为一个满意的产品交付希望支付的价格。用这个标准来要求供应商时，要从实际和感觉这两方面来考虑客户能接受的购买价格。它包括以下的数据评估：技术、低成本制造、原材料、人力成本、固定成本、经验、自动化程度、简易性、可生产性等。

○ A（保证）

这个要素通常反映了在可靠性、安全和品质方面的保证。用这个标准来要求供应商时，要考虑客户在可预测的环境下如何评价整个产品？

○ P（性能）

这个要素描述了对这个交付期望的功能和特性。用这个标准来要求供应商时，要从实际和感觉这两方面来考虑有关功能和特性的产品性能。产品工作得怎样？产品是否具备所有的必需的和理想的特性？它是否提供更高的性能？从客户角度来衡量，要考虑速度、功率、容量、功率、尺寸等。

○ P（包装）

这个要素描述了期望的设计质量、特性和外观等视觉特征。就软件而言，它描述了交付或提供的功能包。用这个标准来要求供应商时，要考虑客户对外形、设计等的意见，还有这些属性对交付的期望的贡献程度。关于包装的考虑，应该包括样式、风格、集成性、结构、颜色、图形、工艺设计等方面。

○ E（易用性）

这个要素描述了交付的易用属性。用这个标准来要求供应商时，要考虑客户对产品的舒适、学习、文档、支持、人性化显示、感觉的界面、接口、直观性等方面的意见。

○ A（可获得性）

这个要素表示消费者的购买体验：更容易、更有效（即消费者以自己的方式拥有它）。用这个标准来要求供应商时，要考虑在整个购买过程的客户体验，包括预售的技术支持、购买渠道/供应商选择、交付时间、客户定制能力等。

○ L（生命周期成本）

这个要素表示使用者拥有整个产品生命周期的使用成本。用这个要素来评价供应商时，要考虑安装成本、培训、服务、供应、能源效率、价值折旧等。

○ S（社会接受程度）

这个要素描述了影响购买决定的其他因素。用这个要素来要求供应商时，要考虑口头言论、第三方评价、顾问评价、形象、政府或行业的标准、规章制度、社会提案、法律关系、产品义务等对购买决定起了怎样的促进作用。

　　$APPEALS 方法涉及很多内容，首先是要通过用户调查收集特定用户最关心哪个维度的问题，根据这些调查数据来确定每个维度的权重。然后，要分析自己公司和竞争对手公司的产品在现阶段各个维度的评分，并画出相应的雷达图进行差异化分析。最后，根据公司的战略目标和产品创意，确定应该重点关注哪些核心功能和核心需求，如何减少自己的弱势并提升自我优势以体现差异化，如何进行竞争定位等。

4.2.4　产品竞争定位

　　市场吸引力评估、竞争地位评估、竞争力分析为产品竞争定位提供了大量的信息，这些信息可以汇总为竞争优势、竞争劣势、品牌认可度、竞争策略等几个方面，并与本公司产品的优劣势相比较，从而为产品的竞争定位提供参考依据，如图 4-14 所示。产品竞争定位突出新产品与竞争产品的不同特点，通过评估选择，确定对本企业最有利的竞争优势并加以开发，制定有针对性的产品竞争策略和资源分配。

竞争指标	说明
竞争优势	可以从竞争态势、品牌知名度、财政来源、企业形象、技术力量、规模经济、产品质量、市场份额、成本优势、广告攻势等方面分析
竞争劣势	从设备老化、管理混乱、缺少关键技术、研究发展落后、资金短缺、经营不善、产品积压、竞争力差等方面分析
品牌认可度	人们对一个企业及产品、售后服务、文化价值的一种评价和认知程度
竞争策略	为了防御或进攻竞争对手所采取的方式方法

图 4-14　产品竞争能力对比指标

　　以××保险公司的×产品为例，它主要有 3 个竞争对手，我们从竞争优势、竞争劣势、品牌认可度、竞争策略 4 方面分析确定产品的竞争策略，如图 4-15 所示。

　　竞争对手 A 是行业领头羊，品牌认可度相当高，服务有保障，客户忠诚度高，产品有一定的优势，采用的是高定价、高佣金，通过高提成吸引招募大量代理人销售产品，开拓市场。其劣势是营销人员素质偏低，流动性大，营销成本高。

参考指标	竞争对手A	竞争对手B	竞争对手C	产品X
竞争优势	产品优势、销售佣金高、服务有保障、客户忠诚度高、认知度较高	价格偏高、代销、政策灵活、地方品牌（区域认可度高）、市场人员配置多	广告宣传力度大、价格低、促销费高、代销、终端利润大	大品牌、服务保证、认可度高、产品组合灵活搭配、满足客户多样化需求
竞争劣势	价格高、营销员素质偏低、广告投入少	全国覆盖度低、售后无保证、供货渠道混乱、价格混乱、人员素质较低	理赔无保证（较差）、品牌形象较差、人员素质较低	促销费低、终端利润偏低
品牌认可度	相当高	一般（不分地区高）	低	高
竞争策略	大量增员代理人、加强营销员培训、不停优化销售队伍	代销渠道广、终端促销力度大、设置拦截员、地面宣传力度大（条幅、墙体）	采取跟随策略，误导消费者	第三方网络渠道开拓（定制产品）、健康知识传播、社群营销

图 4-15 ××保险公司×产品竞争分析

竞争对手 B 是地方品牌，在部分区域有较高的认可度，全国覆盖度低，受自身实力和专业人才限制，采用价格偏高、政策灵活、给代理商高回报、大量招募代理商的方式拓展市场。其劣势是供货渠道混乱，价格混乱，客户投诉率高。

竞争对手 C 是行业的新生力量，为了抢占竞争对手的市场份额，大量投入广告，采用跟随策略、模仿竞争对手产品、降低价格（不关注品质）、利用促销等策略刺激消费者拓展市场。其劣势也相当明显，即品牌形象差，客户忠诚度低。

产品 X 融合了 3 家竞争对手的优势和劣势，选择采用差异化竞争的产品策略，利用科技手段将保险产品的条款服务进行灵活搭配。用户可以根据自身需求进行选择，从而满足客户的多样化需求，增加客户覆盖面；在市场渠道选择互联网渠道，与大型流量平台合作（定制产品），增加用户覆盖量；并利用自媒体、网络问答、音视频来加强健康知识传播，通过网络社群运营的方式开展营销服务，拉近与用户之间的距离，即时掌握用户反馈，调整优化产品结构及营销策略。

4.3　机会识别：确保做正确的事

当出现新型购买者群体，或者存在消费者没有满足的需求，或者出现满足消费者需求的新方法、新手段或新工艺时，就有了市场机会。市场机会筛选是通过对可选的市场机会进行筛选来确定具体创业活动的方法。类似于投资项目的评估，可以帮助创业者分析产品创意是否具有继续发展成为一个企业的实际价值。通常需利用一系列评估规则，主要涉及产业和市场、资本与获利、竞争优势、管理班子和致命缺陷等若干个方面。好的创意机会将在所列准则的大部分中表现出巨大的潜力，或者在一个或几个准则中拥有其他市场机会所望尘莫及的压倒优势。

机会识别是对市场机会进行寻找、识别的过程，一个好的市场机会必须满足两个条件：

- 预示一个需求未被满足的未来状态；
- 能够实现。

4.3.1　产品机会评估

产品创意就像水桶里的水滴，是通过持续地分类、收集、积累建立起来的。机会库存可以帮助你记录"库存"里有什么。如果使用标准的存储库，至少它很容易检查你的机会库存里有什么。定期审查库存资料很重要。如果"水桶"太满，就会溢出来，失去一些好的想法。如果在处理之前库存太多，就会感到力不从心，而错过重要机会。这就需要产品经理和团队对产品机会进行初步的评估筛选，然后再放入机会库。

然而，说起来容易，做起来难。这么多机会，你不可能有足够的时间彻底调查每一个。因此，产品创意阶段的目的就是初步筛选创意或快速评估机会。这里为大家提供了一个"产品机会陈述评估模板"，为产品机会评估提供工具支持，如图4-16所示。

产品经理不能凭空评估创意，这一点很重要。每个创意或者"捆绑"想法，都需要跨职能团队进行评估，包括产品经理、市场经理、技术经理（开发人员、工程师、科学家或技师）和营销代表等。我称这个会议为"机会识别会议"。通常需要一个或两个会议（可能每一个两小时）进行评估。会议控制在小团队内，以便快速评估。当存在完整的团队时，会议期间可能存在太多的意见，评估速度明显降低。想法库存通常由很多备份，所以这些核心的小会议皆在缓解压力，借助小型、灵活的团队来快速评估对业务感知的重要性。

这是一个跨职能会议，可以决定将机会转移到下一阶段，该小型核心团队的每个成员都能一起撰写机会陈述，提出自己的观点和建议。每个成员都应该估计，自己的团队从产品的开发到项目结束时需要的资源是什么。

另一个快速估计的关键依赖于每个小型核心团队成员自己的知识库和技能。所有的职能团队代表必须能够基于他们代表的职能学科，对这个机会进行讨论。如果一个成员在最后讨论之前，才能做完大量的新研究，这会减慢速度，不能与其他参与者并驾齐驱。如果团队成员对现有产品、行业、客户和技术了然于胸，则会加速这一进程。通过询问更多有经验的团队成员，来绘制图纸、草图、模型、用户界面的事物模型，或使用其他工具可帮助团队更清晰地看到这个理念和解决方案。

产品机会陈述评估模版

机会名称：_____　　产品经理：_____

创意类型：_____　　市场经理：_____

创意来源：_____　　技术经理：_____

初评日期：_____　　其他成员：_____

- 为谁解决问题？（市场细分、目标市场或客户定位）：_____
- 客户面临什么问题？（描述是如何发现这个需求的）：_____
- 产品要解决什么问题？（这个机会如何解决客户问题）：_____
- 市场的那些特性使这个机会具有吸引力？（市场规模、市场吸引力、市场竞争地位、产品竞争力等）：_____
- 主要竞争对手是谁？（市场竞争地位，产品竞争力）：_____
- 如何才能赢得市场竞争？（竞争策略、产品策略、营销策略等）：_____
- 为什么我们适合做这个产品？（竞争优势）：_____
- 成功的必要条件是什么？（需要哪些资源和能力）：_____
- 怎么判断产品成功与否？（度量指标或收益指标）：_____

图 4-16　产品机会陈述评估模板

4.3.2 评估评分法

评估评分法又称要素评估法，是最便捷的评估方法之一。这种方法是首先从所有待评价的工作中确定几个主要因素，然后对每个因素进行评价，给出一个相应的分数，最后根据待评因素的总分确定相应的等级，从而为决策提供依据。这其中有两种特殊情况：如果评估要素比较难以以分值的形式进行衡量，或不适合与其他项进行汇总评价，那么就需要特殊处理，一般采用"通过/失败评估法"；如果每项要素在整个决策中起到的作用或重要性不同，那么就还需要对各要素进行加权处理，我们称之为"加权评分法"。

"通过/失败评估法"是根据对每一项关键要素给出"通过"或"失败"的评估结果，然后再整体给出"通过"或"失败"的结果。一般情况下，只要有一个关键要素失败，则整体失败。当然，也可视情况而定，如图4-17所示。

产品创意	战略一致性	技术可行性	风险水平	整体
1	通过	通过	失败	通过
2	通过	通过	通过	通过
3	通过	通过	通过	通过
4	通过	通过	通过	通过
5	通过	通过	失败	失败
6	通过	通过	通过	通过
7	通过	通过	失败	失败
...				

图4-17 "通过/失败评估法"示例

加权评分法是在"加法评分法"的基础上根据评价项目的重要程度来确定加权系数，然后与评价分数相乘，达到对评价结果进行修正的目的。第1步将各评价要素进行一对一比较，确定权重，总权重为1；第2步根据各要素对项目的满足程度进行打分，通常以1～10计量；第3步用表示满足程度的分数乘以加权系数，再相加，即得到各产品创意或创新方案的总分。加权平均法的示例如图4-18所示。

加权评分法增大了可比性和精确性，并且量化指标明确，容易操作。但各项指标分值的确定缺少科学依据，评价者评出的具体分数也有随意性，受评价者主观因素的影响较大。

产品创意	权重	市场吸引力	竞争力	财务能力	总分	排序
		0.5	0.3	0.2	1	
1		8	6	8	7.4	2
2		8	9	7	8.1	1
3		6	9	8	7.3	3
4		5	9	3	5.8	6
5		4	7	5	5.1	7
6		8	3	6	6.1	5
7		6	8	6	7	4
...						

图 4-18 加权平均法示例

4.3.3 ATAR 模型

在进行产品机会评估时，我们最想知道大约有多少产品可以出售，以及公司能赚多少钱。我们可以从销售预测来进行财务分析。一旦预测了未来几期的销售状况，将能够评估成本，预测获利，并能够计算出主要的财务指标（净现值[NPV]、内部收益率[IRR]、回收期[PBP]等），从而做出正确的判断，确保做正确的事。ATAR 适用于对新产品概念进行早期评估，得到合理的粗略销售预测，帮助我们以销量和利润为基础来评估新产品，识别问题所在。

ATAR 是基于新产品销售额与利润的预测，这个模型可以应用到所有类型的新产品中，包括工业品及服务。ATAR 模型运用了创新扩散的原理：个人或公司要变成创新的固定购买者/用户，首先必须关注创新，接着必须决定尝试此创新，然后发现这项新产品可以购买得到，最后用户必须喜欢此产品，从而导致其反复购买使用该产品。ATAR 模型示例如图 4-19 所示。

- Awareness（关注）：购买者得知新产品的存在。新产品有独特卖点，在不同产业间甚至开发人员间存在差异。
- Trial（试用）：可以有多种定义，通常意味着实际购买并且至少进行消费。如，在工业场景中可能是样品的使用（会产生成本）。
- Availability（可获得性）：假设购买者想要尝试此产品并成功找到此产品的机会的比例，这里指"引进此产品的商店的比例"，从直销商购买些产品有 100% 的可获得性。
- Repeat（重购）：通常意味着购买者自己重复购买或者推荐给他人购买。如，对于快消品，一般指反复购买一次以上；对于耐用品，往往指推荐他人购买使用。

产品购买组数	3000000
产品了解	40%
产品试验	20%
产品可得	40%
产品回购	50%
每年产品购买组数	1.5
出售组数（以上产品）	7200
每组收入	2500
每组成本	1250
每组利润	1250
利润=卖出组数*每组利润	90000

图 4-19　ATAR 模型示例

随着市场经济的发展和经济的全球化，企业面临着越来越残酷的市场竞争。企业要想赢得竞争，赢得客户，就必须在最快的时间内，以最低的成本将产品提供给客户。这使得进行正确及时的产品销售预测及由此产生可靠的决策，成为现代企业成功的关键要素。ATAR 可以广泛应用于基础市场调研、概念测试、产品使用测试、成分测试、市场测试中。

4.3.4　决策树

在当今的社会经济活动中，竞争日趋激烈，现代企业的经营方向面临着许多可供选择的方案。如何用最少的资源赢得最大的利润，以及最大限度地降低企业的经营风险，是企业决策者经常面对的决策问题。决策树法能简单明了地帮助企业决策层分析企业的经营风险和经营方向。

决策树是在已知各种情况发生概率的基础上，通过构成决策树来求取净现值的期望值大于等于零的概率来评价项目风险，判断其可行性的决策分析方法，是直观运用概率分析的一种图解法。由于这种决策分支画成图形很像一棵树的枝干，故称决策树。决策树易于理解和实现，人们在学习过程中不需要具备很多的背景知识，同时它能够直接体现数据的特点，在通过解释后都有能力去理解决策树所表达的意义。

为了适应市场的需要，某公司准备扩大手机生产。市场预测表明：产品销路好的概率为 0.7；销路差的概率为 0.3。备选方案有 3 个。第 1 个方案是建设大工厂，需要投资 600 万元，可使用 10 年。如果销路好，每年可赢利 200 万元，反之每年会亏损 40 万元。第 2

个方案是建设小工厂,需投资 280 万元。如果销路好,每年可赢利 80 万元,反之每年也会赢利 60 万元。第 3 个方案也是先建设小工厂,如果销路好,3 年后扩建,扩建需投资 400 万元,可使用 7 年,扩建后每年会赢利 190 万元。相应的决策树分析如图 4-20 所示。

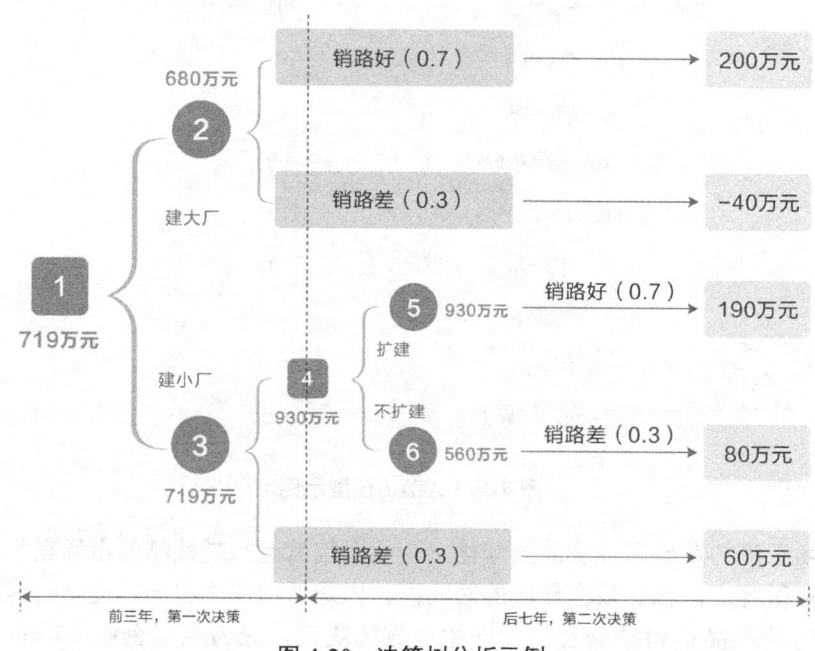

图 4-20 决策树分析示例

各点期望如下。

- 点❷:0.7×200×10+0.3×(−40)×10−600(投资)=680(万元)
- 点❺:1.0×190×7−400=930(万元)
- 点❻:1.0×80×7=560(万元)

比较决策点 4 的情况可以看到,由于点❺(930 万元)与点❻(560 万元)相比,点❺的期望利润值较大,因此应采用扩建的方案,而舍弃不扩建的方案。把点❺的 930 万元移到点❹来,可计算出点❸的期望利润值。

- 点❸:0.7×80×3+0.7×930+0.3×60×(3+7)−280 = 719(万元)

最后比较决策点❶的情况。由于点❸(719 万元)与点❷(680 万元)相比,点❸的期望利润值较大,因此取点❸而舍点❷。这样,相比之下,建设大工厂的方案不是最优方案,合理的策略应采用前 3 年建小工厂,如果销路好,后 7 年再进行扩建的方案。

决策树法作为一种决策技术,已被广泛地应用于企业的投资决策之中,它是随机决策模型中最常见、最普及的一种规策模式和方法。该方法有效地控制了决策带来的风险。

4.4 精算评估：产品商业化核算

  这里特意拿出一个小节为大家讲解精算的概念，并为大家提供产品财务商业化核算的方式、方法。得益于我在保险行业的数年从业经验，我知道保险产品与其他产品在本质上并无差异，但特殊之处在于保险产品服务的生命周期特别长。以寿险为例，假如一个人在1岁买了一份终身寿险，那么这个产品的服务期按照当前人类平均寿命71岁计算，它的生命周期长达70年。那么如何保证在70年内为客户提供寿险保障，并确保企业是盈利而非亏损呢？这不仅需要考虑风险指数，还要考虑到购买人数、现金收益、通货膨胀、经济增长、金融风险等各种因素，因此就必须依赖精算。

  精算，简单来说就是依据经济学的基本原理，运用现代数学、统计学、金融学及法学等各种科学有效的方法，对各种经济活动中未来的风险进行分析、评估和管理，是现代保险、金融、投资实现稳健经营的基础。在开发每一款保险产品时，都需要精算师对研发成本、赔付率、营销费用、售价、投资回收期、净现值、收益率等关键财务指标进行核算，从而做出产品可行性决策，控制产品项目风险。在非保险行业，产品经理与财务人员共同担任精算师的角色，对产品创意进行财务商业化核算分析与评估。应当在整个产品开发项目的过程中应用财务分析。特别是当项目仍处于非常早期的阶段（模糊阶段）时，粗略的财务分析往往可以作为项目可行性的快速参考指标。

4.4.1 成本与售价

  产品成本是指企业为了生产产品而发生的各种耗费，可以指一定时期为生产一定数量产品而发生的成本总额，也可以指一定时期生产产品的单位成本。产品成本有狭义和广义之分：狭义的产品成本是指企业在生产单位（车间、分厂）内为生产和管理而支出的各种耗费，主要包括生产过程中实际消耗的直接材料、直接工资、各项制造费用和其他直接支出；广义的产品成本包括企业行政管理部门为管理和组织经营活动所发生的各项管理费用，为筹集资金而发生的财务费用，以及为销售产品而发生的销售费用等。

  产品成本可分为资本成本、固定成本、可变成本、营销成本等部分，产品的总成本=资本成本+固定成本+可变成本+营销成本。资本成本是指购买土地、建筑物和设备等资产的成本，这些是在产品生产或服务提供时所必需的基础投入；固定成本是指在相关时间段或生产规模内，总额不与产品活动成比例变化的费用，包括行政费用、租金、利息、综合管理费用等；可变成本是与产品活动成比例变化的费用，如生产劳动力、电力、生产原材料、包装等；营销成本是指在产品销售及售后过程中与产品或服务相关的直接成本以及可变成本中花费的资金，包括物流运输、仓储、广告、代理佣金等。

产品成本是反映企业经营管理水平的一项综合性指标。企业生产过程中各项耗费是否得到有效控制、设备利用是否充分、劳动生产率的高低、产品质量的优劣等都可以通过产品成本这一指标表现出来。通过产品总成本、单位成本和具体成本项目等分析，可以掌握成本变化的情况，找出影响成本升降的各种因素，促进企业综合成本管理水平的提高。另外，产品成本是产品价值的重要组成部分，是制订产品价格的重要依据。

在产品成本的基础上制定产品售价主要有3种：出厂价、批发价、零售价。如果企业在"大门之内"销售产品，公司无须承担将产品送到销售地点及交付客户所需的相关费用，出厂价只需要考虑产品成本加利润即可；如果企业在"大门之外"销售产品，且需要通过经销商销售交付客户，则需要考虑到经销商所要获取的利润，因此需要在出厂价的基础上加上批发利润得出批发价；如果企业考虑自己直接将产品交付客户，那么就需要承担批发成本和零售成本，同时将多渠道营销的批发利润和零售零售利润考虑在内，综合算出零售价。产品成本与基本的销售定价示例如图4-21所示。

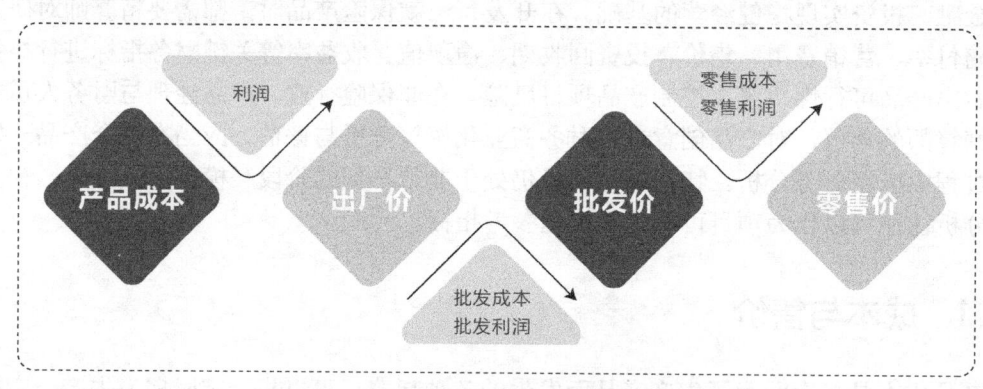

图4-21　产品成本与基本的销售定价示例

产品售价除主要受产品成本影响外，还受客户的接受度和竞争对手的产品定价影响。比如一项高科技产品，成本很高，单就成本而言已经超出了消费者可以接受的范围，那么它即使投产，也无法成功推向市场。再比如，经过综合评估，产品成本在竞争对手之上，且竞争对手的产品定价在自身产品成本之下，那么这个产品即使推向市场也毫无竞争力，最终依然会以失败告终。

在产品的"模糊阶段"或"创新阶段"，为进一步深入地验证新产品的可行性，可通过销售预测、成本核算、销售定价的综合分析来判断开发该产品是否有利润、售价是否能被客户接受、在市场竞争中是否有价格优势，以及投资回报等，辅助产品经理或高管决策层做出产品投资决策。

4.4.2 投资回收期

投资回收期就是指通过资金回流量来回收投资的年限，即盈亏平衡点。投资回收期是一种常用的相对简单的投资回报衡量标准。在进行新产品开发时能够提供决策依据，比如 X1、X2、X3 这 3 个产品的投资金额都是 1000 万元，如图 4-22 所示，你会选择哪项投资？为什么？

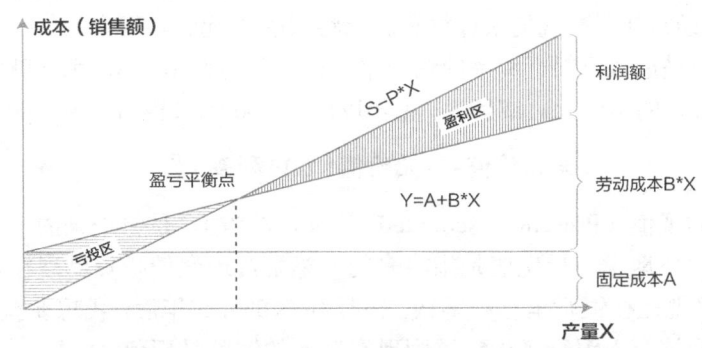

选择	第一年	第二年	第三年	第四年	第五年
X1	100	200	300	400	500
X2	200	200	200	200	200
X3	–	100	200	300	400

图 4-22　不同投资选择的投资回报（单位：万元/年）

X1 产品的投资回收期是 4 年，而 X2 和 X3 的是 5 年。如果仅有 1000 万元投资预算，那么投资决策就优选 X1 产品，因为投资 X1 产品能最快地收回投资，阶段内相对投资回报率高。如果有 2000 万元投资预算，可以投资 2 个产品，那么如何从 X2 和 X3 中进行选择呢？这就需要在投资回收期相同的基础上往前推算：在第四年，X2 产品收回投资 800 万元，X3 产品收回投资 600 万元，X2 产品相比较 X3 产品能更快收回投资，因此选择投资 X2 产品。

投资回收期指标容易理解，计算也比较简便；项目投资回收期在一定程度上显示了资本的周转速度。显然，资本周转速度越快，回收期越短，风险越小，盈利越多。这对于那些技术上更新迅速的项目，或资金相当短缺的项目，或未来的情况很难预测而投资者又特别关心资金补偿的项目，进行分析是特别有用的。不足的是，投资回收期没有全面地考虑投资方案整个计算期内的现金流量，即只考虑回收之前的效果，不能反映投资回收之后的情况，也就是说无法准确衡量方案在整个计算期内的经济效果。由于这些局限，投资回收期作为方案选择和项目排队的评价准则是不可靠的,它只能作为辅助评价指标,在进行项目评估时往往需要运用一些更为专业的资金预算法。

4.4.3 净现值

现值(Present Value)也称折现值、贴现值、资本化价值,是将来(或过去)的一笔支付或支付流在当今的价值。也可以理解为"成本或收益的价值以今天的现金来计量时,称为现值"。经济学家经常使用贴现值来计算和表示将来的 1 元钱与现在的 1 元钱之间的差异。用于计算贴现值的是近似于银行利率的贴现率。如果贴现率是 5%,那么就意味着 1 年以后的 105 元相当于现在的 100 元;或者说,1 年以后的 100 元只相当于现在的 95.24 元。

$$未来价值=原始价值*(1+利率)^n$$

折现值也称贴现值(Present Discounted Value,PDV),是将未来的一笔钱按照某种利率折合为现值。通俗地说,折现值是指将来的一笔资产或负债折算到现在,值多少。首先打个比方:我打算现在往银行里存一笔钱,银行利率 5%,5 年后,我想要获得本利和 50000 元,那么我现在应该存入银行多少钱。则现在存入的钱就是现值。

$$现值=未来价值/(1+利率)^n$$

净现值(Net Present Value,NPV)指未来资金(现金)流入(收入)现值与未来资金(现金)流出(支出)现值的差额。未来的资金流入与资金流出均按预计折现率各个时期的现值系数换算为现值后,再确定其净现值。折现率是特定条件下的收益率,通常与当时的利率水平有紧密联系,用于说明资产取得该项收益的收益率水平。这种预计折现率是按企业的最低投资收益率来确定的,是企业投资可以接受的最低界限。

$$净现值(NPV)=未来现金净流量现值-原始投资额现值$$

净现值法就是按净现值大小来评价方案优劣的一种方法。净现值大于零则方案可行,且净现值越大,方案越优,投资效益越好。

我们来计算一个新产品的累积 NPV,如图 4-23 所示。

1. 设定产品寿命(一般以 5 年进行估算)。
2. 设定折现率(基准收益率为 8%)。
3. 预计产品寿命期内每一年的投入。
4. 预计产品寿命期内每一年的成本。
5. 预计产品寿命期内每一年中获得的收益回报。

6. 计算年现金流（收益和成本的差额）。
7. 计算每年现金流的现值。
8. 把产品寿命内的每个现值加起来就是累积净现值（NPV）。

	2009年	2010年	2011年	2012年	2013年
投入	800	600	-	-	-
成本	-	-	1500	1200	1000
收入	-	-	2000	1800	1900

2009年，净现值=$(0-800) \times (1+0.08)^{-1}$ = -740.74
2010年，净现值=$(0-600) \times (1+0.08)^{-2}$ = -514.40
2011年，净现值=$(2000-1500) \times (1+0.08)^{-3}$ = 396.92
2012年，净现值=$(1800-1200) \times (1+0.08)^{-4}$ = 441.02
2013年，净现值=$(1900-1000) \times (1+0.08)^{-5}$ = 612.52
NPV= （-740.74 -514.40+396.92+441.02+612.52）=195.32

图 4-23　净现值计算的简单示例

计算净现值时，净现值为正，方案可行，说明方案的实际报酬率高于所要求的报酬率；净现值为负，方案不可取，说明方案的实际投资报酬率低于所要求的报酬率。当净现值为零时，说明方案的投资报酬刚好达到所要求的投资报酬。在有多个备选方案的互斥选择决策中，应选用净现值最大者。

4.4.4　内部收益率

内部收益率（Internal Rate of Return，IRR）就是资金流入现值总额与资金流出现值总额相等（即净现值等于零）时的折现率。内部收益率是一项投资渴望达到的报酬率，该指标越大越好。一般情况下，它用于评估项目或产品投资的吸引力，内部收益率大于等于基准收益率时，该项目是可行的。如果项目的内部收益率低于当前银行利率，把钱存入银行可能比投资该项目获得收益更多。

内部收益率是一个宏观概念指标，可以通俗地理解为"项目投资收益能承受的货币贬值、通货膨胀的能力"。比如内部收益率 10%，表示该项目操作过程中每年能承受货币最大贬值 10%，或通货膨胀 10%。同时内部收益率也表示项目操作过程中抗风险能力，比如内部收益率 10%，表示该项目操作过程中每年能承受最大风险为 10%。另外，如果项目操作中需要贷款，则内部收益率可表示最大能承受的利率，若在项目经济测算中已包含贷款利息，则表示未来项目操作过程中贷款利息的最大上浮值。投资回报期较长的项目内部收益率指标尤为重要。比如酒店建设一般投资回收期在 10～15 年，大型旅游开发投资经营期 30 年以上。这是内部收益率应用最通俗、最实际的意义。

> 例如，若内部收益率以 8% 为基准，并假设通胀为 8% 左右。若等于 8% 则表示项目操作完成时，除"自己"拿的"工资"外没有赚钱，但还是具有可行性的。若低于 8% 则表示等项目操作完成时很有可能亏本了。因为通货膨胀，你以后赚的钱折现时就很有可能包不住你投入的成本。

运用内部收益率率法进行投资决策时，其决策准则是：内部收益率大于公司所要求的最低投资报酬率或资本成本，方案可行；内部收益率小于公司所要求的最低投资报酬率，方案不可行。如果是多个互斥方案的比较选择，内部收益率越高，投资效益越好。内部收益率法的优点是考虑了投资方案的真实报酬率水平和资金时间价值，缺点是计算过程比较复杂、繁琐。

当下，股票、基金、黄金、房产、期货等投资方式已为众多理财者所熟悉和运用。但投资的成效如何，许多人的理解仅仅限于收益的绝对量上，缺乏科学的判断依据。对于他们来说，内部收益率指标是个不可或缺的工具。

4.5 总结

通常一般人都会将创新、创意、发明与发现等词混淆，其实创新的本质就是"新的事物（有形物体）或是新的创意（无形点子）创造价值的过程"。就拿一个简单的比喻：如何将创意变成人民币？换句话说，在创新的组成元素中，第一个要素就是"要有新的元素或是新的东西"，第二个就是"要能创造价值"，而最基本的价值就是所谓的商业价值。一项创新的成功不仅仅是靠一个创意，而是需要有一个生态系统的协作：需要通过各种创意工具进行系统的探索挖掘，发现更多有价值的产品创意；然后，从市场的角度对产品创意进行竞争分析，包括市场吸引力、竞争地位、竞争力、竞争定位等，从而便于产品团队对产品创意进行机会识别，确保做出正确的产品决策。在这个过程中，为了确保产品在商业上的成功，还需要对创新产品进行商业化核算，进行精算评估。

创新是企业领先群雄，走在业界前面的最好方法。它能创造新的方法来提升利润和未来的营收，如果创新做得好，它就能成为强势竞争武器。在产品经理的职业生涯中，最能体现其自身价值的就是创造新产品，而掌握科学的产品创新与竞争分析方法，拥有机会识别与财务分析能力，是确保"做正确的事"的基础条件，是新产品成功的基本保障。

MVP 行动指南

- 掌握系统化的产品创新思维及方法工具，在工作中进行应用，发现更有价值的产品创意。

- 对现有产品或新产品进行竞争分析，了解产品的吸引力、竞争地位、竞争力，并根据企业战略和客观条件重新定位产品或制定竞争策略。

- 结合市场研究和竞争分析，利用决策分析工具，对产品创意进行机会识别，确保做正确的事。

- 为产品的商业化结果负责，对现有产品或新产品开展财务商业化核算。

- 以产品 Owner 的角色来看待产品创新，并在新产品的开发过程中发挥作用，利用科学的产品创新方法带领团队，确保做正确的事。

第 5 章

MVP 开发：做最小可行性产品

学习目标

- 学习产品概念提炼、价值主张评估、产品定位方法，清晰定义产品；
- 掌握"质量屋"产品设计方法工具，能够完整输出 MVP 设计成果；
- 能够利用敏捷开发模式组织团队资源，让 MVP 设计开发快速落地；
- 通过 A/B 测试、试销等方法，对 MVP 产品进行试错、修正、迭代。

MVP（最小可行性产品）的概念想必很多人早已熟悉，它由埃里克·莱斯最早在《精益创业》一书中提出，指开发团队通过提供最小化可行产品获取用户反馈，并持续快速迭代，直到产品达到一个相对稳定的阶段。在新产品开发中，MVP 对于创业团队来说很重要，它可以快速验证团队的目标，快速试错。本书第 3 章、第 4 章是在第 2 章的产品战略框架下，通过市场调查、需求分析、产品创意及可行性分析等，在新产品开发的前期阶段"确保做正确的事"。本章将从"如何正确的做事"入手，从产品概念定位、MVP 设计、敏捷开发、测试修正几个方面向大家介绍做最小可行性产品（MVP）的方法，提供实践指导，帮助产品经理升级、迭代现有产品和开发新产品。

5.1 概念定位：MVP 定义

从洞察行业及技术的发展趋势，倾听客户声音，将客户的需求融入到新产品开发中，到通过一系列的可行性分析评估来确保产品决策的正确性，都是为了确保产品上市后获得成功。但这一过程不是对每个产品团队成员都开放的。在产品开发过程中，为了建立清晰的产品目标，减少产品团队的沟通障碍，提升工作效率和确保产品质量，同时为产品推广团队提供支持，建立以产品为中心的工作模式，就需要对还未开发的"产品创意"进行概念化呈现，即产品定义。

新产品定义是完整的产品创新流程中的一个关键阶段。它是决定产品开发与否的关键评估，通过产品创新来获取利润的公司从不会把没有做好产品定义的产品开发推向市场。应该将新产品价值诉求集中在有限的目标上，强调产品提供的价值，明确与竞争对手的差异及优势，进行清晰的取舍，确定实现哪些产品概念，声明产品的价值主张，做好产品定位，做到有所为，有所不为。同时借助"产品精益画布"对产品商业价值生态进行清晰直观的呈现。

5.1.1 产品概念——电梯测试

新产品构思是企业创新者希望提供给市场的一些新产品的设想，新产品设想只是为新产品开发指明了方向，只有把新产品构思转化为新产品概念，才能真正指导新产品的开发。新产品概念是企业从消费者的角度对产品构思进行的详尽描述，即将新产品构思具体化，描述出产品的性能、具体用途、形状、优点、外形、价格、名称、提供给消费者的利益等，让消费者能一目了然地识别出新产品的特征。新产品概念形成的过程亦即把粗略的产品构思转化为详细的产品概念的过程。

产品概念的主体是产品。在推出新产品的时候，往往需要为新产品设计一种概念，用以彰显产品的优势。比如苹果手机的"超薄""高清"，汽车中的"四驱""低油耗"等，都直接提示产品的突出优势。这些形象的说法成了产品的最大卖点。可以说产品概念是企业想要在顾客脑中注入关于产品的一种主观意念，就是用消费者的心理语言来描述你的产品，即如何向老百姓简单明白地介绍产品。产品概念从本质上说就是产品卖给消费者的是什么利益点，即满足消费者的是什么需求点。任何产品都有其市场存在的理由，这些理由是因为消费者对该产品的利益存在着一定的需求。

产品概念要求对消费者的产品介绍能够足够清楚，对消费者够有吸引力。对产品概念的研究会为新产品研发、制定营销策略和传播策略提供最基础性的决策参考依据。一般用文字来表达或用图片来描述产品概念。

通常一个完整的产品概念由 4 部分组成

- 消费者洞察：从消费者的角度提出其内心所关注的问题。
- 利益承诺：说明产品能为消费者提供哪些好处。

- 支持点：解释产品的哪些特点是怎样解决消费者洞察中所提出的问题的。
- 总结：用概括的语言（最好是一句话）将上述3点的精髓表达出来。

当得到尽可能多的关于产品的技术资料、市场资料之后，基于产品概念的内容结构，我们一般会和企业的众多人员坐在一起，进行充分的脑力激荡，不断发散出一个又一个的产品概念。在经过一番激烈的思考和争论之后，我们的会议白板上一般都会有好几个产品概念留下来，并且觉得每一个都很不错。任何一种产品构思都可转化为几种产品概念，但真正有意义的问题是：到底哪一个才是我们的目标消费者容易理解、容易接受的？

产品概念测试是一种专门用来选择和发展产品概念的有效研究手段，通过针对性地选择目标消费者，将产品概念描述给他们，获得他们比较系统的评价与信息反馈，得到目标消费者对这些产品概念的态度，可以帮助企业修改和充实产品概念的内容。这里向大家介绍一种产品概念测试方法——电梯测试。电梯测试是指"在乘电梯的30秒内清晰准确地向客户解释清楚解决方案"。这是麦肯锡公司检验其陈述咨询报告的方法之一。

CTR 风险投资公司的罗杰·布瓦斯韦特对电梯测试的价值做出了最好的总结："在进行商业汇报时，尤其就我本人而言，如果不能通过电梯测试，就不应与任何人讨论。"如果你无法简明扼要、准确无误地阐述自己的想法，要么你没有充分地理解资料，需要进一步熟悉，要么就是你的结构不够清晰、准确，需要再考虑考虑。

假设你是名销售，找到了一个潜在的大客户，你打电话给他们，费尽唇舌介绍自己的产品质量好，价格低。可是你苦于没有机会和他们的决策层接触。有一天，你去拜访别的客户，刚跨进一楼电梯，忽然发现该大客户采购部的总经理就站在你身边。电梯会几停几开，总经理到他的办公楼层只要一分钟甚至半分钟时间，你是否有本事让他在出电梯之前说："你刚才说的这东西有点意思，这样，我给你十分钟，来我办公室坐坐。"这就是备受推崇的麦肯锡式"电梯测试"。

> **注意**
>
> 要对你的解决方案、产品或是企业完全了解到一定程度，才能在30秒之内清晰而准确地向你的客户、顾客或是投资者解释清楚。如果做不到这一点，那么把你正在做的工作理解清楚以后再去推销你的解决方案。

5.1.2 价值主张评估

产品机会潜在成功最重要的决定因素之一是它是否会给客户价值带来好处并升值，但真正的考验是他们是否会真的购买该产品。类似于"你会购买这种产品"的问题往往会产生误导的答案。如果在调查中问一个明确的问题，客户可能会给出肯定的回答。不过，当真正决策是否购买的时候，他们就要考虑自己的腰包情况了。原因之一可能是他们有其他的购买决策，该产品的需求还"不够紧急"；另一种可能是这个想法在刚提出时似乎有吸引力，但实际产品不满足客户的需求。这就需要产品经理、市场营销人员和整个团队努力明确产品的目标客户，并在提出需求的时候掌握客户价值主张。

价值主张是指产品对客户来说什么是有意义的，即对真实产品价值的深入描述。价值主张也是一种针对竞争对手的战略模式。既有和竞争对手相比拟的共性——相似点，又有比竞争对手更优更好的差异点，以及面向客户的个性化产品和服务策略——共鸣点。

> 在弄清客户价值主张前，必须首先回答下面的 4 个问题：
> - 目标客户是谁？
> - 验证问题或客户的需求是什么？
> - 能解决什么问题或满足客户什么需求？
> - 如何证明方案的收益（定量还是定性地）？
>
> 如果不能实质性地回答这些问题，就不能得到一个有效的价值主张。

对于客户价值主张，在购买交易中体现在客户选择产品或服务时的几项关键指标。如客户在采购大型设备时主要关注的有质量、售后服务、价格、品牌等方面，那么客户在选择产品时也将从这几个方面进行考察。企业在制定价值主张时，通常从罗列全部优点、宣传有利差、突出共鸣点 3 种方法入手。

- **罗列全部优点**

当需要制定客户价值主张时，大多数产品经理只是将自己认为产品可能给目标客户带来的种种益处全部罗列出来，多多益善。使用这种方法，要求对客户及竞争对手的了解最少，因此工作量也最小。然而，这种相对简单的方法存在一大缺陷：产品经理声称自己的产品功能具有各种优点，但实际上它们对目标客户毫无益处。

- **宣传有利差**

这种类型的价值主张明确承认客户可以有其他选择，重点宣传对自己有利的差异点。产品经理必须突出自己与竞争对手的不同之处，这要求对次优替代品了如指掌。然而，某一产品或服务可能存在多个差异点，如果对客户需求和偏好缺乏深入的了解，产品经理可能会将工作重点放在那些对目标客户价值较低的差异点上。

◯ **突出共鸣点**

想要提供这样的客户价值主张，产品经理必须抓住目标客户最看重的几个要素来展示自己产品的优势，向客户证明这种卓越产品性能的价值，并且在沟通中表明自己十分了解客户的业务重点。这种价值主张与宣传有利差异点存在两大不同之处：它不主张多多益善，只在客户最看重的因素上竞争；这种价值主张中可能会包含一个相似点。

好的价值主张需要扎实地理解客户的需求，明确表示客户能从产品方案中得到什么好处。好的价值主张也会帮助客户进行选择和权衡。然而，即便是一个结构良好的价值主张，就算合理，也可能不适用。

> 假设提供了一个有说服力的故事来说服我购买自动化软件，销售顾问向我展示此软件每周会节约员工 14 小时，而员工的报酬为 10 元/小时，这样我一年可以节省 728 小时（价值 7280 元）。假设销售顾问给我提供了一个好的价格，比如 2000 元，这意味着不到 1 个月工资（10×8×21.75=1740）就能买断它为我工作——这不是一个伟大的交易吗？多伟大的价值定位！
>
> 真的这么好吗？如果我不得不花 1 星期的时间来学习这个软件，然后拿出另 1 个星期将它融入我的业务，还有工作人员去学习使用的一些时间，那又会怎样？如果我还需要 10 元/小时的员工进行其他任务，那么每节约 1 小时就不那么重要？它会是我真正感兴趣的东西吗？这个软件销售顾问可能对我如何分配时间一无所知，我也不可能有 1 星期的时间来学习软件。也许，我宁愿将 2000 元花费在广告上，希望得到更多的销售推广。

企业的价值主张总是关注企业通常寻求的价值。所有的企业只是想赚钱，降低成本，提高效率。任何可以证明能达到这些目的的价值主张可能会使你的产品进入他们的采购名单。即使那样，它也必须与能强烈影响购买决定或实际做出决定的客户的明确需求相联系。

消费者的价值主张与企业不同。消费者的偏好差异很大，并且他们的购买行为是基于多种因素而做出的。他们因为需求和欲望不同，而购买不同的产品。他们定期购买日常用品（如食物、水、卫生纸、沐浴露等），他们购买新东西来替换旧东西（如衣服、手机、家具等），他们购买新产品（如智能音箱、扫地机器人、无人机等），在需要的时候购买应急产品（如药品、雨伞、防晒霜等），一时冲动购买奢侈品（如豪华手表、高端护肤品、付费音乐下载等），还会购买耐用的消费品来满足长期需求（如房子、汽车、冰箱等）。

每个客户，不管哪种类型，都有不同的动机状态，有些具有持久性，有些很短暂。产品经理和团队必须在每个细分市场成为专家，了解最终驱使客户价值主张的潜在需求。可以使用如图 5-1 所示的价值主张模板来表述产品价值主张。

- 描述产品机会：

- 客户特征和目标客户的确认需求：

角色	姓名/头衔	需求
购买者		
用户		
影响者		
决策者		

- 叙述（包括动机状态的信息）：

- 每种客户类型（购买者、决策者、影响者）的主要验证（经济上的和非经济上的）证据：（增加收入、降低成本、节约时间、提高效率、改善生活质量等）

图 5-1　价值主张模板

为了验证你的价值主张的可行性，可以找一位对你的产品区域不太熟悉的、友好的销售员或同事，将你的价值主张（以及后来的定位陈述）说给他听。如果他很难理解你的观点，那么你可能要回去重新工作，直到大家能清楚地理解。

合理构建、妥善传递的客户价值主张可以对产品战略和业绩做出重大贡献。有些产品经理认为，客户价值主张就是公司营销部门为了印制广告促销材料而设计的溢美之词。这种短视的观点忽视了价值主张在为企业创造卓越的业绩方面所起的重要作用。制定合理的价值主张有助于企业抓住重点，集中精力向客户推出真正有价值的产品。为了促成产品定位，你必须有正确的价值主张。

5.1.3　产品定位

为了使价值主张更有效，我们要将它们应用在产品定位中。里斯和特劳特在他们的《定位》中，描述了在拥挤的市场中，如何把利用定位作为找到目标客户的一项传播战略。定位的口号经常定期地作为在所有媒介中营销传播的构建基础。我们每天会在报刊、收音机或电视，还有其他设备中听到或看到这些。记住，可以定位产品，定位品牌，也可以定位公司。

产品定位是在产品设计之初或在产品市场推广的过程中,通过广告宣传或其他营销手段使得本产品在消费者心中确立一个具体的形象的过程。简而言之就是给消费者选择产品时制造一个决策捷径。对产品定位的计划和实施要以市场定位为基础,受市场定位指导,但比市场定位更深入人心。具体地说,就是要在目标客户的心目中为产品创造一定的特色,赋予一定的形象,以适应顾客一定的需要和偏好。

无论是在新产品计划阶段,还是整个产品生命周期中,产品定位对产品团队来说都是一项重要的成果。它用来描述你希望你的产品如何被目标客户认知,并与其他竞争对手提供的可用产品进行比较。产品定位的重点必须放在差异化竞争上。为什么消费者想购买你的产品,而不是竞争对手的产品?什么使得你的产品如此独特?无论是营销传播,还是在公司内部或外部使用,产品定位都对产品的沟通交流提供了坚实的基础。

为了起草一份成功的定位陈述,可以使用图 5-2 所示的产品定位陈述模板,但要确保手上有价值主张。这个模板提供了需要用来对目标客户所需的产品进行定位的基础要素。该模板还可以作为与其他部门沟通合作的工具。当有了经验后,创建该类内容会变得更容易。

■ 本产品是为谁设计的(一个特定的目标客户群或细分市场):

具体客户	具有证明的需求	被产品的这个特性或属性所满足
购买者		
使用者		
影响者		
决策者		

■ 价值主张的基本组成部分
目标客户使用本产品所获得的收益是因为本产品可以帮助他们:
(客户如何在定量或定性上获取价值?)

■ 本产品具有的独特性:

■ 与在市场上竞争对手的产品相比,本产品的优势:

图 5-2 产品定位陈述模板

提醒一句:在产品定位时很容易产生无意义的定位陈述。在模板的空白处陈述没有数据和内容支持的语言不是一个好的商业机会。特别注意电商广告和杂志广告的信息。当他们说"……不像……我们是不同的，这就是为什么……"看你是否可以挑选出关键的信息。随着时间的推移，大多数产品倾向于同质化，不幸的是，无力的定位会导致这种情况发生得更快。产品在市场上的时间越长，竞争对手越有可能拆分并攻击其不足之处（或者开发自己的产品优势）来建立自己的产品。没过多久，就会发现产品看起来相似，营销材料也类似。

产品定位必须遵循两项基本原则，即适应性原则和竞争性原则。

- 适应性原则包括两个方面：产品定位要适应消费者的需求，投其所好，给其所需，以树立产品形象，促进购买行为发生；产品定位要适应企业自身的人、财、物等资源配置，以保质保量、及时顺利地到达市场位置。

- 竞争性原则，也可以称之为差异性原则。产品定位不能一厢情愿，还必须结合市场上同行业竞争对手的情况（诸如竞争对手的数量、各自的实力及其产品的不同市场位置等）来确定，以避免定位雷同，减少竞争中的风险，促进产品销售。例如，B企业的产品是为较高收入的消费者服务的，A企业的产品则定位于为低收入者服务；B企业的产品某一属性突出，A企业的产品则定位于别的某一属性上，形成产品差异化的特质等。"人无我有，人有我优，人优我廉，人廉我专"正是这种竞争性原则运用的具体体现。

产品定位基本上取决于4个方面：产品、企业、消费者和竞争者，即产品的特性、企业的创新意识、消费者的需求偏爱、竞争对手产品的市场位置。四者协调得当，就能正确地确定产品地位。

5.1.4 精益画布

前文针对新产品开发（MVP）的市场研究或产品创新阶段讲述了大量的理论、方法、工具与实践，还包括产品的概念、价值主张及定位。在进行实质性的产品开发之前，让我们对新产品的开发思路进行整体梳理。

精益画布是早期创业者用于梳理思路（主要是产品级商业模式）的一种方式。借助于精益画布可以对创业进行思考，寻找市场切入点，明确项目的价值，发现核心竞争优势着手点，定义盈利模式，确定接触用户的渠道，最终形成战略目标和行动计划。精益画布是以可视化的形式，帮助创业者梳理思路，验证项目是否可行，以及降低风险的模型。精益画布其实是为了快速进行项目评估所做的一种评估策略。一个完整的项目，一般在精益画布的各个领域，都已经思考得很完善了；如果还有没想清楚的地方，就需要进一步地深入。

接下来介绍一下精益画布的使用方法。精益画布由9个方面构成，在分析的时候，这

9个方面也是有流程和顺序的，如图5-3所示。接下来按照流程逐一讲解。

图5-3　产品精益画布模板

1. 目标客群

首先要了解即将进入的市场，思考客户是谁，为谁服务。这是因为每个客户群体都是有差异的，没有一种产品能够满足市场的所有群体。只有用户挖掘得足够准确，产品或服务的针对性才更强，才能更贴近用户的核心需求。

有时候，你只有单边客户，比如早期的QQ用户；有时候，你可能有双边或者多边用户，比如滴滴出行，它既要考虑乘客，也要考虑司机。对于有些产品，要分清楚"购买者"和"使用者"不是同一个人，特别是对B端的一些产品。你要能够理解这群人如何看待、如何感觉、如何思考你的产品。

在产品的早期，一定是要从很狭小的领域入手。满足好这一群人，然后才有机会慢慢延伸出去。因此，在这里你要思考的角度一定要切割得很细很细。同时，在这个阶段要考虑好哪些人可能会是你的种子用户，以便在早期产品雏形阶段与他们交流，听取他们的建议。甚至把他们有些表象上看不出的需求都挖掘出来，那么，这样一群人就成为你的目标客户群体，也会成为产品的传播者。

2. 问题/需求

这个阶段在进行需求选择时，尽量选择场景清晰、需求明确，且具有刚需、痛点、高频特点的需求。这个需求可能是目标人群未能实现的显性需求，或者是潜在的需求。

每个产品经理都会认为自己找到了痛点，但是很多痛点其实并不痛。有一个很有趣的说法是，"一款好的产品，所解决的痛点一定可以迎合人性七宗罪中的一种（好色、暴食、贪婪、懒惰、愤怒、嫉妒、骄傲）"。这确实有些合理之处，因为贪婪，产生了团购功能、红包功能、秒杀返现等。因为嫉妒和骄傲，有了会员等级、勋章系统、排名和朋友圈等。因为"好色"，有了直播、打赏、摇一摇等需求。只要能够满足人性深处最原始的初衷，就不怕没有用户使用。按照马斯洛的需求理论，痛点需要能够对应到人的当前需求，基于此开发出的产品才是真正能解决用户问题的产品。

在分析需求的时候，要考虑目前用户是不是有替代产品，以及是否能通过其他方式满足。也即考虑市场上谁会是潜在的竞争对手，他们有什么特点。比如滴滴出行满足用户在短途出行时叫不到车的需求。滴滴出行出来之前，出租车能满足这样的需求。但是这一需求满足得并不好，因为乘客只有等到出租车经过时才会打到车，而出租车也不知道哪里有乘客。因此尽管这个需求在被满足，但是满足得不高效。同样，共享单车市场也是如此。过去，人们对更短距离的出行是通过步行、公交或者出租车来完成的，但都不是很方便——要么耗时，要么耗钱。单车短租的方式节省了的时间和金钱，也很好地满足了人们的需求。

3. 解决方案

针对前面目标客群存在的问题（特别是痛点需求）提出具体的解决方案。解决方案要能真正解决问题，而且客户愿意为此付出时间和付出金钱来购买。

如果只是你自己认为自己的方案满足用户的需求，但是客户并不愿意为之买单，那可能就存在问题。因此，在这个过程中，我们要用精益创业的方式，先开发出最小可行性产品（MVP）去验证我们的想法和方案是否正确。如果客户接受了我们的 MVP，那说明我们的设计是正确的。反之，我们就要回过头来去挖掘客户的需求，再设计我们的产品。

这是非常重要的一个阶段，也是精益创业的一个重要思想。我们不是在所有事情都完备之后再去找客户，而是在早期、前期就去用我们的产品去试探用户，看看是否符合他们的心意，他们是否愿意用他们的价值来进行交换。

4. 竞争壁垒

指当我们进入一个市场后，一定会有其他的玩家加入，这个时候该如何应对，你有什么杀手锏能够让你立于不败之地，这个杀手锏就是我们的核心竞争力。什么样的能力才算核心竞争力呢？我们给出一个更好挖掘核心竞争力的词：稀缺性资源。要想拥有核心竞争力，就要掌握市场上稀缺的资源。这种稀缺性资源就是核心竞争力。这样的稀缺性资源有哪些呢？

- 无形资产，包括品牌、专利和牌照。品牌很好理解，卖同样的咖啡，普通咖啡馆15元一杯，星巴克35元一杯。原因是星巴克这个品牌是唯一的，全球不可能有第二家，这样的无形资产是无法超越的。专利就不说了，我们说说牌照。牌照对于企业来说是非常有价值的东西。这是一种准入资格，也是一种稀缺的门票。比如在金融领域，要进入银行、保险、基金等行业，没有牌照是不可能进入的。同样，支付牌照、征信牌照也是如此。牌照不单单是做生意的入场券，它本身也是可以增值的产品。当年拿到支付牌照的公司，哪怕没有业务，一转手也是几亿元的收入。因为没有这个，别人有钱也挤不进来。

- 成本优势。这是个老话题，竞争优势的其中之一就是低成本。如果因为工艺、地理位置、规模效应或者独特资产的便利性而获得了成本上的优势，而且是竞争对手无法超越的，也是拥有了核心竞争力。

- 转换成本。当用户在使用你的产品或者服务后，如果转向其他品牌的产品或服务，但因此损失的成本很高时，这样的竞争优势也是明显的。比如，在To B软件应用领域，企业采购了用友的财务软件，如果想替换成金蝶或其他系列产品，那么首先要考虑到的就是现有的数据怎么办？是否能同步或导入新的软件中（数据结构不同）？转换时间及成本是多少？还要考虑到使用者的操作习惯是否能尽快适应新产品，以及是否需要培训。还有其他种种客观因素会阻止竞争者准入，从而起到市场保护的作用。

- 网络效应。网络效应在互联网行业更加明显。当身边的同事、朋友等都在使用微信进行沟通和交流的时候，你是否会使用一个新的社交产品呢？肯定不行，因为你的网络在这里。在新的社交产品中，用户价值网络不存在，那也就失去了价值。

5. 价值主张

在设计解决方案时，我们可能会有很多选择和考虑。但是在创业团队的成员心中一定要一个统一的认知，那就是我们到底在提供一个什么样的价值。这个可以有两个层面。

- 一个层面是来自于企业层面，就是我们企业的使命——企业存在的价值是什么？比如阿里巴巴，它的使命是"让天下没有难做的生意"。这个统一的认知很重要，因为这会决定我们做什么和不做什么？阿里巴巴因为有这样的使命，所以它的业务包括B2B业务、淘宝、支付宝、菜鸟等，目的都是为了帮助人们做生意。这个使命定位很好地设定了这个公司的业务边界——不会做不相关的事情，因为许多不相关的事情会浪费公司的很多资源，无法形成合力。

- 另外一个层面是用户层面。就是用户为什么选择你？你为用户提供了什么样的价值？你在用户心目中的印象到底是什么？比如小米手机，大家想起小米手机会觉得"产品品质不错，价格不贵"。这是由小米手机建立的价值定位，但这个价值定位后来又延伸到小米的其他产品，包括路由器、空气净化器、净水器等。这就是小米在用户心目中的定位。这个定位一定要很清晰，不能模糊，也不能多。当你有两个以上的定位后，人们就记不住你了。

价值定位的建立，是企业有意识地规划，并在对外的宣传、产品和服务的交付中慢慢形成的。所以，一个朗朗上口的 slogan 就是这个作用。一种方式是陈述价值主张，如"滴滴一下，马上出发"。如果你有好几个觉得不错的价值定位，要把它们都列出来，然后找出最核心的那个。

6. 成本结构

成本结构及分析能帮我们计算出开发该产品需要多少投资？钱花到哪些地方？怎么花？产品的售价应该是多少？利润有多少？多长时间能够回本？这些问题都与产品成本有关。成本结构也是决定我们利润来源的重要因素，由以下几方面来决定。

- 企业和上游的关系，即讨价还价的能力。对于创业公司来说这个需要时间的积累。当自身建立了足够的优势后，就可以从上游供应商那里拿到比较好的采购价格。
- 企业的运营管理效率和水平。如果运营管理水平高，人均产出高，则成本费用（管理费用）的支出就可以降低，也就可以挤压出利润空间。
- 融资成本也是这个模块要考虑的内容。无论是股权融资还是债权融资，都是要考虑成本。债权融资要考虑利息的支出成本，股权融资要考虑股份稀释成本。融资的时间点以及稀释的比例都是需要考虑的。

降低成本是任何一款产品都需要做的事情，除了固定的人员工资以外，产品在开发与推广的过程中应该尽可能降低成本。比如在开发初期，不要盲目投入研发，要先通过成本较低的方法验证产品是否被用户需要。可做一个简单的微信公众号，观察用户反响，或者借鉴优秀产品的思路，以少走弯路等。

7. 收入来源

我们要考虑产品的盈利模式是怎样的，考虑该如何定价（是成本定价，还是价值定价），以及利润率水平该怎样。还要考虑在不同的阶段是追求收入还是利润。在与客户的交易过程中，要考虑到谁是真正的支付者，或者谁是使用者（这个在 To B 的产品中尤其需要考虑）。

没有盈利模式的产品最终会失败。常见的产品盈利模式也很多，如，销售产品收入、提供服务佣金收入、广告收费、订阅收费、SaaS 按年付费、中介收费等。不同的盈利模式可能有不同的收入来源。盈利模式不同，定价模式也不同，这可以决定利润从哪里来。通常有 3 种不同的定价模式。

- 基于成本的定价法。这个模式在传统的行业应用较多。
- 基于需求和用户的认知的定价。在这类定价的产品中，包括品牌等无形价值在其中扮演了很重要的角色。比如苹果手机，一部苹果手机的价格，远远超出了其成本价格。
- 根据供需比例的动态定价法。比如滴滴出行，在不同的时点、地点，根据当时的汽车的供应量，动态调整单价。

8. 市场渠道

这里要考虑如何销售产品，比如是通过直销还是渠道的方式？通过线上还是线下的推广？如何触达客户来实现交易，产生收入和价值？这会涉及很多操作层面的东西，包括如何能够引爆客户，如何与客户进行沟通，以及如何服务客户，让客户感知产品的核心价值定位。

除了关注与客户的接触点，将产品或者服务传递给客户之外，还要设计和管理用户在产品生命周期的服务。这是客户关系管理和忠诚度计划的内容。这个过程可以遵循 AIDAOR 的原则：Attention（引起注意）、Interest（兴趣）、Desire（欲望）、iAction（购买行为）、Onboarding（成为用户）、Retention（保留用户）。

9. 关键指标

一款产品上线后的运行情况需要一定的指标进行衡量，而设置哪些指标却需要斟酌。指标有很多，但不同时期所需要的指标却不同，要想确定所需指标，不能够凭空猜测，而需要根据目标来制定。基于产品生命周期的关键指标包括用户基数、活跃度、用户留存率、付费率、客单价、口碑推荐率、销量、销售额、利润率、成本、市场占有率等。

当然，每个阶段所关注的重点指标是不一样的。无论怎么说，设定不同的指标来衡量目标完成度是合理的指标制定方案。因为不同阶段的指标能够有效地衡量该阶段产品的进度以及用户使用情况，使产品经理能够及时进行调整和改进。

图 5-4 所示为苹果 iPod 的产品精益画布实际案例，旨在帮助大家更好地理解和运用精益画布。其实，精益画布只是一种分析产品商业模式的最终展现形态，最重要的还是画布中的信息是如何得来的，每个信息与信息之间的关系是否能够辅助你进行产品规划、设计及运营管理。

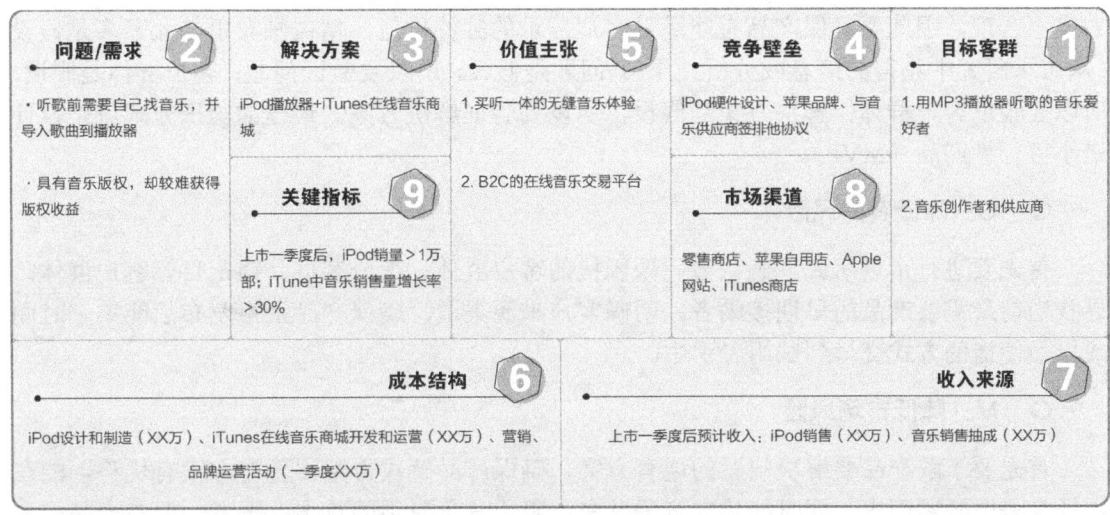

图 5-4 产品精益画布示例（苹果 iPod）

精益画布可以根据不同的阶段进行修改，创业者的用户需求除了自己发现外，还有用户调研，但是用户的答案和他的行为很可能是不符的。一个好的商业模式是"测"出来的，"改"出来的，很少是"想"出来的。除此之外，在产品初期运用精益画布可以帮助使用者规避 3 个风险：P（产品风险）、C（客户风险）、M（市场风险），如图 5-5 所示（图 5-5 中开头的字母对应其存在的风险）。

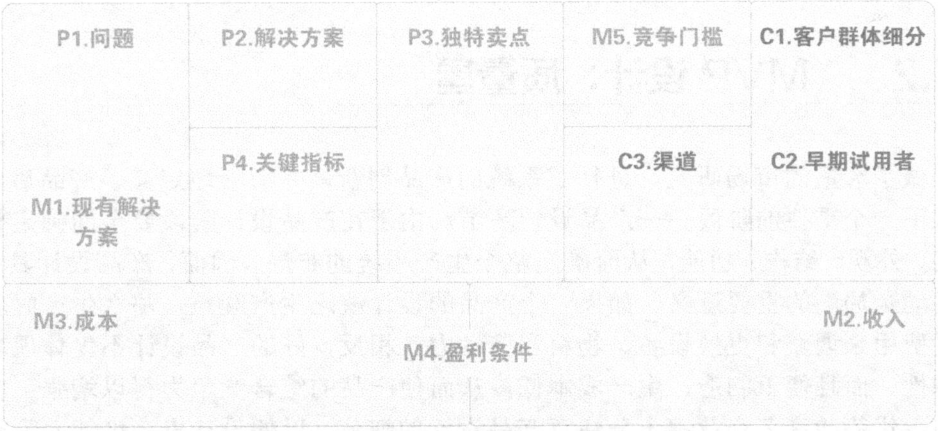

图 5-5 精益画布与风险结构

○ P：降低产品风险

首先确保客户的问题值得解决，然后设计最小可行性产品（MVP），制作并验证你的 MVP，然后扩大范围，进一步验证结果。创业失败的原因有很多，其中包括伪需求和解决方案不合理，因此要确保产品有能满足客户需求的独特价值。精益画布里的元素多是假设（从市场研究中获得的信息或分析结果）：问题是假设，所以要验证问题；客户群体是假设，所以要验证客户群体；解决方案是假设，所以要验证解决方案。最佳的验证方式就是设计最小可行性产品（MVP）。

- C：降低客户风险

首先要进行市场研究，确认被问题困扰的客户群体，细分客群，锁定目标客户群体，寻找当前最需要产品的早期接纳者，明确客户来源渠道，确保产品上市发布后能第一时间或以最便捷的方式交付到试用者手中。

- M：降低市场风险

首先要了解产品要解决问题的现有方案，确保产品解决方案比现有方案有优势，能在市场竞争中脱颖而出，同时能建立竞争壁垒，阻止竞争对手的攻击。再者，要对产品成本结构进行分析，核算出产品项目所要投入的预算，通过收入和成本平衡计算投资回收期、回报率及利润规模，以降低投资决策风险。

花上几周甚至几个月的时间来写一份建立在未经测试的设想上的商业计划书，不如利用一个下午的时间迅速、简明扼要地制作精益画布。精益画布的主要目的是为了让产品尽可能地"可执行"。可以将精益画布比喻为一个接地气的作战方案，或者是一个从点子到一个成功产品的指导蓝图。

5.2　MVP 设计：质量屋

在做了大量的市场研究、进行了系统的产品创新，并清晰地定义了产品后，我们将进入下一个重要的阶段——产品设计环节。由于在产品设计阶段要全面确定整个产品策略、外观、结构、功能，从而确定整个生产系统的布局，因而，产品设计具有"牵一发而动全局"的重要意义。如果一个产品的设计缺乏生产观点，那么生产时就将耗费大量费用来调整和更换设备、物料和劳动力。相反，好的产品设计不仅体现功能上的优越性，而且便于制造，生产成本低，从而使产品的综合竞争力得以增强。在市场竞争中占优势的许多企业都十分注意产品设计的细节，以便设计出造价低而又具有独特功能的产品。许多发达国家的公司都把设计看作热门的战略工具，认为好的设计是赢得顾客的关键。

好的产品设计应该做到：

- 设计的产品应是先进的、高质量的，能满足用户使用需求；

- 产品的制造者和使用者都能取得较好的经济效益；
- 从实际出发，充分注意资源条件及生产、生活水平，进行最适宜的设计；
- 注意提高产品的系列化、通用化、标准化水平，主要种类有新产品自行设计、外来样品实物测绘仿制、外来图纸设计、老产品的改进设计。

当前，国内产品设计总体水平与发达国家有一定差距，企业的重视程度不足，公众的认识也存在偏差。在此向大家推介一款非常成熟的系统化产品设计工具——质量屋，它起源于工业设计领域，但在互联网、虚拟产品及服务领域同样适用。产品设计输出产品原型及产品标准规范等成果，为便于交流、开发、存档，需要编制产品设计文档（包括产品的性能、结构、规格、型式、材质、内在和外观质量、寿命、可靠性、使用条件、应达到的技术经济指标等）。产品设计不仅包含产品本身，还应该包括围绕产品的后续路标规划、质量保证、仓储、物流、运输、交付、培训、售后、回收等内容，是一个完整的产品包。在新产品设计的过程中，我一直推崇 MVP 模式。虽然 MVP 模式尚不成熟，可操作性面临巨大的困难和挑战，但我愿意与大家一同探索，共同成长。

5.2.1 质量屋

以用户为中心的产品开发，建立在利用专业研究技术探求消费者心灵深处需求的基础上。这种需求是高度凝炼的，是一定时期内产品需求的原始驱动力。如果说研究用户的消费需求是对飘散的心灵电波的捕捉，而建立营销语言和设计语言之间的有效对接，才能破译消费者心灵深处的密码，从而最终使需求信息在产品开发中发挥真正作用。质量屋（QFD）是一种直观的矩阵框架表达形式。

质量屋是 20 世纪 70 年代在日本发展起来的，80 年代后期传到美国。在将新车型从开发到推广到市场的过程期间，丰田公司借助于 QFD 把成本降低了 60%，时间缩短了 1/3，并且质量得到提高。美国 71% 的企业从 20 世纪 90 年代开始采用 QFD。这种方法让一个企业的产品在开发之初就得到市场顾客的需求，再将需求转成设计要求。质量屋是一种确定顾客需求和相应产品或服务性能之间联系的图示方法。这个方法是一个操作性非常强的方法，可以与"用户体验要素的五个设计层面"相媲美，甚至是有过之而无不及，它适用于所有产品（不仅限于互联网产品），是产品设计的底层思维逻辑。质量屋结构如图 5-6 所示，它有 12 个步骤，这 12 个步骤就建造了一个质量屋，完成了"需求什么"到"怎样去做"的转换。

1. 客户需求展开

也就是顾客到底想要什么，这是至关重要的一步。站在客户的立场上来讲，客户希望产品具有可靠性、安全、经济性、耐用性、寿命长、容易维护、有吸引力、有很高的科技含量。还有一些客户来自制造行业,他们希望容易生产;采用可获取的资源,不要为了生产产品去改造车间,要大量的去引进设备,或者为了生产去增加过多的能源,这样就比较麻烦;用标准的零部件。还有一类客户是销售人员,他们希望产品都能满足顾客的要求,同时容易包装、储存、运输等。

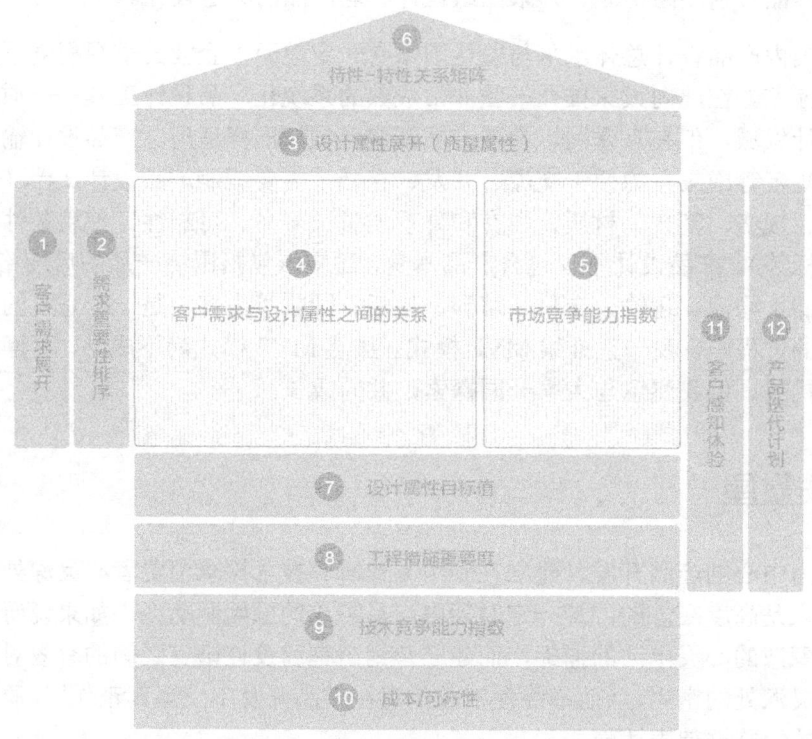

图 5-6　质量屋框架结构示意图

2. 需求重要性排序

评价每一种需求的重要性,加权评分,再填入质量屋中。将多项需求按照从小到大的顺序排序,数字越大表示重要性越高。比如顾客对拍照清晰度的要求要高于屏幕的清晰度。不同顾客心中需求的权重可能有所不同,科学的做法是通过市场研究细分用户群体,做深度的目标客群需求分析。

3. 设计属性展开(质量属性)

在以前的产品基础上,通过设计产品功能属性或改进产品功能属性来满足顾客需求。比如增加照相机像素、减少手机厚度、增加手机屏幕分辨率、降低手机能耗、扩大内存等,而且这些指标都是可量化的。

4. 客户需求与设计属性之间的关系

产品设计是按照顾客需求进行的，可就算是按照顾客需求进行产品设计还不够，还要看它和顾客的需求到底是一个什么关系。客户的一个需求可能需要多个设计属性来满足，一个产品设计属性也可能同时满足多个用户诉求，因此需要对客户需求与产品设计属性的关联性和关联度进行分析，以便调整优化产品结构。

5. 市场竞争能力指数

从竞争对手的角度看，他们当前做了哪些满足顾客的需求。重点研究已有的产品，无论是本企业本厂家的产品，还是竞争对手的产品。现在的产品已经实现了哪些功能，还有哪些地方有改进的机会。站在顾客的角度，对本企业的竞争者的产品在满足顾客需求方面进行评估。

6. 特性-特性关系矩阵

我们有若干个技术改进项，每项和另外一项之间存在什么相互关联呢？因为只是简单的举例，所以我只选了几项来表示它们之间的相互关系。各技术需求之间是无关系、正相关还是负相关？可以通过图5-7所示的符号进行规定。

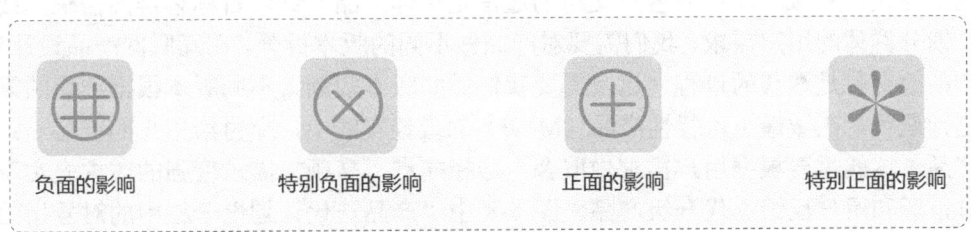

图5-7 屋顶上的对角线表示工程设计之间的关系

7. 设计属性目标值

实际上就是确定每个工作目标的值，用来评价在产品改进之后，它的功能还满不满足顾客的需求，以及满足需求的程度是怎么样的。这里有两个方面的举措：

- 看看竞争对手是怎么满足顾客需求的；
- 确定新产品的指标。

8. 工程措施重要度

工程措施和顾客需求之间存在着微弱、较弱、一般、密切、非常密切的关系，分别用1、3、5、7、9来表示其关系度（2、4、6、8介于其间）。这些数字代表了我们在这一方面的工作任务与顾客需求之间的相关度怎么样。

9. 技术竞争能力指数

在高新技术领域，产品设计各项技术指标的优越性体现了产品的竞争力。需要对技术需求进行竞争性评估，确定技术需求的重要性和目标值等。

10. 成本/可行性

每个顾客都期望更多的产品功能、高质量、高性能等，但是这些都是有成本的，当产品设计属性的总成本超过了目标客群的接受度时，将存在巨大的商业化风险。因此需要对产品设计属性的成本进行分析，做好成本控制，在有需要的情况下，可对产品的设计属性目标值做出调整，甚至进行功能删减。

11. 客户感知测验

在产品设计完成后，将原型产品或概念描述产品向用户展示，测试用户的满意度，获取反馈意见。这是验证产品可行性的最佳方式。如果反馈结果不好，那么就需要对产品设计进行改进，直到获取目标客群的认可为止。

12. 产品迭代计划

在工业设计领域，我们向客户交付的通常是整体产品。针对目标客群的需求，或为满足多个细分群体的用户需求，我们需要对产品做不同的版本拆分。在互联网产品设计领域，由于产品的交付是迭代的过程，这就需要我们做好版本规划，不同版本根据用户的需求优先级进行迭代。在做最小可行性产品（MVP）的最佳实践中，交付给用户的产品一定是可用的产品，这就需要根据用户需求做取舍，选择痛点、高频、需求度强的需求先实现，然后通过市场和用户反馈迭代升级产品。图 5-8 中"产品迭代计划"一栏中的对号指的是第一次交付或下一个迭代要满足的用户需求功能设计。

质量屋（QFD）一直是产品开发中连接用户需求与产品属性的经典工具。例如在智能手机的开发中，通过市场研究得到了客户对产品的若干需求，如，质量轻、使用方便、可靠等，市场人员与设计人员共同工作，确定实现不同需求的重要性和设计属性（解决方案），然后明确设计属性与客户需求之间的关系，同时了解市场竞争对手的表现，再做特性与特性之间的关系分析，明确要开发的产品属性。这个过程同时除掉了一些技术无法实现的需求。一个完整的质量屋，还包括设计属性目标值、重要程度、技术指标之间的关系、技术竞争力、成本可行性等信息。最后，结合做最小可行性产品（MVP）的思想理念，将初步呈现的产品设计成果（包括原型）通过问卷、讲述、展示、试用等方式向客户征求感知反馈意见，以帮助改进产品设计，制定产品迭代计划。

QFD 的关键是建造一个质量屋，现在我们具体来看看怎么做。由于 QFD 还是相当"高大上"的，我们先从基础的开始了解。我们准备构建一款智能手机的第一级质量屋，这里由于只是绘制一个简单的质量屋，就不再对客群进行细分了，如图 5-8 所示。

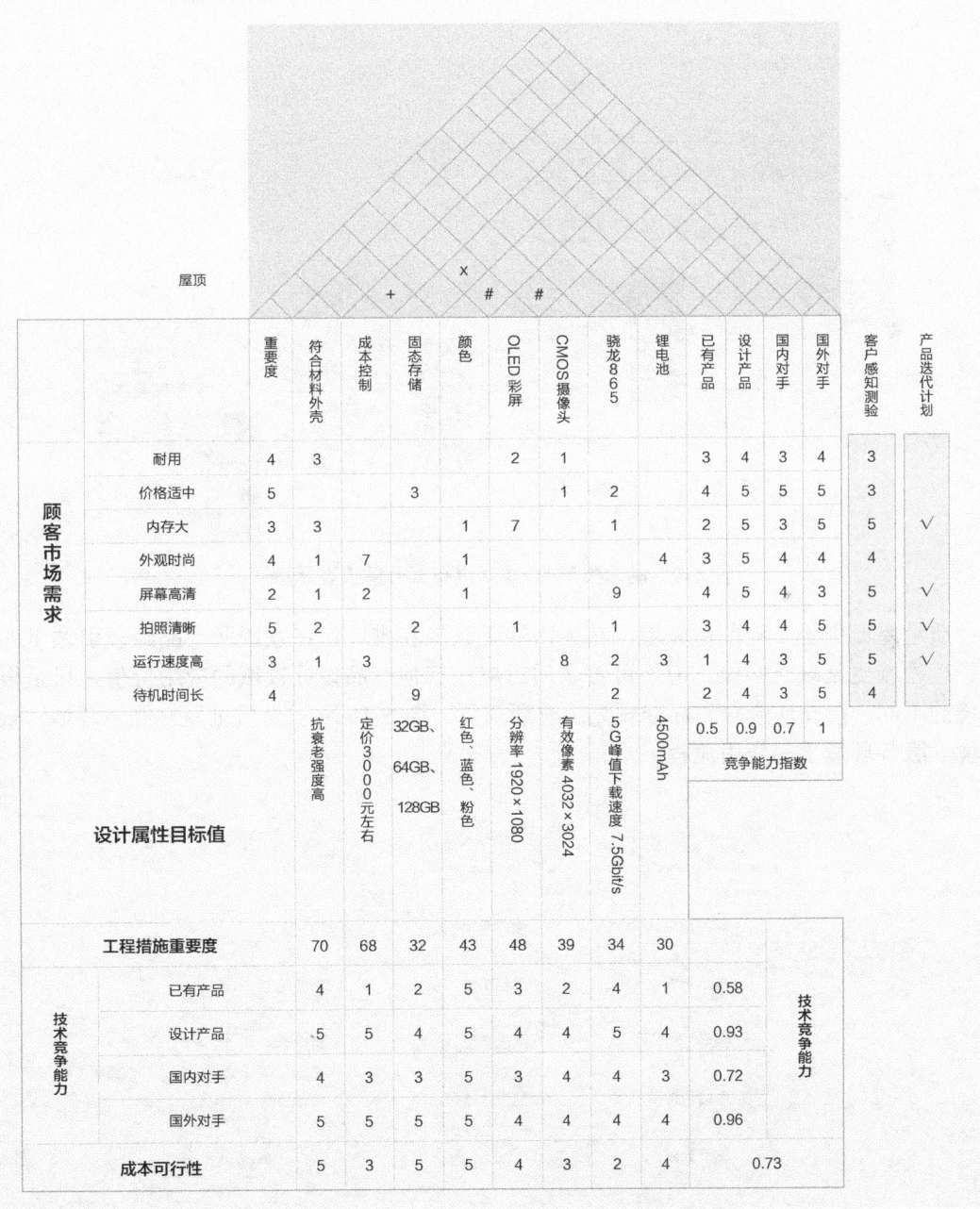

图 5-8　智能手机产品质量屋示例

一般的产品开发过程包括规划阶段、综合设计阶段、工艺阶段和生产计划阶段。质量屋方法是要先建立各阶段的质量屋，再进行需求变换，最后形成明确的生产要求，从而完成产品开发的质量功能配置的全过程。图 5-9 所示为制造类产品 QFD 瀑布式分解设计步骤。

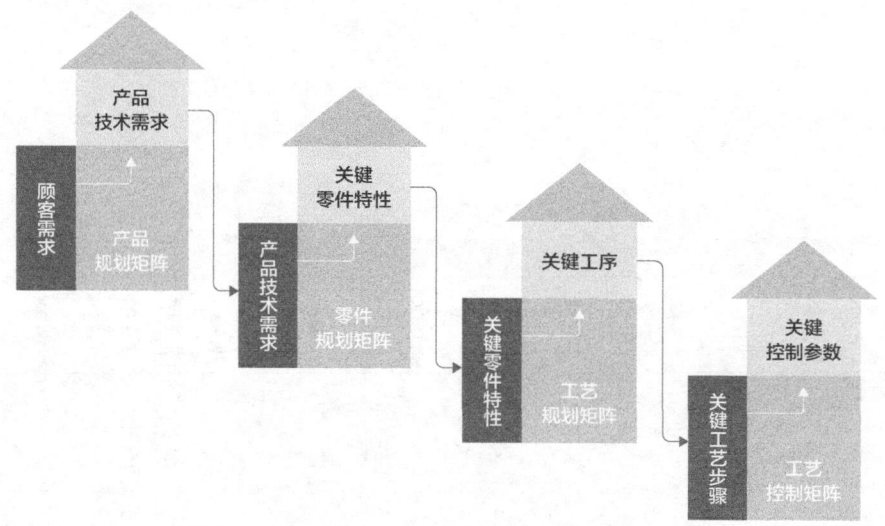

图 5-9　制造类产品 QFD 瀑布式分解模型示意图

质量屋诞生于工程制造领域，在国内缺乏认知和推广，在互联网产品经理引领下的产品管理领域更是缺乏实操。但不可否认质量屋在其他产品设计领域的应用价值，只是根据环境的不同，在设计流程和标准规划上有所差异。图 5-10 所示为质量屋在制造环境、软件环境、服务环境下的应用流程。

图 5-10　质量屋产品设计在不同环境中的应用流程

质量屋虽然是一个经典的工具，但也只是一个基础工具，对复杂产品的设计体系仍有局限。例如，该工具对于住宅产品来说并不是一个完美的工具。因为住宅产品不是一个简单属性的叠加，而是一个综合的解决方案。人们对房屋产品的整体的需求感受，驱动着人们对房屋各空间的需求及其权衡取舍。这样，在住宅需求与住宅产品之间包含两层映射关系：整体的映射；每个空间属性之间的映射。

5.2.2　产品文档

在产品未进入生产性开发之前，所做的所有工作成果都是以文档的形式进行体现的，是新产品开发最重要也是价值最大的工作内容，具体包括商业文档、市场文档、设计文档及功能阐述，如图 5-11 所示。从广义上来讲，产品文档内容包含有产品的战略和战术。战略是指目标市场、客群定位、竞争对手、产品概念、价值主张、产品定位、商业模式等；战术是指竞争策略、产品创意、创新设计、产品结构、核心业务流程、具体用例描述、功能及内容描述等。

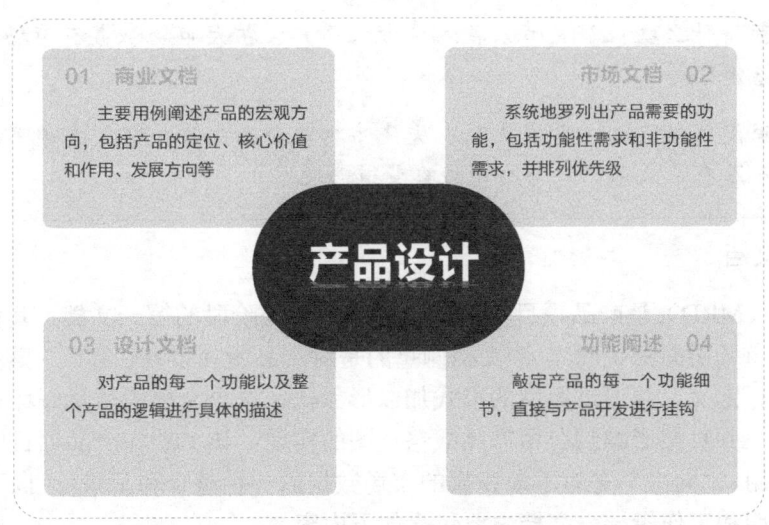

图 5-11　产品设计相关四大文档

1. 商业文档

商业文档（BRD）是指基于商业目标或价值所描述的产品需求内容文档（报告），其核心的用途就是在产品投入研发之前，作为企业高层决策评估的重要依据。作为报告的撰写者，你必须让高层明白，你的报告中将展现出怎样的商业价值，如何用有力的论据来说服企业对这个项目的认可，并为之慷慨地投入研发资源及市场费用。如果说设计文档的好坏直接决定了项目的质量水平，那么 BRD 就决定了你的项目的商业价值。优秀的商业文档可以让决策层被你的报告的观点充分吸引：或许财务主管会因为报告呈现的低投入高产出的经济效益预测而心动不已；或许技术主管会因为项目的牵涉面广泛而头疼不已；又或许公司的 VP 通过报告看到了未来一年业绩飞速发展的广阔前景……

BRD 需要产品经理（产品设计师）像对待设计文档一样，充分应用市场调查、用户研究、需求分析等各种设计手段来充分阐述报告，报告的内容和格式要求够直观、精炼、短小、要点突出，没有产品细节。产品经理通常需要向上汇报商业文档，供决策层讨论，汇报会议主要内容如下。

> 会议开始，产品经理首先要给与会的领导介绍一下产品要做什么？（解决什么问题或满足什么用户需要）
>
> 为什么要做？谈谈背后的原因（背景、市场空间、竞争对手、环境）
>
> 打算怎么做？（产品规划、模块规划、研发计划、运营计划）
>
> 需要多少资源？（人力成本、软硬件成本、运营成本）
>
> 最终能获得什么收益？（带来收入、带来用户、扩大市场、占有市场先机、满足未来三年战略规划等）
>
> 做这个有没有风险？（开发失败？失去市场机会？失去先机？竞争不过对手？没有带来收入？没有带来用户？与公司战略背道而驰？）

2. 市场文档

市场文档（MRD）是产品项目由准备阶段进入实施阶段的第一文档，其作用就是"对某个产品进行市场层面的说明"。该文档侧重的是对产品所在市场、客户、购买者、用户以及市场需求进行定义，并通过原型的形式加以形象化。这个文档的质量好坏直接影响到产品项目的开展，并直接影响到公司产品战略意图的实现。该文档在产品项目中是一个"承上启下"的作用，"向上"是对不断积累的市场数据的一种整合和记录，"向下"是对后续工作的方向说明和工作指导。文档主要包含如下内容。

- **市场说明**：目标市场、市场规模、市场特征、未来 3～5 年的发展趋势、现在市场存在的问题和机会。一般来说，这里会得到一个比较有市场商业价值的结论。
- **用户说明**：目标客群的共性分析，常用用户特征（要求年龄段、收入、地区、学历等信息的准确性），通过用户画像建立虚拟用户角色：形象化、用户名称、用户技能、与产品相关的用户特征、演示性的场景，用户在时间和地点完成的某个事的故事。从技术层面剖析市场，洞察用户心理（动机和目标是不一致的）影响用户使用的主要因素。

- **产品定位**：用什么样的产品满足用户或用户市场；针对什么用户做什么事。
- **产品价值**：解决目标市场、用户的核心需求（核心价值优先级最高）。
- **产品架构**：整体结构，不是功能结构。产品架构是产品的核心目标、市场定位、产品定位的直接体现。
- **产品路线图**：以时间为节点，以任务为导向。
- **产品功能性需求**：用户注册、留言等。
- **非功能性需求**：有效性、性能、扩展性、安全性、健壮性、兼容性、可用性、用户体验等。

3. 设计文档

设计文档（PRD）是把我们想做的东西变成一张清晰明了的"图纸"，让研发人员看到这张"图纸"就知道我们要做什么、需要做到什么程度、大概需要什么技术，并能对成本进行一个预估。不同平台和不同行业的产品的设计文档有所区别，但思想都差不多。这里以网站为例，设计文档一般包括网站结构图、线框图和网页描述表。产品设计文档伴随着产品整个生命周期，帮助产品团队与研发团队和高层领导达成共识，进而明确研发计划和指导研发过程。尽管不同的公司、不同的产品会有自己不同的要求和模板，但在这里依然要提醒大家需要注意的一些地方。

- **保持简短**：对于产品设计文档，保持简短很重要，因为文档越是简短，包含的错误越少，也就更容易阅读，同时也越可能带来简洁的设计。但是一定要在穷尽的基础上简短，不要为了最求简短而忽略一些细节，在产品设计中，每一个小细节对产品的质量来说都很重要。所以一定要仔细思考，认真推敲。
- **消灭错误**：错误的文档会花费研发团队大量的时间，甚至会导致大规模的改动，这会给研发带来很大的麻烦，同时也会让产品团队在研发团队面前抬不起头。当然，没有错误的文档和没有错误的代码一样，都是不存在的，我们需要做的是尽可能地消灭错误，让错误能在可承受范围内。错误有很多种，有产品逻辑错误（最致命的），有多个需求相互矛盾的错误，还有错别字等层面的低级错误。在撰写产品设计文档的时候，产品团队应对产品逻辑进行充分的讨论和测试，并组织评审会议，采用审核的方式确定设计文档是否过关。
- **别对他人（主要是研发人员）的工作指手画脚**：也就是说在设计文档中不要提一些技术性的东西。比如，将其存入数据库的一个新表中，连续存放，以优化查询效率。己所不欲，勿施于人。别人在你的领域内指手画脚你也会感到很烦。如果你是个技术专家，可以私下沟通，但别把应该写在技术文档中的内容写在设计文档里。

- **用适当的方式表述需求**：选取适当的方式展现特定的信息，是产品经理的一项重要技能。面对研发团队的时候要用到这项技能，面对最终用户的时候也会用到。怎样去表现我们的需求，以让研发或客户能快速有效的理解是相当重要的，这不仅可以提高工作效率，还可以避免很多因理解不当造成的错误。因理解不一致而造成的错误是很常见的，与不同领域的人提需求时带来的理解不当更是家常便饭，因此选用适当的表述方式是相当重要的。比如，如果用叙述性文字说不清楚，就用表格或其他形式，有时还需要选择一些图形工具。

- **使用肯定的语言**：在产品设计文档中，使用肯定的、确切的语言，切勿出现"也许""可能"这类词语。我们最终提交的文档内容都是确切的，可被执行的，含糊不清的东西一定要全部消灭掉。如果有吃不准的东西，就在内部充分讨论后再做决定。

- **切勿忽视沟通**：很多产品新人在写产品设计文档的时候，只顾埋着头写，写好了之后再出去沟通，这样文档有 99% 的概率会被大幅度修改。这等于是在做无用功，所以在写设计文档的时候千万不要忽略和团队沟通。

4. **功能阐述**

功能阐述（FSD）详细说明定义产品功能需求的全部细节，这是一份可以直接让工程师创建产品的文档。FSD 建立在 BRD、MRD 和 PRD 的基础上，从这步就开始往开发进行衔接了，产品 UI、业务逻辑的细节都要确定，而且要细化文档并保持更新。功能阐述是所有的产品功能的描述和规划，以互联网产品为例，它包括以下内容。

- **简要说明**：介绍此功能的用途，包括其来源或背景，能够解决哪些问题。

- **场景描述**：产品在哪种情况下会被用户使用（就是用户场景模拟）。这也是产品经理讲"好"故事的必备条件。

- **业务规则**：每个产品在开发时都有相应的业务规则，将这些规则清晰地描述出来，让开发、测试人员能够直观地明白该规则，且没有产生歧义。业务规则必须是完整的、准确的、易懂的。在描述业务规则时如果涉及页面交互或者页面修改，建议给出页面的草图或者页面截图，然后在图上说明要修改的内容。另外，也建议对页面的输入框、下拉框的内容格式和长度、控件之间的关联性做出说明。控件什么时候可见、什么时候不可见，以及灰色掉或点亮的条件在文档中都给出说明，以方便阅读者理解业务规则。

- **界面原型**：在涉及页面交互时，产品经理需要设计页面原型。原型设计通常需要产品经理和 UI 设计师一起来完成。建议的做法是，产品经理可设计一个页面框架，将该页面要呈现的字段、特征以及页面要使用的场景向交互设计师解释清楚，之后交互设计师和视觉设计师完成产品的原型设计。

- **使用者说明**：对产品使用者做出说明，可融入简要说明中。

- **前置条件**：该需求实现依赖的前提条件。比如，上传照片时，需要存储图像文件。

- **后置条件**：操作后引发的后续处理。

- **主流程**：把主流程放在最后是有道理的，结合上述内容做出主流程说明，对每个流程走向分点进行说明（这是非常重要的）。

在很多 PRD（包含 FSD）文档中，既没有前置条件，也没有后置条件，只对主流程做了说明，而且在描述主流程时没有描写主流程中每个功能流程的各种走向，只有一个主走向。事实上，对分支的介绍是非常重要的，开发和测试中提出的各类问题均与对分支的定义不明有关。一个合格的 PRD 不仅要描述主流程，而且要对分支流程中所出现的各类问题都要做详细阐述并给出解决办法。PRD 的特征一定是明确、全面地阐述需求及各类异常情况的处理，而不是等到开发和测试阶段发现问题后再给出答案（虽然 PRD 不可能百分之百地覆盖所有的可能，但是最大化地思考所有的业务问题是编制 PRD 时必须遵守的原则）。另外，在描述功能需求时给出的办法中不能出现"可能""或者"等词，一定是明确的、准确的描述。如果有别的方案，建议写入"可选方案"。在产品构建的早期，可选方案可以为功能实现提供更多的选择，当方案确定后可在文档中注明本次使用了哪种方案。

> 在此推荐一个实用的功能详述方法："用例"。在面向对象的软件设计模型中，用例是一个被阐述的内容，是对功能使用场景的解释。用例很条理地介绍了每个功能的前置条件、后置条件、主流程，以帮助开发、测试等角色快速地了解产品功能。

5.2.3 开发产品包

产品需要经过创意、设计、开发、验证、生产、市场、销售的整个链条才能够实现其商业效益，而大部分企业的开发团队，大多由项目经理、架构、开发、测试人员构成，最多再加上运维，还可能是多个项目共用。这样的团队配置，最多能够保证把开发阶段的事情做对，至于是否做了一件对的事情，生产、营销等环节是否能够获得成功，则是到产品快要上市的那一刻才考虑。在竞争如此激烈、时间就是效益的今天，这是不可行的。

在产品经理负责制下,产品经理必须在设计环节就要考虑产品的整体产品价值交付的设计,我们称之为开发产品包,如图 5-12 所示。产品包包含操作手册(确保用户使用)、品宣资料(助于价值传播)、营销培训(助力价值售卖)、运营支持(确保价值交付)、售后服务(提供价值保证)等。

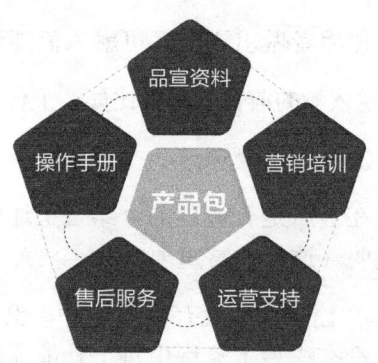

图 5-12　产品包的主要内容

假设你是一家大型房地产企业的解决方案产品经理,负责智慧社区系统的选型,有两家供应商前来进行产品展示。

第一家供应商展示了丰富全面的产品功能,涉及社区管理的各种职能以及各种统计分析功能,操作方便又快捷,界面看着也很舒服,最后表示您需要的功能都有,只要用了它们的产品,不用担心有覆盖不到的需求。

第二家供应商没有展示具体的产品界面,而是从社区科学管理入手,结合企业的项目情况,介绍社区管理在不同场景中可能会面临的问题,表示它们提供的正是这样一套完整、可持续的解决方案。这套方案可以帮助您进行管理规划,和您一起解决遇到的问题,为您进行个性化定制,同时提供周边配套服务,而不仅仅是卖给您一套软件(软件产品同样包含齐全的功能,但还包含实用的操作说明书、实施安装、培训、售后等服务)。

此时,作为方案的决策者,抛开预算的因素,你觉得哪一家更值得信赖?毋庸置疑,大多数会选择第二家供应商。我们对比一下两家供应商。第一家供应商在简单地推销产品,给客户的印象就是"你就是来向我卖东西的"。第二家供应商告诉客户,"我们了解处于各种阶段的企业的管理需求,了解您所在行业的情况,我们会按照您的需求帮您制定适合的解决方案,并且我们的方案是可持续的,软件只是实现这一方案的工具,我们还提供围绕工具的一系列服务,例如现有的系统数据可以帮您迁移过去"。这样的供应商才能从心理上获取客户的认可。

客户对这两种供应商的认知高下立判。这是为什么呢?第二家的产品比第一家好太多吗?未必,任何决策者都不可能通过一次展示就能够完成对产品的客观、实质性的比较。那么,这种差距是如何产生的呢?

我们通过产品的 5 个层次理论可以得到答案。产品概念的 5 层次分别为核心产品、一般产品、期望产品、附加产品、潜在产品。第一家向客户推销的只是一般产品。第二家就不同了。首先，它们了解企业生命周期的一般规律和管理诉求，了解行业，可以根据具体情况提出建议和方案来解决现在面临的问题。客户购买智慧社区系统的核心动机是什么？不就是要解决社区的管理问题吗？因此这切中要害，提供了客户需要的核心产品。其次，既然我是来售卖智慧社区系统的，当然有产品，虽然只是简单的展示，但我对管理和行业的理解已足以让客户信服。客户肯定感觉产品自然不会差了。然后，客户再想，我现在有物业管理软件，只是效果不大好，但原来的数据还是需要的。通过帮客户迁移数据又满足了客户的期待，期望产品也不少。接下来如果再打个折，送个售后等附加产品或服务，客户下决心的理由就更充分。最后，企业是不断发展的，我们的方案也是不断发展的，我们不但管你现在，还管你将来，而这就是潜在产品。

所以，表面上两家供应商都是卖智慧社区系统的，但第二家赋予了产品更广泛的内涵。两家产品水平上的对比是显而易见的，但却不是体现在智慧社区系统本身，而在为客户提供了一个整体的产品服务包。竞争在实物产品之外。大家想想看，5 个层次理论中各层次的产品是否都是面向客户的交付？是否都应该是产品包的组成部分？智慧社区系统及说明书是，数据迁移服务是，报价和服务方案是，长尾服务的引导也是，这个演讲用的 PPT 也是。因此，产品的竞争是产品包的竞争。在产品创意和设计的过程中，要从这 5 个层次综合考虑，升维思考，降维打击。

产品开发团队从交付产品，到交付产品包，是一个思想上的巨大进步。这不仅是考虑把事情做对的问题，而且是从源头上考虑做的事情本身是对的、全面的、完整的和高度协同的。纵然，因为企业组织结构、综合能力和资源的限制，产品开发团队无法全盘操练起来。但是，至少可以提供一种理念，使产品部门/产品线领导、产品经理及整个产品开发团队在需求阶段能够纳入更多的需求因素，减少后续环节可能遇到的麻烦，提高协同效率、资源效率和收益水平。

5.2.4　MVP 模式探索

硅谷创业家 Eric Rise 在其《精益创业》一书中提出了"精益创业"的理念，其核心思想是，开发产品时先做出一个简单的原型——最小可行性产品（MVP），然后通过测试并收集用户的反馈，快速迭代，不断修正产品，最终适应市场的需求。在互联网领域，MVP 是最符合敏捷思想的产品迭代开发方法。MVP 首先着眼于基本的客户需求，快速构建一个可满足客户需要的初步产品原型。部署之后，通过客户反馈，逐步修正产品设计和实现，最终达到完全满足客户需要。最关键的是，在各个迭代过程中，做出来的产品始终是可为客户所用的产品，而不是只有一部分功能且不能让客户使用。

MVP 理念虽然解决了"窝在家里做没人要的产品，却自以为很有市场"的问题，但却出现了"做出了用户想要的产品却不赚钱，或只是满足部分用户"的问题（比较片面，甚至是伪需求），再或者做出的产品没有市场竞争力，最终以失败告终。这种 MVP 概念不具有可操作性，或者说是片面的理解。出现这一系列问题的根本在于对产品设计开发前期的工作不重视，在关键环节上缺失，而且用户也不知道自己想要什么，由此导致产品的试错成本太高。因此，MVP 模式要建立在市场研究（第 3 章）和产品创新（第 4 章）的基础上。第 1 章已经提出了做最小可行性产品的思维、理念、原则及价值观，这里根据所学的产品知识及十年的实战经验总结出了一套 MVP 产品开发流程方法，仅供大家参考（见图 5-13）。

图 5-13　MVP 产品开发过程要点一览图

从某些方面来说，这种开发 MVP 方法增加了很多额外的工作，前期需要大量的市场调研、需求分析、创意筛选、可行性分析及产品定义等工作，是一个复杂的系统工程。这里不是为了让大家完全遵循这个流程，而是要让大家掌握这种 MVP 开发的全局思维。实际上在 MVP 开发过程中可根据不同的产品类型对流程步骤进行裁剪，选择不同的 MVP 方法（最好总结出一套与自身工作环境相适应的最佳方法）。

这里提出的 MVP 方法与实践更适用于新产品开发或初创企业，可在市场不确定的情况下，通过系统化分析来规避产品风险，再利用最小可行性产品来检验产品或方向是否可行。如果假设得到了验证，再投入资源大规模进入市场；如果没有通过，则这就是一次快速试错，应尽快调整方向。创业者在开发产品前要做大量的可行性分析工作，在设计产品时要精简到不能再精简，在发布产品之后收集市场反应，逐步调整产品战略，调整里程碑，尽快达成目标。MVP 产品仅包含必要的功能，从而能从早期的用户得到初始的资金和用户反馈。而仅包含必要的功能点意味着成本最小，最能展现核心概念。

5.3 敏捷开发：精益

至此，我们可以进入产品开发（生产）阶段了。在工业领域，MVP开发一般在实验室或研究中心完成，在经过测试验证后，按照产品文档标准要求在特定的工厂进行批量生产。实物产品在批量生产过程中遵循精益管理的思想。精益管理要求企业的各项活动都必须运用精益思维，其核心就是以最小资源（包括人力、设备、资金、材料、时间和空间）投入，准时地创造出尽可能多的价值，为顾客提供新产品和及时的服务。

精益管理的目标可以概括为企业在为顾客提供满意的产品与服务的同时，把浪费降到最低程度。企业生产活动中的浪费现象很多，常见的有：错误——提供有缺陷的产品或不满意的服务；积压——因无需求造成的积压和多余的库存；过度加工——实际上不需要的加工和程序；多余搬运——不必要的物品移动；等候——因生产活动的上游不能按时交货或提供服务而等候；多余的运动——人员在工作中不必要的动作；提供顾客并不需要的服务和产品。努力消除这些浪费现象是精益管理最重要的内容。

由于我在实物产品的规模化生产领域缺乏实战经验，在此就不再为大家做太多的讲述。在互联网领域，精益思维同样适用，并在敏捷开发中体现得淋漓尽致。下面着重为大家讲解关于敏捷开发的精髓知识内容，帮助互联网/软件产品经理提高顾客满意度、降低成本、提高质量、加快流程速度和改善资本投入，使组织社会性的价值实现最大化。

5.3.1 敏捷开发宣言

敏捷开发以用户的需求进化为核心，采用迭代、循序渐进的方法进行产品开发。在敏捷开发中，产品项目在构建初期被切分成多个子产品，各个子产品的成果都经过测试，具备可视、可集成和可运行使用的特征。换言之，就是把一个大产品分为多个相互联系，但也可独立运行的小产品模块或功能，并分别完成。在此过程中，产品一直处于可使用状态。

2001年，17位敏捷方法论的拥护者和倡议者聚集在犹他州的雪鸟滑雪场，起草了一份陈述敏捷组织原则的文件。这份文件基本上代表了不同敏捷方法论的共同点，我们称之为"敏捷宣传"，也叫做敏捷开发宣言，是指导以人为中心的迭代软件开发方法，具体的4个核心价值内容如图5-14所示。

步骤1. 个体和互动高于流程和工具

项目是通过人来完成的，流程和工具可以帮助人，但绝不能自行完成工作。虽然过程和工具都是好东西，但是它们有时也会成为障碍。面对面的直接沟通，比一些流程性的文件和工具沟通，效率要高出很多。当然，最好的是在沟通后就多方达成的共识形成一个简要性的文档备录。

	敏捷开发宣言	
个体和交互	高于	流程和工具
可运行的软件	高于	详尽的文档
客户合作	高于	合同谈判
响应变化	高于	遵循计划

图 5-14　敏捷开发宣传

步骤2．可运行的软件高于详尽的文档

可用软件的价值是很重要的，因为软件是为业务目标提供支持的，是可用软件（而不是文件）为客户传递了高价值。一般来说，一个敏捷项目的进展情况是由开发了多少可用软件来跟踪和报告的。当然，这并不是说文档一无是处，适量的文档在绝大多数的项目中是有益的和必要的。敏捷通过寻求"刚好足够"的文档来避免这种情况。其中的原则是任何文件的创建都应与为客户创造的价值直接挂钩，且不论该价值体现在现在还是将来。

步骤3．客户合作高于合同谈判

这个价值观的核心是越接近你的客户越好。客户最清楚他想要什么，即使在需求明确过程中也会包含一些试验和错误。在合同谈判期间，试图避免所有的尝试和错误不发生是不现实的，也是徒劳的。定位你与客户的关系很重要，你是选择对抗客户，还是选择与客户一起为接近方案努力而使每个人都受益呢？敏捷团队更愿意和客户在同一方向一起使劲，而不是把力气花在背离客户的方向。

步骤4．响应变化高于遵循计划

任何一个曾在软件项目中工作过的人都知道这些项目的本质就是变化。即使底层的技术也在快速变化，新的途径和可能性在不断被打开。对变化响应的速度决定了在市场上的灵活性，循规蹈矩地做事将被市场甩在后面，永远慢市场半拍，导致自己的市场会被蚕食掉。

当你读到这个宣言时，会发现它具有最高原则性，因为敏捷方法论在最高层面上是一致的，但到具体细节上每种方法都会不同。除了敏捷宣言之外，还有 12 条准则的支持文件，为敏捷宣言提供了更多的扩充细节。

- 准则 1：我们的最高目标是，通过尽早和持续地交付有价值的软件来满足客户。

5.3 敏捷开发：精益

敏捷团队可以很快将可用软件交付到客户手中，并且是开放式地快速更新，给客户带来优先级最高的价值。

- **准则 2**：欢迎对需求提出变更，即使在项目开发后期；要善于利用需求变更，帮助客户获得竞争优势。传统项目管理中的一个原则是设法去影响和控制会导致变化的因素。敏捷项目管理的需求会发生变化，并在实际过程中欢迎并拥抱这些变化，即使这些变化发生在项目后期。迅速应对和适应变化能给客户带来显著的竞争优势，从而应对新的机遇。

- **准则 3**：要不断交付可用的软件，周期从几周到几个月不等，且越短越好。不同的敏捷方法论采用不同的迭代周期，但都是相对较短的。关键是能快速把可用的软件交付到客户手上，并能利用软件获得有意义的回报。较短的迭代周期可以使团队持续关注客户的价值。

- **准则 4**：在项目过程中，业务人员、产品经理与开发人员必须在一起。敏捷项目管理让业务人员、产品经理和开发人员彼此靠近，并时常让他们在同一个地方一起工作，通过这样的方式让业务人员和开发人员之间没有隔阂，因为业务人员和开发人员的共同目标就是通过可用的软件向客户传递价值。

- **准则 5**：要善于激励项目人员，给他们所需要的环境和支持，并相信他们能够完成任务。传统项目管理常对员工进行微观管理，不仅告诉他们要做什么，还告诉他们如何做，无意间形成自上而下的管理方式。敏捷项目建立了一支强有力的团队并积极避免微观管理，这需要一个自律的团队自发告知开发人员做什么，然后提供相关资源，给予鼓励，相信团队能够完成任务。

- **准则 6**：无论是团队内还是团队间，最有效的沟通方法是面对面的交谈。非正式的口头沟通在敏捷项目管理中远比正式的书面沟通更普遍。其想法是两个人坐在一起为一个解决方案而交流会比他们用邮件来交流或交换文件更有效率。面对面沟通是敏捷项目管理的精髓。这种沟通是公开的，任何团队成员都可以自由参与对话。

- **准则 7**：可用的软件是衡量进度的主要指标。计划和文件可能是有用的，但是当最根本的目标发生变化时，它们就可能失去应有的价值。在传统项目中，极其纠结的是项目的不断更新使得文件成为一种负担。真正的价值是通过结果来表达的，结果又是通过可用的软件来呈现的。

- **准则 8**：敏捷过程提倡可持续的开发。项目方、开发人员和用户应该能够保持恒久稳定的进展速度。可持续开发的焦点是在团队身上，他们会努力保持一个稳定的可持续的进展速度，从而使得团队成员不会在迭代周期的尾端匆忙赶工。理想的目标是保持一种可持续的速度，使团队成员不会感到过度的压力和疲态，而是能够保持在一个理想的强度下工作。

- **准则 9**：对技术的精益求精及对设计的不断完善将提升敏捷性。设计越完善，维护起来就越简单，即使遇到变化也是如此。稳定和优质的项目会比劣质的项目更加允许团队快速应对变化。

- **准则 10**：要做到简洁，即尽最大可能减少不必要的工作。这是一门艺术，被所有的敏捷方法所拥护，尤其是精益方法。关键点对客户价值保持关注和毫无犹豫的削减不增加价值的活动。保持简单不只是一种愿望，它使最基本的原则。

- **准则 11**：最佳的架构、需求和设计出自自我组织的团队。自我组织是敏捷团队的核心元素之一。当一个团队是自我组织型的团队时，说明该团队自己去决定工作如何分配及谁去做某个特定的工作，而不是由人力资源部门或管理层来决定。不仅小团队是自我组织的，较大的跨职能团队也可以是自我组织的。

- **准则 12**：团队要定期反省如何能够做到更有效，并相应地调整团队的行为。敏捷项目中最可预见的事情就是变更。在传统项目中，当项目或阶段完成时开会总结是最常见的做法。而敏捷开发则试着通过更频繁的回顾来完成这项工作。在一个回顾活动中，团队查看各迭代周期中已完成的工作或发布情况，并评估下一次如何改进他们的做法。每日站立会议（即每天简单碰头 15 分钟）是另一项协调团队努力方向，以及团队自我评定和自我调整的重要方式。

敏捷开发的业务目标是更早地交付价值。价值的交付不仅仅是上线时间早晚的问题，而是更早上线能够给自己和客户带来更大的价值，越晚交付，价值越低。更快不是绝对速度的"快"，而是指时间上的"早"，即通过迭代交付实现分批和更早的交付，同时灵活地响应变化。当今世界跨界颠覆的案例数不胜数，一个企业的核心能力不再是已有的能力有多强，而是灵活响应变化、快速学习的能力有多好。

> **注意**
> 在新产品开发中使用敏捷原则时，一定要考虑整体价值的交付。这种交付是可以交付到用户手中使用的交付，是面向市场的交付。我曾遇到过一个创业团队花了一年半的时间，迭代了 26 个版本，依然没有完成用户交付，没有将产品推向市场。这种悲剧应尽量避免。采用最小可行性产品（MVP）方法可以有效地避免这种情况的发生。

5.3.2 Scrum 敏捷开发

在敏捷实践体系中，迭代交付模式是敏捷开发的核心要素。敏捷开发方法有很多，其中的 Scrum 提供了迭代管理和持续改进的框架，如图 5-15 所示。Scrum 中的主要角色包括与项目经理类似的 Scrum 主管角色，负责维护过程和任务；产品负责人，代表利益所有者；开发团队，包括了所有开发人员。

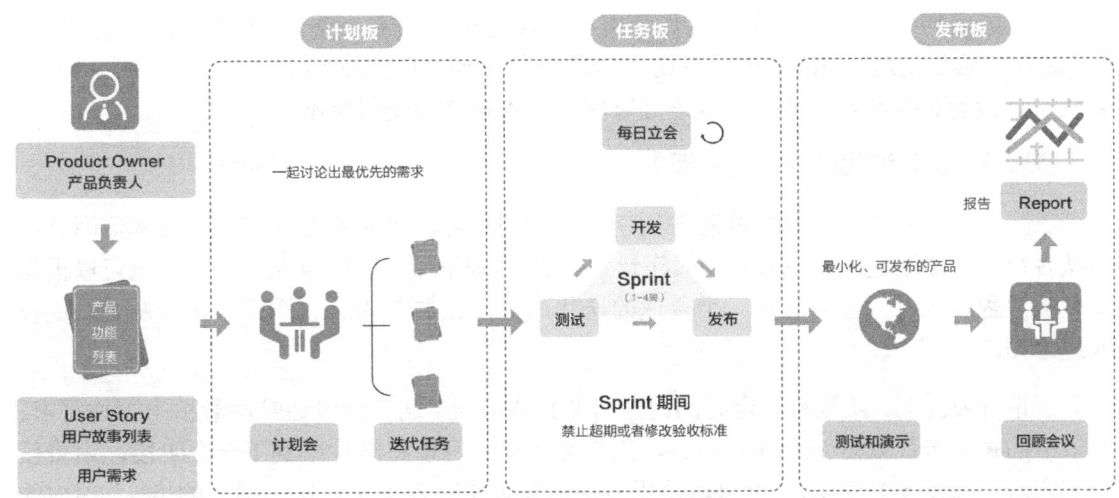

图 5-15 Scrum 敏捷开发流程

Scrum 是一个包括了一系列的实践和预定义角色的过程骨架（是一种流程、计划、模式，用于有效率地开发软件）。Scrum 的最大特色是灵活和增量交付，要求团队之间有开放的沟通和协作。首先是由产品经理收集和整理需求，然后与开发团队确定开发列表，接着进入开发冲刺状态，后面就是日常开会、后期改善。在实际应用中，我们通常将其分为以下 5 个步骤。

步骤 1. 创建用户需求列表

一个产品的需求可能来自客户、团队或者产品经理的想法，这些需求的描述必须符合：作为＿＿＿＿，我希望＿＿＿＿，以完成＿＿＿＿。这样的好处是让整个团队更容易理解需求，达成共识。图 5-16 所示为一个产品需求实例。

需求ID	作为（角色）	想要（特性）	能够（场景）
A-001	作为产品经理	将任务分配给手下	以避免遗忘
A-002	作为总经理	查看公司月度增长	更好地分配资源
B-004	作为客户经理	统计客户满意度的月度变化	以知道工作是否进步

图 5-16 用户需求列表（产品功能需求）

步骤 2. 召开计划会议和制定开发计划（计划版）

Scrum Master（敏捷教练）负责组织召开计划会议，产品经理和团队一起根据需求的重要性、开发量来确定开发优先级，预估工作量，并制定迭代开发计划（从需求列表中挑选出高优先级的 Story［用户需求］作为本次迭代完成的目标，这个目标的时间周期是 1～4 个星期，然后把这个 Story 进行细化，形成一个 Sprint Backlog［迭代待办事项］）。开发团队一旦接受这些开发任务，就应该准时完成，不得修改交付标准。

步骤 3. 执行迭代计划（任务板）

首先，需要确定每次开发冲刺的周期，短的周期可以更频繁地发布产品版本，因此可以从客户那里更迅速地收到反馈，修正错误。这个周期一般为 1～4 周，当然，也可以根据团队成熟程度或迭代任务确定一个合适的迭代周期，比如 2 周。这样可以让开发人员更投入地工作。

所谓开发冲刺，就是在一定时间内全身心投入开发。这个阶段通常用看板来管理需求。看板中的每个卡片就是一个开发任务，工作完成后，可以将卡片移到下一个阶段，用看板管理需求，如图 5-17 所示。也可以使用专门的软件来管理看板，例如国外的 Jira、国内的明道。

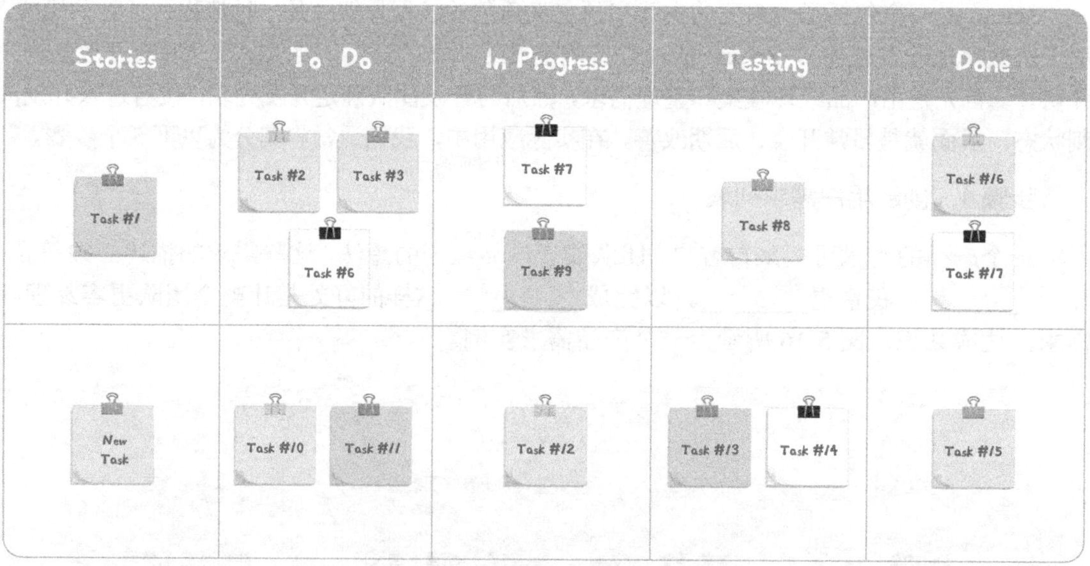

图 5-17 敏捷开发项目管理看板

在冲刺中，每一天都会举行项目状况会议，这个会议被称为"每日站会"。会议在固定的时间和地点举行，对于迟到者团队常常会制定惩罚措施（例如罚款、做俯卧撑等）。不论团队规模大小,会议被限制在 15 分钟。所有出席者都应站立,每个人都必须发言。会议的目标是讨论当前的任务状态。一个推荐的汇报形式是:我昨天已经做了什么?我接下来准备做什么?现在遇到什么阻碍和问题?注意,在会议中团队成员不必要针对每个问题进行探讨,具体问题相关成员在会后私下当面沟通解决。这个会议只是一个重要信息的反馈通道,这样可以更加高效,避免浪费问题无关成员的时间。

步骤 4. 产品测试和演示

因为每次的开发冲刺目标就是交付一个可以用的产品特性,所以测试工作非常重要。有不少方法可以减少测试周期。比如,可以减少需求数量,或者让开发参与测试。当一个 Story 完成,也就是 Sprint Backlog 被完成,也就表示一次开发冲刺完成,这时,我们要进行演示会议(也称为评审会议)。产品负责人和客户都要参加(最好本公司老板也参加),每一个 Scrum 团队的成员都要向他们演示自己完成的软件产品(这个会议非常重要,一定不能取消)。

步骤 5. 回顾会议和下一个开发冲刺计划

每一个冲刺完成后,都会举行一次冲刺回顾会议。回顾会议也称为总结会议,会议的时间限制在 4 小时,以轮流发言方式进行,每个人都要发言,做得好与坏都可以提出,然后总结并讨论改进的地方,放入下一轮开发冲刺计划。

5.3.3 Sprint 计划会议

Sprint(冲刺)计划是 Scrum 中的事件。Sprint 计划的目的是定义在 Sprint 中可以交付什么,以及如何实现该工作。Sprint 计划是由整个 Scrum 团队协作完成的。Scrum 鼓励总是全速前进,这样就可以在不断学习和改进的同时交付可用的软件。

在 Scrum 中,Sprint 计划是完成所有工作的固定时间段,即一个迭代周期。在采取行动之前,必须设置冲刺时间,需要确定时间间隔、冲刺目标以及开始的位置。Sprint 计划会议通过设置议程和重点来开始冲刺。如果做得正确,它还将为团队创造动力,提供取得成功的环境。不良的冲刺计划可能会因设定的期望不切实际而使团队脱轨。为了确保冲刺的顺利进行,在冲刺计划中要包含若干会议为冲刺过程提供支持,如图 5-18 所示。

运行一个伟大的 Sprint 计划事件需要一些纪律。产品负责人必须做好准备,结合之前 Sprint 评审的经验教训、相关人员的反馈以及他们对产品的愿景,为 Sprint 做好准备。为了增加透明度,产品待办事项列表应该是最新的和细化的,以提供清晰的信息。Backlog 细分在 Scrum 中是一个可选的事件,因为有些 Backlog 不需要它。然而,对于大多数团队来说,最好是在 Sprint 计划之前让团队一起检查和细化 Backlog。

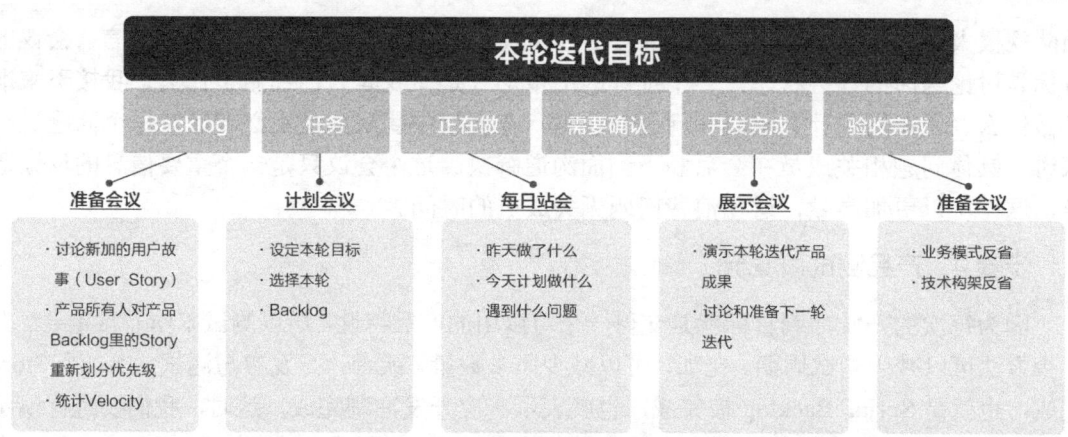

图 5-18　冲刺计划包含会议

输入 Sprint 计划的一个很好的起点是产品 Backlog，因为它提供了一个"东西"的列表，这些"东西"可能是当前 Sprint 的一部分。团队还应该查看在增量中完成的现有工作，并看容量。输出 Sprint 计划会议最重要的结果是团队可以描述 Sprint 的目标，以及他们将如何朝着这个目标工作。这在 Sprint Backlog 中是可见的。

冲刺计划应该限制为每周冲刺不超过两小时。例如，为期两周的 Sprint 计划会议将不会超过两个小时。这被称为"时间限制"，或者为团队完成一项任务设置最大时间量，在本例中是规划 Sprint。Scrum Master 负责确保会议的时间安排被大家理解。如果团队在时间框内完成之前感到高兴，那么事件就结束了。时间框是允许的最大时间，没有最小时间限制。

在制定冲刺计划的过程中，很容易陷入"困境"，即专注于哪个任务应该先做、谁应该去做，以及需要多长时间。对于复杂的工作，在开始时所知道的信息量可能不多，而且大部分信息都是基于假设的。Scrum 是一个经验主义的过程，这意味着你不能预先计划，而只能在实践中学习。

Sprint 计划需要一定程度的评估。团队需要定义在 Sprint 中可以做什么，不可以做什么，也即估算工作量和团队能够承受的容量。良好的评估需要一个基于信任的环境，在这个环境中，信息可以自由提供，并且在过程中讨论假设。如果评估中使用负面的、对抗性的方式来完成工作，那么很有可能估算的工作量将很大，会造成不必要的资源浪费。

我们很容易陷入冲刺计划的细节，忘记冲刺计划的重点是为下一个冲刺建立一个"刚刚好"的计划。这个计划不应该成为团队背后的捣乱者，相反，它应该将团队的注意力集中在有价值的结果上，并为组织提供保护。Scrum 的一个关键原则是承认客户可以在项目过程中改变主意，变更他们的需求，而预测式和计划式的方法并不能轻易地解决这种不可预见的需求变化。同样，Scrum 采用了经验方法——承认需求无法完全理解或定义，因此关注如何使开发团队快速响应不断出现的需求。

5.3.4 Bocklog 用户故事

Sprint 目标在高层次上描述了 Sprint 的目标，它可以在编写 Backlog 用户故事条目时体现。为了切实了解客户的需求，有些产品设计的市场和研发团队尝试运用基于客户情形，透过观察客户、叙说故事、编写剧本、再现客户情境和体验，从而沟通传达客户需求的剧本导引设计法，利用人类内心思考、言词表达的基本能力（讲故事），将设计者及产品开发有关人员带入产品使用时的情境，透过这种情境故事，让设计者将与产品设计有关的信息自我内化吸收，然后与团队沟通。用户故事是从客户的角度描述工作的一种很好的方式，如图 5-19 所示。用户描述将缺陷、问题和改进重新集中于客户所寻求的结果，而不是所观察到的问题。通过向用户故事中添加清晰的、可度量的结果，你可以此评估什么时候能完成。

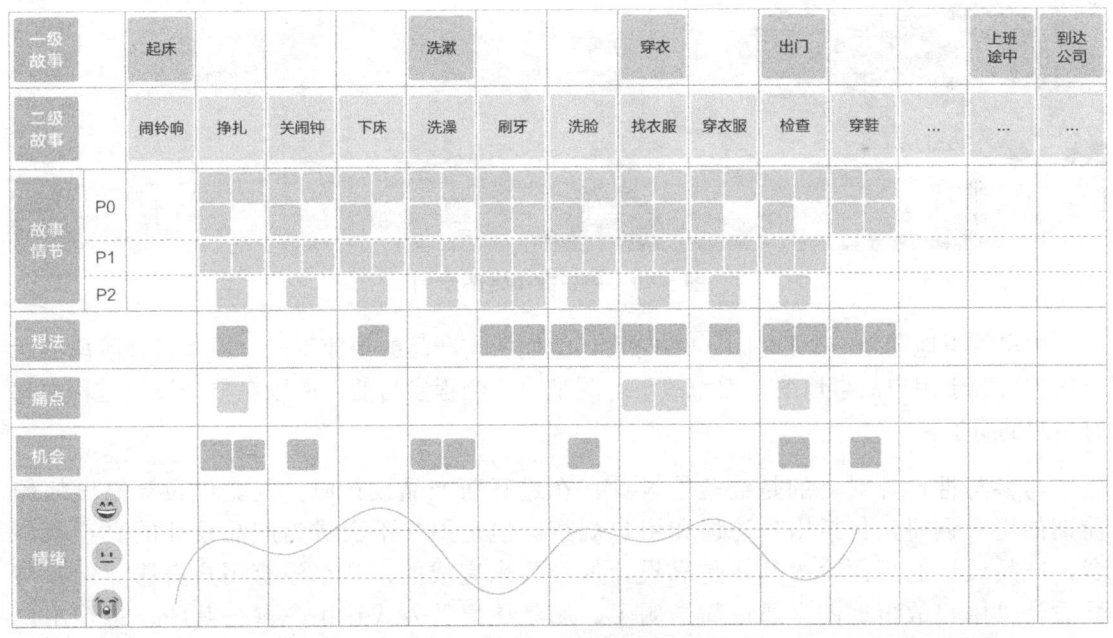

图 5-19　用户故事示例

项目中不同的参与者有不同的需求，产品经理想跟踪进度，开发人员想实现，产品经理想功能，产品老大有更高的视角，而用户想要一个可用的系统。在这些充满冲突的视角中，想要做出一个人人都支持、皆大欢喜的决定，并且持续保持平衡是很困难的事情。整个项目组就像一个四驱车，一个角色的强势就相当于一个轮子转得过快，这对产品来说是损失，会导致车子的方向偏移。通过大家一起建立产品全景图的方式，让项目组所有人（包括用户）在较高层面俯视产品，这种同一空间多点对多点的共识就自然地完成了。

我们通过这种一目了然、格式一致的故事地图，可以让项目组所有人都获得足够的信息，让项目有一个明朗的开发流程，如图 5-20 所示。用户故事地图作为一种有效的需求工具，可以做到多角色、多视角。以合作沟通的方式可以全面理解用户需求，涉及的主题包括怎么以故事地图的方式来讲用户需求，如何分解和优化需求，如何通过团队协同工作的方式来积极吸取经验教训，从中洞察用户的需求，开发真正有价值的、小而美的产品和服务。

图 5-20　用户故事地图示例

用户故事地图是一个吸引用户参与设计他们所需产品的便捷手段。原型设计阶段的所有内容来源于用户故事地图，因为故事地图是用户全程参与的，所以在整个设计过程中都有用户的身影。

与参与性设计对立的是经验性设计。在进行新产品设计时，经验性设计高度依赖前期的用户调研，包括用户访谈和用户观察。但是用户不会成为产品设计的真正参与者，产品设计的后面阶段基本是靠设计师经验来完成的，几乎没有用户身影。但参与性设计"用户故事地图"通过简洁明了、场景还原的方式让用户参与其中，每个用户故事都做到站在用户的角度，使大家快速知道用户想要什么，为什么要这个。用户故事易读、易懂，我们在讲故事的同时进行页面框架绘制，因此能激发用户的积极性，使其成为产品设计的参与者。同时，随着用户渐渐掌握如何通过口头表达故事来描绘他们的需求，项目组成员与用户间的关系会变得更加亲密主动，这种良性的循环使所有人员都获益良多。

> **思考**
>
> 以往我们共识用户/产品需求的方式有两种，一种是文档。翻开文档一看，那些格式化的语言就变成了世界上最好的催眠曲。读尚且如此，写的人会怎么样?写文档的产品经理脑子里一定会回响一个问题："这东西写了有人认真看么？"另外一种方式是产品经理会直接拉上团队成员进行交流，撰写用户故事地图，就算交接需求了。这两种方式你认为哪种更加敏捷有效？这里的共识是点对点的，或者单点对多点的，信息传递也会带来信息内容的损耗，甚至会带来错误的信息。

5.4 测试修正：验证

在产品概念阶段，开展"电梯测试"是为了确定定位策略，将产品特征转化成显著的客户利益。在产品设计阶段，只有产品模型，测试目的是如何使产品的属性特征最优化，从而更吸引客户。当产品最终完成但还没有引入市场时，实施产品测试是为了控制产品质量，维持产品生命。在产品正式上市前进行小范围的市场测试，目的在于识别竞争对手的实力和弱势（如果产品有改进的潜力的话，还可进行改进测试），确定产品在目标市场中的位置。产品测试的目的随着被测试产品的发展或生命周期的不同阶段而不同，决定采用哪种测试研究方式是建立在研究的目的之上的，所以并没有一种测试可以称得上是最好的。

阿尔法（Alpha）、贝塔（Beta）、伽马（Gamma）测试常用来表示软件测试过程中的3个阶段，用于在开发流程中和上市前夕测试新产品。阿尔法测试是第一阶段，一般只供内部测试使用；贝塔测试是第二个阶段，已经消除了软件中大部分的不完善之处，但仍有可能存在缺陷和漏洞，一般只提供给特定的用户群来测试使用；伽马测试是第三个阶段，此时产品已经相当成熟，只需在个别地方再做进一步的优化处理即可上市发行。由于样本选择缺乏统计基础，因此这种市场研究方式不提供具体的统计置信度，即这种方式不是严格意义上的定量分析，但它确实能够提供客户在使用产品后的详细反馈。此处，客户面对的是最终产品，或非常接近最终形态和功能的产品，测试有助于对产品进行验证和改进修正。

以下为大家详加介绍阿尔法、贝塔、伽马和试销主流测试方式。

5.4.1 阿尔法测试

阿尔法测试类似于可用性测试（在软件领域称之为软件测试），通常由内部测试人员完成。在极为少见的情况下，阿尔法测试是由客户或外部人员完成的。阿尔法测试发布的版本被称之为阿尔法版本（在软件领域常被称之为 DAT［开发测试］环境应用）。

阿尔法测试是由用户在开发环境下进行的测试，也可以是公司内部的用户在模拟实际操作的环境下进行的受控测试，以试图发现并修正错误。阿尔法测试的关键在于尽可能逼真地模拟实际运行环境和用户对软件产品的操作，并尽最大努力涵盖所有可能的用户操作方式。阿尔法测试的目的是评价软件产品的 FLURPS（即功能、局域化、可用性、可靠性、性能和支持），尤其注重产品的界面和特色。阿尔法测试可以从软件产品编码结束之时开始，或在模块（子系统）测试完成之后开始，也可以在测试过程中确认产品达到一定的稳定和可靠程度之后再开始。有关的测试用例应该在阿尔法测试前准备好。

软件测试是在软件交付用户使用或投入运行前，对软件需求规格说明、设计规格说明和编码进行最终复审，是软件质量保证的关键步骤。软件测试是为了发现错误而执行程序的过程。软件测试在软件生命周期中横跨两个阶段：通常在编写出每一个模块之后就需要对它做必要的测试（称为单元测试），编码和单元测试属于软件生命周期中的同一个阶段；在结束这个阶段后对软件系统还要进行各种综合测试，如集成测试、系统测试、性能测试和配置测试等，这是软件生命周期的另一个独立阶段，即测试阶段。

只有当阿尔法测试达到一定的可靠程度时，才能开始贝塔测试。阿尔法测试即为非正式验收测试，经过阿尔法测试调整后的软件产品称为贝塔版本。

5.4.2 贝塔测试

贝塔测试是一种验收测试。所谓验收测试，是指软件产品完成了功能测试和系统测试之后，在产品发布之前所进行的软件测试活动。它是技术测试的最后一个阶段。通过了验收测试，产品就会进入发布阶段。贝塔测试后发布的版本称为贝塔版本（在一些企业称之为 UAT［用户测试］环境应用）。可以说，贝塔测试是"预发布测试"。软件的贝塔测试版本将会在网上发布，提供给广大用户，从而使该程序进入"真实世界"测试，并为下一个发布版本提供部分预览。贝塔测试的主要目的在于获得不同客户群体的反馈，以及检查产品在不同类型的网络和硬件下的兼容性。

贝塔测试由软件的最终用户在一个或多个客户场所进行。与阿尔法测试不同，开发人员通常不在贝塔测试的现场，因贝塔测试是软件在开发人员不能控制的环境中的真实应用。用户在贝塔测试过程中将遇到的一切问题（真实在或想像的）定期报告给开发人员。接收到在贝塔测试期间报告的问题之后，开发人员对软件产品进行必要的修改，并准备向全体客户发布最终的软件产品。

在 B2B 环境中，贝塔测试通常包含以下 4 个方面。

- 确定一小群"种子"客户，这群客户常被称为领先客户或领先用户。

- 构建一个测试计划，并确定产品开发、市场营销、销售和产品管理中的关键角色和职责。测试计划要包含实验的持续时间和实验后的处置结果。
- 客户与产品公司之间的合同包含项目计划，以便客户能明白目标、持续时间和延期补偿。另外，保密条款也应该包括在内。
- 客户应该了解要测试什么及如何反馈结果。团队需要确保能收集客户数据，能组织任何最后的访谈，并能把产品带回实验室。

验收测试要通过一系列黑盒测试。验收测试一般根据产品规格说明书严格检查产品，逐行逐字地对照说明书上对软件产品所做出的各方面要求，确保所开发的软件产品符合用户的各项要求。通过综合测试之后，软件已完全组装起来，接口方面的错误也已排除，软件测试的最后一步——验收测试即可开始。验收测试应检查软件能否按合同要求进行工作，即是否满足软件需求说明书中的确认标准。

验收测试同样需要制订测试计划和过程，测试计划应规定测试的种类和测试进度，测试过程则定义一些特殊的测试用例，旨在说明软件与需求是否一致。无论是测试计划还是测试过程，都应该着重考虑软件是否满足合同规定的所有功能和性能，文档资料是否完整、准确，人机界面和其他方面（例如，可移植性、兼容性、错误恢复能力和可维护性等）是否令用户满意。验收测试的结果有两种可能，一种是功能和性能指标满足软件需求说明的要求，用户可以接受；另一种是软件不满足软件需求说明的要求，用户无法接受。项目进行到这个阶段才发现的严重错误和偏差一般很难在预定的工期内改正，因此必须与用户协商，寻求一个妥善解决问题的方法。

大型通用软件在正式发布前，通常需要执行阿尔法测试和贝塔测试，目的是从最终用户的使用角度对软件的功能和性能进行测试，以发现可能只有最终用户才能发现的错误。

5.4.3 伽马测试

伽马测试是终级测试。测试之后，该软件几乎就是上市的最终版本了。此时不再进行软件的功能开发或改进。在这一阶段唯一可能修改的是限定范围内的代码错误。当软件已经准备好发布且能够满足各类要求后，就开始进行伽马测试。测试时无须进行其他任何内部测试，除非是在开发周期时间极短、上市速度要求极快的高压情境下（由于伽马测试并不常见，因此在此不做太多赘述）。

5.4.4 试销

新产品市场试销（TestMarketing）的目的是对新产品正式上市前所做的最后一次测试，

且该次测试的评价者是消费者的货币选票。尽管从新产品构思到新产品实体开发的每一个阶段，企业开发部门都对新产品进行了相应的评估、判断和预测，但种种评价和预测在很大程度上带有新产品开发人员的主观色彩。最终投放到市场上的新产品能否得到目标市场消费者的青睐，企业对此没有把握。只有通过市场试销将新产品投放到有代表性地区的小范围的目标市场进行测试，企业才能真正了解该新产品的市场前景。

新产品市场试销的首要问题是决定是否试销。并非所有的新产品都要经过试销，可根据新产品的特点及试销对新产品的利弊分析来决定。如果决定试销，接下来是选择试销市场，所选择的试销市场在广告、分销、竞争和产品使用等方面要尽可能地接近新产品最终要进入的目标市场。第三步是选择试销技术，常用的消费品试销技术有销售波测试、模拟测试、控制性试销及试验市场试销，如图 5-21 所示。工业品常用的试销方法是产品使用测试，或通过商业展览会介绍新产品。对新产品试销过程进行控制是第四步，对促销宣传效果、试销成本、试销计划的目标和试销时间的控制是试销人员必须把握的重点。最后是对试销信息资料的收集和分析。如，消费者的试用率与重购率，竞争者对新产品的反应，消费者对新产品性能、包装、价格、分销渠道、促销发生等的反应。

图 5-21　产品试销的 4 种主要方式

试销是一项费用昂贵、占用时间长的工作。要想减少成本，尽快结束试销，没有一个良好的试销控制系统是不可能的。控制是指管理人员采取必要的措施，逐渐地把实验结果引向所期望的方向，为新产品投放决策提供依据。为此所需的控制过程和具体方法如图 5-22 所示。

目标计划	3个月			6个月		
	计划目标	实际结果	改进策略	计划目标	实际结果	改进策略
市场份额达到10%	5%	3%	把广告费用增加至销售额的8%	10%	8%	高的感知度而低的市场份额可能说明产品性能差，设法改进产品设计
零售分销密度达到30%	15%	12%	增大零售增值，广泛分销，与批发商多订合同	30%	25%	可能是产品在零售店未受重视，继续改进与零售商的关系
目标市场感知程度达到60%	40%	50%	改进广告对目标市场的吸引力	60%	70%	继续强调广告的感知度，并加强产品的使用说明
营销成本低于销售额的40%	50%	45%	在增加广告支出和增大零售增值的同时，尽力接近成本控制目标	40%	35%	找出营销费用高的项目，制定提高效益、紧缩营销开支的控制计划

图 5-22　试销目标计划控制示例

在试销的过程中不仅要建立目标计划，还要在过程中加强管控，这主要体现在以下几个方面。

- **新产品的宣传效果**。在新产品试销过程中，大量的广告宣传是必不可少的，其他的促销方式如人员推销（主要用于工业品）、展销、邮件等也可同时应用。产品经理的任务是要注意检查这些促销宣传的效果，以便发现问题，及时修改市场营销策略。这项工作要由有经验的市场调查人员来做。

- **试销成本**。在试销期间，由于样品是小批量生产的，不具备规模经济，还会涉及大量的市场调研、广告宣传费用，因此产品利润通常都是负值。要尽快摆脱这种状况，扩大销售量是主要的办法，但控制成本也是不容忽视的方面。经验表明，完成一次市场试验所花费费用的分摊情况大体是：市场研究占 45%；生产占 15%；包装设计占 6%；广告和促销占 30%；分销占 4%。这些数字是北美试销消费品的平均数字。如果是工业品，研究和广告所占百分比要低一些。

- **试销的执行标准**。执行标准（计划目标）的制定依赖于目标市场的状况和企业自身的营销能力。如市场份额标准要考虑到目标市场的销售潜力和竞争的变化，营销费用标准要考虑产品的制造、分销渠道、与中间商的关系、广告媒体的有效性等多种因素。除了要求标准要定量化之外，还要求它合理。例如，新产品的销售达到预期的增长率，该产品才被认为是成功的。可是，如果这一增长标准低于同时期的行业增长率，则这个标准并不合理，这意味着产品或产品组合并不成功。

- **时间**。控制试销时间，使其尽可能得短，是新产品成功的一个关键。原因有两个：产品寿命周期正在缩短；竞争压力大。产品寿命周期的缩短是由消费者无止境地需求新产品引起的，它迫使制造厂商不断地推出新产品，加强相互间的竞争。竞争压力大是因为竞争对手将在试销期间看到这种新产品，加以学习或研究，制定出营销对策来对抗新产品。由于这些原因，有的企业把力量集中于产品要领试验和使用试验，并模拟计算出销售预测值，在越过试销阶段而直接进行产品化。但是，如果市场试验时间过短，全面的销售战略可能就会建立在不准确、不完整、没有说服力的数据基础上。我们并不要求试销的每一项工作都在几天之内结束。我们所能尽力的是计划制定、人员安排、产品生产、广告设计、信息收集和分析以及决策制定等项管理工作，使这些工作都能尽快地完成，从而争取出大量的时间。为此，应用网络技术（如 CPM 法）的必要性应属考虑之列。

市场试销是对新产品的全面检验，可为新产品是否全面上市提供全面、系统的决策依据，也为新产品的改进和市场营销策略的完善提供启示。有许多新产品是通过试销改进后才取得成功的。

5.5　总结

单就新产品开发而言，按照常规的开发方式，从调研、到设计、到开发再到推向市场，会是一个漫长的过程，而且很难有人会保证成功率。当换一种方式，以 MVP 进行小样调研，快速进入市场、接触客户并得到反馈，然后通过反馈不断修改原型，并进行不断地迭代开发，可以极大地降低试错成本。更广泛地来看，MVP 不仅适用于产品从 0 到 1 的过程，它更是一种思维模式：把产品看作一个整体，基于 MVP 去验证产品主流程、核心价值是否适应市场需求。

本章内容主要集中在做最小可行性产品（MVP）的开发环节，也是新产品开发的重要中间环节。本章先后从产品概念定义、MVP 设计、敏捷开发、测试修正 4 个方面介绍了 MVP 的开发方法及注意事项。许多客户的意见各异，调和需求是不可能的，因此需要针对目标群体测试 MVP 概念，明确产品价值主张定位。一个好的 MVP 一定要满足客户的必要需求，而质量屋正是一款面向用户的经典设计工具。敏捷开发为 MVP 的快速落地提供了战术方法保证。通过多维度的市场测试，得到更多的市场意见，我们可以获得越来越直观、高效的 MVP。这种 MVP 将成为面向市场的成功产品。

MVP 行动指南

- 发现一个产品创意，并试图提炼出产品概念，通过电梯测试，明确产品价值主张，制定定位策略，并绘制产品精益画布。

- 在 MVP 思维、理念及价值观下，利用质量屋对概念产品或现有产品进行设计转化，输出产品文档，做最小可行性产品（MVP 产品包）。

- 如果你是互联网产品经理，可以在工作中应用敏捷开发：编写用户故事、绘制管理看板、发起冲刺会议、快速落地 MVP 产品。

- 在工作中应用阿尔法、贝塔、伽马测试，并在新产品上市前进行试销，获取市场反馈，在产品修正后再进行大规模生产推广。

- 做最小可行性产品（MVP）要有全局意识，不能只体现在 MVP 开发环节。

第 6 章 上市发布：将产品成功推向市场

学习目标

- 学习市场营销基础知识和上市战略，能将产品价值转化为产品卖点；
- 掌握主流营销沟通方式，将产品价值传递给客户，获取用户心理认可；
- 善用产品销售渠道，使产品快速触达并交付用户，构建销售网络；
- 能够结合成本、接受度、竞争等多方面因素合理制定产品定价策略。

将产品成功推向市场是新产品开发的终极目标。只不过多数人会认为这是市场、销售或运营团队的职责，但在产品经理负责制下，产品经理需要为产品的商业化结果负责，因此产品经理必须参与产品的上市发布，并为产品上市后的规模化和最终盈利目标负责。本章从市场战略、营销沟通、销售渠道、定价策略 4 个方面入手，为产品经理解答产品市场化所要解决的核心问题：卖什么？怎么卖？在那里卖？卖什么价？只有在产品团队弄明白这些问题后，才能将产品成功地推向市场。

6.1 市场战略：卖什么

新产品上市之初，摆在面前的第一道难题就是如何打开销售市场，占据市场份额。但是，一方面，有些企业自身的财力有限，势单力薄，无法投入大量的资金进行终端促销；另一方面，同领域的竞争对手已经"先到先得"，形成了强大的实力，不仅占领了"半壁江山"，而且也培养了一批高忠诚度的消费者。企业只有做好产品上市规划，才能"集中优势"，并使其成为一个可行的策略。

所谓"集中优势"策略，就是企业在新产品上市之初，不仅要清晰产品的卖点（如果是竞争激烈的市场，要突出差异化定位），还要为产品的顺利上市提供"营销组合"支持，并确定企业营销理念，同时分析传统营销和数字营销，综合企业的优势选择最佳的营销方式，制定可行营销计划。

6.1.1 产品卖点

在新产品开发的产品定义阶段，我们就确定了产品概念、价值主张、竞争定位等，这是以企业为导向的产品定义。对用户而言，用户关注的是卖点。所谓卖点，无非是指所卖产品具备了前所未有、别出心裁或与众不同的特色、特点。这些特色、特点，一方面是产品与生俱来的，另一方面是通过营销策划人的想像力、创造力"无中生有"的。不论它从何而来，只要能使之落实于营销的战略战术中，化为消费者能够接受、认同的利益和效用，就能达到产品畅销、建立品牌的目的。

产品卖点是市场营销的前哨战，是市场营销的突破口。独特的卖点就是指吸引消费者购买产品或者服务的理由。我们通过差异化建立独特的卖点。所谓独特的卖点，实际上就是能够吸引买家眼球的独特利益，也是广告的诉求点。为产品寻找（发掘、提炼）卖点，这已是现代营销学（广告学、公关学）的常识，随时挂在厂长、产品经理、广告人、策划人的嘴上。显然，问题已不在于是否为产品寻找卖点的问题，而在于怎样寻找卖点的问题了。提炼卖点的 FAB 法则就是专门来讲述这一问题的，如图 6-1 所示。F 指属性或功效（Feature），即自己的产品有哪些特点和属性，A 是优点或优势（Advantage），即自己与竞争对手有何不同；B 是客户利益与价值（Benefit），即带给顾客的利益。

从图 6-1 中可以看出，卖点就是用一句话或者几个字就能传达的竞争优势。卖点有下面 3 个特点：

- 每则活动必须向顾客提出一个独一无二卖点；
- 这个卖点必须有足够促销力，能打动顾客；
- 有长期传播的价值及品牌辨识度。

一个完整的产品概念是立体的，包括核心产品（产品价值）、形式产品（产品的外在，如外型、质量、重量、体积、视觉、手感、包装等）、延伸产品（产品的附加价值，如服务、承诺、身份、荣誉等）3 个层次。总之，我们的卖点就是找客户想要的，找别人没有的，找比别人强的，找客户潜意识中需要的……用我们的一切优点去打动客户，让别人想起一个特定事物，就能想起我们，这就是卖点。

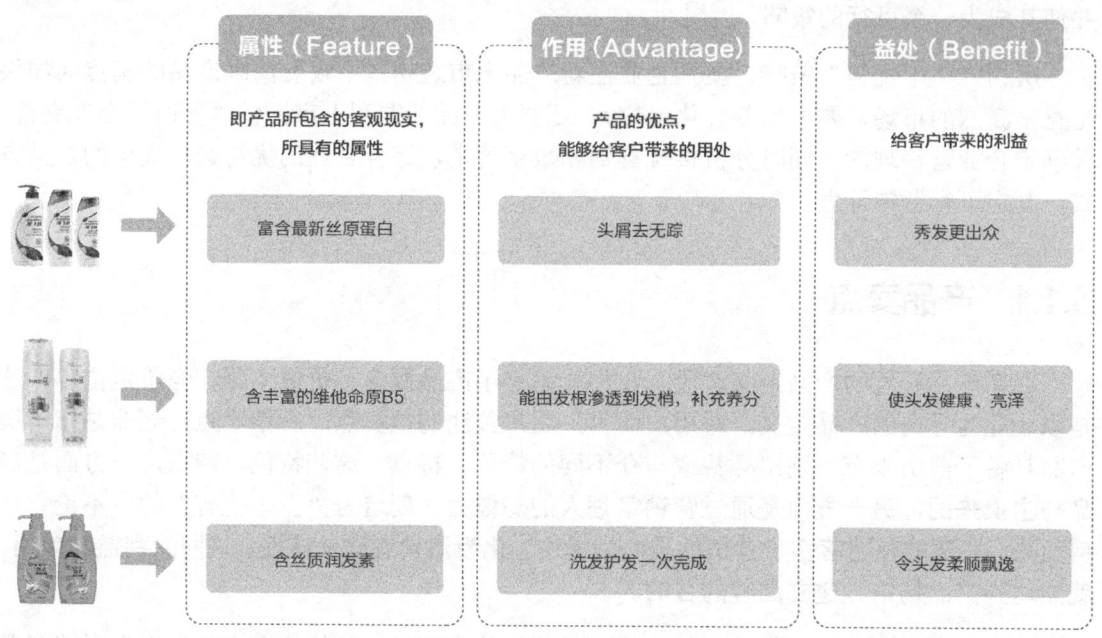

图 6-1 采用 FAB 表述产品卖点示例

在市场经济环境中，卖点早已是一个热点词汇。对于卖点的概念，也有无数的学术人士给了无数的定义，但在经济领域的实际应用过程中，我们总是那么难以把握准确。根据 10 多年的工作经验，这里阐述一下我对卖点的思考：对消费者来说，卖点是竞品满足目标受众的需求点；对厂家来说，卖点是竞品火爆市场的一个必须的思考点；而对于产品自身来说，卖点是产品自身存在于市场的理由。

在我们的日常生活和经济工作中，我们在与人交往或者进行商务谈判时，总会有意识或者无意识地利用卖点经营。如果我们有兴趣去对愉快和不愉快的事情进行分析，就会发现，愉快的总是卖点在满足对方的需求上是得体的，而不愉快的总会出现一方的需求没有得到较好的满足或者原有的平衡被破坏，从而导致经营失败。在这个过程中出了卖点，还有一个买点。

一个人的买点就是"本人非常在意和希望获得的任何东西"，包括个人的认同、东西的价值等。一个人的买点是从私的，理性的；一个人的卖点是从公的，感性的。在决定购买的过程中，尤其在组织的购买过程中，关键人特别在意其他人的相关意见、看法和感受，大家一定要知道这一点。

人们是为了自己的原因而购买，不是为了你的理由而购买。若是想与客户合作，就要先考虑一下他的买点、他的私人需求是什么。如果他的私人需求被满足得比较好，那么在他的"公"的方面,只要感情好,细节就可以商量。精明的生意人都知道,在进行交易时,首先考虑的不应该是赚取金钱,而是要获得人心,"同流"才能交流。

抓住了卖点的同时再抓住买点,这样你的业务也就成功了。然而有很多客户的买点是隐藏的,或者说是从他个人的角度出发的,有些甚至是没法说出来的。我们要想销售成功,就必须参透他没说出来的东西。比如,一个公司买汽车,究竟买什么车好呢?如果是使用者,比如说司机、办公室主任,或者是某个副总,他一定会说,还是买奔驰好。因为奔驰是威严的象征,是成功的标志。不过,买奔驰还有一个大家都没说出来的理由,那就是油钱不用自己掏。如果油钱要自己掏,估计谁都不会买奔驰,而会优先考虑省油的车。所以说,这里面就存在一个不能说出来的买点——不用自己掏油钱。相反,卖点却是公众、大家都一致的意见,即"买奔驰可以显示公司形象"。此时,买点和卖点统一了,生意也就做成了。

6.1.2 营销组合

营销组合是公司为获得目标市场希望的反应而设计的一套可控的营销策略,即企业综合考虑环境、能力、竞争状况,对自己可控制的各种营销因素(产品质量、包装、服务、价格、渠道、广告等)进行优化组合和综合运用,使之协调配合,扬长避短,发挥优势,以取得更好的经济效益和社会效益,实现营销目标。

营销组合是公司在目标市场上用来追逐其营销目标的一系列营销工具的综合运用。在 20 世纪 50 年代初,根据需求中心论的营销观念,市场营销专家麦卡锡教授把企业开展营销活动的可控因素归纳为 4 类,即产品、价格、销售渠道和促销,因此,提出了市场营销的 4P 组合,如图 6-2 所示。营销组合的理论基础是系统理论。它以系统理论为指导,向企业决策者提供了为达到企业营销整体效果而科学地分析和应用各种营销手段的思路和方法。

图 6-2 的中心是某个消费群,即目标市场,外围是 4 个可控要素:产品(Product)、渠道(Place)、价格(Price)、推广(Promotion),即 4P 组合。在这里,产品就是考虑为目标市场开发的适当产品,包括产品的特性、质量、外观、附件、品牌、商标、包装、担保、服务等;价格就是考虑制订适当的价格,包括付款方式、信用条件、基本价格、折扣、批发价、零售价等;渠道就是要通过适当的渠道安排把产品送到目标市场,包括分销渠道、区域分布、中间商类型、运输方式、存储条件等;推广是考虑如何促进顾客购买产品以实现扩大销售的策略,包括广告、人员推销、宣传、营业推广、公共关系等销。图 6-2 中"目标市场"的圈外表示企业外部环境,它包括各种不可控因素,包括经济、社会文化、政治法律等环境。

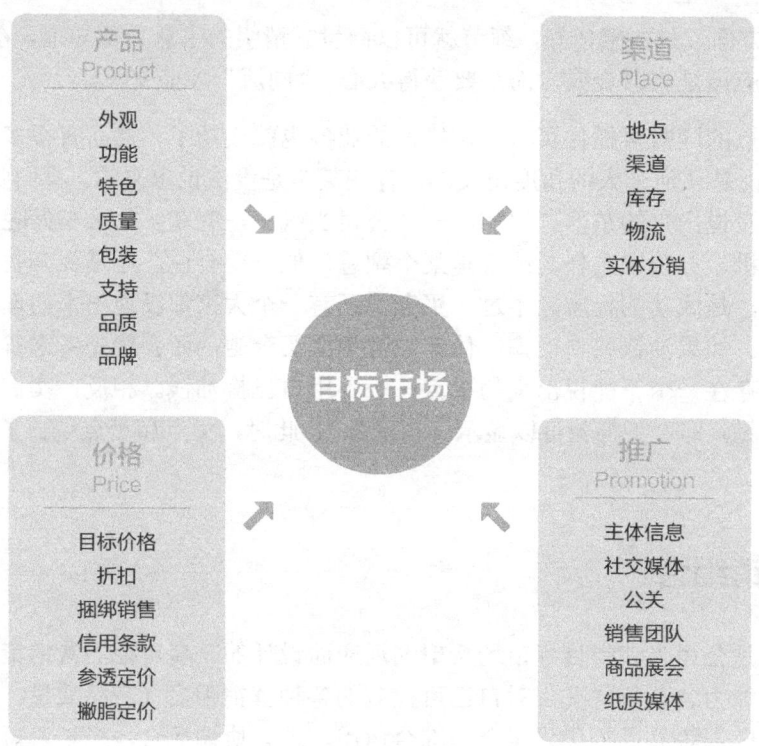

图 6-2　市场营销 4P 组合模式图

市场营销组合策略的基本思想在于：从制定产品策略入手，同时制定价格、渠道及推广策略，组合成总体策略，以便达到以合适的产品、合适的价格、合适的促销方式，把产品送到合适地点的目的。企业经营的成败，在很大程度上取决于这些组合策略的选择和它们的综合运用效果。

企业必须在准确地分析、判断特定的市场营销环境、企业资源及目标市场需求特点的基础上，制定出最佳的营销组合。所以，最佳的市场营销组合的作用，决不是产品、价格、渠道、推广 4 个营销要素的简单相加（即 4P≠P + P + P + P），而是使它们产生一种整体的协同作用。就像中医开出的中药处方，4 种草药各有不同的效力，治疗效果不同，所治疗的病症也相异，但这 4 种中药配合在一起的疗效，其作用大于原来每一种药物的作用之和。市场营销组合也是如此，只有它们的最佳组合才能产生一种整体的协同作用。从这个意义上讲，市场营销组合又是一种经营的艺术和技巧。

6.1.3　营销理念

市场营销理念是一种观念，一种企业思维方式，一种"以消费者需求为中心，以市场为出发点"的经营指导思想,是有效实现市场营销目标的基本条件。营销观念认为,实现组织目标的关键在于正确确定目标市场的需求与欲望,并比竞争对手更有效、更有利地传送目标市场所期望满足的东西。营销观念贯穿于营销活动的全过程,并制约着企业的营销目标和原则,是实现营销目标的基本策略和手段。市场营销理念正确与否,直接关系到企业营销活动的质量及其成效。

商场如战场,没有硝烟的战场中却演绎着血腥的死活。自然进化论也适合营销理念进化——适者生存。无论从历史还是现实来看,企业和其他组织无不是在以下五种观念的指导下从事营销活动。

1. 生产导向型——生产观念

生产观念产生于19世纪末20世纪初。由于当时社会生产力水平还比较低,产品供不应求,市场经济呈卖方市场状态,表现为企业生产什么产品,市场上就销售什么产品。在这种营销观念的指导下,企业的经营重点是努力提高生产效率,增加产量,降低成本,生产出让消费者买得到和买得起的产品。

因此,生产观念也称为"生产中心论"。生产观念是指导企业营销活动最古老的观念。曾经的美国汽车大王亨利·福特为了千方百计地增加T型车的生产,采取流水线的作业方式,以扩大市场占有率。至于消费者对汽车款式、颜色等主观偏好,他全然不顾,车的颜色一律是黑色。这就形成了企业只关心生产而不关心市场的营销观念。

2. 产品导向型——产品观念

该观念认为,消费者或用户最喜欢质量好、性能佳、有特色的产品。只要质量好,顾客自然会上门,顾客也愿意为高质量付出更高的价钱。"酒香不怕巷子深""皇帝女儿不愁嫁",是这种指导思想的生动写照。概括为一句话就是"只要产品好,不怕卖不掉"。表面上看,企业旨在将最完美的产品拿给顾客,满足顾客的需求,好像完美无缺、理所当然。实际上,产品导向具有较大风险,以产品为中心而不是以顾客为中心的理念会让企业忽略顾客真正的需求。如果不从顾客真正的需求出发,那么即便产品再优秀,技术再高端,顾客也不会为这样的产品付费。产品导向在营销过程中忽略了"沟通"这一非常重要的一环,企业在生产时只是自顾自地生产自认为顾客会满意的产品,并没有与顾客形成交互和联系。仅从企业层面出发的营销是不可能获得成功的。

3. 推销导向型——推销观念

第二次世界大战后,资本主义工业化大发展,社会产品日益增多,市场上许多产品开始供过于求。企业为了在竞争中立于不败之地,纷纷重视推销工作,如,组建推销组织,培训推销人员,研究推销术,大力进行广告宣传等,以诱导消费者购买产品。这种营销观念是"我们会做什么,就努力去推销什么"。由生产观念、产品观念转变为推销观念,是企业经营指导思想上的一大变化。但这种变化没有摆脱"以生产为中心""以产定销"的范畴。前两种观念强调生产产品，后一种观念强调推销产品。所不同的是前两种观念是等顾客上门，而推销观念是加强对产品的宣传和推介。

4. 用户导向型——市场观念

该观念认为，实现企业目标的关键是切实掌握目标顾客的需求和愿望，并以顾客需求为中心，集中企业的一切资源和力量，设计、生产适销对路的产品，安排适当的市场营销组合，采取比竞争者更有效的策略，满足消费者的需求，取得利润。

市场观念与推销观念的根本不同是：推销观念以现有产品为中心，以推销和销售促进为手段，刺激销售，从而达到扩大销售、取得利润的目的；市场观念是以企业的目标顾客及其需求为中心，并且以集中企业的一切资源和力量、适当安排市场营销组合为手段，从而达到满足目标顾客的需求、扩大销售、实现企业目标的目的。

市场观念把推销观念的逻辑彻底颠倒过来了，它不是生产出什么就卖什么，而是首先发现和了解顾客的需求，顾客需要什么就生产什么，销售什么。顾客需求在整个市场营销中始终处于中心地位。它是一种以顾客的需求和欲望为导向的经营哲学，是企业经营思想的一次重大飞跃。本书所推崇的 MVP 开发流程从市场调研入手，就是遵循了"用户导向型——市场观念"。

5. 社会营销导向——社会营销观念

当前，企业社会形象、企业利益与社会利益和顾客利益的冲突等问题越来越引起政府、公众及社会舆论的关注。环境污染、价格大战、畸形消费等不良现象，导致了对"理性的消费""回归俭朴""人类观念"的呼吁。相应地，"绿色营销""从关心顾客到关心人类，从关注企业到关注社会"等一系列新的营销观念，也为越来越多的企业所接受。企业从营销观念向社会营销观念转变。依据马克思等人的观点，人本来就是社会的人，社会营销既帮助企业增加利益，同时也要求企业回馈给社会，这样才是真正的社会营销。

市场营销理论经历了 4P-4C-4R 三个阶段，如图 6-3 所示。4P 最早是菲利普·科特勒在 1967 年提出的。后来随着市场竞争日趋激烈，媒介传播速度越来越快，4P 理论越来越受到挑战。1990 年，美国的劳特朋针对 4P 存在的问题提出了 4C 营销理论；再后来，2001 年由美国学者唐·舒尔茨在 4C 营销理论的基础上提出了新营销理论 4R。市场营销理论的转移代表着市场营销理论从以产品为中心，逐渐过渡到以顾客为中心，后来随着市场的发展，企业需要从更高层次上以更有效的方式与顾客建立起有别于传统的新型的主动性关系。

6.1 市场战略：卖什么

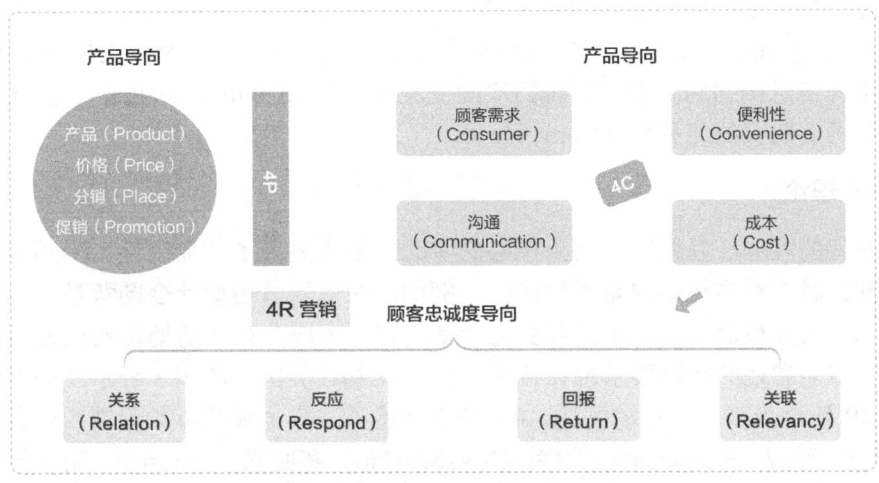

图 6-3　营销理论的历史演变：4P-4C-4R

○ **4P 理论**

4P 营销理论实际上是从管理决策的角度来研究市场营销问题。从管理决策的角度看，影响企业市场营销活动的各种因素（变数）可以分为两大类：一是企业不可控因素，即营销者本身不可控制的市场（即营销环境，包括微观环境和宏观环境）；二是企业可控因素，即营销者自己可以控制的产品、商标、品牌、价格、广告、渠道等。1960 年，密西根大学教授杰罗姆·麦卡锡对各种可控因素归纳提出 4P 理论，即产品（Product）、价格（Price）、促销（Promotion）、渠道（Place）4 个维度：产品是满足消费者需求的物品，可以是有形产品，也可以是无形的服务；价格是消费者愿意支付产品的费用，调整价格对于市场策略有深刻的影响，一般来说，会影响需求和销售额；促销代表市场营销者使用的各种沟通方式，可以让不同的群体可以了解产品；渠道指把产品放在正确的位置，让消费者可以方便获得。

○ **4C 理论**

虽然 4P 横扫近半个世纪，但到 20 世纪 90 年代，随着消费者个性化日益突出，加之媒体分化，信息过载，传统 4P 渐被 4C 所挑战。从本质上讲，4P 思考的出发点是以企业为中心，是企业经营者要生产什么产品，期望获得怎样的利润而制定相应的价格，要将产品怎样的卖点进行传播和促销，并以怎样的路径选择来销售。这其中忽略了顾客作为购买者的利益特征，忽略了顾客是整个营销服务的真正对象。以客户为中心的新型营销思路的出现，使以顾客为导向的 4C 理论应运而生。1990 年，美国学者劳特朋教授提出了与 4P 相对应的 4C 理论。4C 的核心是顾客战略。而顾客战略也是许多成功企业的基本战略原则。比如，阿里巴巴 "让天下永远没有难做的生意" 的基本企业价值观，以商家顾客为导向开发产品和服务。4C 的基本原则是以顾客为中心进行企业营销活动的规划设计——从产品到如何实现顾客（Consumer）需求的满足，从价格到综合权衡顾客购买所愿意支付的成本（Cost），从促销的单向信息传递到实现与顾客的双向交流与沟通（Communication），从通路的产品流动到实现顾客购买的便利性（Convenience）。

○ 4R 理论

随着时代的发展，以顾客战略为核心的 4C 理论也显现了其局限性。当顾客需求与社会原则相冲突时，顾客战略也是不适应的。例如，在倡导节约型社会的背景下，部分顾客的奢侈需求是否要被满足。这不仅是企业营销问题，也成为社会道德范畴问题。同样，建别墅与国家节能省地的战略要求也相背离。21 世纪初，美国学者唐·舒尔茨提出的基于关系营销的 4R 组合受到了广泛的关注。4R 理论阐述了一个全新的市场营销四要素，即关联（Relevance）、反应（Response）、关系（Relationship）和回报（Return），侧重于用更有效的方式在企业和客户之间建立起有别于传统的新型关系。总之，4R 理论以竞争为导向，在新的层次上概括了营销的新框架，体现并落实了关系营销的思想。

从 4P 到 4C 再到 4R，反映了营销观念在融合和碰撞中不断深入、不断整合的趋势。因此，这三者不是简单的取代关系，而是发展和完善的关系。由于企业情况千差万别，企业环境和营销还处于发展之中，因而至少在一个时期内，4P 还是营销的一个基础要素框架，4C 也是很有价值的理论和思路。4R 不是取代 4P 和 4C，而是在 4P、4C 基础上的创新与发展，所以不可把三者割裂开来甚至对立起来。根据企业的实际情况，把三者结合起来指导营销实践，有助于取得更好的效果。

6.1.4　营销方式

营销理念是营销战略的重要组成部分，其战术落地体现在营销推广方式上。产品经理必须非常留心最新的推广手段。你可以通过各种渠道来获得这些信息，比如观察专业的广告公司所专注的事情、你们公司所采取的宣传方式，或者你作为一个消费者所观察到的广告内容。然而，从最基础的角度而言，营销活动可以被归为两类：传统营销和数字营销，如图 6-4 所示。

关于这些营销方式的知识，希望大家通过自己的经验积累来获得并扩展。有趣的一点是，在这些营销手段中，有些是应用在 B2C 模式上。所以，我们作为一个日常消费者也经常能体验到这些。然而，很多产品经理处在 B2B 的世界里，此时可以借鉴其中的一些营销方式，通过传统和数字的渠道来推广产品。这里提供了一些指导，以便在产品成功的推广过程中，能更直接地融入。无论是哪种推广方式，它都必须有：

- 战略性驱动的目标；
- 明确的目标市场和目标客群；
- 对客户的购买动机和需求有清楚的了解；
- 有明确的数据可以证明，当你希望这些目标客户能"听"你说时，他们能在哪儿听；
- 有一种方式或媒介能帮助你达成目标；
- 信息是基于价值主张和竞争优势的，并且能够清楚地传达给客户以激发他们的采购行为；
- 很实际的指标来显示这些推广活动是否有助于完成目标。

图 6-4　传统营销和数字营销所采取的各种方式汇总

如果你所在的公司为保险公司提供软件产品，你需要在一个行业会议上做一个关于产品的汇报。大家关注的是一个帮助客户节省时间和金钱的新技术。来看一下这个项目背后的逻辑，如图 6-5 所示。

我们可以通过多种途径和方法将产品的优势传达给市场、客户和销售人员。正如前文提到的，广告、推广和客户教育活动是用来为某一具体目标而设计和服务的，并且期望能给业务带来回报。很多人会使用整合营销这种方式来描述营销推广组合，以确保目标客户得到的信息是一致的。

目标	提高公司和产品的知名度。带领50个新客户访问公司的网站并下载产品文件，产生10条有效信息提供给销售人员，带来5笔新订单
目标客户	中型和大型保险公司的技术部负责人
客户需求	对数字营销交易数量有更清晰的了解，从而能更快地做出决策，并且在每笔交易中获得高额利润
证据	客户对数据收集和拍脑袋决策的抱怨
方式	报告你在研究中发现的问题，并且在行业展会上发布有洞见的产品白皮书（解决方案）
信息	可靠的证据证明试点客户已经实现50%的数据自动收集和30%的效率提升，有效证明了购买决策的价值回报
指标监测	会议之后，监测网站流量，并发现280个新访问者下载了白皮书，产生15条有效信息，并最终促成8笔交易

图 6-5　营销活动模板（示例）

6.1.5　数字营销

在数字经济时代，传统企业在实现数字化时，必须把数字营销作为一个重要的方面来关注，变革原本不能满足需要的营销思想、模式和策略，实现新的营销方式。与数字管理、生产制造一道，数字营销作为一个热点，将成为数字企业的 3 个重要组成部分之一。一般来说，在充分竞争的市场上，企业只能得到正常利润，如果想得到超额利润，那就必须创新。创新是对生产要素进行新的组合，从经济学的意义上讲，它不仅包括技术创新，也包括了营销创新。其中，数字营销就是创新的典型事物。

所谓数字营销，就是指借助于互联网络、通信技术和数字交互式媒体来实现营销目标的一种营销方式，从而以一种及时、相关、定制化和节省成本的方式与消费者进行沟通。数字营销将尽可能地利用先进的计算机网络技术，以最有效、最省钱的方式来谋求新的市场的开拓和新的消费者的挖掘。数字营销包含了很多互联网营销（网络营销）中的技术与实践，但范围要更加广泛，包括了非网络渠道（比如，电视、广播、短信等）和网络渠道（比如，社交媒体、电子商务平台、搜索引擎等）。

数字营销是基于明确的数据库对象，通过数字化多媒体渠道（比如电话、短信、邮件、电子传真、网络平台等）实现营销精准化以及营销效果可量化、数据化的一种高层次营销活动。数字营销不仅仅是一种技术手段的革命，而且包含了更深层的观念革命。它是目标营销、直接营销、分散营销、客户导向营销、双向互动营销、远程或全球营销、虚拟营销、无纸化交易、客户参与式营销的综合。数字营销赋予了营销组合新的内涵，其功能主要有信息交换、网上购买、网上出版、电子货币、网上广告、企业公关等。数字营销是数字经济时代企业的主要营销方式和发展趋势。

营销数字化战略是一个"一把手工程"，老板不下决心推动，则很难从实质上有效推动。这要求企业高层必须对这个概念有深刻的认识，方可统领公司资源，驾驭好数字化战略的变革。数字化生存是对传统营销中供需背离、用户失联、费用滞后截留等诟病的结构性、系统化的解决药方，企业高管尤其是一把手要对其底层逻辑有深刻的认知，方可坚定信心，统领资源，少犯错误。

随着互联网以及移动商务的迅猛发展，电子商务的重要性日益突出。很多企业纷纷成立电子商务部门，建立自己的网站，以开展电子商务、网络营销工作。但是，摆在企业以及行业面前的新的问题出现了：如何在网络上低成本、高效率、大幅度地推广自己的企业和产品？如何有效地将客户点击率真正转化为成交率？如何有效、精准地控制企业营销成本？如何让企业营销推广战略对同行以及竞争对手有很好的保密性？外加数字化营销方面人才比较匮乏等一系列的问题困扰着企业从传统营销向数字化营销转型。哪里有需求，有痛点，哪里就会有新的产品服务诞生。数字化营销平台已成为企业数字营销的新选择，比如阿里巴巴、天猫、淘宝、京东、拼多多、有赞、微店等。数字营销是对人才高度依赖的领域，纵使有辅助的数字化营销工具或平台，企业依然要从战略上重视，加大投入，笼络人才，积累经验，才能在未来的数字经济中取胜。

尤其是2020年，新冠病毒疫情的恶化和时间的持续，给所有的传统营销企业上了生动的一课：严重依赖线下营销的企业瞬间停止了心跳，大量关门倒闭；开展线上营销的企业受物流和生产因素短暂影响后迅速恢复；完全依赖线上开展业务的在线教育、游戏、网络服务等领域不仅不受影响，反而迎来了爆发式的增长。随之，"直播带货"成为2020年互联网领域的新热点，助推疫后经济恢复。5G的大力发展（虚拟世界的高铁网络）必将为产品流通及服务带来革命性的变革，数字营销势必成为企业营销战略的的重要组成部分。

6.2 营销沟通：怎么卖

作为互联网产品经理，在相当长一段时间内，我对"交互"的理解都停留在"页面交互"和"用户体验"上。直到我在公司内参加了几次高层会议后才改变了认知。我所面对的核心产品不再是科技产品,而是保险产品,当高层领导一再向我们要求简洁"交互"时,我才明白,他指的是"用户沟通",即通过最直接、便捷、简明的方式与用户沟通,传导产品核心价值。市场营销不仅要求企业开发适销对路的产品,提供吸引人的价值,使目标顾客易于取得他们需要的产品,而且还要求企业控制其在市场上的形象,设计并传播外观、特色、购买条件以及产品给目标顾客带来的利益等方面的相关消息,即进行营销沟通。

企业运用其沟通组合(即口碑营销、话题营销、情感营销、借势营销、捆绑营销、社群营销、互联网营销等方式的组合)来接触中间商、消费者及各种公众;中间商也可运用一套组合来接触消费者及各种公众;消费者彼此之间、消费者与其他公众之间则进行口头传播;同时,各群体也与其他群体进行沟通反馈。只有在有效的营销沟通下,产品价值才能得以传播,深入消费者心中,最终达成营销目标。要想解决产品怎么卖,现代企业必须搭建一套完整的市场营销沟通系统。

6.2.1 HOOK 模型

为达成交易和实现复购,在设计或进行营销沟通时有一个通用的范式——HOOK 模型。HOOK 模型由《上瘾》的作者尼尔·埃亚尔、瑞安·胡佛提出,主要是如何让用户对产品"上瘾",也就是让用户养成使用习惯,其中涉及 4 个要素:触发、行动、奖励、投入,逻辑如图 6-6 所示。

图 6-6　HOOK 模型示意图

在应用HOOK模型时，要从图6-6中的4个要素思考问题。

- **触发**：用户真正需要的是什么？可以解决用户什么痛苦？靠什么吸引用户使用你的服务？
- **行动**：期待酬赏的时候，用户可采用的最简单的操作行为是什么？如何简化产品，使得该操作行为更加简单？
- **奖励**：用户是满足于所得酬赏，还是想要更多酬赏？
- **投入**：对你的产品做了哪些"点滴投入"？这些投入是否有助于加载下一个触发并储存价值，使得产品价值在使用过程中获得提升？

> HOOK模型在互联网领域被广泛应用，我们以从寂寂无名到发展为独角兽的滴滴出行为例进行介绍。
>
> 滴滴出行的崛起，源于大家打不到车的痛点。正如"孤独""无聊"这样的负面情绪可以触发你打开微信一样，打不到车就成了大家使用打车软件的触发点。
>
> 滴滴出行通过地图自动定位你的位置，你再输入目的地，即可发出订单，而且周边有多少出租车都一目了然，接单的师傅开到哪里了也随时掌握。这样的操作保证了行动的易发生性。
>
> 利用超额融资，滴滴出行给司机和乘客都发放红包，到后期成为随机金额补贴，保证了多变酬赏的激励作用；把滴滴红包分享到朋友圈，还可以给其他人带来优惠，也让人收获了社交酬赏。
>
> 由于打车是高频行为，因此可以通过不断打车累积滴滴出行的积分，还可以输入自己的固定出行路线简化打车流程，甚至可以输入自己的信息从乘客成为快车或顺风车司机，获得额外的收入。这都促发了用户不断地复用，不断地投入，从而让用户产生了路径依赖——只要出行，第一件事就是打开滴滴出行软件。

HOOK模型不仅适用于产品逻辑，同样适用于营销逻辑。以设计营销裂变增长活动为例，HOOK模型一共可分为4个步骤。

步骤1　触发用户。也就是吸引用户的兴趣。裂变活动最终呈现给用户的是一张海报，这个海报里会有裂变活动的主题、分销奖励、大咖推荐、课程大纲等内容，这些内容构成了吸引用户听课或参与分销的元素。

步骤2　让用户行动。这里需要考虑的是用户得到的是不是超过了用户的付出，以及用户有没有付出的能力。比如某门课程卖49元钱，分销给3个人，用户就可以赚到49元钱，那么用户是有能力支付 49 元钱的，并且很容易赚到比 49 元更多的钱。但是，如果课程要卖 490 元，用户需要分销 30 个人才能回本呢？这 30 个人中，并不是所有人都有这个能力。

步骤 3　奖励。在 HOOK 模型中，这一步也叫做多变的酬赏，什么叫多变？我通过分销赚钱，是可预期的，那么有没有超预期的奖励呢？比如按分销出去的数量排名，前 3 名可以获得额外奖励，这就是多变的酬赏了。

步骤 4　投入。在 HOOK 模型中，这一步也叫做持续地投入。用户在产品中付出得越多，用户就越容易留存，从而进入下一个触发循环。比如在这次课程分销中，我投入了 49 元钱的成本，有 3 个人从我这里购买了课程，我发现再让 3 个人购买就可以得到额外的奖励，那我是不是会继续投入呢？当然了。用户已经投入的 49 元钱和让 3 个人购买就是这次活动中的投入，那么再邀请 3 个人可以获得额外奖励，这也就触发了下一次的循环。

HOOK 模型不仅是一个极具结构化的产品思维，更是一种营销思维。它为产品设计和营销沟通提供了理论基础，可以使产品与营销更加紧密有效地结合。

6.2.2　口碑营销

常有人说"酒香不怕巷子深""是金子总会发光"，这所说的就是口碑的作用。口碑传播的一个最重要的特征就是可信度高，因为在一般情况下，口碑传播都发生在朋友、亲戚、同事、同学等关系较为密切的群体之间，在口碑传播过程之前，他们之间就已经建立了一种长期稳定的关系。相对于纯粹的广告、促销、公关、商家推荐等而言，口碑传播的可信度更高。口碑营销是指企业努力使消费者通过其亲朋好友之间的交流将自己的产品信息、品牌传播开来，引发消费者对其产品、服务以及企业整体形象的谈论和交流，并激励消费者向其周边人群进行介绍和推荐的市场营销方式和过程。

传播环境的变化带来了生活的变化，进而推动了营销的变革。从传统大众媒体时代的 AIDMA 法则到传统互联网时代的 AISAS 法则（见图 6-7），消费市场的核心已经完全发生了改变，营销模式也正在发生着"哥白尼式"的伟大革命。

AIDMA 法则关注的是一种完全由卖方主导的营销，企业主利用大众媒体，以"一二三四、二二三四"的节奏一步一步引导观众的心理情绪，从引起消费者的注意，使其产生兴趣和欲望，直到让消费者记住产品，最终形成购买。在互联网开始改变人们的生活方式之前，AIDMA 营销法则一直在指导着有效的广告创意和实效的营销策划。在 Web 2.0 时代，消费者的行为发生了变化。首先，搜索引擎技术赋予了人们使用信息的权利，人们可以通过网络主动、精准地获取自己想要的信息。于是，消费者在进行购买决策的过程中，常常会通过互联网搜索产品信息,并与相关产品进行对比,再决定其购买行为。CNNIC 历次调查数据显示,"对产品、服务等的信息检索始终是网民对互联网的主要用途之一"。其次,微博、博客、微信、今日头条等技术平台的普及,还赋予了人们发布信息的权利。于是,在消费者进行消费的过程中,还可以作为主体发布信息,与更多的消费者分享信息,为其他消费者的决策提供依据,这极大地扩大了口碑营销影响力及应用价值。

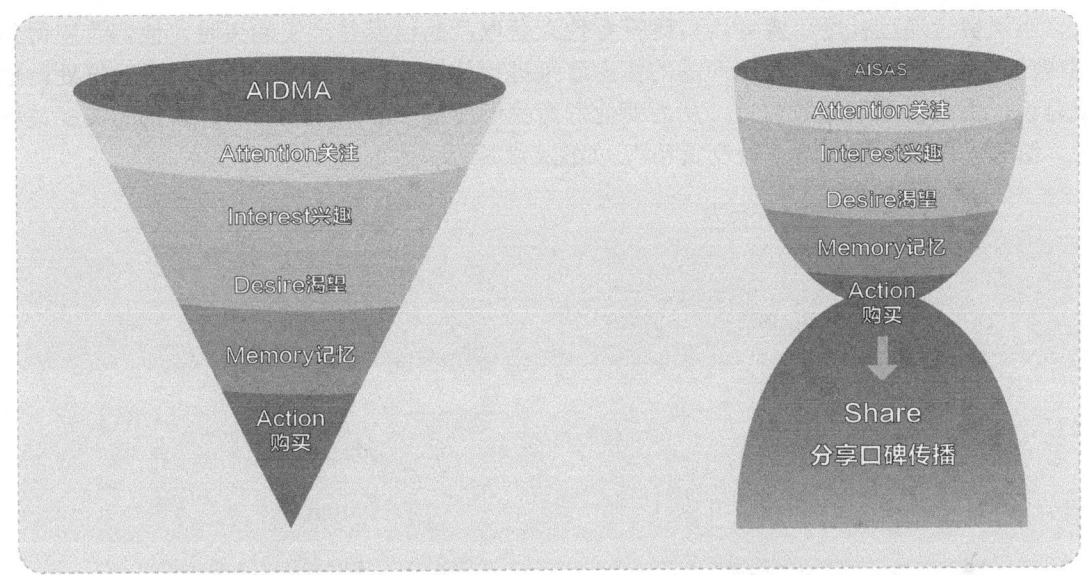

图 6-7　AIDMA 法则与 AISAS 法则的对比

以下 3 个步骤是口碑营销成功的必要条件。掌握这些,尽管不一定能获得营销上的突破,但缺乏以下要素,你的口碑营销实践肯定不会有所成就。

步骤 1　价值

当消费者刚开始接触一个新产品时,他首先会问自己:"这个产品值得我广而告之吗?"有价值才是产品在市场上稳住脚跟的通行证,因而消费者所"口碑"的必须是值得自己信赖的有价值的东西。当某个产品信息或使用体验很容易为人所津津乐道,产品能自然而然地进入人们茶余饭后的谈资时,即可认为产品很有价值,也易于口碑的形成。对于企业来说,企业需要有合理的导向,让市场尝鲜者有关注的侧重点并能正确理解产品,才能充分表达企业产品的价值,才能使传播的产品是有价值的。

步骤 2　鼓动

头部用户、赶潮流者、产品消费的主流人群,他们是最先体验产品的可靠性、优越性的受众,也会在第一时间向周围的朋友传播产品本身质地、原料和功效等信息,以此引发别人去关注某个新产品。鼓动意见领袖、粉丝群体，借助口碑组合扩大传播，能拉动消费，使产品极具影响力。像苹果、小米、联想等这些品牌公司，在口碑营销上一直在努力：它们一方面调动一切资源来鼓动消费者进行购买；另一方面大打口碑营销组合拳，千方百计扩大受众群，开展"一对一""贴身式"组合口碑营销战术，以求降低运营成本，扩大消费。

步骤3　回报

当消费者通过社区、媒介、口碑推荐他人获取产品信息并产生购买时，他们希望得到相应的回报。回报就是用自己产品的优惠政策进行传播，或者是给传播者实际的好处。也就是说，用利益来刺激消费者，从而使他们为我们传播产品。在企业口碑营销的实操过程中，给"人民币"不如给"社交货币"，如图6-8所示。

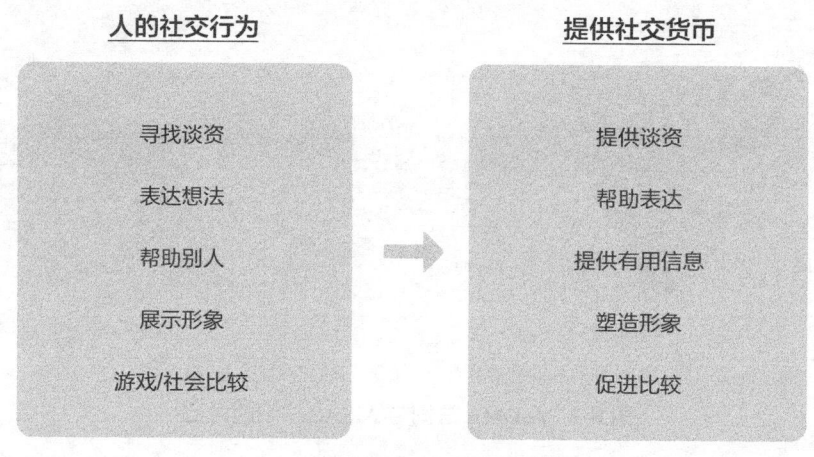

图6-8　为口碑传播提供价值支撑

口碑营销的每一个必经步骤都是营销人员可以发挥才能展示的地方。产品、服务的任何一点瑕疵都可能在市场上引起一场口碑风暴。好的用户体验才会激发用户评论，这是口碑营销的基石。那些要进行口碑营销的广告主，首先要做的功课就是为消费者提供非常好的产品与服务。研究表明，如果消费者对产品、服务不满，只有4%的人会向厂商抱怨，而高达80%的人则会选择向亲戚朋友倾诉。在提供好的产品与服务之外，营销人员还可以帮助消费者方便快捷地获取产品，发布评论，传播观点，从而放大良好口碑的影响力，尽可能地让口碑为刺激购买服务。口碑营销的这些必经步骤都是营销人员可以发挥才情与潜能的地方。

6.2.3　话题营销

"蝴蝶效应"是指亚马逊河流域热带雨林中的一只蝴蝶，偶尔扇动几下翅膀，可以在两周以后引起美国得克萨斯州的一场龙卷风。话题营销与其他营销方式的不同之处在于，它没有铺天盖地的气势，没有夺人眼目的形式，它就像企业放出的一只小小的蝴蝶，尽管渺小，却可能暗藏龙卷风般的效果。我们来聊一下产品该如何放出这只小小的蝴蝶。

很多人对话题营销有所误解，认为话题营销不过是企业用以"混脸熟"的小伎俩，偶尔蹭蹭话题露露脸，刷刷存在感，终究无法和那些"高大上"的企业品牌营销战略相提并论。大家应该意识到，目前市场上大家熟知的品牌、明星、电影，几乎都有涉及话题营销，甚至可以说，很大一部分的"网红产品"都是建立在话题营销的基础上的。

话题营销属于口碑营销的一种。话题营销主要是运用媒体的力量以及消费者的口碑，让广告主的产品或服务成为消费者谈论的话题，以达到营销的效果。话题营销除了可以对消费者购买行为起到作用之外，在搜索引擎优化、增加网站流量、建立品牌认知度方面也有不小的作用。

一个话题从初期酝酿到渐渐平息，至少要经过制造营销话题、多渠道宣传、后续话题跟进3个阶段。

1. 第一阶段：制造营销话题

话题营销当然得有一个话题，而且得是一个具有传播性的话题。一个不会引起用户兴趣的话题，就不会让公众对其进行更多的关注。话题营销最常见的传播平台就是社交媒体。社交媒体抛出一个话题，可以采用幽默形式、恶搞形式、争议形式、社会热点形式抛出。这样的一个话题就会使更多的人去关注这个话题甚至对这个话题产生一定的讨论，相关的产品和服务也会受到更多的关注。

在话题的导向定位上，产品与话题之间的关系是需要模糊化的，只有当话题热度达到一定程度之后，再以一种"不经意"的方式带入产品信息才是最合适的。在话题营销上，一定是话题为主，产品为辅。还有一点，在制造话题时，尽量找自己熟悉的话题写，否则将会得不偿失。可能的后果是花费了大量时间，但却仅仅获得可悲的回报，甚至是负面效应。产品经理一定得亲身体验产品或服务，因为很难想象在没有亲自体验的情况下，一个人可以对产品做客观公正的评价。话题营销的基础是客观、实事求是。

2. 第二阶段：多渠道宣传

网络时代，话题辈出。一个话题在抛出后，如果不利用多种媒体形式进行持续报道，很有可能石沉大海。所以，在话题营销中，仅靠一个有传播性的话题开展营销是远远不够的，还需尽可能将一切可以利用的资源结合起来，为这个话题提供更多的营销助力。比如，电视媒体一经宣传，就可以利用报纸媒体、网络媒体争相报道。在各种媒体的整合营销下，话题的覆盖面就很广泛。

3. 第三阶段：后续话题跟进

一个话题在抛出后，即使得到了多方面的宣传，在一段时间过后，还是很容易淡出公众的视线，所以还需要有后续话题的支持和跟进。在一个具有引爆点的话题后还有很多后续话题产生，这样整个话题营销会持续较长的一段时间，整体营销的效果才会更好。

> **如何低成本打造一个4.74亿次曝光的公益话题？**
>
> 近年来，各种打车软件频出并迅速发展，以滴滴出行为首的几大打车软件颠覆了整个运输行业的服务模式。它们以轻资产模式急速扩张。由于竞争对手在北上广深地区的市场份额较大，营销力度比较强，价格优势比较明显，神州专车在上述地区一直打不开市场。如何延续神州专车的"安全"卖点，并把该竞争优势放大？经过深入洞察和分析，神州专车决定用一种创新方式解决这个难题，从"什么人坐专车最需要安全"的角度出发，洞察到了最需要安全且最受关注的一个特殊群体——孕妈。它们通过"孕妈专车"这个备受关注的群体打造出一个极具社会责任感的创新产品来吸引人们的关注。
>
> "孕妈专车"话题分3个阶段导入人们的视线中。首先以明星怀孕为热点基础，顺势推出神州专车的海报，引发话题和关注。继而以社会事件为主，联合传播，提升权威。2016年2月，神州专车与中国道路交通安全协会携手，厘定专车行业标准，以中国道路交通安全协会的名义，发起一场纯社会公益性活动，为史上最黑海报"关注孕妈出行安全"预热，并在同时期推出H5页面加大热度。最后用一个针对孕妈的病毒视频，圈住了"孕妈专车"核心用户，建立起情感联系。
>
> "孕妈专车"营销不仅得到广泛讨论关注，引起人们的深思，还实现了社会责任感及安全感，达到双赢效果。"孕妈专车"话题分3个阶段导入人们的视线中，并在第三阶段达到高潮，引爆全网对孕妈专车的关注和热议。本次活动在微博话题榜上共获得了3233.6万次阅读、2.4万评论，当日登上话题榜第3名；在百度搜索的百度指数上，话题搜索量共有5211次；在各大视频的播放数也不断刷新纪录，在腾讯上有352.4万次播放，在秒拍上有351万次播放，在优酷上有35万次播放。在新媒体微信大号上发布的文章阅读量，获得了超过120万次的阅读量。其中孕妈专车的视频发布当天，单日浏览量即突破700万次，发布一个月内，浏览量近5亿次。

话题营销在国内尚处于起步阶段，不过由于巨大的营销作用，其兴起成熟是迟早的事情。但企业要注意的是，媒体介入是一把双刃剑，尤其是激烈话题的引导，很容易产生未知的风险，所以在进行话题营销的时候，不但要想到好的一面，而且要做好危机防范的准备。

6.2.4 情感营销

在不同的市场供求状态下,消费者对产品的要求是不完全相同的。一般来说,当产品供不应求时,人们更多地注重其满足生理需求的基本效用,往往无暇顾及对产品其他功能的要求;而当供过于求时,人们开始较多地注重产品满足心理需求的程度,对产品其他功能的关切度则相对降低。供求矛盾越突出,这一特征越明显。目前,我国大部分产品已形成买方市场,不同企业生产经营的同类产品在质量、性能等方面已无大的差别,甚至与某些进口的同类产品比较也是如此。在这种情况下,消费者购物选择的标准就由通常的物质实用性指标过渡到精神享受性指标上,即强调产品在具备基本功能、满足生理需求的前提下,注重情感需要,考虑满足其心理需求。

随着情感消费时代的到来,消费行为从理性走向感性,消费者在购物时更注重环境、气氛、美感,并追求品味,要求舒适,寻求享受。在情感消费时代,消费者购买产品时所看重的已不是产品数量的多少、质量好坏以及价钱的高低,而是为了一种感情上的满足,一种心理上的认同。

情感营销是从消费者的情感需要出发,唤起和激起消费者的情感需求,引起消费者心灵上的共鸣,寓情感于营销之中,通过有情的营销赢得无情的竞争。情感营销不仅重视企业和消费者之间的买卖关系的建立,而且强调相互之间的情感交流,因而致力于营造一个温馨、和谐、充满情感的营销环境。这对企业树立良好形象,建立良好人际关系,实现长远目标是非常重要的。

聚美优品CEO陈欧曾说,聚美优品在创业时很缺钱,而自我营销是一种省钱的办法,但董事会内部有过激烈的争论。开会时,大家认定陈欧应该低调,给人踏实做事的印象。但陈欧却坚持为自己代言,如图6-9所示。

"你只闻到了我的香水,却没看到我的汗水;

你有你的规则,我有我的选择;

你否定我的现在,我决定我的未来;

你嘲笑我一无所有不配去爱,我可怜你总是等待;

你可以轻视我们的年轻,我们会证明这是谁的时代;

梦想是注定孤独的旅行,路上少不了质疑和嘲笑;

但那又怎样,哪怕遍体鳞伤,也要活得漂亮。

我是陈欧

我为自己代言"

图6-9 为产品增加情感属性

当陈欧站在大家面前，缓缓道出属于他自己的代言故事时，一瞬间就感动了无数的年轻消费群体。质朴的话语，没有丝毫的华丽辞藻，也没有过多宣传自己的产品和品牌，他只用简单的几句话就把年轻一代所遭遇的困难，轻易地描述出来。话不多，却足以恰到好处地引起年轻一代的情感共鸣，并向我们展示出年轻一代的魄力和对理想的追求。这样的故事，又有谁能够抗拒它的魅力，而不铭刻在心呢？产品在哪里都可以买到，为什么不上聚美优品呢？在巨大的共鸣和认同感的促进下，年轻人纷纷选择从聚美优品购买产品。这个情感营销故事造就了陈欧与聚美优品的成功，也成为了情感营销的经典案例之一。

从以上案例可以看出，由于消费观念的变化和消费水平的提高，人们购买产品时不单纯是为了满足生活的基本需求，而且还需要获得精神上的认同与享受。这表现为消费者对产品的需要不仅停留在功能多、结实耐用上，更需求消费的档次和品位，要求产品能给人以美感和遐想，即"文化味"要浓，能集实用、装饰、艺术、欣赏、情感于一体。这就要求产品应有精神内涵和文化底蕴，归根结底就是要求产品要有情感因素，从而刺激消费者的购买欲望。

当今，不少有头脑的企业家慧眼独具，充分利用中国悠久的文化进行营销活动，从而牵住了消费者的情感，扣住了消费者的心。情感是人类的内在意识，看不着也摸不着，唯有借以文化才能抒发。文化是人类情感的载体。不论是"红豆——红豆衬衫，款款深情""杜康——何以解忧，唯有杜康"，还是"钻石——钻石恒久远，一颗永流传"，或者其他什么，无不是慧眼独具的商家洞察到消费者情感的需求，利用文化因素，通过提供产品或服务以尽量满足这种需求而使然。当今世界的经济竞争，表面上是产品和服务的竞争，深一层便是管理的竞争，更深一层就是文化的竞争。文化竞争最终还是为了达到"牵动消费者的情感"这一目标。所以，借助文化打开市场营销之门是适合人们的情感需求，符合时代潮流的一种新型经营方式。

情感产品之所以受到人们的青睐，根本原因是企业站在用户的立场上，以消费者接受不接受、喜欢不喜欢、满意不满意作为产品开发与营销的准则，其中融入了企业对消费者的一片深情和爱心，充分体现了以消费者为核心的现代市场营销观念，进而赢得消费者的信赖和忠诚。由一般产品开发到情感产品开发，是市场供求关系变化和竞争的必然结果，也是企业市场营销质的飞跃。虽然这给企业提出了更高的要求，使企业面临更严峻的挑战，但却为赢得顾客、赢得市场提供了有效的手段。

6.2.5 借势营销

借势营销，是将销售的目的隐藏于营销活动之中，将产品的推广融入一个消费者喜闻乐见的环境中，使消费者在这个环境中了解产品并接受产品的营销手段。借势营销具体表现为通过媒体争夺消费者眼球，借助消费者自身的传播力，依靠轻松娱乐的方式等潜移默化地引导市场消费。换言之，便是通过顺势、造势、借势等方式，以求提高企业或产品的知名度、美誉度，树立良好的品牌形象，并最终促成产品或服务销售的营销策略。

2016年3月7日是宝马集团成立100周年的纪念日，作为已有130年历史的竞争对手，奔驰发布了一则广告，如图6-10所示（大致内容是"感谢100年来的竞争，没有你的那30年其实感觉很无聊"）。

图 6-10 奔驰致敬宝马100周年借势营销海报

这张海报原本想表达的是：对手，尤其强劲的对手，永远是成长的最好伙伴。不互黑、而互敬，这是何等的胸怀和气度。有一种精彩，就是相互看不顺眼又干不掉对方，从而不得不让自己做到更好。但这张海报发布后，瞬间在微信、微博等社交媒体上炸开了锅。这份向竞争对手致敬的背后，隐隐有借势营销的心机："瞧，我比你历史更悠久呢！"从借势营销的角度来看，奔驰无疑是成功的，但这个世界如果多些相互尊敬和尊重的竞争对手，少些相互诽谤的竞争对手，行业才会进步。愿与同行共勉，既有竞争，又是朋友。

另外，在传统的实体零售领域，借势营销也普遍存在。新品入市不可能一下子就卖得很好，那么在卖场该如何选择陈列位置呢？旺销产品旁边的位置，是新产品最好的推广位置。研究发现：消费者在卖场闲逛时，一分钟可以经过100~200个产品，被消费者关注的产品会占用消费者5秒钟的时间。这就是所谓的"卖场5秒钟广告"。所有商家在卖场的"肉搏"，都是要争取到这5秒钟的关注，但是消费者几乎平均不到0.5秒就会经过一个产品，要让新产品在100~200个产品中跳出来，受到关注，该怎么办？旺销产品往往位于人流量最大的位置，消费者在其货架前停留的时间也长，产品在这个位置受到注意、被购买的机会自然就更多。如此旺势，不可不借。采取紧贴陈列就是一个很好的方法。

在陈列上，什么样的产品可以借势呢？一般来说，产品陈列面积小、产品复购概率相对低、产品有一定的延伸价值、产品小巧精致等，具有这些特点的产品就可以借相关产品的势，比如香烟和精美的打火机。另外，不相关的产品，也可以通过特定的时间联系在一起。比如，巧克力原来在糖果类产品的货架上，鲜花则放在生鲜区的旁边以利用其湿度。两种产品平时"见不上面"，但情人节鲜花和巧克力的热卖，可以让它们联系在一起。如果有人买了鲜花，又到糖果货架上去找巧克力，会很不方便。还有些人买了鲜花，不一定购买巧克力，但如果将巧克力陈列在鲜花旁边，没准会带动巧克力的销售。这样的"顺势购买"就可以达到提高销售额的目的。

注意，很多企业认为"造势"就是广告和各类促销活动疯狂滥炸。不是大量电视广告、广播广告、报纸广告、杂志广告、户外广告进行地毯式轰炸，就是宣传画、宣传册以及各种夹页、传单满天飞。这不仅造成金钱的浪费，而且会制造"彩色垃圾"，让马路清洁工苦不堪言。很多企业认为"借势"就是在各种类型的产品交易会、展销会、推广会甚至民间庙会上，锣鼓喧天，美女成行。有的企业甚至不惜重金，聘请名人加入促销队伍的行列，现场作秀。这几乎把各种"造势"和"借势"的活动推到了"登峰造极"的地步。

这种"造势""借势"演绎的不是营销策略的竞争，不是智慧的竞争，而是成了企业财力的大比拼。一些没有实力或者是财力不足的企业，似乎是被"逼上梁山"，举债"造势"。最后由"造势"变成了"豪赌"。结果使得胜利者遍身鳞伤，失败者片甲不归。不知有多少企业的英雄好汉就是在这种"造势"和"借势"中倒下。

还有，我们经常驻足观看一些商场开业活动、楼盘销售活动或者新产品发布活动，场面很热烈，活动很热闹，节目也不少，也很聚集人气。但仔细琢磨一下，就会发现活动形式并没有与活动主题有机结合起来，"形式"并不为"内容"服务。观看者全然不知道活动的主旨是什么，甚至还会闹出诸如哄抢礼品的笑话。这不但不能达成预先的宣传效果，还降低了活动品位，影响了企业的品牌形象。诸多的不协调因素就像碗里的夹生饭，难于下咽，更难以消化。

很多企业只是注重短期行为，而没有关注长期的营销战略规划。企业缺乏整体企业战略，随意性很大，导致打水漂的情况在所幸免。诸如花几十万元赞助一次晚会、花几万元做一次路演等，活动本身和企业以及产品的宣传并没有多大关系，自然就不能为企业造势，除了浪费企业的金钱，并不会什么更多的收获。

其实，借势营销是一个不断投入的工作。作为一种新型营销手段，借势营销集新闻效应、广告效应、公共关系、形象传播、客户关系于一体，已经当之无愧地成为了企业新产品推介、品牌展示、建立品牌识别和品牌定位等营销活动的首选策略。因此，借势营销不能做"一锤子买卖"，要有战略眼光，从未来着想，从现在着手，围绕一定的主题不断调整营销活动。

6.2.6 捆绑营销

捆绑营销是将两种产品捆绑起来进行定价和销售的方式。纯粹的捆绑营销是只有一种价格，消费者必须同时购买两种产品或多种产品。不是所有的企业的产品和服务都能随意地"捆绑"在一起。捆绑营销要达到"1+1>2"的效果，则需要两种产品相协调、相互促进，且不存在难以协调的矛盾。比如新书上市时，出版社或承销商会将新书与畅销书进行捆绑销售，并选择在"双十一"或"6·18"推向市场，这样不仅能给消费者带来实惠，还能促进新书销售的初期效率，同时不影响新书后续价格（将新产品与市场畅销品搭售，可以给新品一个让消费者认识和了解的机会，继而为再开展新品销售降低阻力）。

那么捆绑是不是意味着必须要降低产品价格或进行促销呢？不见得是这样。在软件领域，随着客户数量的增加，产品的平均成本是降低了，但这不意味着要降低产品售价，反而是要通过增加（捆绑）新产品功能和服务，采用追加成本或附送赠品的形式销售，以维持甚至获得更高的利润。

捆绑营销还常见于两个或两个以上的品牌或公司在促销过程中进行合作，从而扩大它们的影响力，是一种跨行业和跨品牌的新型营销方式。以汽车销售中的保险捆绑销售为例：汽车4S店向消费者出售汽车，同时提供售后/维修/保养服务，而保险作为与汽车维修结合最紧密的产品，是企业4S店利润的来源之一（4S店通过兼业代理的形式开展车险销售服务），同时满足消费者购车必须买保险的需求（政策性要求，比如交强险）。在销售汽车时，销售员一般都会向消费者推荐自己公司代理的保险产品（含商业险），而这种行为实质上就是捆绑营销。

> 对于汽车个人信贷消费中出现的这种"搭售"现象，一些法律界人士指出，捆绑销售不符合相关法律。显然，车商在销售中指定消费者到与他们有协议的保险公司和银行办理相关手续，属于一种不正当竞争的行为。保险公司是依法具有独占地位的经营者，《中华人民共和国反不正当竞争法》第六条明确规定"公用企业或者其他依法具有独占地位的经营者，不得限定他人购买其指定的经营者的产品，以排挤其他经营者的公平竞争"。针对这种现象，中国保监会已明确表示，采取这种捆绑销售的办法强卖保险的做法是不合理的，应该由客户自己来选择保险公司。同时，对于车险市场竞争

中出现的"保险公司支付给车商高额代理手续费"的问题，中国保监会作为主管部门一直在要求各保险公司进行自律，规范自己的经营行为，不能为拉业务而竞相抬高保费返还比例。因为这种恶性竞争的后果往往会导致保险公司自身的偿付能力出现危机。根据相关的法律规定，此类问题属于保监会管辖和调整的范围，消费者一旦遇到这种"捆绑"式销售，可以拨打中国保监会的维权投诉电话12378进行举报投诉，要求其进行查处。

在互联网领域，搭售行为同样普遍存在。由于互联网平台对C端的服务多是免费的，在商业模式中是向B端获取收入，而B端的利益又多要通过C端实现，因此平台经常通过各种方式诱导C端购买或多购买B端的服务，从而获取B端给予的推广费或返佣。以机票为例，传统的机票销售代理实行"前返+后返"模式，代理机构每销售一张机票大概能拿到4.5%~5%的手续费。从2014年开始，有关部门提出"提直降代"，要求航空公司提高直销比例，降低代理费用支出。佣金减少了，但平台销售一张机票的成本并未减少。在线旅游企业就想通过收取其他费用来"弥补"，比如通过变相搭售保险、酒店券或其他相关产品、服务来弥补成本。

正常的捆绑营销对商家和消费者而言是可以实现双赢的销售。捆绑后的产品价格相对来说比单件要便宜一些，这样在产品品质、功能都差不多的情况下，就会使本来打算购买相似产品的消费者转而购买该产品，而本来打算买单件该产品的消费者增加了购买量，从而使商家达到提高市场占有率、增加销售的目的。同时，由于是大包装销售，很多消费者在本期内预支了消费，虽然这可能会影响商家下期的销售额，但是消费者预支了下期的消费，实际上就等于保证了下期的销售额，这加速了资金的周转，提高了资金的使用效率。

> **注意**
>
> 在一定时期内，市场是有限的，捆绑销售的产品，其市场占有率的提高势必会造成相似产品的市场占有率降低，销售额下降。由于消费者预支了消费，在以后的一段时间内对相似产品的购买力就会下降，这必然会导致该生产企业的产品积压，资金周转困难。如果企业承受力不大，很可能因此走向破产。

6.2.7 社群营销

社群可以简单地认为就是一个群，但是社群需要有一些它自己的表现形式。比如说，我们可以看到社群要有社交关系链，不仅只是拉一个群，而是要基于一个点、需求和爱好将大家聚合在一起，而是要有稳定的群体结构和较一致的群体意识；成员要有一致的行为规范、持续的互动关系；成员间分工协作，具有一致行动的能力。这样的群就是社群。

因为互联网的发展，人们将在网络社区营销及社交媒体营销的基础上发展起来的用户连接及交流更为紧密的网络营销方式称之为社群营销。社群营销主要通过网络连接、沟通等方式实现产品及用户价值传递。由于营销方式人性化，社群营销不仅广受用户欢迎，还可能成为继续传播者，所以受到企业的推崇。社群营销目前已成为一种不可或缺的营销渠道与方式。

那么，大家有没有想过，在出现网络社群营销之前是否存在过"社群营销"呢？答案是肯定的。举个例子，会议营销，也叫做"会销"，就属于线下的"社群营销"。这样类比并不是因为社群营销与会议营销完全相同，而是它们之间的理念与模式最为相似，都是聚集潜在客户，然后筛选出有意向的精准人群加以重点营销，最终获取订单达成交易。尽管两者的中间环节可能存在细节上的差别，但模式与理念是基本一致的。两者最为核心的要素皆是聚拢、维系、秩序、引导、佐证，以及促进和跟踪。

社群营销的关键在于社群，而非营销。首先要根据自己的企业战略及目标客群，利用各种内容、方法、工具去构建社群，而后在社群的基础上去开展营销活动。切记，网络社群营销一定是软植入，千万不要以营销的目的去构建社群。功利心强，本末倒置，只能让社群营销以失败告终。

2016年，我在发起产品会社群时曾向所有成员承诺："5年内绝不开展任何营销活动。"我一直遵守这个承诺，因此在不到5年的时间里，在没有经过任何商业推广，且在业余时间的维护下，仅靠网络社区和口碑传播将社群发展到50余个网络社群，形成MVP联盟，吸引了10000多人加入，成为业内最大的产品社群公益性组织。我写作本书的目的是为了回馈社群成员，兑现当初的承诺，并为社群提供有价值的内容，增加归属感和凝聚力，并非商业化行为。但社群成员依然是本书的种子用户，在写书的过程中和上市后的初期起到了重要的支撑作用。

互联网思维下的营销，是粉丝营销，是基于新媒体（微博、微信、论坛）的社会化、社交化营销。小米公司能打破传统手机厂商的固有销售模式，是因为其敢于颠覆旧格局，进行"破坏性创新"，如图6-11所示。

2010年，微博刚刚兴起时，小米公司就看准时机，在微博上做起了营销。小米公司规定，微博上的留言，客服人员要在15分钟内快速回应。雷军当时每天会花一个小时回复微博上的评论。小米合伙人、小米各个品牌、小米员工都有自己的微博，做到了微博就是客服，客服就是营销，客服由守转攻。不花一分钱广告费，一个新品牌手机一年卖100万部，这在传统销售渠道来说真是不敢想象的。小米能实现目标，主要是靠社交媒体与用户进行沟通，社群营销起到了关键作用。

任何一个平台或应用去经营社群，都离不开一个重要元素：人，不仅包括引流来的潜在客户、精准的需求人群，甚至是已经拥有忠诚度的老顾客，还包括管理者、产品人员、生产人员、运营人员、销售人员等。2013年，小米还是没有打广告，而是建设了一支属于自己的社交媒体队伍。小米新媒体团队有近百人，其中小米论坛30人、微博30人、微信10人、QQ空间等10人。当其他厂商还在打"硬广"的时候，小米却悄悄地通过社交媒体展开了新的征程，"量变到质变"就这样悄无声地进行着。由此可见，企业开展社群营销不仅是营销战略的范畴，而且还要上升到企业战略的高度，在思想理念、组织资源、规划执行上要全盘考虑，才能获取实际效果。由于小米取得了突破性的成功，大量的手机厂商开始纷纷效仿，把营销重点向社交媒体转移，于是形成了现在社交媒体平台的群雄割据的局面。

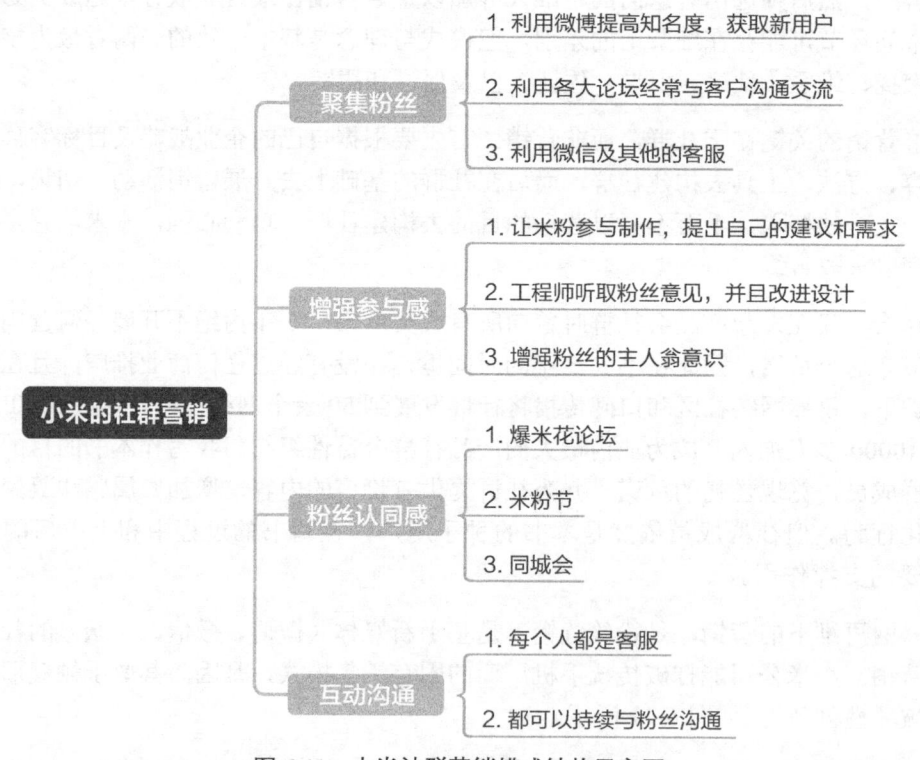

图 6-11 小米社群营销模式结构示意图

6.2.8 互联网营销

当今，互联网已不再陌生和神秘，已经成为我们日常生活中不可分割的一部分。我们都知道，营销是只要客户在哪里，营销就会出现在哪里。既然互联网上有数亿计的客户或潜在客户，那么企业就不得不将营销阵地开到互联网，因此便催生了互联网营销。互联网好比是一种"万能胶"，将企业、团体、组织以及个人跨时空联结在一起，使得他们之间信息的交换变得"唾手可得"。如果没有信息交换，那么交易也就是无本之源。正因互联网营销具备了所有的营销沟通的基本特性，加上其超越线下营销所具有的特性（无时间、空间限制），随着互联网技术发展的成熟以及联网成本的降低，当前已成为最主流的营销方式之一，并被众多企业所采纳应用。

互联网营销也称为网络营销，就是以国际互联网络为基础，利用数字化的信息和网络媒体的交互性来实现营销目标的一种新型的市场营销方式。在互联网免费思维的作用下，互联网营销需要经过拉新、留存、促活、转化等一系列过程，最后一个环节才是营销，即交易。为了区别于传统营销，行业内将其定义为互联网运营，是一个营销体系。上一节提到的"小米社群营销"的案例是实物产品通过互联网营销的经典案例，现在以互联网产品QQ秀为例进行介绍，它集合了互联网产品常见的运营（营销）方式，如图6-12所示。

手段	目的/说明	对应QQ秀的元素
虚拟货币	把价值链和货币渠道控制在自己手中	QQ秀购物券
特权体系（VIP）	为了增强用户粘性，给高度活跃用户一定的回馈和优越感	红钻
积分/等级	根据用户细分群体及其活跃度，定制成长系统，更好地挖掘细分用户群的消费潜力。	QQ秀等级系统
促销活动	提高用户活跃度，引起用户眼球关注，增加时效性收入。在节假日等时刻为用户的消费欲望提供出口	QQ商城活动
渠道运营	细分并管理充值渠道，为用户选择最方便的充值方式	充值方式
定价系统	为产品定制符合用户心理习惯的价格，并形成系统，持续观察，寻找利润最大化的模式	QQ秀Item价格
广告	与用户群等基础层面有交集的厂家合作，一般以举办活动、开设专区形式进行	QQ秀与品牌厂商广告合作
价值载体	在虚拟货币之外，开辟一种用户价值的提现形式，从而提高用户活跃度和归属感	QQ秀红豆
奖励系统	根据用户在产品中的活跃度与贡献进行奖励，满足用户炫耀的虚荣	徽章系统

图6-12 互联网产品常见运营方式（例：QQ秀）

在腾讯的历史乃至中国互联网的历史上，QQ秀都堪称一款革命性的收费产品。它可以被视为全球互联网产业的一次"东方式应用创新"（这里不做深度剖析）。腾讯不是这一创新的发起者，可是它却凭借这一创新获得了真正商业上的成功，成为互联网产品运营的典范，被后来者广泛借鉴。QQ 秀为腾讯的商业化打开了一扇全新的大门，是腾讯的第一个金蛋。而比商业利益更有价值的是，QQ 秀让腾讯与它的亿级用户建立了情感上的归属关系和隐形的营销沟通渠道。

由案例可知，互联网产品营销不同于实物产品市场营销，市场营销根植于"直接获取最大利润"的传统商业模式，历经多次社会形态的变革，持续根据社会、经济、文化的步伐调整进化，为我们留下了许多经典成熟的管理运作模型。而互联网运营则立足于"获取最多用户并以售卖用户影响力获利"的新型商业模式，历史短，根基浅，一切远未成型。但两者的底层商业逻辑的融合度还是比较高的，不要忘记互联网营销是随着技术的发展从传统营销演变而来的，多数场景都能在生活和经济活动中找到原型。

当今，阿里巴巴、淘宝、天猫、京东、美团、爱奇艺等平台已经为这个世界打开了互联网营销的通道；微信公众号、今日头条、百家号、企鹅号、搜狐号、微博等为企业打开了网络宣传以及与用户零距离沟通的通道；完善的快递物流、在线支付、征信系统、金融服务等电子商务服务体系为互联网营销提供了支撑保障，已经为企业清除了开展互联网营销的障碍。只要企业自身思想意识到位，人才队伍能力跟得上，就没有外部阻力。

互联网行业对传统行业的冲击确实很大，但是一些传统行业的老板还是在遵照一些以前的传统模式进行销售和营销。2020 年，新冠疫情爆发，在突然一下全国人民足不出户期间，大家都措手不及。对于企业来讲，更是难上加难，大家都宅在家里，足不出户，只能通过互联网营销，传统企业吃了哑巴亏。所以，传统行业未来一定要改变传统的思想，一定要跟随社会的发展以及互联网的发展，有能力的企业一定要组建自己的互联网营销团队，提升企业整体的发展速度。这在激烈的竞争中，已成为一个必要的发展条件。

6.3 销售渠道：在哪里卖

销售渠道是指产品从生产者向消费者转移所经过的通道或途径，即产品由生产者到用户的流通过程中所经历的各个环节连接起来形成的通道。任何产品在生产出来后都要通过销售渠道将价值传递给用户。起点是生产者，终点是用户，中间环节包括各种批发商、零售商、商业服务机构（如经纪人、代理人等）。在某些商业活动中，不需要中间商，而是选择或必须直营，即使如此也需要产品价值宣传推广渠道，常见于服务类行业。产品价值只有借助销售渠道或宣传渠道才能快速地交付到消费者手中，从而实现商业价值变现。渠道的选择不仅可以解决"产品在哪里卖"的现实问题，而且正确的渠道选择更可以让产品的市场化事半功倍。

6.3 销售渠道：在哪里卖 233

新的渠道模式不断涌现，渠道争夺已经白热化。如何把握渠道变革？如何选择适当的渠道模式？如何根据自身业务特点建立起相应的渠道优势？下面将从渠道选择、渠道产品匹配、抢滩战略和网络推广4个方面为大家解答。

6.3.1 渠道选择

传统销售渠道按照有无中间环节可以分为直接分销渠道和间接分销渠道两种。由生产者直接把产品销售给最终用户的营销渠道称为直接分销渠道，即直销；至少包括一个中间商的营销渠道则称为间接分销渠道，即分销。还可以根据中间商的数量对传统营销渠道分类：直接分销渠道两端为生产者和消费者，没有中间商，称为零级渠道；间接分销渠道则根据中间环节的数量分为一级、二级、三级甚至多级的渠道。常见的销售渠道结构如图6-13所示。

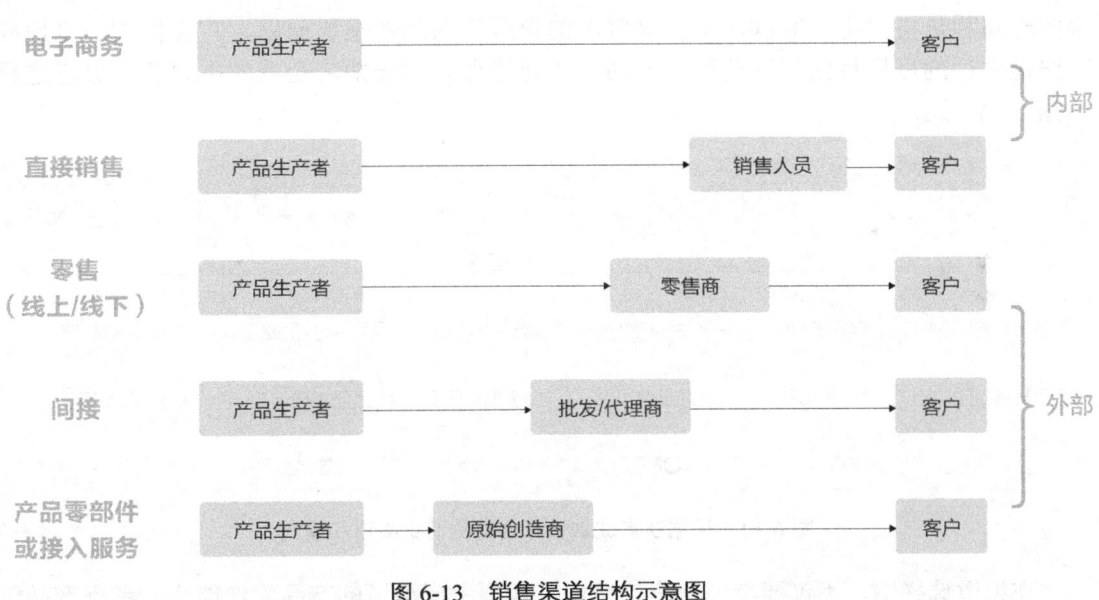

图6-13 销售渠道结构示意图

营销渠道选择是指企业根据企业的战略目标，选择适合企业需求和目标的渠道模式。确定中间商的数量，即决定营销渠道的宽窄，主要取决于产品本身的特点、市场容量的大小和需求面的宽窄。对内自营主要分为电子商务（互联网营销）和直接销售（销售员推广）两种方式。对外渠道有3种策略可供选用：密集性分销，即制造商通过尽可能多的批发商、零售商推销其产品；选择性分销，即制造商从所有愿意经销其产品的中间商中精心挑选几个最合适的中间商推销其产品；独家分销，即在某一地区仅选择一家最合适的中间商专门推销其产品。企业在选择分销渠道模式时，为了争取在市场中处于优势地位，要注意结合企业自身的多方位优势,将分销渠道模式的设计与企业的产品策略、价格策略、促销策略结合起来,增强营销策略的组合优势。

无论选择哪种方式或渠道销售产品,都要确保销售和分销渠道能够出售和交付产品。通常,太多的产品仅仅是被推送到零售或批发渠道,但渠道往往没有能力将产品销到最终目的地,送到消费者手中。这种不良的情况被称为渠道传输能力问题。当渠道选择错误或传输能力存在问题时,产品在上市的一两个月内销量是微乎其微的,也无法准确预测销量。更糟糕的是,产品销售评价的结果显示为成千上万个闲置的 SKU(最小存货单位),几乎不存在有形产品的存货周转。

畅通的分销渠道是以消费者需求为导向,将产品尽快、尽好、尽早地通过最短的路线,以尽可能优惠的价格送达消费者方便购买的地点。畅通高效的分销渠道模式,不仅要让消费者能够在适当的地点、时间,以合理的价格买到满意的产品,而且还能够提高企业的分销效率,争取降低分销费用,以尽可能低的分销成本获得最大的经济效益,赢得竞争的时间和价格优势。所以,站在消费者的角度逆向思考渠道问题,将会极大限度地提升渠道设计的可执行性,推动企业产品的快速流通。部分知名企业的主要营销渠道选择如图 6-14 所示。

营销模式	病毒式营销	批发/零售	代理/分销	销售推销	大客户关系营销
	←		盲区		→
目标客户	年轻群体	大众客户	普通小企业	盈利中小企业	大企业和政府
获取转换成本	大于10元	大于100元	大于1000元	大于1万元	大于1000万元
示例	拼多多	OPPO	平安保险	用友U8	华为

图 6-14 根据获客成本选择合适的营销渠道和模式

在渠道选择中,不仅要考虑速度、费用,还要考虑渠道的产品配送能力,考虑产品能不能及时准确地销售出去,考虑市场占有率是否足以覆盖目标市场等。如果不从这些实际情况出发进行选择,一味强调降低分销成本,可能导致销售量下降、市场覆盖率不足的后果。与此同时,企业在选择、管理分销渠道时,不能只追求自身的效益最大化而忽略其他渠道成员的利益,应合理设计各个成员间的利益关系。渠道成员之间存在着合作、冲突、竞争的关系,渠道的领导者对此要有一定的控制能力。为此,需要统一、协调、有效地引导渠道成员充分合作,鼓励渠道成员之间有益的竞争,减少冲突发生的可能性,解决矛盾,确保总体目标的实现。

在市场中，企业无论大小，都在期待着使用一个创新性的渠道模式去实现市场的快速启动或是发展。仿佛理清渠道，就会有源源不断的活水流来。实际上，不管企业采用的是直销还是分销，无论企业在设计、创新何种渠道模式，都需要与市场现实进行对接，保障渠道设计的可操作性。否则，渠道选择将成为无本之末，无源之水，很难实现市场的全面进展。另外，在市场中影响分销渠道的各种因素总是在不断变化，一些原来固有的分销渠道难免会出现某些不合理的问题。在这种情况下，分销渠道需要具有一定的调整功能，以适应市场种种不可预知的变化，保持渠道的适应力和生命力。调整渠道时应综合考虑各个因素的协调，使渠道始终都在可控制的范围内保持基本的稳定状态。

6.3.2 渠道产品匹配

快消时代，传世经典莫过于"渠道为王，终端致胜"，也正是这样的传世名言误导了众多刚起步的中小型企业。过度的追求致胜法宝——终端，而忽略渠道，致使企业仅有的人力物力根本没有办法达到终端的要求，比如配送、退换货，甚至发货等。或者过度重视王道——渠道，而忽略终端对产品的反馈、使用情况、产品质量、客户需求。对于刚起步的企业来说这都是致命的。传统企业的渠道发展必须经历渠道的 5 个时代，即渠道随着企业的发展，环境的变化，在不同的发展时期扮演着不同的渠道时代，如图 6-15 所示。

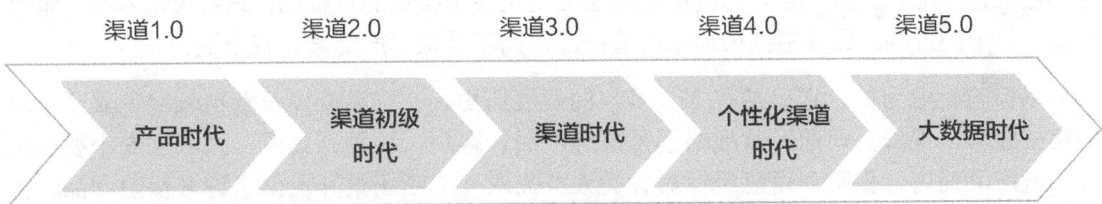

图 6-15　企业渠道发展所要经历的 5 个重要时代

- 渠道 1.0 时代（**产品时代**）：这个时代，市场竞争小于市场需求，厂家只要能够生产出产品就能卖，渠道严重缺产品，因此厂家的重心是生产产品，有了产品，渠道自然而然会主动找来。

- 渠道 2.0 时代（**渠道初级时代**）：这个时候市场竞争等于市场需求，厂家不但要注重产品生产，还要注重渠道的开发与建设。并不是所有的渠道都能成为企业的优质渠道，因此，企业开始介入渠道。

- 渠道 3.0 时代（**渠道时代**）：市场竞争大于市场需求，厂家不但要生产产品，更重要的是还要建设渠道为王的市场竞争优势。渠道空前重要，且成为企业的重要核心竞争力。

- **渠道 4.0 时代（个性化渠道时代）**：各类产品在市场上均有，产品出现同质化严重、价格透明、信息透明等情况，产品处于相对饱和状态。消费者在市场上的选择趋于个性化，厂家的功能越来越凸显为被个性化所主导，需要通过个性化的品类来满足个性化的需求。

- **渠道 5.0 时代（大数据时代）**：这是一个信息透明、技术共享、服务个性、需求个性的时代，厂家更需要精准地定位市场，通过大数据来精准分析市场需求。这个时候的渠道需要收集、整理最底层也是最前沿的大数据，厂家通过大数据进而促进产品研发、定位、战略、发展。

从以上 5 个渠道时代的发展来看，在企业的发展初期，一切从 0 开始，是先有产品后有渠道，需要根据产品的特点来寻找适合的渠道。但在渠道后续发展的过程中，产品要去适应渠道，即渠道产品匹配，面向市场开发适合渠道的产品。根据产品去选择渠道的反向思维是根据渠道开发产品。

在现实生活中，只有产品渠道相匹配是远远不够的，出现频率较低的渠道产品匹配同样非常重要。过分强调产品渠道匹配，会让我们产生一种错觉，认为它是决定公司成功与否的唯一因素，认为只要找到了相匹配的产品与渠道就可以对不同渠道进行测试。但有时候并非如此。渠道不仅不会主动与产品相匹配，恰恰相反，公司在研发产品时，需要主动将其与已有渠道进行匹配。因为一家公司是没有办法去定义各个渠道的规则的，只有渠道本身才能够定义这其中的规则。必须根据渠道来打造产品，而不是根据产品来寻找渠道。

以保险行业为例，它已拥有 300 多年的发展历史，在产品开发及营销领域积累了丰富的实战经验。保险公司的经营战略紧紧围绕产品、客户、场景、渠道、区域这 5 个要素进行。就产品而言，保险公司已经针对各类人群需求及生活场景开发出了许多保险产品。为了将产品推向市场，保险公司运用了大家几乎全知道的全员营销方式及营销渠道，比如个人代理渠道（个险）、经纪代理渠道（保险经纪公司）、专业代理渠道（保险代理公司）、汽车兼业代理渠道（4S 店）、银行兼业代理渠道（银保）、团险渠道、电销渠道、互联网渠道（自营）、互联网渠道（第三方）等，让保险服务无处不在。

在保险行业工作过的产品经理都知道，保险公司已经将营销渠道运用到了极致，只是每家公司的重点渠道不同。比如，平安保险重点发展个人代理人，拥有 160 万的营销员大军；大家保险的战略重心在银行兼业代理渠道，拥有 20 多万个银行网点营销终端；众安保险重点发展互联网渠道，合作的大型网络平台超过 500 个，服务用户超过 5 亿。在实际经营中，一款产品适合 A 渠道，可能不适合 B 渠道，或者将同一款产品同时放在 A 渠道和 B 渠道时会产生利益冲突，影响营销效果。保险公司在一开始就根据不同的渠道及渠道用户特点、场景、需求开发具有针对性的产品，实现渠道与产品的匹配，从根源上规避了这一问题。也正是因为如此，保险公司才将渠道能力开发到了极致，发挥了渠道的应有价值。

6.3.3 抢滩战略

新产品上市发布时,并不是要立刻通过所有的营销方式和渠道将产品推向市场,而是有选择性地试点(营销方式、渠道、区域)。随后,基于产品在该市场上的成功经历,陆续投放到其他市场。这样做不仅是受企业资源的限制,而且还是控制项目风险的考量。我们将这种上市策略称之为抢滩战略,简言之,就是选出最具潜力的细分市场作为产品首次上市的地点。

前文已就营销方式和渠道选择向大家做了详细介绍,这里带大家着重了解一下区域在营销中的重要性。虽然互联网时代大大地消除了交易的区域壁垒限制,但是大多数的产品和服务交易还是在线下完成的,市场份额依然在50%以上,这就让我们不得不考虑区域布局的价值。首先,新品上市后有待市场验证,风险太大,不可能直接大规模推广;其次,企业的资源和能力有限,无法覆盖整个市场,需要逐步配套提升;最后,产品受需求度和区域特质的影响,并不可能在所有的区域都畅销。因此,就需要分区域逐步地将产品推向市场,一边改善产品经验,一边积累经验和能力,同时获取市场资源滚动发展。例如,某共享打车应用在进行市场推广时先从一线城市开始,再向二线城市拓展,最后向三线城市渗透,如图6-16所示。

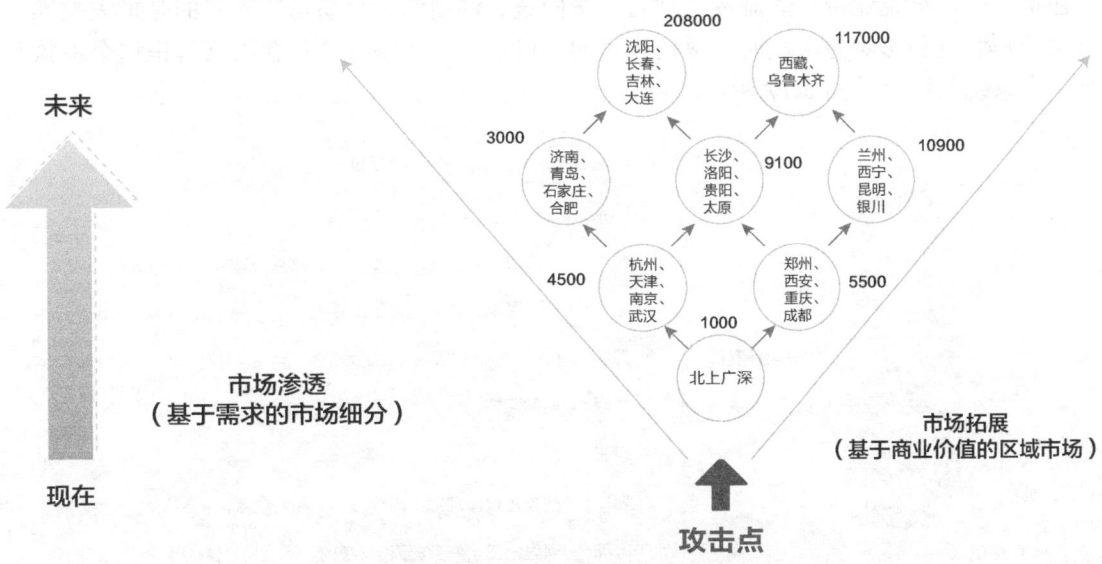

图6-16 区域抢滩战略示例(某共享打车应用)

对企业来说,与其在整体市场上与竞争对手短兵相接,不如在区域市场上创造优势;与其在广大的市场范围内占有极小的市场份额,不如在某几个区域市场内提高市场占有量——

大企业如此,中小企业更为如此。要从长远的角度来通盘考虑企业的发展战略和远景规划,而且要从市场规划中选择一两个有发展潜力和市场空白的市场区域作为培养对象,集中企业的优势,进行重点培养,力图集中精力培养一个,成功一个。这种模式可以让企业一步一个脚印,踏踏实实地在该市场占足优势后再向其他区域推广。这样不仅能够减少企业不必要的资金浪费,而且也可以为其他市场的推广积累宝贵的经验,形成"点带动线,线形成面"的良性循环,最终建立"点—线—面"的致胜格局。"集中优势"也可以体现在对目标人群的集中推广促销,在第一批目标人群中获得成功后,再进而将策略进行复制,在第二批目标人群以及第三、四批目标人群中接连获得成功,最后同样可以建立"点—线—面"的致胜格局。

6.3.4 网络推广

据《中国互联网发展报告(2019)》称,截至 2018 年年底,我国网民规模达到 8.29 亿,互联网普及率达 59.6%。单从这一数据来看,任何产品和服务的推广都不应该忽视网民的力量。这里之所以单独向大家讲解网络推广,是因为网络渠道不同于其他渠道。另外,不用"网络营销",是因为"网络推广"和"网络营销"是两个不同的概念。网络营销偏重于营销层面,更重视网络营销后是否产生实际的经济效益;而网络推广重在推广,更注重的是在推广后,给企业带来的流量、排名、访问量、注册量、交易量等,目的是扩大被推广对象的知名度和影响力,从而实现销售目的。可以说,网络推广包含网络营销这个步骤,是一个系统工程,如图 6-17 所示。

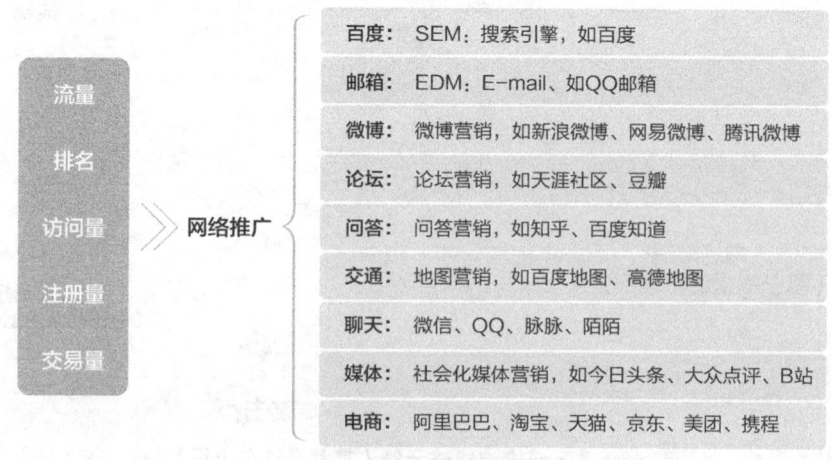

图 6-17 常见的网络推广途径

网络推广是指通过互联网并采取各种手段进行的一种宣传推广活动,旨在达到提高产品知名度和实现在线营销的效果。除常见的网络广告和电子商务外，网络推广还可以利用搜索引擎、友情链接、网络新闻炒作等方法进行推广，更多网络推广方式如图 6-18 所示。

网络推广			
论坛发帖	QQ群推广	微信营销	微博推广
问答推广	新闻稿发布	邮件代发	手机短信群发
博客推广	分类网站发帖	QQ空间转载	App推广
论坛顶帖	论坛帖子加精	B2B电商平台	评价评论推广
友情链接	注册任务	B2C电商平台	其他
文案写作			
软文代写	新闻稿写作	软文征集	网络推广方案

图 6-18 常见的网络推广方式

具体的网络推广操作方式有淘宝直通车推广、360 搜索竞价推广、百度网盟广告推广、今日头条 SEM 推广、微信公众号互推、知乎问答推广、微博粉丝互动推广、QQ 社群推广等。网络推广的载体是互联网，只要是通过互联网进行的推广都可以称之为网络推广，由于方法太多这里不再一一介绍。随着国家相关扶植政策的陆续出台，对电子商务行业的支持力度不断加大，很多之前从事传统销售的企业也纷纷开展电子商务，并通过互联网来宣传。

新产品上市时，特别是对于创业公司，在缺乏资源、知名度的客观条件下，一定要利用好网络工具，借助互联网平台及其用户资源来验证产品，提升知名度，打开营销通道。在推广方式的选择上，首先要根据自己的目标客群对象，选择适合推广的互联网平台，即目标客群（网络社群）聚集地，然后再根据自己的产品特点选择网络工具对目标人群发起"攻击"。在网络推广中，由于是在虚拟空间中与用户间接接触，因此一定要提前制定好营销方案和行动计划，并做好数据统计分析，以便于复盘，并调整推广策略和弥补漏洞。而且，网络推广是比线下推广更加严谨和精细化的推广方式，因此对团队的人员素养要求也比较高。建议在开展网络推广前，要重视专业人才团队的建设，否则在"只有第一没有第二"的互联网竞争中，最终结局只能徒劳（给平台做"炮灰"，被人"割韭菜"）。

> **互联网渠道并不便宜**
>
> 探讨小微企业市场的推广现状，自然也少不了电商和新零售。天猫、淘宝、京东、抖音……各种各样的平台已经成为小微企业的基本工具。
>
> 之所以选择网络渠道，原因不外乎其低于实体零售门店的成本。若开设品牌门店，至少需要六七十万元启动资金，多则可能要上百万。而企业要面临的负担还不止于资金压力，还要满足门店的展示需求，需要有更多可供展示的产品款式，这无疑会增加铺货成本和库存损耗。
>
> 但即便是在网络渠道，小微企业的处境也在发生着变化。互联网流量红利已不复存在，网络流量的获取和转化路径都发生了很大变化，加之层出不穷的新平台、新模式，互联网渠道也已并非小微企业开拓市场的捷径。电商平台已进入一个"强者恒强"的时代，竞争激烈，需要专业团队的运作才能脱颖而出。根据电商规则，销量越好的企业，越容易获得流量，从而又会进一步促进销售。这对从 0 起步的初创公司来说，可并不是好事儿。
>
> 不仅如此，现在获取流量的成本也在升高。以我曾在淘宝经营"牡丹画"产品为例，通过淘宝直通车测试，一个点击大概要 5～10 元，成交转化也并不稳定。而在直播、新媒体电商等方面，由于没有太多可供借鉴的经验，摸着石头过河的试错成本也很高。
>
> 另外，我所在的保险公司在今日头条投放广告，效果还不错，但现在获取一条有效信息的成本已经从几十块钱涨到 200 块。由于经费有限，我司基本放弃了在其他渠道的投放，只投放今日头条一个平台。同时也在考虑，是否能找到成本更低的营销渠道，因为若今日头条再涨价的话，我们也撑不住了。

6.4 定价策略：卖什么价

从经济学的观点看，价格是严肃的，是产品价值的货币表现形式，是不可随意变动的。价格总是与成本的构成及利润的实现紧密联系的，即价格＝总成本＋利润。因此，从经济学的角度来说，定价是一门学科。从市场营销学的观点来看，价格是灵活的，是可以随时根据需求变化而变动的。价格应对整个市场的需求、竞争变化等做出反应。市场营销学研究的价格是从企业角度来考虑，结合不断变化的市场情况，着重研究产品进入市场、占领市场和开拓市场的具体应变价格。

企业定价的目标是促进销售，获取利润。这要求企业既要考虑成本的补偿，又要考虑消费者对价格的接受能力，还要考虑竞争关系，同时兼顾产品生命周期，从而使定价策略具有买卖双方双向决策的特征。合理的定价既能让消费者乐于接受，又能为企业带来较多的收益，让企业获得更高的利润。因此，营销定价是一门兼具科学性和艺术性的学科。

6.4.1 价格定位

现代企业的价格定位是与产品定位紧密相联的。所谓价格定位，就是营销人员把产品、服务的价格定在一个什么样的水平上，这个水平是与竞争者相比较而言的。价格定位一般有3种情况。一是高价定位，即把不低于竞争者产品质量水平的产品的价格定在竞争者产品价格之上。这种定位一般都是以良好的品牌优势、质量优势和售后服务优势为基础。二是低价定位，即把产品价格定得远远低于竞争者的产品价格。这种定位的产品质量和售后服务并非都不如竞争者，有的可能比竞争者更好。之所以能采用低价，原因要么是该企业具有绝对的低成本优势，要么是企业形象好、产品销量大，要么是企业出于抑制竞争对手、树立品牌形象等战略性考虑。三是市场平均价格定位，即把价格定在市场同类产品的价格平均水平上。

以上3种价格定位是宏观的价格定位。那么在实操中，针对全新产品该如何定价呢？定价太高消费者不接受，定价太低不能满足企业利益。这就要遵循一个原则：你的价格必须根据你向消费者提供的价值（而非你付出的成本）来制定。比如锤子手机T1在2014年5月份发布的时候定价是3000元，后来受市场影响，且消费者不买单，到2014年10月份不得不降价1000元。这样大幅度的降价其实是把大家之前认可的东西弄得一文不值。再比如，小米公司创始初期的千元机定价根植于消费者心中，虽然小米现在已经成为巨头，但是其只能在千元机市场占有一定市场份额（且在流失），而在中端和高端机领域却收效甚微。

产品定价绝非"成本加利润"这么简单。如果你的定价只能展现出各种制材的价值，那就没有给消费者多少购买理由。这种定价透露出来的信息无非是你帮助消费者省去了他们自己动手加工各种制材的麻烦。你要给消费者提供值得相信的东西，给他们一个购买理由，一个仔细感受你的产品或服务的理由，要让他们在该产品上投入的时间和热情物有所值。因此，你的价格必须根据你向消费者提供的价值，而非你付出的成本来制定。

想想你的产品、服务以及它所能提供的所有收益。你得努力想出别人购买它的种种理由，然后依次审视那些理由，看看其背后的根本所在。举个例子，如果某种饮料的味道满足了人们获取甜味这一基本的生理需求，那么这种饮料或许还可以带给人们熟悉感、舒适感，并唤醒他们内心的愉快回忆。这些回忆反过来可以被分解为更为基础的东西。从根本上来说，所有的收益都会以痛苦与快乐这两大基本情感动因，以及时间与金钱这两大基本物质收益为基础。所以，产品为消费者带来的收益都可以从更深层次来考虑。直观一些，可以通过一个公式表达：用户会用_____来满足_____，为此，他们愿意支付_____元。

当消费者首次遇到一种新的产品或服务时，他们通常对该产品或服务的价值并无概念。在少数情况下，该产品或许会产生可量化的实惠，比如一些金融服务和商业选购。这种可量化的实惠为该项服务的定价提供了清晰的解释——如果某种东西能给你带来 1000 元收益的话，那么它也许就值得你支付 900 元的费用。但在大多数情况下，我们很难了解某一产品应该价值几许。我们也许会试着预测该产品会给消费者带来哪些乐趣。然而这在本质上是很难猜得到的——而且即使能猜到的话，这种乐趣也不会自然转化成一笔金额。与之相反，我们很可能会拿它跟我们之前遇到过的类似产品进行比较，并以那种产品的价格为基准。为此，这里向大家介绍有关产品定价的 7 个原则。

产品定价的 7 个原则

- 价格应该根据商品在消费者眼中的价值，而不是你眼中的成本来制定。
- 价格应该是切实的，这样消费者才能明白他们的钱换来的是什么。
- 价格应该在可控的范围内具有可比性。
- 如果想调整价格的话，必须调整服务或产品的构架。
- 价格差异是赢利的关键促成因素。
- 定价沟通影响着消费者对商品价值的看法。
- 若想提高利润，则必须做好牺牲部分销售额的准备。

企业的价格定位并不是一成不变的，在不同的营销环境下，在不同的产品生命周期中，在企业发展的不同历史阶段，价格定位可以灵活变化。例如，长虹彩电在 1996 年采取的大幅度降价措施，就是对价格的重新定位，从而大大提高了市场占有率，并有力地抑制了竞争对手。由此可见，现代市场上的价格大战实质上就是企业之间价格定位策略的较量。

6.4.2 定价策略

在营销定价的原理中，一种产品的可变成本是定价的最下限，上限则是顾客愿意支付的任何价格。一种产品制定多高的价格，不仅要看普遍的竞争价格和顾客对产品的喜爱程度，还要考虑与其影响因素之间的关系（企业在其经营活动中必须承担相应的社会责任，以保持企业利益、消费者利益与社会利益的一致）。产品生命周期不同阶段的市场占有率、成本、供求关系、产品销量及产品的卖点不同，随时而变，因此要采用不同的价格措施和定价方法，以获得最佳的经济效益。因此，企业必须在不同的产品生命周期调整定价策略，如图 6-19 所示。

阶段	营销组合元素	战略
引入阶段	产品	建立品牌和质量标准，对专利、商标等知识产权进行保护
	定价	可能采用低价渗透定价法来获取市场份额，也可能采取高价撇脂定价法来回收开发成本
	分销	慎重选择渠道，直到消费者已接受认可产品
	促销	对象是早期大众；通过沟通让客户了解产品，教育早期潜在客户
成长阶段	产品	维护产品质量，可能需要增加产品特性和辅助服务
	定价	维持定价，此时的市场竞争较少，公司能够满足不断增长的需求
	分销	渠道要随着需求的增长以及接受产品的客户数量的增长而增加
	促销	瞄准更为宽泛的客户群
成熟阶段	产品	增加产品特性，差异化区分竞争对手
	定价	降价
	分销	强化分销渠道，给分销商更多激励，扩大客户购买产品的机会
	促销	强调产品差异化和增加的新产品特性
衰退阶段	产品	维护产品，增加新特性和发现新用途，重新定位产品
	定价	降低成本收割产品，只投放忠诚的利基新市场
	分销	退出市场，保留部分存货，或将产品卖给别的公司

图 6-19　产品在不同生命周期的定价策略

产品在市场中都会至少经历 4 个阶段：引入阶段、成长阶段、成熟阶段和衰退阶段。与此相应，定价策略与技巧都要适时而变。

在引入阶段，新产品初涉市场，在技术性能上较老产品有明显优势，而在企业投入上却存在批量小、成本大、宣传费高等劣势。该类企业在定价决策时要考虑企业自身的竞争实力和新产品的科技含量。若新产品具有高品质且不易模仿的特点，则可选择撇脂定价策略，即高价策略，以便产品打入市场后迅速收回投资成本。若新产品的需求弹性较大，低价可大大增加销售量，则可选择低价薄利多销的价格策略，以便产品打入市场后迅速占领市场份额，以扩大销售量达到增加利润总额的目的。

在成长阶段，产品销量增加，市场竞争加剧，产品的性价比仍然保持优势。企业可根据自身的规模和市场的知名程度选择定价策略。规模大的知名企业可选择略有提高的价格策略，继续获取高额利润，而规模较小的企业则要考虑由于市场进入带来的价格竞争风险，应以实现预期利润为目标，选择目标价格策略。

在成熟阶段，市场需求趋于饱和，市场竞争趋于白热化状态，企业面临的是价格战的威胁。该阶段应选择竞争价格策略，即采用降价的方法达到抑制竞争、保持销量的目的。

在衰退阶段，产品面临被品质更优、性能更佳的新型产品取代的危险，因而企业选择定价策略的指导思想是尽快销售，避免积压。可选择小幅逐渐降价、平稳过渡的价格策略，同时辅之以非价格手段，如馈赠、奖励等促销方式，最大限度地保护企业利润不受损失。若产品技术更新程度高，则选择一次性大幅降价策略，迅速退出市场，但在运用降价策略时，要注意是否有损于知名品牌的企业形象。

企业在选择定价策略时，应具备必要的前提基础。采用撇脂定价策略和略有提高的定价策略的企业，必须具备较高的技术能力和先进的技术水平，产品的质量应达到国内较高水平，并得到目标顾客的认同。该类企业多属于资金、技术密集型企业，或知名企业。属于知名品牌的产品，其服务的顾客多为中高收入阶层，主要是满足消费者高品质生活及追逐名牌的心理需要。采用竞争价格策略的企业，特别是发动价格战的企业，要有一定的生产规模。一般认为，生产能力达到整个市场容量的10%是一个临界点，达到这一临界点的企业的大幅降价行为就会对整个市场产生震撼性的影响，这一点也是企业形成规模经济的起点。企业运用竞争价格策略时，把握最佳的价格时机是至关重要的因素。如果行业内的价格战在所难免，一般应率先下手，首发者较少的降价所取得的效果，跟进者需降价更多才能取得。但降价的幅度应与产品的需求弹性相适应。需求弹性大的产品，降价的幅度可大些，降价的损失可通过增加销量弥补。而需求弹性较小的产品，降价的幅度要小些，避免企业产品的总利润减少过多。对于规模小、市场份额少、劳动密集型的企业，在有效竞争的市场结构下，通常采取跟进价格策略，主要通过挖掘自身潜力、降低成本，来达到增加效益的目的。

6.4.3 竞争定价

产品和服务的价格形式不仅受价值、成本和市场供求关系的影响，还受市场竞争程度和市场结构的制约。影响企业定价决策的另一个重要因素是竞争对手，因为在大多数情况下，市场上并非只有一家公司，可能会有同类档次的公司，或是更高端的公司。我们必须了解谁是我们的竞争对手，他们的战略是什么，优势是什么，还应该了解他们的成本、价格以及可能对企业定价做出的反应。

以相机为例，一个正在考虑购买相机的消费者在做出购买决策之前，会比较市场上各个品牌（如佳能、奥林巴斯、三星和索尼等）的价格、质量和外观各个方面，然后结合手里的预算做出决定。如果索尼采取高价格、高利润战略，其他竞争对手在进入这个细分市场后，索尼再采用低价格、低利润的战略则可能将竞争对手淘汰出局。因此，在制定价格之前，应该对市场上竞争对手的产品价格、质量和各方面的性能有一个全面的了解，并以此为基础对自身的产品进行定位，使产品价格更有针对性和竞争力。

在完全竞争或垄断竞争的市场结构下，市场中有较多的生产经营者，多数企业无法控制市场价格，市场上同质产品的可选择性强，市场信息充分，市场经营者对市场信息的反应灵敏，为抢占市场份额，企业纷纷采用竞争导向定价法。竞争导向定价法是以市场同行业竞争对手的价格为主要依据，根据应付竞争或避免竞争的要求来制定自身同类产品价格的方法。竞争导向定价法主要有以下3种方法。

1. 随行就市定价法

随行就市定价法是竞争导向定价法中被企业广泛接受的最简单的一种定价方法，是指企业使自己的产品价格与竞争产品的平均价格保持一致。这种随大流的定价方法，主要适用于需求弹性比较小或供求基本平衡的产品。在这种情况下，单个企业把价格定高了，就会失去顾客；而把价格定低了，需求和利润也不会增加。所以，随行就市成了较为稳妥的一种定价方法。这样既避免了激烈竞争，减少了风险，又补偿了平均成本，从而获得平均利润，而且也易被消费者接受。如果企业能努力降低成本，还可以获得更多利润。

随行就市定价法的具体定价形式有两种：一种是随同行业中处于领先地位的大企业价格的波动而同水平波动；另一种是随同行业产品平均价格的波动而同水平波动。在竞争激烈、市场供求复杂的情况下，单个企业难以了解消费者和竞争者对价格变化的反应，而采用随行就市的定价方法能为企业节省调研费用，而且可以避免贸然变价所带来的风险。各行业价格保持一致也易于竞争同行之间和平共处，避免价格战以及竞争者之间的报复，也有利于在和谐的气氛中促进整个行业的稳定发展。

2. 密封投标定价法

许多大宗产品、原材料、成套设备、建筑工程项目的买卖和承包等，往往采用发包人招标、承包人投标的方式来选择承包者，确定最终承包价格。这就是密封投标定价法。一般来说，招标方只有一个，处于相对垄断地位；而投标方有多个，处于相互竞争的地位。标的物的价格由参与投标的各个企业在相互独立的条件下来确定。在买方招标的所有投标者中，报价最低的投标者通常中标，它的报价就是承包价格。密封投标定价法最大的困难在于估计中标概率，这往往取决于竞争对手如何投标，而每个参与者又总是严格地保守商业秘密。企业只能通过猜测、调研及搜集历史资料等方法尽可能地准确估计。

3. 主动竞争定价法

主动竞争定价法与随行就市定价法相反，它不是追随竞争者的价格，而是以市场为主体，以竞争对手为参照物的一种常用的营销绩效定价方法。定价时首先将市场上竞争产品的价格与企业估算价格进行比较，分为高、一致及低三个价格层次。其次，将企业产品的性能、质量、成本、式样、产量等与竞争企业产品进行比较，分析造成价格差异的原因。再次，根据以上综合指标确定企业产品的特色、优势及市场定位，在此基础上按定价所要达到的目标确定产品价格。最后，跟踪竞争产品的价格变化，及时分析原因，相应调整企业产品价格。

在完全垄断市场，企业生产和销售的产品没有任何相近的替代品，其他任何企业进入该行业都极为困难或不可能，市场排除了任何的竞争因素。垄断企业可以控制和操纵市场价格。完全垄断企业价格策略的基本原则是边际成本等于边际收益，通过调整产量和价格达到企业利润最大化的目标。垄断企业虽掌握市场价格的垄断权，但要制定科学合理的产品价格，还需考虑市场的需求，分析边际收益、产品价格与需求价格弹性系数之间的关系。当需求富有弹性时，企业定价水平略低；当需求缺乏弹性时，企业选择高价策略。

在寡头垄断市场，行业中的企业数量甚少，而且企业之间存在相互依存、相互竞争的关系，该市场中具有少数几家企业生产经营，如汽车制造业、电信业，它们中的每一家企业对整个市场的产品价格和产量都有控制能力，任何一家企业都必须根据市场中其他企业的价格策略来形成自己的决策。如在中国汽车市场，各企业相互影响，纷纷降价。但企业在选择定价策略的时候，必须考虑到自己的价格决策对竞争对手的连锁反应。价格战往往会造成两败俱伤的结果，因而该类企业的产品价格在经过相互作用达到均衡后，应在一段期间内保持相对稳定，企业要从产品的性能、质量、宣传、服务等方面展开非价格竞争。

垄断虽不利于市场机制的形成，但从规模经济角度分析，独家经营的生产效益一定优于多家经营，因而在某些产品的生产中，垄断经营是必选方式。在定价决策中，根据不同层次消费者的消费需求及承受能力，垄断企业可选择差别定价策略，针对不同消费群体、不同消费形式及消费量，提供不同的产品服务，并采用不同的价格策略，如天然气、水、电、采暖等产品价格，应区别居民、商用、政府部门等不同消费对象，采用差别价格。

> 巴菲特说："评估一个企业最重要的决定是定价权。如果你有能力提高价格而又不被竞争对手抢走生意，你就有了一个非常好的生意。"
>
> 其实巴菲特所说的这类企业，基本上都是拥有足够强大的品牌和商业模式的企业，而在这些企业周围有一条坚固的护城河，让他们能够更好地掌握产品定价。

6.4.4 促销定价

促销定价，是指公司可以暂时制定低于标准价格，有时甚至可以低于成本的定价方法。

企业利用消费者的求廉和从众心理，择时通过特价活动、秒杀活动、买降活动、买送活动、满减活动、满赠活动、店铺券、平台券等，以达到招徕顾客的目的，其本质是都是调整产品基础价格，这些调整过的价格就是折扣价、折让价和促销价。其中的定价技巧有多种形式，包括现金折扣、季节折扣、数量折扣、推广折扣、运费折扣和促销折扣等，如图 6-20 所示。

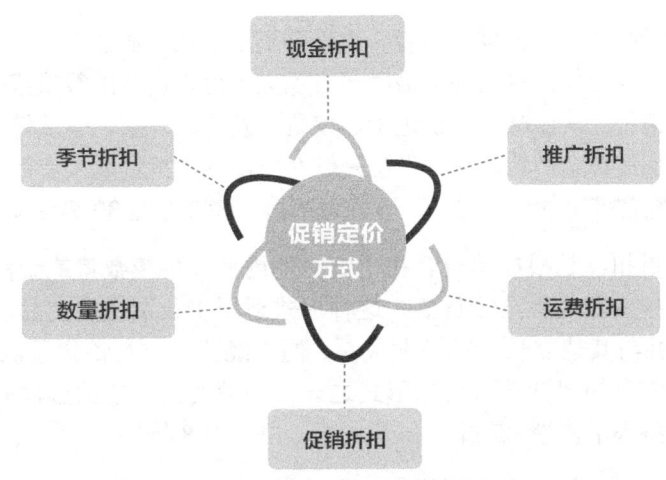

图 6-20　常见的促销定价方式

1. 现金折扣

现金折扣，又称付款期限折扣，是鼓励消费者在规定期限内早日付款，而按原价格给予一定折扣的价格削减方式。同时，交易条件应包括折扣期限、折扣率、付清全部货款的时间等规定。企业在特定的时间内给予购买企业产品的顾客现金回扣，以清理存货，减少积压。对于在规定期限内从经销商那里购买产品的客户，制造商有时会为他们提供现金回扣，把回扣直接交给客户。例如，售楼部会告诉购房者付全款可以享受 95 折、交 2 万订金可抵 5 万购房款等。这种做法主要是为了鼓励顾客按期或提前支付款项，提高企业的收款率，加快企业的资金周转，减少公司的收款成本，预防坏账的发生。

2. 季节折扣

季节折扣，又称季节差价，是公司针对在淡季购买产品或服务的顾客的一种让利行为，主要适用于具有明显淡旺季的商品。季节折扣在日常生活品、节日商品，以及旅游、运输等服务性行业中，应用较多。这种折扣倾向于沿着渠道转换仓储功能，或者进行跨年度的清仓处理。实行季节折扣有利于鼓励消费者早期进货或在商业淡季进货，更重要的是平衡了生产商在产品淡旺季的生产差额，使其总体生产保持平稳。实行季节折扣，对刺激生产、调节供求、扩大商品流通、促进第三产业的发展有很重要的推动作用。

3. 数量折扣

数量折扣是用来鼓励顾客大量购买的让价行为，销售商根据顾客购买数量和金额总数的差异而给予不同的价格折扣。数量折扣可以使卖主获得较多消费者，或者把部分仓储功能转换给消费者，或者减少运输成本和销售费用。数量折扣分为非累计数量折扣和累计数量折扣两种形式。

- 非累计数量折扣，是根据消费者一次性购买数量或金额的多少，按相应的价格折扣或加成率结算货款。目的在于鼓励买方加大每份定货单的数量或金额，便于卖方进行大批量销售，从而减少组织进货、定货、发货、开票、收款等各项手续费用和管理费用，加速资金周转。这种做法是针对一次性大批量购买者而采取让价的行为。例如商家经常推出的买三送一、五件免邮费、满200减30等活动这就是这种形式。

- 累计数量折扣，是根据消费者在一定时期内累计规模数量或金额的多少，按相应的价格折扣或加成率结算货款。这种形式适用于长期性的交易活动，目的在于稳住顾客，并与其建立长期的商业关系，便于经营者进行销售预测，减少经营风险。会员卡是常见的累计数量折扣形式之一，当消费到一定的金额时会员级别就会提升，比如持银卡消费95折、金卡9折、白金卡8折等。

注意，公司所提供的折扣金额不能超过大批量销售所节约的成本，包括销售、储存和运输三方面费用的减少额。其运用成功的关键在合理确定给予折扣的起点、折扣档次和每个档次的折扣率。

4. 推广折扣

推广折扣亦称商业折扣，是根据订货者购货数量、双方关系等因素，按商品原价的一定百分比折扣的优惠。主要形式有：生产企业对批发商和零售商为企业提供各种促进销售工作而给予的折扣作为报酬；生产企业为购货量较大的购货者而给予的折扣待遇；生产企业为长期购货者而给予的折扣优惠。折扣的大小随行业与产品的不同有所区别，一般给予批发商的折扣较大，给予零售商的折扣较小。当中间商采取积极措施推广产品，促进产品的销售时，生产商也会对其提供一定的价格折让，鼓励其行为。通常的做法是先定好零售价，然后再按相应的折扣制定各环节的价格，折扣金额不能超出多售出产品所获取的利润。

5. 运费折扣

企业的产品不仅销售给当地顾客，而且同时也有外地的消费市场。而销售给外地时，就需要把产品从产地运到顾客所在地，此时就产生一定的运输费用。运费折扣是当购买者承担产品部分或全部的运输费用时，生产商在价位上给予的一种让利行为。当产品需要销往较远地区或国际市场时，产品的运输成本很高，此时如果购买者有自己的采购部门与运输设备,愿意自行解决运输问题时,那么销售商就可以在价格上进行折让,来弥补对方的运输费用。

6. 促销折扣

一些超市和百货商店会将某几种产品的价格定得特别低,以招徕顾客前来购买正常价格的产品,这就是促销折扣。这种方式在节假日运用得比较多。商家为了提高销售额而做出一系列的促销让价,就属于促销折扣。在"双十一"期间,很多商家就通过各种方式进行让利来增加销售额。

促销定价的方式多种多样,但就一个核心目的——让购买者从心理上觉得"便宜"。比如,一些制造商提供分期支付,让消费者觉得不用一次支付太多钱,这样用户对高价的感知度就会降低(这一做法在汽车行业中极受推崇)。这里再为大家介绍一个关于人性的弱点:"怕失去"的倾向强于"怕风险"。案例如下。

> 请做一个选择:
> A. 无论如何,都得到3万元。
> B. 80%的概率得到4万元,20%的概率得到0元。

结论是面对"失去"和"风险"时,人会选择"风险"。定价策略不要告诉用户买了产品会得到什么,而是告诉他们不买产品会失去什么。

注意,在价格折扣、折让及促销让价时,对价格的调整必须十分小心,否则公司利润会与计划差额太大,甚至会出现一定的亏损。

6.5 总结

产品经理作为"背锅侠",背的最大的锅莫过于"产品上市失败,未达到预期效果或不盈利,所有人都指责是产品不好,没有竞争力"。在这里说句公道话,通常负责产品上市发布的是市场团队,为销量负责的是营销团队,决定客户满意度的是运营团队,这个锅产品经理背不了。好的产品是成功的基础,但不是绝对要素。由于产品经理"生出"了产品,早在构思之初就做了大量的市场研究工作,不仅了解市场,还了解客户,因此产品经理参与上市发布对产品的成败起着举足轻重的作用。也正是如此,才强烈建议企业采纳产品经理负责制,对产品的商业化结果负责,这不仅是参与产品上市发布,还要管控产品营销全流程。

本章旨在帮助产品经理解决产品上市时卖什么、怎么卖、在哪里卖、卖什么价等产品营销的核心问题。首先为大家提供了营销组合、营销理念、营销方式等产品营销战略范畴内的专业知识；然后介绍了具体的营销沟通（交互方式），包括口碑营销、话题营销、情感营销、借势营销、捆绑营销、社群营销等；紧接着又从产品价值交付的角度，介绍了销售渠道选择的方法与技巧；最后为大家献上了消费者最为敏感，同时也是影响产品盈利多少的定价策略。本章提供的市场营销实操方法比较多，由于各种方法自身都具有独特的优缺点、适用场景及条件，因此在实际运用时并非彼此孤立的。要达到较好的市场效果，需要结合企业自身情况和产品特点，相互补充，配合使用。

MVP 行动指南

- 结合自己所在企业的产品，制定营销战略，包括卖点提炼、审查营销策略、梳理营销理念、优选营销方式，构建产品销售网络。

- 尝试各种营销方式，加深对营销沟通（交互）的理解，能将产品的价值主张以快速、简洁、明了的方式植入到消费者心中。

- 根据自己企业的产品特点匹配销售渠道，做到产品渠道相匹配；也可尝试针对渠道开发专属产品，并通过抢滩战略逐步将产品推向市场。

- 在新产品上市前，按照文中的科学方法给产品定价，并在产品生命周期过程中调整定价（含促销定价），以适应价格敏感的市场竞争。

- 从生产端至消费端，构建产品数字营销体系，优化提升现有供应链效率，并通过网络推广和互联网营销加速产品价值传播，促进交易增长。

第 7 章
产品管理：上市后的产品管理

学习目标

- 学习集团化需求管理方法，能对多产品线进行需求管理并推动产品迭代；
- 掌握项目管理的核心三要素，在跨职能部门中游刃有余，达成绩效目标；
- 能够利用数据管理、数据分析来驱动产品迭代升级以及有效管控产品发展；
- 利用组合管理策略对产品、产品线、产品组合进行优化及投资管理。

产品上市之前，产品经理可以按流程、标准和步骤工作，而产品上市之后，其产品迭代与管理常处于救火、被困并处理问题的时期。这就需要我们将这些工作进行分类，并建立规范及流程，让其有节奏地运行。结合我在大企业的工作经历，这里将常用的产品管理方法介绍给大家，主要涉及需求管理、项目管理、数据管理、组合管理 4 个方面。本章将介绍从开始到结束的整个产品管理生命周期，并能够把整个生命周期的模块完全地闭合在一起。

7.1 需求管理：产品升级迭代

需求管理是一个宏观的概念。从广义上讲，在工作中需要解决的用户问题和工作问题都可以称之为需求，而管理就是要解决这些问题。前文详细地讲述了大量关于需求挖掘、分析、解决方案设计及实施的方法和案例，这些多是针对用户问题的需求管理。产品上市后，需求管理的任务量将由外向内增加，从主要解决用户的问题变为解决各职能部门的需求。当然，各职能部门的需求也都是为用户服务而产生的，所有需求的核心导向性并没有改变，还是以市场用户为中心。为便于区分，我们可将需求分为对外（用户需求）和对内（职能需求）两类，而职能需求又可分为"用户问题"需求和"职能支持"需求两类。

产品上市后，一切的工作都将围绕产品的市场化展开，这个过程中既要解决"用户问题"，对产品进行迭代升级，又要提供"职能支持"以助开拓市场赢得竞争。这就要求我们的产品团队能够承接各类需求，并快速做出响应，解决用户及工作中遇到的实际问题。随着业务规模的增长，以及团队规模的扩大，需求矛盾也将逐步升级，这就需要我们加强对需求来源、采集、管理的控制，提升需求管理能力，能够应对多产品线、海量需求的处理，确保各项工作有序开展。

7.1.1 需求来源

不仅是在新产品开发时需要通过市场调查研究来获取用户需求，从而转化为产品需求，在产品上市后需要定时对产品迭代升级（特别是互联网产品），这同样需要收集用户需求，还包括运营需求。切记，无论在任何时候，需求都不能是产品经理或领导层的"拍脑袋"决定，即使在产品上市后。产品上市后的需求来源更加呈现出多元化，因此需要产品经理对需求来源进行梳理，确保不要遗漏，从而更好地做出需求管理及迭代计划，避免临时抱佛脚，到处救火。结合我 10 年的工作经验和社群其他产品经理的经验，我们汇总了产品需求的主要需求来源途径，供大家参考，如图 7-1 所示。

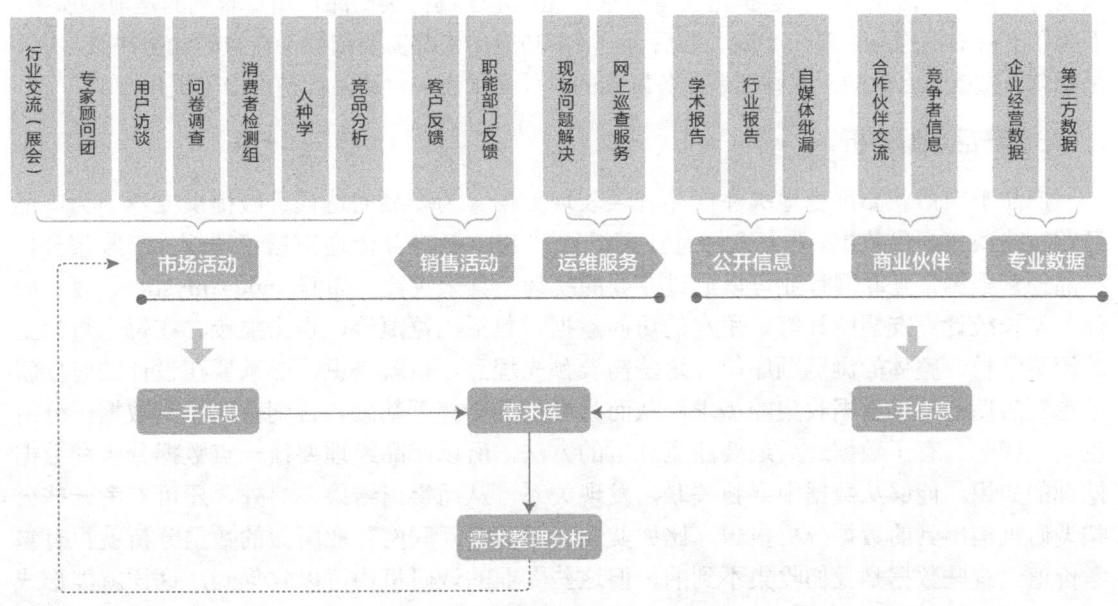

图 7-1　产品需求主要来源途径

以上的需求来源途径多数已在前文中做过介绍，在此不再详加阐述。这里将产品上市后的需求来源分为 4 类：用户体验反馈、业务发展需要、产品数据分析、竞争对手分析，具体实践如下。

1. 用户体验反馈

产品在上市并交付用户后，用户的使用情况、体验、满意度反馈对企业来说十分重要，因为这是衡量产品价值及成功的最直接体现。通过用户反馈，我们可以及时对产品进行改进提升以满足用户的需求，赢得口碑。为了避免产品缺陷带来的市场灾难，试销是解决这一问题的最佳途径。即使产品全面上市后，依然要定时进行市场调研获取用户反馈，对 B 端客户更要亲临现场听取客户意见和观察用户使用情况。对于互联网产品而言，一定要提供在线用户反馈通道，确保 7×24 小时听取客户意见及建议。来自客户的反馈是最真实的、最有效的需求，一定要高度重视，但同时要避免用户带有感情色彩的需求，以免以偏概全。建议针对用户反馈的问题进行进一步的研究，找出问题的根本所在：如果是缺陷问题，要立刻补救；如果是体验问题，要尽力提升；如果是个性化需求，要研究分析后再做决策。

2. 业务发展需要

在市场环境下，企业根据战略要求，按照既定的产品路线图和技术路线图对产品进行升级迭代。比如苹果公司每年都会推出性能增加或提升后的新款手机。这一是为了满足市场的需求，二是为了加强市场竞争力。在互联网领域，由于产品和运营是密不可分的整体，因此运营人员为了推动产品发展，也会提出大量需求。比如电子商务类产品，用户看到的是前端服务，而为了支持前端服务需要一个庞大的后台，很多功能结构都需要依赖于自身的业务决策，并不是想怎么做就怎么做的。这些都是业务发展的具体需求表现，通常都是由内部提出来的。

3. 产品数据分析

产品上市后就要严密地关注产品各项表现数据，为产品的迭代升级提供支撑，为产品经营策略决策提供依据。非互联网行业可以通过 ERP 等产品流通数据管理软件来收集分析产品经营数据，互联网行业可以通过专业的统计工具来收集，如 Google Anlystics、百度统计、站长统计、友盟统计等。用户的访问数据，包括浏览痕迹、点击痕迹、在每个页面上的浏览时长、整体的浏览顺序等，这些需要预先埋点，也就是说，必须要在设计的时候就考虑到后期的这种数据收集的需求，从而为数据分析打下基础。否则获取不到数据，分析也无从谈起。有了数据之后还要注意分析的方法，所以产品经理要懂一点数据分析和数据挖掘的知识，能够从数据中寻找关联，发现关系，从而得出结果。另外，还可参考一些公共调研机构出具的数据分析报告，比如艾瑞资讯等对互联网行业所做的数据分析就很有参考价值。有些数据是我们收集不到的，但这些专业的调研机构可以收集到，这样就能形成互补。

4. 竞争对手分析

谈到竞品分析，我们首先想到的就是去研究同类产品，从中找出别人产品的优劣势，进而发现产品的突破口，即做到"人无我有，人有我优，人优我精"。可是还有一种竞品分析是大家不常用的，那就是跨行业做竞品分析，而且这种方式在创新应用上要强于同业竞品分析（同业的竞争度太高，同质化太严重）。这种方式是我在一家 500 强企业工作时，CEO 教会我的。当时我们在开发一款保险代理人科技赋能 App，在上一家单位我主要是通过同业竞品分析，采用差异化来提升产品。当 CEO 要求我去做异业体验报告和竞品分析的时候，我非常不理解，但还是去执行了，结果在这个过程中受益匪浅。比如，我们通过研究自媒体营销，将自媒体营销工具植入到我们的 App 中，开发"自媒体助手"以帮助代理人构建自媒体营销矩阵，传播保险内容来获取保险客户。这是非常好的跨界借鉴应用。慧择网通过这种方式构建了 18000 余个个人代理保险营销账号，其影响力和范围远超企业官方账号，成为保险界营销创新的一大亮点，为慧择的成功上市提供了重要的数据支撑。由此，在同质化竞争日趋激烈的市场，希望大家能将目光放得更远一些，范围更大一些，去寻找灵感，寻找有竞争力的需求点。

以上是一些常见的获取需求的来源，当然并不止于这些方法，还有别的方法在这里没有提及到，日后大家可以相互交流补充。需求获取是产品开发的第一步，有了需求才能进行需求分析，才能进行产品定义，因此做好需求获取至关重要。

7.1.2 需求采集

需求采集可以分为直接采集和间接采集，分别对应着一手需求和二手需求。区分一手需求和二手需求，最主要是看需求是原始的还是加工过的，比如直接从用户采集的需求，就是一手需求，而从行业报告、数据资料采集的需求就是二手需求。另一方面，可以看需求的提出者：如果需求提出者就是用户自身，那就是一手需求；如果需求的提出者是公司的客服、销售等团队，那就是二手需求。

直接采集需求可以保证自己的产品更真实，更准确，更接底气。在实际工作中，我们要保证采集到的需求有一定比例是直接采集，而对于二手需求，则要带着问号去看，要进行需求的深挖，防止需求被曲解。但是，某些二手需求（比如客户反馈周报）是整理过的，准确性、实用性都比较能得到保证，使用效率也更好。因此在实际需求采集工作中，也要灵活使用直接采集和间接采集。

产品经理都喜欢开发新产品，喜欢体验从无到有的感觉。不过，在开发新产品时相应的团队还没配上，所以直接采集需求占大多数。但大量产品经理做的是产品从有到优的事情，所以，二手需求更多。如果你的公司把产品经理定位为"需求分析师"，而把真正的产品经理该做的事情转交给内部的客服、运营、销售等团队，那也可以，不过这些团队人员的产品能力通常是不足的。也就是说，他们对用户需求的理解、转化、夹杂私货（且经常以口头的形式来传达），很可能产生偏差，这种现象令产品经理痛苦不堪。为有效地提升需求采集及传递质量，大型企业都会为各职能部门提供需求采集表，用于统一收集需求信息。我用过的需求采集模板如图7-2所示。

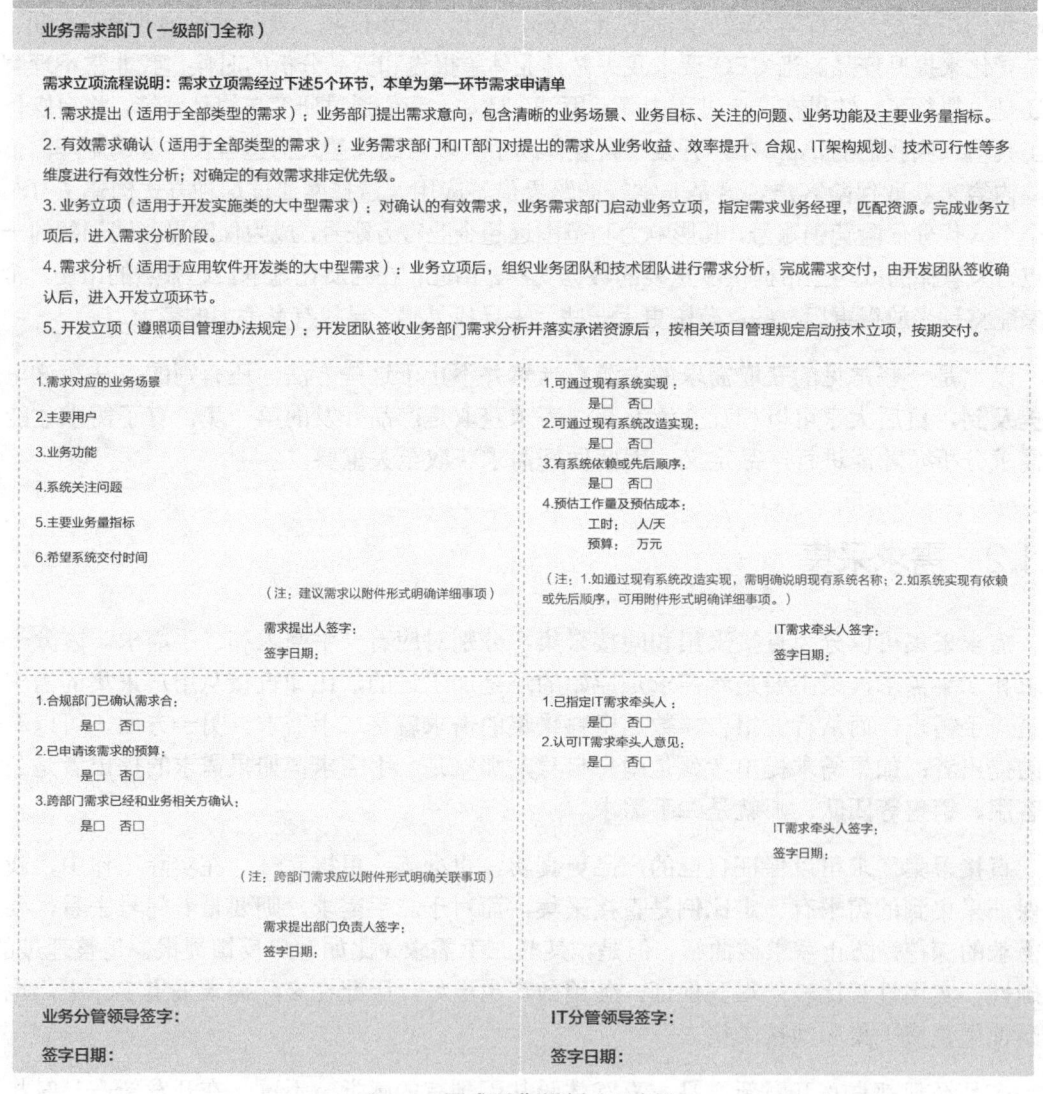

图 7-2 需求采集模板（示例）

这个需求采集模板是在我进入世界500强企业后被强制使用的，当时觉得特别麻烦，后来慢慢就适应了，并认识到了它的价值和作用。当时，信息技术部80多人作为中台维护着30多套系统集成的数字化服务平台，服务于总部20多个职能部门、前台19家省级分公司、200多家分支机构，服务人数超过10000名员工，外加100多个销售渠道和20多万个第三方营销网点，还为600多万客户提供在线自助服务。这样一个庞大而又复杂的信息网络系统，不是靠某个人运转的，而是靠一套完善的规则和流程，而需求申请表就是这套体系的起点或入口，重要性可见一般。

纵然，产品经理在新产品开发时进行了大量的市场调研，获取了很多一手的用户需求，但在产品上市后，依然有运营、销售、客服等职能部门间接地提供用户需求。但是，我的观点是，专业的人做专业的事。无论何时，产品经理必须保持一定的频率，直接面对用户，这样才能保持产品经理的敏感度。在此为大家提供一些产品经理获取一手需求的最佳实践。

> 做产品之前，去目标用户那里"轮岗"。在管家婆公司，新的产品经理入职后，都要先去各部门轮岗，3个月后再来做产品。这时候，他对需求的把握、对技术团队的说服力，自然很强。
>
> 跟着销售去见用户。做一些中小企业管理软件的时候，我们都会定期跟着销售人员去卖产品，而且常常惊讶于客户的想法，他们在意的点，我们从来都没考虑过。
>
> 与客服一起听来电。有一段时间，我所在团队的所有产品经理都要求每个月必须听2小时的客户来电，然后每个人都会把听来的问题记录进行分享，这样相当于每个月我们能直接从几十个小时的来电中挖掘需求（虽然也不算多，但坚持下来也不易）。
>
> 伪装成为用户。比如产品经理就应该去滴滴出行的司机端注册一个账号，周末或下班的时候拉几单，这样就能切身地从真实用户的身份去发现产品不足的地方。我也是做过滴滴、优步、易到的司机后才发现它们成败的秘密的。
>
> 做社区的产品经理，强制每个人从0开始建立一个细分板块，要求做到一定活跃度和一定规模。在这个过程中，可以体会到很多用户的痛苦——费劲心思就是做不起来？做起来以后全是营销信息或垃圾广告？……
>
> 与一些用户建立起私交，有事没事多聊聊，除了工作，还有生活。熟了以后，他们会说出很多在常规用户访谈里不会说的真实想法。在产品会社群，用户都是我的朋友，所以才有了我们的碰撞和洞见，有了MVP思维、理念及价值观。
>
> 在腾讯，产品经理每个月必须做10个用户调查，关注100个用户博客，收集反馈1000个用户体验。
>
> 还有一点很重要，那就是公司要建立起一种不要说"我认为"，而要说"我去聊了10个用户，有8个认为……"的文化。包括老板的"我认为"，也要有真实用户的声音来支撑。

7.1.3 需求管理

需求并不总是显而易见的，而且它可来自各个方面。需求也并不总是容易用文字明白无误地表达。需求的种类有多种，其详细程度各不相同。如果不加以控制，需求的数量将难以管理。需求相互之间以及与流程的其他可交付工件之间以多种方式相关联。需求有唯一的特征或特征值。例如，它们既非同等重要，处理的难度也不同。需求涉及众多相关利益责任方，这意味着需求要由跨职能的各组人员来管理。需求可能发生变更，可能对时间敏感。当这些问题同时出现时，如果没有需求管理或处理技能不足以及缺乏易用工具，业务就会进入混乱，甚至是面临瘫痪与失败。为此我们不得不重视和加强需求管理。

需求管理是完整管理模式中的一环，与其他特性（诸如完整性、一致性等）不可分割，彼此相关而成一体。一套需求管理应当是已知产品需求的完整体现，每部分解决方案都是对总体需求一定比例的满足（甚至是充分满足），仅仅解决部分需求是没有意义的。对关键需求的疏忽很可能是灾难性的，试想一架飞机的安全设计不过关将会带来什么样的后果。将不同的需求组合起来，就构成了一个需求池，然后通过管道（流程规范）进行流转，将产品价值交付客户。可以说，需求管理指明了产品开发所要做和必须做的每一件事，指明了所有设计应该提供的功能和必然受到的制约。需求管理的过程从需求获取开始，贯穿于整个项目生命周期，力图实现最终产品与需求的最佳结合，如图 7-3 所示。通过对需求管理在项目进程中实施的不同任务进行分析，我们可以看出需求管理所起的作用。

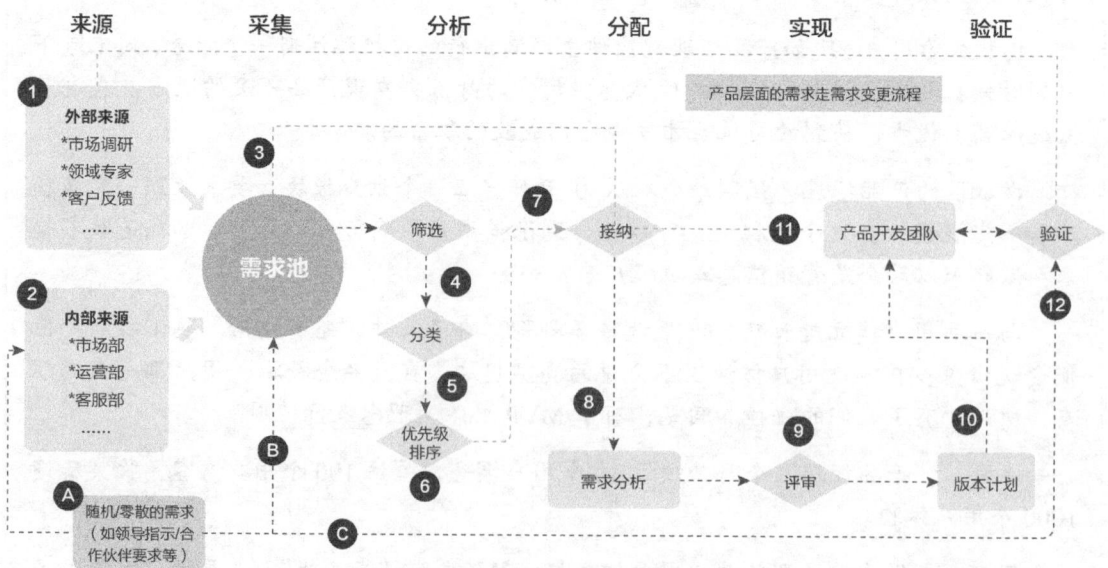

图 7-3　需求管理流程（示例）

建立需求管理流程的首要任务在于使产品团队对于需求管理都有一个明确的认识，并明确每一个人在项目中所起的作用，进而对整个项目有一个整体把握。因此，需求管理需要解决的首要任务也是最基本的任务就是建立需求流程和规范，并使所有相关人员达成共识。

为了建立一个真正满足工作需要的需求管理系统，产品团队首先必须确定系统要解决的问题，即需求来源。然后，团队必须将采集到的所有需求进行汇总，并归入需求池中进行统一管理。继而对需求的有效性、真伪、分类、时效、优先级进行分析，再确定需求是否要接纳进行开发，并做好状态标记。接着对已确定的高优先级需求指定需求负责人对其进行详细分析，并提交评审，通过后列入版本计划。最后由产品开发团队负责需求实现，并交由测试人员验证通过后对外发布。如果客户或内部需求提出人员对交付的结果不满意，可以进入需求管理循环处理改进，直到客户满意或问题解决为止。

需求管理是一个动态的过程，离开了能动的、变化的系统进程而空谈需求管理，无异于纸上谈兵。需求管理恰如裁缝的量体裁衣，它直接关系到最终产品的成型。仅从字面出发，如果一个产品满足了客户需求，那它无疑就是成功的。

7.1.4 多产品线

众所周知，产品的从 0 到 1 是最难的，也是最考验产品经理个人能力的阶段。但是产品一旦进入了平台期，就会催生许多产品。比如，百度围绕搜索引擎构建的产品服务多达上百个；小米以手机为起点在短短数年内发布了超过 200 款产品；苹果公司在鼎盛时期旗下产品数量超过 1000 个。管理如此多的产品绝对是一个挑战，我们称这样的产品管理者为产品 VP（高级副总裁）或 CPO（首席产品官）。为了便于管理，我们会根据其相关性、属性、业务模块等特点划分为若干产品线，由具体的产品负责人去管理，这样的管理者称之为产品总监。在产品总监所带领的产品部门下会有不同的产品经理去负责所对应的具体产品。由此可见，在需求管理上涉及多产品、多产品线，这与我们通常处理需求的方式有很大的不同。这要求产品经理不仅在专业上有实践，还要在综合管理素质上有沉淀。

第 1 章已经对产品、产品线、产品组合等产品概念有了一定的认识。从概念定义上我们不难看出产品、产品线和产品组合是在面临多用户、多场景、多类型、多需求的情况下，为便于管理而进行的需求解决方案组合。因此，在复杂的产品体系下进行统一的需求管理，首先要划清界限，在需求提出时就应该明确该需求走哪条路径，不同路径对需求的处理和应对机制不同。在本书的框架下，多产品线需求管理路径如图 7-4 所示（仅供参考）。

大型企业都已经建立了标准、规范的需求管理流程：针对短期需求，可以通过瀑布迭代即时发现，即时开发，即时验证，即时发布；针对长期需求，可以列入产品版本计划迭代上线；针对跨产品的需求，需要产品线负责人进行整体的规划，制定产品路线图，进而按计划实施交付；针对跨产品线的需求，则需要根据需求的大小、价值度、紧急度等因素进行区分，一般规模小、价值低、非紧急的需求可以通过协调跨产品线工作解决，而规模大、价值高、紧急的需求要走产品组合投资决策立项流程。以上路径构成了需求管理体系，基本可以承接所有需求。

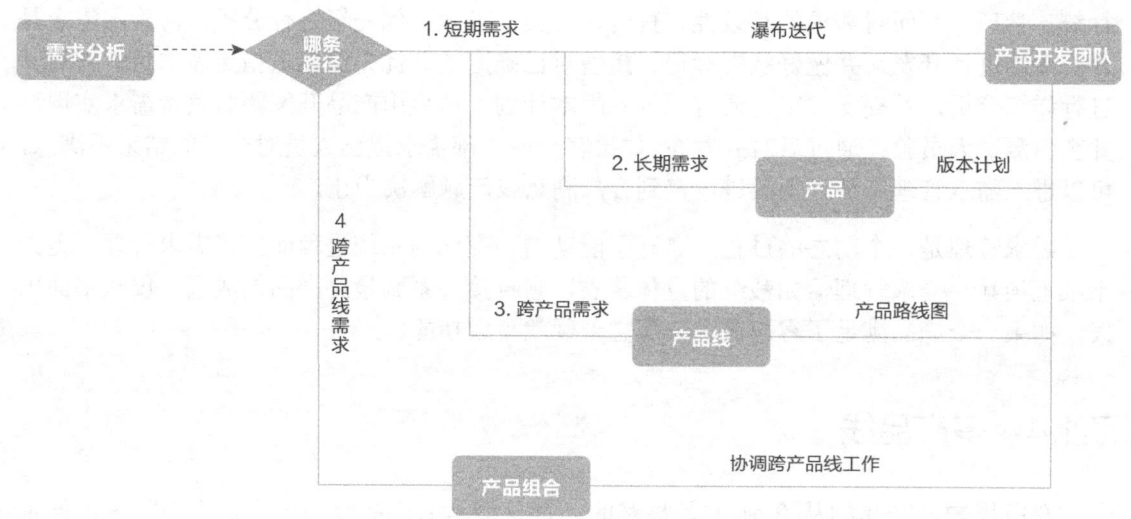

图 7-4 多产品线需求管理路线图

伴随着互联网的高速发展，市场竞争日趋激烈，对需求的响应速度要求越来越高，同时系统也变得越来越复杂，效率和成本问题日益突出。由此，企业在应对市场客户需求时，逐步演化出了业务中台、产品中台、技术中台的管理概念，旨在提升前台需求解决效率，降低成本，提升综合经营效益。另外，工欲善其事，必先利其器。在大公司，还会有诸多现成的辅助工具，而在创业公司则需要自己寻觅。好在市场上各种工具繁多，任你挑选，比如禅道、Tower、Worktile 等。

7.2 项目管理：确保产品落地

项目是指在限定的资源及限定的时间内需完成的一次性任务，具体可以是一项工程、服务、研究课题及活动等。项目管理是指在项目活动中运用专门的知识、技能、工具和方法，使项目能够在有限资源和限定条件下，实现或超过设定的需求和期望的过程。项目经理一般是指项目的负责人，如果一个项目需要单独成立一家公司运营（常见于房地产项目或工程项目领域），那么这个项目经理可能就是总经理。结合前文对产品经理的定义可知，产品经理与项目经理的岗位职责是有区别的，但在中小企业中很少设置项目经理这样的职位，因此项目管理的工作就落到了产品经理的头上。

"产品驱动"这个词对于产品经理来说并不陌生，意思是产品经理不仅要去创造产品价值，还要带领团队去实现它。因此，多数产品经理必须掌握一定的项目管理知识。即使有专职的项目经理，也有助于与项目团队协作，确保产品落地。项目管理已经成为一门管理学科，植入高等教育中。在此向大家简要介绍与产品经理日常工作结合最紧密、关注度最高的几个项目管理维度：范围管理、进度管理、成本管理、质量管理。

7.2.1 范围管理

有3个约束条件制约着一个项目的发展——范围、时间、成本。在一个项目中，这3个条件是相互影响、相互制约的，而且往往是范围影响了时间和成本。项目一开始确定的范围小，那么它需要完成的时间以及耗费的成本必然也小；反之亦然。很多项目在开始时都会粗略地确定项目的范围、时间以及成本，然而在项目进行到一定阶段之后往往会让人不知道项目什么时候才能真正结束，以及要使项目结束到底还需要投入更多人力和物力。整个项目就好像一个无底洞，项目何时结束谁的心里也没有底。对于公司的高层来说，这种情况是他们最不希望看到的，然而这样的情况并不罕见，原因就是没有控制和管理好项目的范围。可见，项目的3个约束条件中最主要的还是范围的影响。

项目范围管理可以对项目应该包括什么和不应该包括什么进行有效的定义和控制，对项目所期望的最终产品和可交付成果，以及为实现该产品和可交付成果所需的各项具体工作进行简明描述。项目范围的确定为成功实现项目目标定义了恰当的范畴，即规定或控制了具体的项目。恰当的范围界定对于项目成功与否十分重要。

从上文可以清楚地看到造成项目范围不好管理的一些原因，要管理好项目范围，就必须对症下药。首先，我们必须先了解项目范围管理的一些科学过程。项目范围管理应该包含下面的过程：项目启动、范围计划、范围定义、范围核实及变更控制，如图7-5所示。下面将详述如何做好这些过程。

项目启动　范围计划　范围定义　范围核实　变更控制

图7-5　项目范围管理过程

1. 项目启动

项目启动是指组织正式开始一个项目或继续到项目的下一个阶段。项目启动过程的一个重要标志就是输出项目章程。项目章程是一个重要的文档，这个文件正式承认项目的存在，粗略地规定项目的范围，这也是项目范围管理后续工作的重要依据。项目章程中还将规定项目经理的权利、项目组中各成员的职责，以及项目其他干系人的职责，这也是在以后的项目范围管理工作中各个角色如何做好本职工作的一个明确规定，这有助于后续工作可以更加有序地进行。因此，千万不能忽略项目的启动过程。

2. 范围计划

范围计划是指进一步形成各种文档，为将来的项目决策提供基础。这些文档中包括用以衡量一个项目或项目阶段是否已经顺利完成的标准等。作为范围计划过程的输出，项目组要制定一个范围说明书。范围说明书中至少要说明项目论证、项目产品、项目可交付成果和项目目标。任何没有明确要求的结果，都意味着它在项目可交付成果之外；项目目标是要考虑到项目的成功性，至少要包括成本、进度表和质量检测。项目目标应该有标志（如，成本、单位）和绝对的或相对的价值（如，少于 150 万美元等）。尽量避开不可量化的目标（如，客户的满意程度），因为它将让你的项目承担很高的风险。

3. 范围定义

计划明确后，该做哪些事情似乎还是"一把抓"，因为完成项目本身是一个复杂的过程，必须采取分解的手段把主要的交付产品和服务划分为更小的、更容易管理的单元才能一目了然，即形成工作分解结构（Work Breakdown Structure，WBS）。WBS 的建立对项目来说意义非常重大，它使得原来看起来非常笼统、模糊的项目目标一下子清晰下来，使得项目管理有依据，项目团队的工作目标清楚明了。恰当的范围定义对项目的成功十分关键。当范围定义不明确时，变更就不可避免地出现，这可能造成返工、延长工期、降低团队士气等一系列不利的后果。

制定好一个 WBS 的指导思想是逐层深入。先将项目成果框架确定下来，然后在每层下面再把工作分解。比较常用的方式是以项目进度为依据划分 WBS，第一层是大的项目成果框架，然后在每层下面再把工作分解。这种方式的优点是结合进度划分，直观，时间感强，评审中容易发现遗漏或多出的部分，也更容易被大多数人理解。Microsoft 的项目管理工具 Project 就可以自动为各个层次的任务编码。

4. 范围核实

范围核实是指对项目范围的正式认定，项目主要干系人（如项目客户和项目发起人等）要在这个过程中正式接受项目可交付成果的定义。这个过程是范围确定之后，执行实施之前各方相关人员的承诺问题。一旦承诺则表明你已经接受该事实，就必须根据你的承诺去实现它。这也是确保项目范围能得到很好的管理和控制的有效措施。

5. 变更控制

一个项目的范围计划可能制订得非常好，但是不出现任何改变几乎是不可能的。范围变更的原因是多方面的，比如用户要求增加产品功能、合规问题导致设计方案修改而增加施工内容等。如果是在项目范围之内，那么就需要评估变更所造成的影响，以及如何应对，受影响的各方都应该清楚明了自己所受的影响；如果变更是在项目范围之外，那么就需要商务人员与用户方进行谈判，看是增加费用，还是放弃变更。变并不糟糕，糟糕的是缺乏规范的变更管理过程。项目经理在管理过程中必须通过监督绩效报告、当前进展情况等来分析和预测可能出现的范围变更，并在发生变更时遵循规范的变更程序来管理变更。因此，项目所在的组织必须在其项目管理体系中制定一套严格、高效、实用的变更程序。

只要执行好以上项目范围管理的 5 个过程，我们才认为对项目范围的管理、控制都将是行之有效的！

> **范围管理和需求管理的区别和联系**
>
> 范围管理不是需求管理，它们之间的差别从各自的定义和所包括的过程就可以知道：范围管理包含一系列子过程，用以确保项目包含且只包含达到项目成功所必须完成的工作，范围管理主要关注项目内容的定义和控制，即包括什么，不包括什么；而需求管理是确保各方对需求的一致理解，管理和控制需求的变更，以及需求的跟踪。

7.2.2 进度管理

在项目中，范围、时间、成本对项目的成功有着至关重要的作用，所以我们需要不断地掌握计划的实施情况，并将实际情况和计划进行比对，然后及时调整和采取有效的措施，使项目按照预定的目标实现。这一过程及动作称之为项目进度管理。项目进度管理根据工程进度目标编制经济合理的进度计划，然后以此来检查工程项目计划的执行情况。一旦发现实际与计划不一致时，需及时分析原因，并采取必要的措施对原进度计划进行调整和修正。

工程项目进度管理是为了实现最优工期，"多快好省"地完成任务。那么如何才能有效地进行项目进度管理呢？以下是项目进度管理的 6 个要点。

1. 明确计划与责任

建立或管理任何一个团队时，最重要的事情就是明确、调整组织架构。其中的关键就是明确谁在什么位置、负责什么内容。通过分清楚团队成员的职责，才能在出了问题后让大家都清楚谁应该出来承担责任。我们可以通过甘特图来编制项目计划，再将计划明确分配到个人，这样管理者通过甘特图就可以直观地看到项目有哪些任务、每个任务由谁负责，以及当出现问题时可以找谁来解决问题。

2. 明确项目目标与里程碑

无论是业务岗还是职能岗，我们在管理团队时都要注意明确目标。阶段性目标也可以作为项目里程碑，我们在做项目开发计划的时候，需要提前合理地识别和规划各里程碑事件的节点，使其具有可行性和可评估性，从而通过可行的里程碑事件实现对项目开发过程的监控，使项目慢慢实现可验收的价值。项目管理的日常工作需要根据各个阶段的里程碑事件进行安排。作为管理者，我们需要明确团队的走向，为团队里的成员搭好梯子，向全员传达。如果这个工作没有做好，再优秀的团队也不会拿出好的结果。而我们的成员则需要分阶段定下落地执行的目标，以结果为导向，一步步地去达成。

3. 做好资源配置与协调

通常计划不能如期完成的大部分原因是资源问题。采购资源、人力资源、生产资源等没有落实到位的话，再好的计划也完成不了。所以，产品经理在项目执行的过程中需要关注各部分资源的负荷情况，掌握资源的一手信息，并开展资源协调。

4. 有效控制项目风险

为项目制订一套风险防范体系，需要包含风险识别、风险确认、风险应对等方面。项目启动初期，要充分地识别会影响项目进度的风险，并且在项目的执行过程中，对风险不断进行监控与更新，然后采取相应的措施。控制项目风险的重点在于各分项目负责人对风险的识别与即时汇报，并以预防为主。

5. 建立良好的沟通机制

要掌握各方的实时信息，沟通十分重要。通过沟通可以及时了解到立项部门和项目客户的期望与特殊需求，以保障各项工作在项目范围内开展，即使范围发生变化，也能及时做出调整，使项目的进度满足各方需求。有必要建立项目例会制度、分项计划汇报制度、项目跟进汇报制度等，并强调主动沟通，以提早准备做好配合，避免项目进度拖延。

6. 可视化管理

在项目管理中，在项目刚开始的时候还能准确地把握项目进度，但是越往后项目进度越难控制。因此我们要学会通过一个可视化的流程和管理制度来帮助监测项目。在项目管理中也许不需要项目经理去跟踪团队的每一个人每天在干什么，但要了解项目的进度，这样才能在出问题的时候及时处理。当团队成员知道他的任务进度会被看见时，执行的效率和质量也会有提升。甘特图进度可以帮助项目经理清晰地看到项目任务及整体的进度。以本书的创作为例，为有效地控制写作进度，同时加强与协作人员的沟通配合，我做了一个简单的甘特图，如图 7-6 所示。也正是有了这样一个可视化的管理工具才强化了我的自我意识，确保了本书的顺利创作，并按时交稿。

MVP图书出版任务计划				4月				5月					6月				7月			
章节	标题	任务	责任人	5	12	19	26	3	10	17	24	31	7	14	21	28	5	12	19	26
	图书定位		张乐飞、傅道坤																	
	产品架构		张乐飞、傅道坤																	
	前言		张乐飞																	
第1章	产品经理	手稿	张乐飞																	
		插图	李静																	
		终稿	傅道坤																	
第2章	产品战略	手稿	张乐飞																	
		插图	李静																	
		终稿	傅道坤																	
第3章	市场研究	手稿	张乐飞																	
		插图	李静																	
		终稿	傅道坤																	
第4章	产品创新	手稿	张乐飞																	
		插图	李静																	
		终稿	傅道坤																	
第5章	MVP开发	手稿	张乐飞																	
		插图	李静																	
		终稿	傅道坤																	
第6章	上市发布	手稿	张乐飞																	
		插图	李静																	
		终稿	傅道坤																	
第7章	产品管理	手稿	张乐飞																	
		插图	李静																	
		终稿	傅道坤																	
第8章	生命周期	手稿	张乐飞																	
		插图	李静																	
		终稿	傅道坤																	
第9章	商业模式	手稿	张乐飞																	
		插图	李静																	
		终稿	傅道坤																	
第10章	生态协同	手稿	张乐飞																	
		插图	李静																	
		终稿	傅道坤																	
产品经理职业生涯规划		手稿	张乐飞																	
		插图	李静																	
		终稿	傅道坤																	
与MVP同行		文稿	张乐飞																	
实用工具模板		文稿	乐飞、刘波																	
专业概念术语汇总		文稿	张乐飞																	
参考文献		文稿	张乐飞																	
封面		文稿																		
排版		文稿	傅道坤																	
序言		文稿	傅道坤																	
书评		文稿	傅道坤																	

图 7-6　项目进度管理——甘特图

在项目进度管理中，必须要具备制定项目时间表的能力，包括能够基于 WBS 的信息建立项目活动清单，建立项目活动之间的多种依赖关系，能够从企业资源库中选择资源分配到项目活动中，能够为每个项目活动制定工期，并为各个项目活动建立时间方面的限制条件，能指定项目里程碑，当调整项目中某项活动的时间（起止时间或工期）时，后续项目都可以随着自动更新其时间安排，各个资源在项目中的时间安排也会随之更新。同时，还需要一定的辅助检查功能，包括查看项目中各资源的任务分配情况、各个资源的工作量分配情况，以及识别项目的关键路径，查看非关键路径上的项目活动的可移动的时间范围等，这些都是制定项目时间表所需要的基本功能。制定完项目计划后，通常情况下会将项目计划的内容保存为项目基线，作为对项目进行跟踪比较的基准。

对于大型项目管理，如果没有软件支撑，手工完成项目任务制定、项目进度跟踪、资源管理和成本预算的难度是相当大的。随着微型计算机的出现和运算速度的提高，20 世纪 80 年代后项目管理技术也呈现出繁荣发展的趋势，项目进度管理软件开始出现。现在市场上的项目进度管理软件很多，而且功能也很完善，像禅道、Tower、Worktile 等项目进度管理软件不但支持 WBS、项目范围结构、甘特图、关键路径、EVM 等传统管理手段，也支持迭代依赖、现状调查等现代项目管理技术，基本上可以满足现代企业的项目进度管理需求。

7.2.3 成本管理

项目成本是在投资项目生命期内为实现项目的预期目标而付出的全部代价。虽然项目成本管理主要关心的是完成项目活动所需资源的成本，但也必须考虑项目决策对项目产品、服务或成果的使用成本、维护成本和支持成本的影响。例如，限制设计审查的次数有可能降低项目成本，但同时就有可能增加客户的运营成本。广义的项目成本管理通常称为"生命期成本计算"。生命期成本计算经常与价值工程技术结合使用，可降低成本，缩短时间，提高项目可交付成果的质量和绩效，并优化决策过程。在许多应用领域，对项目产品未来的财务绩效的预测与分析是在项目之外完成的。在另外一些领域（如基础设施项目），项目成本管理也包括此项工作。如果包括这种预测与分析，则项目成本管理就需要增加一些过程和许多通用管理技术，如投资回报率、折现现金流量、投资回收分析等。

要搞好成本管理和提高成本管理水平，首先要认真开展成本预测工作，规划一定时期的成本水平和成本目标，对比分析实现成本目标的各项方案，进行最有效的成本决策。然后应根据成本决策的具体内容编制成本计划，并以此作为成本控制的依据，加强日常的成本审核监督，随时发现并克服生产过程中的损失浪费情况。在平时要认真组织成本核算工作，建立健全成本核算制度和各项基本工作，严格执行成本开支范围，采用适当的成本核算方法，正确计算产品成本。同时安排好成本的考核和分析工作，正确评价各部门的成本管理业绩，促进企业不断改善成本管理措施，提高企业的成本管理水平。要定期积极地开展成本分析，找出成本升降变动的原因，挖掘降低生产耗费和节约成本开支的潜力。以下为大家提供 5 种常用的成本控制方法。

- 基于预算的目标成本控制方法

预算管理是有效的成本控制方法。所谓预算，通俗地讲就是事前确定好明天花多少钱？在哪里花钱？谁来花钱？怎么花钱？谁来控制花钱？要回答这些问题，不仅需要对全盘有把握,而且知道资金从哪里来(并保证能得到这笔资金),以及知道各种需要购买的东西的未来价格走势。因为是按计划来花钱,自然就不会乱花钱、花冤枉钱。为什么说按事前的计划花钱就不会花冤枉钱呢?因为计划通常是事前在各部门的共同参与下,反复讨论协商出来的。当然,大家可能会说总有一些事情是无法预计的,但这不能否定预算管理的无效,预算一旦执行以后,也不是铁板一块,必要的时候是可以进行适当调整的。最重要的是,有预算管理一定会比没有预算管理好。

- **基于标杆的目标成本控制方法**

所谓标杆,就是样板,就是别人在某些方面做得比自己好,所以要以别人为楷模,甚至比别人做得还要好,或说别人做到了那样的效果,所以我也要求自己达到甚至超过那样的效果。这里的"别人"有三层意思。其一,它可以是别的企业。当一个企业在某些方面达到某种较好的程度时,通常就会有一批企业起而效仿它。比如,某手机的售价是 1000 元,而自己企业对标产品的成本超过 1000 元,那么就要想办法使产品的生产成本降到 1000 元以下,这样才能有价格竞争力。其二,以自身企业过去的某些绩效为标准来作为未来的目标予以控制。比如,在本企业的历史上,最低的获客成本是 20 元/个,或销售费用率仅为 5%,于是决意在下一年度以此为目标来予以控制。其三,是以本企业的某个部门或某个人创造的某项纪录为目标,要求其他部门或其他人以此为标杆,并力争超越他。比如销售团队之间展开的竞赛(PK),在同等成本下,看谁的业绩高。

- **基于市场需求的目标成本控制方法**

基于市场需求的目标成本控制方法,有时也称为"基于决策层意志的成本控制法",因为在这种方法的使用过程中,决策者的意志将起主导作用。比如,如果一项应用了新技术的产品要投产,将颠覆市场,但是成本太高,生产出来的产品客户接受不了,那么就必须想办法使技术应用成本降低到客户能接受的程度。新产品的成本只有达到目标成本的要求,才可以正式投产。这一方法常见于颠覆型创新领域,实践也证明它是一种十分有效的控制成本的手段。最初,这种方法可能是某企业迫于竞争的无奈而创造出来的。但是,在竞争并不激烈的产业中,推行此方法依然可以获得奇特的管理效果。人的潜力是无限的,有时候看似不能达到的目标,如果有一个强权者的推动,它还真得能够如愿以偿。许多企业往往并不知道自己企业是否存在降低成本的空间,采取这种方法,有时可以"把海绵中所有的水都拧干"。

- **基于价值分析的成本控制方法**

一些大企业都使用了这种方法。这类企业往往设有一个专门的部门来负责"降低成本",它们分析现有的工作、事项、材料、工艺、标准,并寻找相应的替代方案,可以相应地降低成本。比如,苹果公司将成本最难控制的生产环节外包给有成本控制优势的富士康;房地产公司将建筑工程外包给专业的建筑公司;物业公司将保洁工作外包给专业的保洁公司等。

○ **基于经验的成本控制方法**

毫无疑问，基于经验的成本控制方法有时是最有效用的提高效率、保证质量和控制成本的措施。它是管理者借助过去的经验来对管理对象进行控制，从而追求较高的质量、效率和避免或减少浪费的过程。比如，经验告诉我们，在采购的过程中，"货比三家、反复招标、尽量杀价"，可以降低采购成本，于是管理者就要求他们的下属在采购时执行该采购方式。大多数企业的成本管理都是由此开始的，而其他每一种成本控制方法的最底层部分其实都是由此构成的。

成本是体现企业生产经营管理水平高低的一个综合指标。因此，成本管理不能仅局限于生产耗费活动，应扩展到产品设计、工艺安排、设备利用、原材料采购、人力分配等涉及产品生产、技术、销售、储备和经营的各个领域。参与成本管理的人员也不能仅仅是专职的成本管理人员，还应包括各部门的生产和经营管理人员，并要发动广大职工群众，调整全体员工的积极性，实行全面成本管理。只有这样，才能最大限度地挖掘企业降低成本的潜力，提高企业整体成本管理水平，降低产品价格或提升产品利润空间，获取市场竞争优势。

7.2.4 质量管理

项目质量管理中的质量通常指产品的质量，广义上讲还包括工作的质量。产品质量是指产品的使用价值及其属性；而工作质量则是产品质量的保证，它反映了与产品质量直接有关的工作对产品质量的保证程度。项目的质量管理主要是为了确保项目按照设计者规定的要求满意地完成，它包括使整个项目的所有功能活动能够按照原有的质量及目标要求得以实施。制约项目质量的"三个约束条件"——范围、时间、成本（见图7-7），分别对应项目范围管理、进度管理、成本管理，其质量高低的关键受这三者影响，是三者共同作用的结果。

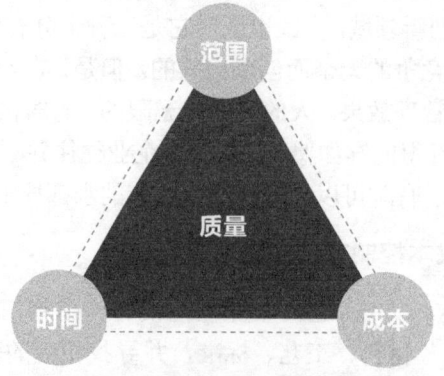

图7-7 制约项目质量的"三个约束条件"——范围、时间、成本

项目管理的三角形关系，也就是项目范围、项目时间和项目成本的相互制约的关系，

而项目的质量是由这 3 个因素的平衡关系所决定的。在图 7-7 中，项目范围、时间和成本就是三角形的 3 条边，而项目质量就是这个三角形的面积。这个图很好理解，每一个人都可以在没有任何讲解的情况下明白大部分的含义：要得到目标质量的项目产品，就要确定项目的范围、时间和成本。如果这 3 项中的任一项发生变化，势必会影响另两项中的至少一项发生随动。项目质量不是由项目经理甚至项目组织决定的，它有各种的法规、标准作为基准，项目的产品必须达到目标要求。而客户对项目和产品的无知性导致他们永远试图扩大项目范围，认为至少这样他们不会白付钱给项目团队。而项目团队为了得到更多的利益，就要在老板的压力下不断在缩短工期和降低成本上做努力。在项目中，所有有权力和钱力的关系者都在试图破坏这个铁三角。

项目作为一个整体，要确保项目质量，就要使各方面的资源能够协调一致。为了缩短项目时间，就需要增加项目成本（资源）或减少项目范围；为了节约项目成本（资源），可以减少项目范围或延长项目时间；如果需求变化导致项目范围增加，就需要增加项目成本（资源）或延长项目时间。项目三角形强调的就是这三方面的这种相互影响的紧密关系。在项目执行过程中，当项目的某一因素发生变更时，往往会直接影响到其他因素，需要同时考虑某一项变更给其他因素造成的影响。质量管理的过程就是要保证项目各方面的因素能够从整体上相互协调。

从项目作为一次性的活动来看，项目质量体现在项目范围内所有的阶段、子项目、项目工作单元的质量，也即项目的工作质量；从项目作为一项最终产品来看，项目质量体现在其性能或者使用价值上，也即项目的产品质量。项目活动是应业主的要求进行的。不同的业主有着不同的质量要求，其意图已反映在项目合同中。因此，项目质量除必须符合有关标准和法规外，还必须满足项目合同条款的要求，项目合同是进行项目质量管理的主要依据之一。除 3 个约束条件外，项目的特性决定了项目质量体系的构成。

对于一个项目来说，项目质量的好坏直接决定了项目的收益，由此可见项目质量管理的重要性。就目前的现状来看，很多企业并没有重视项目质量管理，大多数企业的项目质量管理存在效率低下和管理失控等情况。只有做好项目质量管理，才能最大程度地达到项目的最终目标。

7.3 数据管理：驱动产品商业化

企业几乎每时每刻都在产生和累积大量业务数据。通过采集数据，将数据进行组织，形成信息流，在做决策或者产品、运营等优化时，根据不同需求对信息流进行提炼总结，从而在数据的支撑下或者指导下进行科学的行动，这称之为数据驱动。数据驱动其实就是企业内部运转的一个接一个的 "数据循环"，通过数据分析和价值发现来改善用户、产品、财务、盈利方式等核心环节，形成独特的竞争优势，最终实现整个企业乃至供应链的快速运转。

本书一再声明，真正的产品经理要为产品的商业化结果负责。那么，什么是商业化结果呢？最直观的体现就是用户、产品、财务等数据。产品经理想要为产品的商业化结果负责，就必须通过数据去检验自己的想法，检验产品设计。在精益创业里，MVP 已深入人心，但数据驱动才是精益创业的关键环节。只有通过数据才能证明你的设想是否正确，才能证明商业模式是否可行。以前，对于一个领导者来讲，决策就是靠直觉，需要一直等到最终的市场来证明对错，这就消耗了大量的时间和财力。现在要用数据来证明自己的决策，要小步快跑、快速迭代，但不是瞎跑，每一步都要用数据来说话，来证明自己的方向是正确的。

7.3.1　常用用户指标

现在产品和服务都是围绕用户展开的，用户的需求、反馈、满意度、体验度等越来越受到关注。所以我们需要对用户进行精细的研究，以便推出更好、更有针对性的产品和服务。那么，如何对用户进行分析呢？在分析前该如何对用户进行分类呢？如何根据常用的用户指标和值得关注的用户指标去发现运营和产品中的诸多问题呢？

目前为止，用户指标的类别也不在少数：当前用户、新用户、老用户、活跃用户、流失用户、留存用户、回访用户、购买用户、忠诚用户等。其实很多用户指标的定义或含义是相近的，在分析层面也扮演着类似的指标角色。所以不建议将用户这样混乱无章地分类，用户指标关键在于能以合理的体系将用户结构体现出来，并且每个类别都能发挥其在用户分析上的功效，不存在累赘和混淆。通常，我们用具有结构性的 5 个用户指标来衡量，分别是新增用户、活跃用户、流失用户、留存用户、转化用户，结构如图 7-8 所示。然后衍生一些基础指标，用来分析、得出可供决策层参考的经营指标。

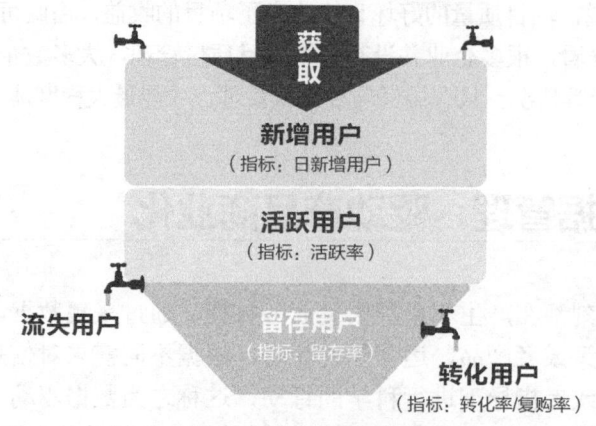

图 7-8　常用用户指标模型

○ 新增用户

不同产品对新增用户的关键行为的定义不同，例如电商类产品的关键行为是用户下单购买，游戏类产品的关键行为是用户充值，社交类产品的关键行为是用户留言互动。当然，核心关键行为也可以将某次活动的参与度作为活动推广转化用户的关键行为，例如领取优惠券、参加主题互动等，以此来判断新增用户的标准。精细化运营对新增用户的定义实际上是通过用户新增的后续行为进行一个简单的用户分层。在定义好新增用户的指标后，拉新行为也就并不是只看重下载和打开，而是围绕核心指标进行优化，例如以注册为指标，需要通过观察用户的注册行为路径来优化注册流程体验。

○ 活跃用户

挖掘新用户之后，我们还需要提高用户的质量，所以需要关注活跃用户数。活跃用户可以为产品带来活力并创造持久的价值，而一旦用户活跃度下降，用户很可能就渐渐流失。通过分析活跃用户，可以洞悉产品当前真实的运营现状，原因是活跃用户需要人为地根据实际情况设定一些条件，即用户完成设定的条件即为活跃用户。比如，社交类网站设定的"完成注册指标"即为活跃用户，论坛社区设定的"查看帖子的页面达到两页"才是活跃用户等。

○ 留存用户

客户使用公司产品的时间越长越好，时间越长，带来的现金流或者利润就越高，这就是留存的一个非常核心的意义。如果留存做得好，客户就会一直使用我们的产品，一直给我们带来财富。就留存而言，我们希望用户留在我们产品的时间越长越好（也即留存率越高越好），这样利润也就会越来越大。我们不断地拉新，让用户不断地增长，其中的留存用户会慢慢、平稳地堆积下来，这些都是我们最重要的用户，是可以变现的。而那些不平稳的用户，我们还要做各种各样的产品的修改、运营或者是市场方面的操作，让他们逐渐变成我们的留存用户，实现企业活跃用户的真正增长。

○ 流失用户

流失用户，是指那些曾经使用过产品或服务，但是由于对产品失去兴趣等种种原因，不再使用产品或服务的用户。对于流失用户的界定，则依照产品服务的不同而标准不同。比如，用户长期不生病，但一生病就会去某家医院，并且愿意接受该医院提供的其他服务，则该用户并不是一个流失用户；对于手机应用来说，卸载后并且没有再次安装、一定时期（一周、一个月）内不再登录使用、选择其他竞品的用户等，我们都可以定义为"流失用户"。对于一款互联网产品来说，往往不可避免地会面临用户流失的问题。一定范围内的用户流失率是可以接受的，因为通过各种渠道接触到产品的用户并不一定都是我们的目标用户。但当流失率高于我们的预期值或者流失率突然变高时，就需要思考"用户为什么会离开？"

"还会有更多的用户继续流失吗？""已经流失的用户还有没有可能被挽回呢？"等问题，这时就需要进行流失用户研究来回答这些问题。

○ 转化用户

转化是用户按照你所规定的生命周期进入到下一个阶段，如注册用户成为活跃用户，活跃用户成为付费用户。但是，行业不同，则转化的意思也不相同。对于电商产品来说，转化意味着用户最终成为付费用户；对于社区产品来说，转化意味着用户成为内容贡献者；对于互金产品来说，转化意味着用户持续投资；对于内容产品来说，转化意味着用户成为内容付费者。如果只是拉新，那么你的用户只是你的注册用户，成为不了价值用户，如果进行好的转化，则会成为价值用户，为你制造价值。

这些指标其实已经足够我们去分析用户的行为了。这种建立在合理的体系上的分类能够在不重叠的前提下，让每个类别都能发挥其功效，避免累赘和混淆。这些指标可以衡量用户基数的发展趋势以及基数的稳定性，可以说是产品发展最开始的星星之火或者根基，同时也是衡量产品生存状态的一个重要健康参数。

7.3.2 精益业务指标

许多时候，创新被想象成这样一个过程：领导或者产品部想出一个点子，交给产品经理或研发去实现；如果一切顺利，一个成功的产品就由此诞生。"绝妙"的点子却碰上一次又一次的惨败，残酷的现实一次又一次地打击团队。有人会说，创新嘛，失败一两次很正常，失败是成功之母。但是，这里的关键在于是摔一个跟头还是一命呜呼。我们看到的是一次次的一命呜呼，一个一个的大惨败。2016年，继千团覆灭之后，O2O创业项目哀鸿遍野，我们的创业项目也终结于此。然而，大家并不怀疑这个创新过程，大家觉得是别人的点子不好，是别人的工程团队能力不足，是市场还不成熟……各种原因林林总总，但是我们会不一样的。几年以后，又一场惨败，我们成了"别人"，一切从头再来。

创新是一个复杂的过程，不是一个点子转化成一个产品这么理想化。一个优秀的产品不是由一个点子构成的，而是由成百上千，甚至成千上万的点子（决定）构成的。创新过程对于团队来说，如同在黑暗的迷宫里面找寻出口。无论是全力奔跑的初创公司，还是寻求内部创新的大企业，以下情景时常出现：团队成员七嘴八舌，各执一词，针对重要问题难以达成一致；老板不断强调快速反馈，但决策流程依然冗长，时机在指缝中溜走；创新的前提是勇于试错，但当人们进行尝试时，资源与精力往往被过早耗尽，功亏一篑。根据当前业务发展阶段，选择正确的业务指标对创新企业来说至关重要。然而，这件事的难度非常大，就像在茫茫大海中辨明前进的方向一样。

近几年诞生于美国硅谷的方法体系——精益创业与数据分析，完美地解决了上述问题，并受到全球越来越多的有识之士肯定。这个体系的形成来自于硅谷 100 多位创始人和内部创业者的亲身经历。发明者 Alistair Croll 结合自身的多次创业经历，以及大量实地案例研究，将创业尤其是互联网产品创业分成了 5 个阶段，分别是共情、黏性、病毒、收入、规模化 5 个阶段，也可称之为关隘模型，如图 7-9 所示。意思是说，创业就跟打怪闯关一样，得一关一关来，找准需求前别乱开发产品，产品有人买之前别急着造更多产品。

五个阶段	进入标准	用户视角
共情	在可以触达的市场中，发现一个真实存在但还没有被很好满足的需求	给我一个用你的理由先！ 在一个可服务的市场中，发现一个未被满足的需求
黏性	找到了一种可以被用户接受并愿意付费的方法来解决上述问题	啊呦，不错！ 找到了一个解决问题的方案，能够让用户持续"有偿"使用我们的产品
病毒	构建了可以留住客户的产品/功能/服务	你也试试呗！ 我找到了让用户告诉（拉来）他们朋友的方法，不管是自发的还是通过激励手段
收入	找到了让那个用户将产品或服务介绍给朋友的方法	咱得赚钱啊！ 人们会掏腰包吗？所支付的费用足够支持运营和用户获取成本吗？或者能构建合理的商业模式吗？
规模化	找到了一种可以持续、可以扩大规模的业务模式，可以产生健康的生态系统和适合的利润率	向着大公司前进！ 从产品打磨向规模化运营转化

图 7-9　产品创新的 5 个阶段——关隘模型

关于产品创新的路径问题，我要介绍一下关隘模型，它为创新创业在时间上的分解提供了概念上的指导。它认为做创业或者做一个新产品、新的业务时需要经过各个阶段，每个阶段是上一阶段的前置条件，因此称之为关隘模型——过了上一关才能进入下一关。关隘模型的第一步是共情——发现一个未被满足的需求，有足够强的理由引发用户的兴趣，这是产品存在的理由；接下来是黏性——解决方案要能够让用户愿意持续使用；然后是病毒——用户愿意告诉或拉来他们的朋友一起使用；再然后是收入——你得有支持持续运营和增长的收入来源；最后才是规模化。关隘模型的核心是关隘——过了上一关才能进入下一关。比如，没有共情就不可能有黏性；没有黏性也无法让产生口碑和病毒，即使通过激励的手段又不持久，而且病毒带来的用户也会流失。关隘模型看上去很简单、合理，但现实中我们还是会一再犯错。特别是在产生黏性之前去规模化扩张，这是最常见的错误，这和人类急功近利的本性以及 KPI 的影响都有关系。

精益创业与数据分析还针对这 5 个阶段，结合 6 种常见业务类型（电子商务、SaaS、移动 App、媒体网站、用户生成内容、双边市场），给出了不同业务类型的组织，在不同阶段最应该关心的业务指标体系，如图 7-10 所示。

这一框架的贡献在于它引导团队在一个阶段只需要聚焦于 1~2 个核心业务指标。这些指标就像照亮黑暗迷宫的火把，指引相关决策人员保持聚焦，汇聚优势资源于最有价值的事务，确保企业战略快速落地。同时，它让团队养成数据优先的决策习惯，破除"一切唯上"的组织文化，为企业形成健康的创新生态奠定了关键基础。在精益数据分析方法中，还针对这些指标给出了重要的基线数据。例如，在进入规模阶段之前，月用户流失率应该降到5%以下；在进入规模阶段之后，周用户增长速度应该达到5%。这些都是硅谷众多精英总结的宝贵经验。

	电子商务	双边市场	SaaS	移动App	用户生成内容	媒体网站
共情	访谈、定性结果、定量评分、调查问卷					
粘性	忠诚度 转化率	库存 清单	参与度 流失率	下载量 流失率 病毒性	内容量 垃圾率	流量 访客量 返回率
病毒	忠诚度 转化率	SEM 占有率	故有病毒性 CAC	口碑营销 App评分CAC	邀请量 占有率	内容病毒性 SEM
收入	（从交易中获得收入）		（从活跃用户获得收入）		（从广告点击获得收入）	
	交易量 CLB	交易量 佣金	线上销售 CAC/CLV	CLV ARPDAU	广告量 捐助	CPE 联盟返点百分比 曝光量
规模化	商品 标准化	其他 行业	API/magic# 市场	周边市场 出版商	分析 用户数据	广告聚合 授权

图 7-10　5 个阶段和 6 个类型业务指标矩阵

7.3.3　产品度量指标

想成为一名优秀的产品经理，敏锐的信息直觉是先决条件，但首先要能够甄别有价值的信息。得益于科技的迅猛发展，海量的数据也变得唾手可得，我们可以将这些信息用于产品决策。不过，对所有信息来者不拒、"胡吃海塞"也不可取，我们必须保持一个科学的产品指标列表，去除垃圾信息，专注于那些真正对产品有影响的指标。产品经理可能感兴趣的产品指标数不胜数，简单起见，这里按照产品生命周期对各阶段重点关注的指标进行了标注，如图 7-11 所示。

产品处于不同的生命周期，产品经理工作的重点不同，因此关注的产品指标也不同。以产品生命周期为主线，先是在产品研发阶段进行"数据卖点"（常见于互联网产品或智能产品，对未来数据分析所需的产品数据指标进行预测及采集筹备）；到产品发布后的试销，获取市场数据来验证产品设想；再到在产品市场拓展所关注的渠道数据，以助调整营销策略；再到面对市场入侵者，关注竞品数据，改进产品，确保竞争地位；再到关注留存数据，挖掘用户生命周期价值；直到最后衰退期关注促销数据，减少库存，降低成本，确保不亏损或能够平稳"刹车"。由此可见，在产品不同生命周期关注的产品度量指标并不同，具体体现如下。

7.3 数据管理：驱动产品商业化

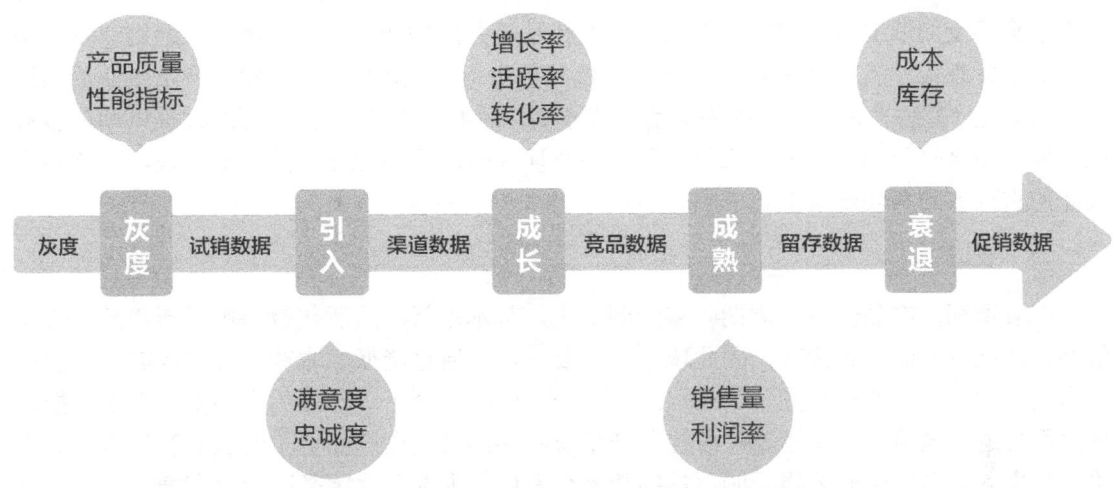

图 7-11　产品生命周期各阶段重点关注的指标

- 灰度

灰度即产品开发期，在这个阶段重点关注的是产品的质量和性能能够达到设计要求，比如产品有没有 Bug、必要功能是否齐全、相应速度能否达到用户期望、服务期承载量在一定时间是否可以支撑 10000 用户同时访问等。只有这些既定产品指标达成，产品才能够发布上市。

- 引入

引入期应该重点关注的是产品上市后的用户反馈，即验证产品可行性。我们的用户是否像我们设想的那样，很乐意接受我们的产品，并愿意支付我们设定的价格。用户对我们的产品是否满意，是否愿意再次购买，是否会推荐给朋友或亲人购买，认为我们的产品还有哪些地方是需要改进的……这些信息（可以通过用户回访和问卷的方式获得）是衡量我们产品好坏的关键指标，是产品进行规模化生产和大面积推广的先决条件。

- 成长

成长期是产品大范围推广的市场拓展期，在这个阶段我们广布渠道，获取用户。除用户增量外，我们还要关注渠道获客成本、增长率、活跃度、转化率等关键指标，优化渠道政策，尽量将渠道费用控制在产品定价时所设定的最高值以内（互联网产品除外，因为它是在前期投入，在成熟期变现，但需要做好测算）。一般这个阶段还会出现大量的竞争对手，要时刻关注竞品数据（性能、价格、渠道政策等），确保市场优势，从而赢得更多的市场份额。市场份额的优势对后期的盈利空间影响较大，在市场中占主导地位不仅可以掌握定价权，还能形成"虹吸效应"。

- 成熟

成熟期用户增量减少，市场份额趋于稳定，工作的重点转移至增加销量和利润上。在用户基数不变的情况下，增加销量的最佳途径是想办法增加用户的复购率，即用户多次购买（比如快消品）。产品的利润率在产品定价时基本上就已确定，一般随着产品生命周期的后延而降低（软件产品除外，因为其前期成本高，后期成本低），但也可通过提供增值服务或延伸产品来提升利润空间。成熟期是产品变现（即产品商业化）的重要阶段，因此要将关注的重点放到利润规模上。

○ 衰退

在衰退期，产品的生命周期即将走到尽头，基本被新产品所代替。由于新产品一般在价格、功能、性能上有优势，因此现有产品要尽可能通过降低成本获取价格优势，才能在生命周期的最后与新产品竞争，获取尾部利润。同时，处于该阶段的产品多会出现亏损，随时面临退市风险，因此还要注意控制产量及库存，避免在产品退市时因库存积压而造成更大损失。太多的企业荣极一时，最终却落个残局，大部分原因是因为没有把控好产品衰退期，没有及时调整策略，没有创新转型所致。

以上所列指标体系方法论适用于大部分产品，具有普适性，大家可以仿照上面的流程建立相对完善的指标体系；但部分产品由于功能相对个性化，无法抽象出来，需要在运营过程中逐步完善指标体系。无论是采用以上产品度量指标，还是其他众多方法中的一种，只要成功地定义出了关键指标，那么你就在产品管理方面迈出了一大步。一个针对性强、关联度高的关键指标列表能够帮你聚焦于重要的指标，探讨行动背后的逻辑，避免找不到方向。

7.3.4 财务衡量指标

产品经理的工作是培育成功的产品，为公司做出积极的经济贡献。产品经理必须确保产品的实际财务绩效满足预期的财务和市场绩效目标。制定关于产品的合理决策需要财务数据。然而，发现许多产品经理没有受过任何有关财务管理的正式培训。另外，他们也不能及时获得关于产品绩效、产品成本和产品利润率的最新财务数据。财务是企业内的共同语言，如果产品经理为产品的商业化结果负责，他们必须具备良好的财务基础知识。产品经理应当能够检查并分析财务报表。当业务及财务人员在讨论诸如总利润、折旧、营运资本及现金流量这样的词汇时，产品经理应当理解这些术语的意义，并能很容易地与他们讨论财务问题。这些商业用语源于财务领域，如果你很熟悉这些词汇，那么你作为产品经理的地位就会有所提高，同时还能为你在跨职能团队和管理层赢得更多的尊重。

产品经理需要在企业基本财务技能方面打好基础。财务报表是企业中最重要也是使用最普遍的文件，它们是管理业务、制定决策、与各个利益相关方沟通结果的基本工具。这里提供了一些基本财务报表和词汇的定义，包括利润表、资产负债表、现金流量表。产品是产品经理及其团队负责的"小型企业"，因此这些报表在产品层面也能适用。

1. 利润表

利润表是定期报表，反映企业在一个月、一个季度或一年的利润情况，显示企业在一个特定时间区间内是盈利还是亏损。每个产品都应该有自己的利润表，图 7-12 所示为基本的产品利润表模板。

销售（收入）	
数量（个）	10 000
单价	6.25
合计	62 500.00
销货成本（COGS）	
原材料	7 500.00
劳动力	4 500.00
管理费用	9 800.00
合计	21 800.00
毛利	40 700.00
毛利率	65.1%
支出	
市场	5 400.00
销售	3 300.00
研发	3 235.00
一般费用	2 100.00
合计	14 035.00
税息折旧及摊销前利润（EBITDA）	26 665.00
折旧及摊销	500.00
利息	350.00
税项	2 631.00
净收益（利息）	23 684.00
净利润率	37.9%

图 7-12　产品×××在 20××年的利润表（单位：元）

查看利润表有一个简单的方法：一分为二。利润表的上半部分是收入及创造收入的具体成本，下半部分包括职能部门的支出及它们在支持业务的日常活动中产生的费用。利润表的上半部分开头是总收入，总收入是由产品或服务的销售产生的。总收入的计算方法如下所示：

$$单价 \times 销售数量 = 总收入$$

如果公司生产有形商品，则大多数成本来自产品的生产（注意，服务企业和软件公司一般没有材料成本，但你要询问财务部门，看是否有这方面的成本）。所有的"生产专项"成本都称为销货成本（COGS），它代表了直接由产品生产引起的成本，以及产品生产中的日常管理费用。销货成本通常包括原材料成本、组装产品的相关劳动力成本，以及各种直接和间接的日常管理费用，如租金、电费等。

销货成本＝原材料＋劳动力＋管理费用

毛利（通常也称为总利润）是指直接通过销售产品获得的收益。从总收入中减去销货成本，即毛利。毛利非常重要，因为它是衡量产品收益的一个重要标准。对于产品经理及其跨职能团队来说，毛利常常是唯一可用于合理衡量产品收益的标准。毛利必须足够大，以支付其他部门为支持此产品产生的费用，并在财务周期的结尾存有净利润。毛利的绝对值及其占总收入的比重，也是（同一产品组合中）不同商品间进行绩效对比及与竞争对手间进行比较的重要标准。

毛利＝总收入－销货成本

毛利率＝毛利/总收入

利润表的下半部分列出了不同职能部门的开销，即营业费用。营业费用根据职能部门进行分类，包括销售部门、市场部门、研发部门、客服部门、IT部门和其他运营部门。此外还有一个综合行政管理费，它通常由所有产品承担，并根据预先确定的算法分配到产品线利润表中。除去营业费用后，还需要计算产品利润的下一个部分，这部分叫作税息折旧及摊销前利润（EBITDA）。在某些公司中，它被称为营业收益。这部分要将利息、税项从实际营业利润表中分离出来。

税息折旧及摊销前利润＝毛利－营业费用

还有一些额外的支出应记在产品利润表上：利息和税项。利息有时会分配到某一产品或产品线，以支付公司用于运营的借款成本。税收是国家和各级政府根据公司利润征收的。所有这些项目都不是产品及产品团队可以控制的。然而在多数情况下，产品的毛利甚至税息折旧及摊销前利润，可能会因为其他分摊或费用（如利息、税项、折旧及摊销）而"消失"。

净收益＝税息折旧及摊销前利润－（利息、税项、折旧、摊销）

净收益率＝净收益/总收入

获得净收益（或净利润）是公司营业的根本目标。如果最终净收益率比存款利率还低，那为何还要冒险运营公司呢？

2. 资产负债表

资产负债表是一种财务报表，它为公司某一时间的资产及负债情况提供了一个"快照"，同时显示了公司在这一特定时间的整体净资产和股权。它与利润表不同，利润表显示的是公司一个财务周期的情况。

资产负债表描述了公司拥有的资产，这些资产可能是债权人提供的资金，也可能是股东或企业所有者（或两者都有）的资本。就像人体一样，资产负债表必须处于一种平衡状态，或内平衡状态，这样企业才能正常运营。资产负债表有一个基本的算术公式或等式，如下所示。

所有者权益＝资产-负债

资产是一个公司所控制的价值，所有这些资产都用货币来衡量。公司使用资产来创造价值。例如，一个工厂是公司用来生产产品的资产。资产并不只是银行的现金，还可能是客户欠公司的钱，叫作应收账款。资产分为下面3种。

- **流动资产**是指那些在一年之内能轻松转换成现金的资产，包括银行的现金、有价证券、应收账款和存货。速动资产（常用此术语称呼）是现有资产的一部分，指的是基本上已经处于流动性状态的资产，如现金和有价证券。
- **固定资产**是指那些不能很快转化成现金的资产，包括建筑物、生产设备和土地等。这些通常总称为地产、工厂和设备。
- **无形资产**是那些拥有货币价值的无形事物的财务表示，包括专利、品牌、知识产权（掌握的知识）及商誉。无形资产的价值难以估量，但各个公司及会计管理机构正在寻求衡量这些资产的方法。

负债通常代表了资产募集的方式。当公司负有债务时，它需在某一时刻进行偿还，可能是近期也可能是很久以后，因此它代表了未来的现金外流。正如资产一样，债务也分为两种：流动负债和长期负债。

- **流动负债**是指那些必须在一年之内偿清的债务，包括需支付的营业费用、供应物资、材料。流动负债可能还包括短期贷款、贷款的利息、需要在一年内偿还的贷款部分和应缴税金。
- **长期负债**（也称为长期债务）指的是无须在一年内偿还的债务。很多公司利用长期债务（或发行债券）进行资本扩展或为业务活动融资。这就是"举债经营"这个术语所描述的情况。当一个公司"严重负债"时，那就是说它有很多债务——欠别人很多钱。

净营运资本是经常听到的一个衍生财务理论和术语。用流动资产减去流动负债，余额就是净营运资本。它叫作"营运"资本，是说它是"正在营运"的，而不是"可以营运"的，因为它是公司所有者的资产，参与公司的日常运营。如果公司停止运营，这些资产可以在一年之内提出，支付未偿付单据。对许多财务团队的成员而言，净营运资本是一个敏感的话题，因为其申请和使用需要保持平衡。如果净营运资本太少，则公司不能支付其每月的财务支出，如工资单和房租等；如果太多，可能说明公司内存在某些问题，如存货太多、客户拖欠付款甚至是坏账。所有上述问题都应被马上分析并处理。

所有者权益指的是真正属于公司所有者或股东的资产，也叫作资产净值。它是资产和负债之间的差额，代表公司所有权的账面价值。可以用对房子的所有权来打一个简单的比方。房子的价值是100万元，如果有70万元是贷款，那你对房子的真正拥有权只有30万元。所有者资产的形式和来源包括投入资本（公司所有者、私人投资者或股东投入的资金）和留存收益（一段时间内公司的累计净利润）。

正如前文所述，举债经营指的是利用借来的钱购买资产（创造价值），之后用超过自己资本的净收益来偿还这些债务。例如，你可以用1元买一支铅笔，并以1.25元的价格将其卖出，但你只有1元的营运资本。如果不举债经营，你只能买一支铅笔，卖掉它，挣0.25元，利润率是25%。在进行4次买卖后可以买两支铅笔；以此类推，每次只能挣投资额的25%。另一方面，你可以借3元，一共买4支铅笔，将这些铅笔卖5元，并将借来的3元还回去，这样你就有100%的收益率。即使你需要缴纳10%的利息（即0.3元），那你也有70%的净收益。图7-13所示为一个资产负债表示例。

	去年	今年	增加/减少
资产			
流动资产			
现金	250 000	325 000	75 000
有价证券	335 000	420 000	85 000
应收帐款	650 000	700 000	50 000
存货	725 000	240 000	(35 000)
流动资产合计	1 510 000	1 685 000	175 000
地产、工厂和设备	2 750 000	2 850 000	100 000
总资产	4 260 000	4 535 000	275 000
负债及所有者权益			
流动负债			
应付账款	635 000	720 000	85 000
短期负债	24 000	19 000	(5 000)
应缴税金	125 000	138 000	12 400
流动负债合计	784 600	877 000	92 400
长期负债	625 600	550 000	(75 000)
负债合计	1 409 600	1 427 000	17 400
所有者权益	2 850 400	3 108 000	257 400
负债及所有者权益合计	4 260 000	4 535 000	275 000

图7-13　资产负债表样本：20XX年12月31日（单位：元）

一般对产品经理而言，资产负债表是一种参考工具。然而在某些情况下，他们也需要关注资产的使用。例如，需要一些新设备或设施来支持产品投资，则产品经理需要关注此投资及这些资产未来的折旧情况。产品经理可能不关心首席财务官（CFO）或主管如何处理生产中的设备及其他资产的财务问题，但当他们分析竞争对手的情况时，产品经理就会发现了解他们是否过度举债是十分重要的。过度举债的公司无法大量投资新产品或新的市场项目，而债务较轻的公司的资产负债表上则拥有现金，在竞争中有更大的财务优势。产品经理还应关注产品的库存状态。如果库存太大，则表示销售没有实现，这意味着生产预测不正确，需要找到原因并加以处理；如果库存太小，可能意味着生产滞后，影响销售。这些问题都属于产品团队的管辖范围，由产品经理负责。

3. 现金流量表

公司每月从产品和服务的销售中获得资金（收入），并为业务的正常运营而付账（开支）。比如，我们通过薪水或其他来源挣钱，并为了生存而花钱。简而言之，这就是现金流量。

通常情况下，了解现金流量的每个细节并不是产品经理的责任，这主要是公司 CFO 或财务主管的责任，但了解现金流量的基本情况对产品经理来说是非常重要的。因为所有预测（及这些预测之下的猜想）都涉及将市场份额估算和销售预测转换成财务信息。这些信息是实时性的，以保证计划制订合理，与资金的收入和支出一致。CFO 查看公司内所有产品团队的预测，并决定公司需要多少资金来支持运作。如果预计资金短缺，CFO 则需要寻找资金来进行补充；如果存在剩余，CFO 需要计划将资金投入其他方向，避免资金闲置。

比如，如果一个产品经理计划在 5 月上市一种产品，7 月会有第一份订单，到 9 月时，7 月订单的货款才能收回。团队中的财务成员将这些信息汇报给 CFO，CFO 将其加入现金流量计划中（顺便说一下，如果生产的是实物产品，你的预测还要考虑到产品何时能上市销售）。现在，假设上市时间晚了 3 个月（推迟到 8 月），第一批订单到 10 月才实现，而公司很可能只能在年底或第二年年初才能收到货款。如果产品经理不懂得公司的销售周期和订单收款周期（产品经理可以通过两者了解订单发出后需要多长时间才能获得回款），则很可能会陷入两难。上市延迟的问题也可能对产品库存产生不良影响，因为工厂的生产计划是与销售计划相关的。库存积压会使 CFO 支票簿中的现金减少，因为这些钱被绑在非生产性库存上，而不能用于公司的运营或投资。

当在进行产品机会评估并进行财务商业化核算时，预测销售获得的潜在现金流入一定要大于公司的投资（销售前）和一些资本成本费用的总和。

当学习了这些基本财务报表之后，就可以更好地将这些财务工具和技能应用到产品的管理当中，可以做出计划，并用良好的财务知识来管理这些计划。此外，产品经理应当确保团队内有财务方面的专家。理解并应用财务技能并不能使你获得企业财务管理和会计机制的潜在知识及能力，但团队内的财务专家可以帮你完成产品成本与定价核算，做好投入预算与管控支出，处理产品销售及绩效数据分析，以及提供关键的洞察，控制产品项目投资风险。

7.4 组合管理：产品投资策略

产品好比人一样，都有其成长到衰退的过程。因此，企业不能仅仅经营单一的产品，世界上很多企业经营的产品往往种类繁多，如美国光学公司生产的产品超过 3 万种，美国通用电气公司经营的产品多达 25 万种。当然，并不是经营的产品越多越好，一个企业应该生产和经营哪些产品才是有利的，这些产品之间应该有什么配合关系，这都属于产品组合管理问题。

管理一个产品组合其实与管理投资组合的区别不大。产品其实就是公司所做的投资，管理好产品组合就要求你勤于监测，不断查看产品历史表现和目前表现，必要时要有勇气去重新配置产品组合，同时也要与公司的整体战略一致。无论你是管理一个小的产品线，还是负责几个跨部门的产品类别，你必须决定如何将有限的资金合理分配给各种可能的产品投资，期间就要涉及组合优化、组合平衡、组合决策等命题。

7.4.1 组合管理

组合管理是一个持续的过程，即一个不间断地评估、优化、平衡产品组合的过程，无论是对现有产品、新产品、产品进行改进、维护和支持还是研发。组合管理实际上是一种投资管理行为，产品组合中一般会有低风险高回报的产品、高风险低回报的产品、高风险高回报的产品和低风险低回报的产品。组合管理负责人需要创造、设计投资管理的相关策略，从而实现企业投资价值的最大化、项目平衡、战略协同、管道平衡、财务稳健等目标。

产品管理生命周期管理模型不仅适用于单个产品，同样也可以作为整个产品组合的参考模型。利用产品生命周期组合管理模型，可以将产品组合管理拆分成一个个必要的元素，这样每个元素都能得到评估。图 7-14 所示为产品组合管理在企业战略、产品战略、营销战略的指导下，依赖绩效度量、财务管理与资源管理，贯穿于整个产品生命周期管理中：从新产品计划到新产品开发，再到上市后的产品管理。

新产品计划是从众多新产品想法或产品改进想法中筛选出少数的产品项目，这些挑选出来的产品项目通常最具赢得市场的潜力。产品组合中应该源源不断地有新想法涌入，争相比邻，抢夺有限的资金和人力资源。处于该阶段的产品项目是消耗资源的，它们暂时不为公司创造现金收入。

新产品开发包含了新产品定义、开发和上市或者对现有产品的更新升级。从组合管理的角度看，我们将它定义为"开发中的产品"。因为这意味着公司已经决定对这些新产品或产品更新项目进行人力和资金的投入，并且准备将它们推向市场。在开发阶段和上市阶段的产品也是消耗资源的，不为公司创造现金收入。

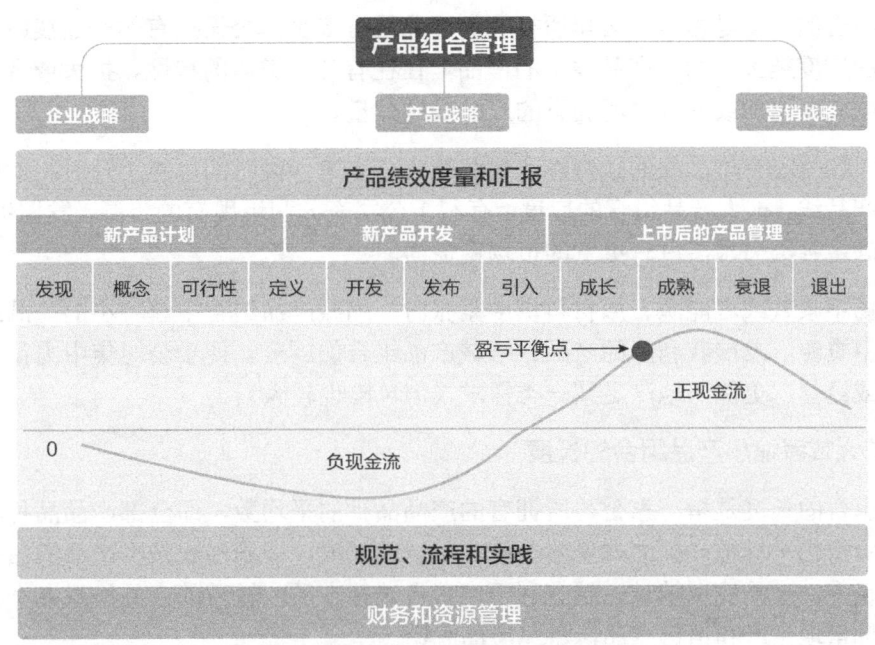

图 7-14　产品生命周期组合管理模型

上市后的产品管理指的是那些已经投放到市场的产品，它们根据市场地位、销售额和盈利能力的不同，可能处于不同的阶段。这个阶段的产品会给公司带来现金流，这些现金流可以用于改善财务状况、投入运营和支付员工工资。同时，这些收入也会供公司继续投资新产品使用，这样企业才能持续增长。

图 7-14 还体现了两个重要的观点：处于新产品计划和新产品开发阶段的工作是不为公司贡献现金流的；投资的盈亏平衡点通常发生在新产品上市之后。由此就会发现，在思考产品组合优化和平衡时，为什么将整个生命周期都考虑进去是如此重要。

7.4.2　组合优化

企业的产品组合策略总是不断发展变化的。随着市场环境和自身经营条件的变化，有些产品的销量可能增长较快或利润较高,但也有部分产品会出现衰退或无利可图的情况。这就要对产品的组合进行优化,以取得最大的利润。优化产品组合策略是指企业根据市场不断变化的环境和资源条件,适时开发新产品并淘汰已衰退的产品,以保持销售额和利润最优化的产品组合。优化产品组合主要有以下的策略。

1. 扩大或者缩减产品组合的广度

产品组合的广度是指一家公司所拥有的产品线有多少。公司拥有的产品线越多,说明产品组合的广度越大。同一产品线上的产品,往往有某种类似的特性。扩大或者缩减产品组合的广度就是增加或者减少所拥有的产品线的数量。

当公司预测现有产品线的销售额和赢利能力在未来一段时间可能上升时,就应该考虑增加新的产品线。扩大产品组合的广度,有利于公司充分利用现有的资源,发掘生产潜力,更广泛地满足各类需求,占有更宽的市场覆盖面。

当市场不景气或者能源、原材料供应紧张时,缩减产品组合中获利小的产品线,可以使公司集中资源,发展获利多的产品。缩减产品组合的广度,便于公司集中力量,实行专门化生产或经营,更深入地满足某一类需求(但风险也较大)。

2. 扩大或者缩小产品组合的长度

产品组合的长度是指一家公司所拥有的产品品种的平均数,即全部产品品种除以全部产品线数所得的平均数。扩大或者缩小产品组合的长度,即增加或减少产品的品种数量。产品种类越多,产品线也越长,越有利于消费者选择产品;较短的产品线或者产品组合,有利于大批量地生产和销售产品,避免产品脱销。

3. 扩大或者缩小产品组合的深度

扩大或者缩小产品组合的深度,即从增加或者减少产品规格的角度来考虑调整产品组合。一般来讲,当公司打算增加产品特色或者为更多的细分市场提供产品时,可以选择在原有产品线内增加新的产品项目;当公司在市场上处于劣势,或者能源、原材料供应紧张时,可以选择在原来的产品线内缩减产品项目。

4. 提高或者降低产品组合的密度

提高或降低产品组合的密度就是提高或者降低各个产品线的相关程度。产品组合密度越大,产品组合中各个产品线的相关程度就越高,就越有利于巩固公司在行业中的地位,公司可充分利用现有的生产条件、市场销售条件,对产品组合进行相对较好的管理;产品组合的密度越小,产品线之间的相似性越低,公司所涉及的产品领域或行业就越广泛,这样会加大对产品组合管理的难度,管理费用也会相应提高。对中小公司来讲,因为资源和生产能力有限,应该较多地选择提高产品密度。

5. 产品线延伸

每家公司的产品都有特定的市场定位，产品线延伸有向下延伸、向上延伸和双向延伸3种实现方式。

当公司高档产品销售增长缓慢，公司的资源设备没有得到充分利用时，为了赢得更多的客户，需要将产品线向下延伸。这样延伸后能够利用高档名牌产品的声誉，吸引购买力水平较低的顾客购买此产品线中的廉价产品。

向上延伸是在原有的产品线内增加高档产品的项目。实行这一策略的主要条件是：高档产品市场具有较大的成长率和较高的利润率；公司的技术设备和营销能力已具备加入高档产品市场的条件；公司要重新进行产品线定位。

双向延伸是指原来定位于中档产品市场的公司在掌握了市场优势以后，向产品线的上下两个方向同时延伸。

从上述表述可以看出，产品组合优化的方式很多，在具体的实践过程中，要在相关的理论知识和技巧基础上，结合实际情况，才能实现理想的产品组合优化。

企业的产品组合方式应遵循有利于促进销售和增加企业利润这一原则。一般来说，拓宽产品系列有利于发挥企业的潜能，开辟新市场，同时能避免较大风险，"东方不亮西方亮"；加深产品系列可以促使企业经营专业化，适合更多的特殊需要，突出其特色，加强产品系列的关联性，增强企业的市场地位，提高竞争实力。

7.4.3 组合平衡

最大化开发组合的价值是大多数企业的主要目标，这与股市中的低买高卖类似。其实大家只要稍微跨越一步就会明白，产品其实就是公司的投资。同样地，公司会期望这些投资有合理的回报。此外，产品经理作为企业中产品投资的受托人，有责任对不必要的风险进行防范，并追求稳健的投资增量，与公司的整体战略保持一致。向开发项目中投资一定量的资金或者资源，并预期项目的结果组合的价值能够实现最大化，这是一个极佳的目标，但也是很难实现的目标！首先，应该怎样平衡你的组合的价值呢？

在组合平衡时，图像描绘方法十分有效。其中，气泡图是最常用的描绘工具。通常，气泡图通过两个维度——X轴和Y轴——来描绘项目。X轴和Y轴分别代表一个标准，比如风险和回报；按照项目在X轴和Y轴上的评分，确定气泡图位置；气泡大小则代表了第三个标准，比如所需投入的资金数额或资源份额。图7-15所示为组合在不同X轴和Y轴下呈现的图像。

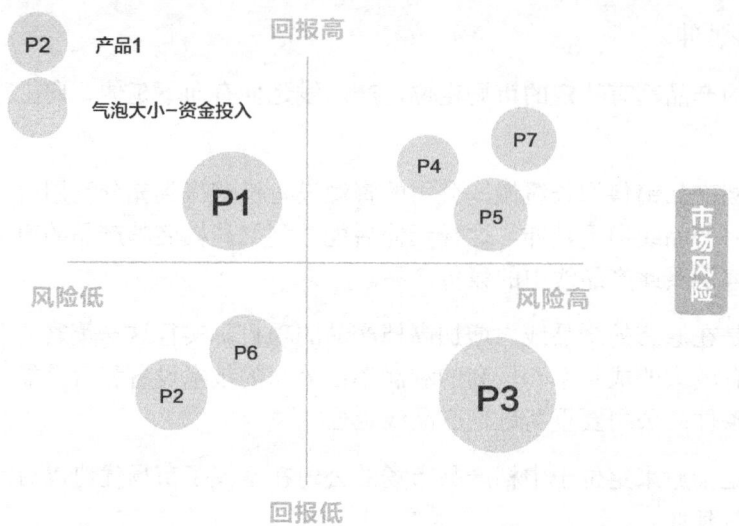

图 7-15　气泡图组合分析：风险与回报图

这种气泡图模型的一个特点是，它迫使高层管理人员对资源问题进行处理。在有限的资源下，圆圈区域的总和必须是一个常数。也就是说，如果向图中加入一个项目，则必须拿掉另一个项目；当然也可以缩小一些圆圈的大小。气泡图模型迫使管理者向列表中多增加项目时要考虑资源的影响：减少其他产品的投资或资源配置。

气泡图中也表示每个相关的产品线（通过交叉平行线影法表示，这里没有表示出来）。最终细分是按时序（以阴影表示）。因此，这个看似简单的风险与回报图所示的数据比单纯的风险和回报数据多得多：风险与回报图也表达资源配置、时序及在整个产品线中的支出投入细分。气泡图组合分析不仅能表达"风险与回报"，更多气泡图类型如下所示（不再一一举例）。

气泡图种类

- 风险与回报气泡图
- 技术难易度与成功率气泡图
- 技术可行性与市场吸引力气泡图
- 技术创新与市场创新气泡图
- ……

每个产品的决策应该基于对产品组合中所有产品的预算环境来考虑。如果是用自己的

钱投资,你不可能只考虑组合中一款产品的成功而忽视其他产品,否则组合的整体表现可能会低于预期。同样地,也不能忽视在其他产品上的资金部署(可能是产品线上的、部门的或公司的),否则你可能会创造一款让公司陷入破产的产品。你必须对所在组织架构中每个层级的产品管理活动的动向有清楚的了解:无论是在你的团队或部门,还是整个公司的层级。你需要关注直接负责的产品,同时也要留意公司其他团队或者其他产品线上的产品管理情况。企业需要确保公司层级的组合以及整个大组合中的每个产品,都对公司有重大的战略意义,在市场中有竞争力,并且能够提供最好的回报。

7.4.4　组合决策

　　对大多数企业来说,开发资源极其宝贵且稀缺,因此不能浪费在错误的项目上。但企业的开发管道中的很多项目都是不容易成功的:或者项目在市场商业化中失败(表现不佳)或者在产品发布之前被叫停。一般而言,每七个产品概念中只有一个能真正地取得商业化的成功。项目选择(选择正确项目进行投资的能力)也就成为企业领导者团队为了在有限的开发支出下达到最大化产出率的目的而要完成的一项重要任务。此时就需要产品组合投资管理委员会做出决策。

　　产品组合投资管理委员会是首要的决策管理机构,会对现有产品、开发中的产品,以及处在各个计划阶段项目的投资进行指导和优化。更重要的是,这个委员会对所有产品投资拥有最高的批准和否决权。图 7-16 所示为一个典型的跨部门产品组合投资管理委员会的架构。注意这个架构与第 1 章中提到的跨职能产品团队结构相似,两者之间的区别在于级别高低——产品组合投资管理委员会是由高级业务领导者构成的。

图 7-16　产品组合投资管理委员会

　　这个由高管组成的产品组合投资委员会负责跨产品和跨职能的整体决策,尤其是对各个产品和产品项目的资金分配问题。理论上讲，这个委员会应该要对在其职权范围内产品线上工作的跨职能产品团队发挥监管作用。要想充分发挥产品组合投资管理委员会的作用，委员会的成员就需要经常沟通互动，同时也要与他们所监管的跨职能产品团队经常沟通。在做出产品组合相关决策前，委员会需要对目前状况以及需要做什么进行仔细分析，从而帮助公司实现战略目标。委员会具体需要讨论决策的一些问题如下。

- 应该取消开发中的产品吗？
- 应该对一款成熟产品进行升级吗？
- 应该为了增长市场份额进行投资吗？
- 是否应该为某个产品线的成本控制进行投资？
- 是否应该为提升产品品牌在某个区域内的认可度而进行投资？
- 是否应该对其他市场组合元素进行投资（如新的分销渠道，或者更多的广告和推广）？
- 是否应该投资更多元化的产品，以此来最小化在某一产品类别中所面临的风险？
- 是否应该叫停某些产品？

为了让产品组合投资管理委员会对产品线进行可行和有效的审查，就需要有可用的方式来获得详细的项目和产品数据。获得这些数据最高效的方法是通过企业所拥有的完整的数据管理体系，可以从系统中获取信息（如 7.3 节所述），也可以通过其他一些辅助的数据来源来获取数据。数据可以帮助委员会将那些可能进入企业的产品业务进行可视化。同时，这个方法也能帮助委员会衡量一些决策标准，从而找到产品投资的最佳方案。

最后，产品组合投资管理委员会需要采取行动。然而，有时即时有了正确的数据和工具，委员会也经常无法做出合理的决定。委员会将有些资金分配给一些表现并非出类拔萃的项目，而有些项目在发现问题后却没有及时叫停；委员会有时会拒绝将资金分配给那些需要改进的产品项目；委员会还会被那些看起来具有高增长率的（比如 30%的增速）项目所吸引，但后来发现事实并非如此而非常失望。这里想说的是，即使是有了数据，产品组合的决策也始终都是个挑战。

7.5　总结

如果你在一家企业常年任职，就会发现新产品开发不是常有的工作。作为一名产品经理，要负责产品的全生命周期，为最终的商业化结果负责，这就意味着在产品上市之后的相当长一段时间内，甚至是数年你都将为一款产品持续服务（除非你是高级产品经理，负责多个产品项目）。在这个过程中，我们经历的不再是从 0 到 1，而是围绕现有的产品做大量的工作，我们称之为产品管理。为了经营产品业务，当产品进入市场后，产品团队领导应当发挥跨职能团队成员的作用。

在产品投放市场之后，在公司、部门及产品线的战略背景内，产品经理专注的不再是新产品开发，而是产品生命周期过程管理，包括营销组合的调整（如产品、价格、促销和渠道），涉及对客户服务、财务及运营的广泛监控。此时，产品经理更多行使的是需求管理（产品改进或修复迭代）、项目管理（产品相关项目落地执行）、数据管理（产品绩效监控及策略调整）、组合管理（产品生命周期投资决策）等职能。至此，大家可能才会认同产品经理的核心职能是产品管理而非产品设计，纵使这种职责定位在企业内部还不多见。

MVP 行动指南

- 建立自己企业的需求管理规范及流程，采用科学的需求管理方法，多维度、全面采集、管理需求，能对多产品线需求进行协调管理。

- 在日常工作中运用项目管理知识，对产品项目的范围、进度、成本、质量进行把控，针对大型工作任务推行项目制，加强落地执行力。

- 围绕产品商业化经营构建数据管理体系，利用数据反馈产品现状及发展态势，为决策层和产品运营推广工作提供策略决策依据。

- 建立产品组合投资管理委员会，对企业产品进行组合管理，利用气泡图等工具对产品组合进行分析，结合企业战略对产品组合进行优化、平衡。

- 上市后的产品管理与新产品开发不同，因此产品经理要及时转变思维，高级产品管理人员更要具有全局视野，做好产品组合管理。

第 8 章

生命周期：跨越鸿沟

学习目标

- 学习产品生命周期概念，能根据各阶段特点管理产品，调整经营策略；
- 掌握非连续性创新产品（即技术采用生命周期）各阶段的用户行为特点；
- 利用技术采用生命周期模型解决高科技新产品市场营销推广问题；
- 能够洞察产品生命周期的发展鸿沟，并采用措施实现跨越式发展。

有些产品的辉煌期特别长，让人误以为它们永不衰落。但实际上任何一个产品都逃不过其生命周期的宿命。产品会经历 4 个可预测的不同阶段：引入、成长、成熟和衰亡。从产品的酝酿和生产而问世，随着消费者的开始接受而成长，到完全接受而成熟，最后也会因为被其他更好的产品所取代而走向消亡。对这种典型产品生命周期的理解，可以帮助我们更好地参与现在、准备未来，可以帮助我们更有效地安排企业长期的战略规划，在产品生命周期中的每一个阶段实现盈利最大化。

本章将带领大家了解产品生命周期各阶段的特点及管理策略，深度洞察技术采用生命周期各阶段的用户行为特点以及在营销生命周期中的应用，以及"警醒"并帮助大家跨越新产品生命周期的发展鸿沟。

8.1 产品生命周期

一种产品进入市场后，它的销售量和利润都会随着时间的推移而改变，呈现一个由少到多、由多到少的过程,就如同人的生命一样,由诞生、成长到成熟,最终走向衰亡。这就是产品的生命周期现象。所谓产品生命周期,是指产品从进入市场开始,直到最终退出市场为止所经历的市场生命循环过程。产品只有经过研究开发、试销,然后进入市场,它的市场生命周期才算开始。产品退出市场,则标志着生命周期的结束。产品生命周期一般分为导入(进入)期、成长期、成熟期、衰退(衰落)期4个阶段,如图8-1所示。

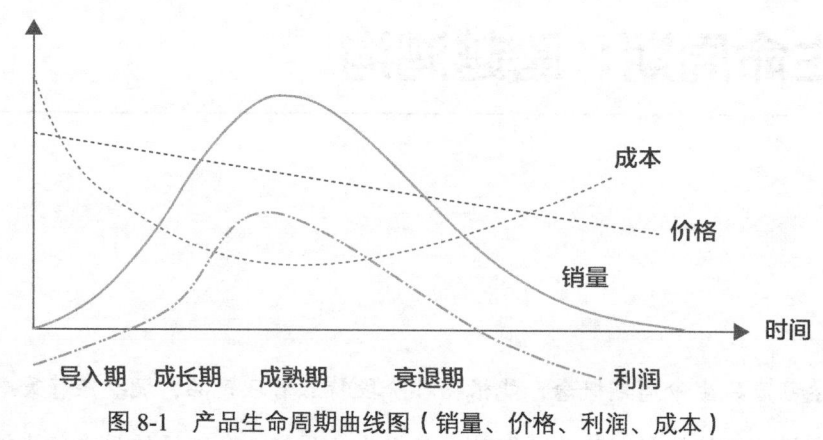

图 8-1　产品生命周期曲线图(销量、价格、利润、成本)

- 导入期

新产品投入市场,便进入导入期。此时,顾客对产品还不了解,只有少数追求新奇的顾客可能会购买,此时产品的销售量很低。为了扩展销路,需要大量的促销费用,用于对产品进行宣传。在这一阶段,由于技术方面的原因,产品不能大批量生产,因而成本高,销售额增长缓慢,企业不但得不到利润,反而可能亏损。产品也有待进一步完善。

- 成长期

这时,顾客对产品已经很熟悉,大量的新顾客开始购买产品,市场份额逐步扩大。由于产品大批量生产,生产成本相对降低,企业的销售额迅速上升,利润也迅速增长。竞争者看到有利可图,将纷纷进入市场参与竞争。这使得同类产品供给量增加,价格随之下降,企业利润增长速度逐步减慢,最后达到生命周期利润的最高点。

- 成熟期

在成熟期,市场需求趋向饱和,潜在的顾客已经很少,销售额增长缓慢直至转而下降。在这一阶段,竞争逐渐加剧,产品售价降低,促销费用增加,企业利润下降。

- 衰退期

随着科学技术的发展,新产品或新的代用品出现,顾客的消费习惯发生改变,转向其他产品,从而使原来产品的销售额和利润额迅速下降。于是,产品进入了衰退期。

产品生命周期的 4 个阶段呈现出不同的市场特征，企业的营销策略也就以各阶段的特征为基点来制定和实施。营销人员可针对各个阶段的不同特点而采取不同的产品、价格、促销等营销策略，如图 8-2 所示。

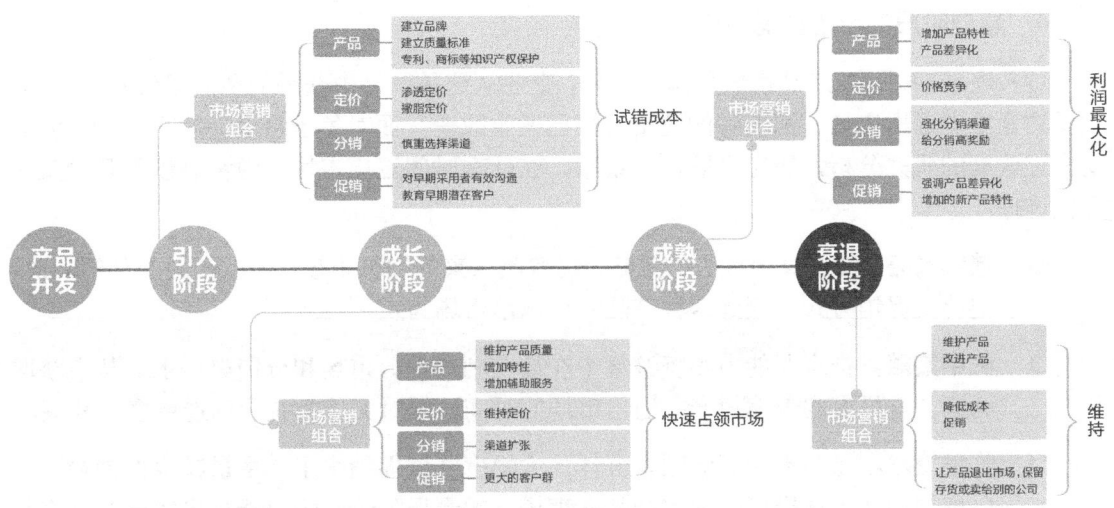

图 8-2　产品生命周期营销组合策略（以时间为主线，简单易懂）

1. 引入阶段的市场营销策略

引入阶段的特征是产品销量少，促销费用高，制造成本高，销售利润很低甚至为负值。根据这一阶段的特点，企业应努力做到：投入市场的产品要有针对性；进入市场的时机要合适；设法让销售力量直接面向最有可能的购买者，使市场尽快接受该产品，以缩短引入期，更快地进入成长期。

2. 成长阶段的市场营销策略

进入成长期以后，老顾客重复购买，并且带来了新的顾客，产品的销售量激增，企业利润迅速增长，利润在这一阶段达到高峰。随着销售量的增大，企业生产规模也逐步扩大，产品成本逐步降低。此时新的竞争者会投入竞争，且随着竞争的加剧，新的产品特性开始出现，产品市场开始细分，分销渠道增加。企业为维持市场的继续成长，需要保持或稍微增加促销费用，但由于产品的销量增加，平均促销费用有所下降。针对成长期的特点，企业为维持市场增长率，延长获取最大利润的时间，可采取改善产品品质、寻找新的细分市场、改变广告宣传的重点、适时降价等策略。

3. 成熟阶段的市场营销策略

进入成熟期以后，产品的销售量增长缓慢，逐步达到最高峰，然后缓慢下降；产品的销售利润也从成长期的最高点开始下降；市场竞争非常激烈，各种品牌、各种款式的同类产品不断出现。对成熟期的产品，宜采取主动出击的策略，包括发现产品的新用途、寻求新的用户、改变推销方式、降价、提高促销水平、扩展分销渠道或提高服务质量等，使成熟期延长，或使产品生命周期出现再循环。

4. 衰退阶段的市场营销策略

进入衰退期以后，产品销售量急剧下降，企业从这种产品中获得的利润很低甚至为零，大量的竞争者退出市场，消费者的消费习惯已发生改变。面对处于衰退期的产品，企业需要进行认真的研究分析，决定采取什么策略，在什么时间退出市场。通常有以下几种策略可供选择。

- **继续策略**。继续延用过去的策略，仍按照原来的细分市场，使用相同的分销渠道、定价及促销方式，直到这种产品完全退出市场为止。
- **集中策略**。把企业能力和资源集中在最有利的细分市场和分销渠道上，从中获取利润。这样有利于缩短产品退出市场的时间，同时又能为企业创造更多的利润。
- **收缩策略**。抛弃无希望的顾客群体，大幅度降低促销水平，尽量减少促销费用，以增加利润。这样可能导致产品在市场上的衰退加速，但也能从忠实于这种产品的顾客中得到利润。
- **放弃策略**。对于衰退比较迅速的产品，应该当机立断，放弃经营。可以采取完全放弃的形式，如把产品完全转移出去或立即停止生产；也可采取逐步放弃的方式，使其所占用的资源逐步转向其他的产品。

产品生命周期理论为企业产品的更新提供了战略指导，为企业的战略发展提供了科学的依据。生命周期的不同阶段对企业制定营销目标的影响是不同的。市场经济的竞争复杂多变，企业只有掌握市场的主动权，才能在激烈的市场竞争中立于不败之地。进行正确的产品生命周期的营销策略管理，已成为企业在市场竞争中致胜的有力方法。企业应在营销管理工作中选择适合自己的营销策略，以求在发展道路上闯出一条适合于自身发展的独特的成长之路。

8.2 技术采用生命周期

小米公司率先推出了一款智能音箱，百度公司和华为公司也紧随其后。假设我们认为智能音箱的功能与其他音箱相同，唯一不同的就是这种音箱是从云端获取内容，并且可以和手机等其他智能终端连接。那么，现在的问题在于：你打算什么时候拥有一款这样的智能音箱？

这个问题的答案将在很大程度上揭示你对技术采用生命周期的态度。技术生命周期是一个模型，可以用来衡量并了解消费者对一项产品的接受程度。如果你在朋友圈中是第一个使用智能音箱的人，那你可以被称为"创新者"或者"早期采用者"。如果你的回答是"当我看到智能音箱的功能和优势都得到了证明后，我才会考虑购买"，那你可能就是一个处于中间立场的技术采纳者，在这个模型中称之为"早期大众"。如果"当大多数人都开始使用智能音箱，并且智能音箱已经成为我们生活的一部分时我才会买"，那你就是一个追随者，也就是"晚期大众"中的一员。如果"直到海枯石烂，我才会考虑购买新产品"，你可能就是一个很晚才能采用新技术的人，在这个模型中我们称之为"落伍者"。

从新技术产品使用周期中所吸引的消费者类型这个角度，我们绘制了图 8-3 所示的钟形曲线（正态分布曲线），该曲线描述了新技术产品在市场中的渗透过程。也就是说，早期大众和晚期大众位于均值周围一个标准差之内的区域，早期采用者和落伍者位于两个标准差之内的区域，而在一项新技术的发起时（曲线的左边），也就是均值周围三个标准差之内的区域，就是所谓的创新者所在的位置。

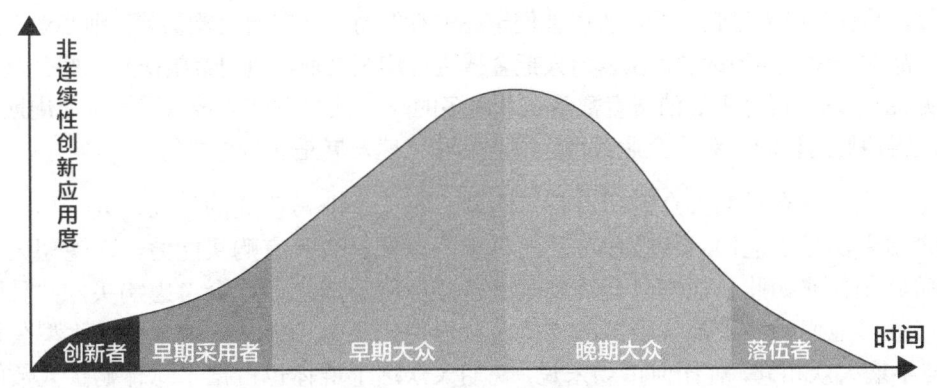

图 8-3 技术采用生命周期模型

上述各个群体的不同，就在于他们对于一项基于新技术的不连续创新所做出的特定反应。从营销学的角度来看，只要我们面对的新产品需要我们改变自行一贯的行为模式，或者需要对我们目前依赖的产品或服务进行改进时，我们对技术采用的态度就会变得越来越重要。在学术上，这种对改变非常敏感的产品被称为"不连续创新产品"。而与之相反的另一个术语，"连续性创新产品"则指的是产品的正常升级，这种创新并不需要改变我们当前的行为。连续性创新和不连续性创新之间的不同，就在于是否需要消费者对自己的行为做出改变。每个群体都代表一种独特的"心理描述"——这是心理学和人口统计学的一个结合，它使得这个群体对于营销活动做出的反应与其他群体具有显著的差别。

创新者会非常积极地追随各种技术产品。有时，他们甚至会在正式的营销计划尚未出炉之前就已经下手购买新产品。这是因为科技是他们生活中的最大乐趣，他们并不在意这些技术能够在生活中提供什么样的功能。从本质上来讲，他们会着迷于任何根本性的技术改进，并且仅仅会为了探索新型产品的性能就决定购买。在任何一个市场中，创新者并不多见，但是企业必须争取在营销活动初期得到他们的青睐，这是非常关键的，因为当新产品投放市场时，他们的认同能够为其他消费者带来购买信心。

与创新者相同，早期采用者会在新产品生命周期的早期接受并购买产品，但与创新者不同的是，早期采用者并不是技术专家。他们只是善于想象、了解并欣赏新技术所具备的优势，并且能够将这些潜在的优势与自己关心的其他方面相联系。只要发现了某种新技术产品能够有效地满足他们的需要，早期采用者就会考虑是否做出购买决策。正是因为早期购买者在做出购买决策时，并不会禁锢于公众的看法，而是更愿意尊重自己的直觉和想象，因此他们对于任何高科技市场的拓展发挥着至关重要的作用。

早期大众与早期采用者在接受新技术的态度方面存在一些相同之处，然而，他们的购买决策最终是由一种强烈的实用性想法而推动的。他们知道这些最新奇的发明中有很多最终都将不再流行，并且会成为过眼云烟，所以他们宁愿继续等待，并在自己购买前，细心观察周围的人对新产品的评价。换句话说，在拿出大把金钱进行购买之前，他们希望得到一些公众给出的参考意见。由于这一群体中的消费者数量是非常多的——几乎占整个技术采用生命周期的1/3，所以，赢得他们的认同，对于企业获得巨额利润和飞速发展是非常重要的。

晚期大众除具有早期大众的所有特点之外，有一个非常明显的不同之处：早期大众群体中的消费者满足于他们对新技术产品的诉求，以及是否具有购买能力，而晚期大众群体中的消费者却并非如此。他们只会等到某些既定标准形成之后才会考虑购买，并且即使等到那个时候，他们仍希望得到很多的支持，所以他们更有可能从一些知名的大型公司购买产品。与早期大众相同，对任何市场来说，晚期大众这个群体也占据了总体购买人数的1/3。因此，如果一项新产品能够得到他们的喜爱，公司确实能够获得巨大的利润。因为随着产品的逐步成熟，边际利润率将呈现递减规律，但同时公司的销售成本也逐渐降低，这样一来，公司的研发成本在最后将全部摊销。

最后要介绍的是落伍者。无论基于哪些原因，是个人方面还是经济方面，这些消费者对新技术没有任何兴趣。只有当一项技术产品已被深深埋藏于各种其他产品之中时，落伍者才会进行购买。例如，在某项设计中，一个高清摄像头被装进了一款手机中，而落伍者却根本不知道这款手机中安装了这样的摄像头。因此无论从哪个方面来说，落伍者这个群体通常都不会被企业重视。

我们重新归纳技术采用生命周期的内在逻辑，它的基本主旨就是：任何群体采用科学技术的过程都与这个群体所特有的心理和社会描述的方方面面相一致。这个过程可以被认为是由一系列连续而又非常明确的阶段组成，其中每一个阶段都与一个明确的群体相关联，而每个群体又是总体的一个较稳定的组成部分。

8.3 高科技营销的启示

技术采用生命周期正是高科技营销模型的基础。它向我们揭示了一种市场开发的方式：首先关注创新者并形成专门的市场，然后就是早期采用者以及他们的市场，接下来依次是早期大众、晚期大众，最后则是落伍者。在这个市场开发过程中，企业必须将每个阶段针对的消费者群体作为参考的基础，进一步开发下一个消费者群体所支配的市场。这样一来，创新者对产品的认可就成为一个非常重要的工具，帮助企业继续开发出一个早期采用者的可靠市场。同样，早期采用者对产品的认可也成为开发早期大众市场的重要工具，这种关系会依次延续下去，直到曲线最右端的落伍者。

营销人员很难在相互之间无法交换意见的顾客群中实行任何有意义的营销计划。其中的原因非常简单，就是一种所谓的杠杆力量。毕竟，没有任何一家公司能够一次性支付所有营销活动的开支。事实上，企业的每一项营销计划都必须依赖一些持续发生的连锁反应，也就是通常所说的口碑营销。市场的自我参与程度越高，沟通渠道所受的限制越严格，出现这种连锁反应的可能性就越大。

对于营销领域的很多专业人士来说，在进行市场拓展时都会将市场细分成几个独立的市场。营销大师在向大众宣传自己对市场细分所做的研究时，通常会参考技术采用生命周期模型，按照对应的阶段将受众群体分为技术狂热者、有远见的人、实用主义者、保守主义者、怀疑主义者。这个概念与我们对技术采用生命周期的定义恰好相符。以此为基础，我们构建了高科技产品营销模型，如图 8-4 所示。借助目标市场受众细分拓展的策略，可以减少市场推广的阻力，加大口碑营销的效果，起到巧妙的杠杆作用。

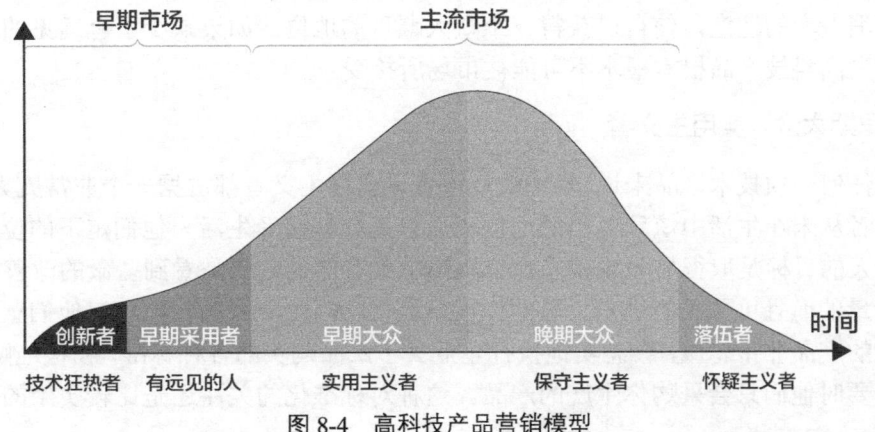

图 8-4 高科技产品营销模型

对于一项创新性的技术产品来说，在早期市场它面临的顾客群体主要是由创新者和早期采用者构成的。创新者经常被称为"技术狂热者"，或者"技术专家"，而早期采用者则经常被称为"有远见的人"。主流市场的主宰者是早期大众，在高科技行业中他们通常被认为是"实用主义者"，而且这个群体又很可能被晚期大众接受并成为他们的领导者。这里的晚期大众一般被视为"保守主义者"，但是随后的落伍者（被成为"怀疑主义者"）则恰恰相反，他们并不会接受早期大众并让他们成为自己的领导者。下文将会仔细探讨所有消费者群体的心理描述，看它们是如何对高科技市场的开发和驱动力产生影响的。

1. 创新者：技术狂热者

一般来说，率先采用任何新技术的人一定是那些出于自身原因对新产品爱不释手的人，我们称之为技术狂热者。正是这些率先对你的产品产生兴趣的人，善于发现你的产品具有哪些独特的竞争优势。在商业领域，技术狂热者不仅对这些新技术非常感兴趣，而且他们也是大家公认的最有能力对新技术进行早期评价的人。正是因为这样，他们才成为任何高科技营销计划的首要目标。对于高科技企业来说，重视技术狂热者的方式就是让他们了解内情，让他们试用产品并提供反馈意见，并且只要他们的意见合适，企业就应当立即按照这些意见对产品进行改善。最后，企业还要让他们知道自己确实对产品进行了改进。

2. 早期采用者：有远见的人

有远见的人通常是非常少见的，他们拥有非凡的洞察力。作为一个具有高度积极性并且受梦想激励的团体，有远见的人有可能加入企业的管理层。他们心中怀有的梦想的核心是以业务而不是技术为目标，这就要求企业本身或者企业的顾客在处理业务时采用的方式需要发生重大的突破。有远见的人与技术狂热者不同，他们并不是从某个系统采用的技术中获得价值，而是从这项技术带来的战略突破中获得价值。有远见的人代表了产品生命周期中的一个早期机遇，这个群体不仅能够为企业带来短暂但非常可观的收入，还可以帮助企业吸引消费者的注意，使自己获得一个众人瞩目的地位。如果缺少了有远见的人的推动力量，很多高科技产品根本根本不可能被市场所接受。

3. 早期大众：实用主义者

对于任何一项技术产品来说，早期大众或者说实用主义者都占据一个非常庞大的份额。实用主义者从未在生活中炫耀自己的地位，而只是默默接受生活为他们定下的位置。如果有远见的人的目标是取得显著成就，那么实用主义者的目的就是看到些微的改善——逐步的、可衡量的而且可预见的进步。虽然你很难赢得实用主义者的青睐，但他们一旦被征服就会对你的产品非常忠诚，会忠实地执行企业关于产品购买的各种标准，积极地购买产品，而且在必要时他们只会采购你生产的产品。这种对标准化的关注还是比较实用的，它能够简化顾客对内部服务的需求，但是这种标准化的继续效应——销售量的增加和销售成本的减低——却对企业的将来发挥着更加显著的作用。所以，作为一个市场群体来说，实用主义者的地位是不可忽视的。

4. 晚期大众：保守主义者

保守主义者对于不连续的创新有一种本能的抗拒。相较于新的进步，他们往往对传统更加信任。并且，他们一旦发现了一些非常适合自己的东西，就会一直坚持下去。他们通常只会在技术采用生命周期的最后才会决定投资购买，那时产品的设计已经非常成熟，企业之间对市场份额的竞争也使产品的价格大幅降低，而且产品本身也已经能够被完全商品化。通常情况下，保守主义者购买高科技产品的真正目的仅仅是不希望自己被怠慢。但不幸的是，由于他们处于市场中利润较低的一端，企业通常不会与这些顾客建立一种比较稳定的可靠关系，所以他们时常被怠慢。这样一来，他们对高科技的幻想就更容易破灭，而且他们还会抱怨企业对自己的购买周期进行的大幅度调整。如果高科技企业希望获得长久的成功，它们必须学着打破这种恶性循环，并用一个合理的理由说服保守主义者购买自己的产品。它们必须明白保守主义者对高科技产品并没有太大的渴望，所以这些顾客并不会为高科技产品支付很高的价格。然而对于那些懂得如何为这个群体提供服务的企业来说，只需要通过大规模的销售量，他们就能够从保守主义者那里获得可观的回报。保守主义者具有极大的价值，因为他们可以大幅度地扩展那些不再位于最前沿的高科技技术的市场。

5. 落伍者：怀疑主义者

作为构成技术采用生命周期中最后 1/6 的一个群体，除了阻碍购买之外，落伍者并没有对高科技市场发挥任何其他的作用。因此，高科技企业针对这些怀疑主义者开展营销活动的主要目的就是消除他们造成的不利影响。从某种意义上来说这是一件令人遗憾的事情，因为怀疑主义者能够让我们觉察到我们究竟在哪里做错了——也正是因为如此，我们才有必要了解这个消费群体。怀疑主义者最终能够向高科技销售商提供的一项服务就是不断地指出销售人员在售货时的保证与他们交付的产品之间存在的分歧，而这些分歧又会轻易导致顾客对产品的失望，最终这些不利的评价则会通过人们在市场中的散播令销售商无奈地痛失手中大量的市场份额。换句话说，若想征服怀疑主义者，高科技企业可能需要一个极其周全的销售策略，但是在产品营销方面，这个策略或许不能被视为上乘之策。从营销学的角度来看，我们似乎都被"皇帝的新衣"所蒙蔽，而且在高科技市场中这种现象尤其严重，因为这个市场的每一个成员都会因为受到既得利益的驱使而竭尽全力地抬高众人对这个行业的看法。但怀疑主义者不会买账，我们应该时刻牢记这个事实并从中汲取教训。

从本质上来说，这就是所谓的高科技营销模型——在技术采用生命周期的各个阶段中平稳开展的一种营销方式。对于那些拥有高科技企业股份的投资者来说，这个概念的惊人之处就是它可以承诺使你拥有对某个庞大的新市场的控制权。如果你能够第一个到达那里，"抓住曲线的最左端"，并且在早期大众阶段成功地驾驭这条曲线，从而建立一种业界内的事实标准，那么你就能够迅速聚敛大量的财富，并且在很长时间内"拥有一个绝对有利可图的市场"。

8.4 跨越鸿沟进入主流市场

由上文可知，技术采用生命周期作为一个营销模型，确实能够发挥很重要的作用。这个模型根据顾客准备进入市场的时间，对各类顾客的心理描述进行区分，并以这些区分为基础对高科技企业为创新产品的营销计划提供清晰有效的指导。但是前面已经反复指出，这个模型的根本错误在于，它用一个平滑并且连续的过程描述产品生命周期中的各个部分，但以往的经验告诉我们，真正的事实却恰恰与此相反。在任何两个相邻的技术采用群体中进行营销和沟通的转变确实是一件非常困难的事情，因为当你刚刚适应了现在的顾客群体时，就要毫不停顿地寻找新的策略来应对下一个顾客群体。

在这个过渡期中，最大的一个问题就在于，高科技企业缺少一个坚实的顾客基础作为自己向下一个顾客群体转变时所需要的的参考信息。回顾技术采用生命周期这个模型时，我们会发现，相邻的两个顾客群体之间存在的空隙表明了一种信用差距，当高科技企业试图利用左边群体作为参考基础进入右边的群体时，这种信用差距就产生了，如图 8-5 所示。

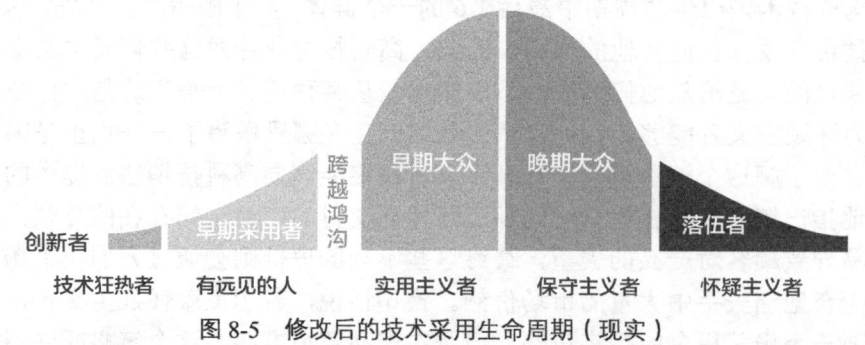

图 8-5　修改后的技术采用生命周期（现实）

可以看到，技术采用生命周期的各个组成部分并没有发生变化，唯一不同的是任何两个相邻的心理描述群体之间都出现了一个裂缝。这些裂缝就体现了任何两个相邻群体之间存在的分离。也就是说，如果这个新模型的形式体现的含义对任何两个相邻群体来说都是相同的话，那么他们之间的裂缝就代表了任何一个群体在接受新产品时可能遇到的困难。具体地说，曲线上的每一个裂缝都代表了企业的营销力量可能失去前进势头的一个时机。

这样一来，企业就不能够顺利地过渡到下一个消费者群体，从而无法到达钟形曲线最中间的这个"梦想的国度"，也就更无法获得遥遥领先于其他竞争者的边际利润率。

可以看到，第一条裂缝存在于创新者和早期采用者之间。当一项非常热门的技术产品不能马上找到更多客户时，这条裂缝就产生了。钟形曲线还存在另外一条裂缝，它位于早期大众和晚期大众两个消费群体之间，其宽度与第一条裂缝相差无几。早期大众是指那些愿意能够在必要的时候通过学习而使自己通晓技术操作的顾客；然而大部分晚期大众却并非如此。当一项产品到达这样一个市场开发阶段时，它必须要使用户更方便使用和操作，只有这样才能够一直受到消费者的欢迎，从而保证企业获得持续的成功。一旦新产品不能实现这一点，它由早期大众向晚期大众的过渡就很可能停滞下来，甚至永远都不会发生。

真正可怕的是将早期采用者与早期大众分离开来的那条深不可测的鸿沟。很显然，这是技术采用生命周期中最可怕最无情的一个过渡，并且由于这条鸿沟一般非常隐蔽，很难被企业发现，所以它也是最危险的。早期采用者往往希望自己能够先于其他竞争者获得一些利益，无论是更低廉的产品成本、更快速的产品营销、更完整的顾客服务，还是其他一些类似的业务优势，早期采用者都希望自己是第一个得到的人。作为第一个"吃螃蟹"的人，早期采用者往往也做好准备去包容新产品出现的一些小故障，毕竟对于任何一项刚刚推向市场的技术创新型产品来说，出现一些小缺点是难以避免的。相较来说，早期大众要购买得到的是对产品现有操作的一种"效率改进"。他们寻求的是新产品与已有产品最小程度的分离，他们希望看到技术的进步，而不是根本性的变革。他们希望科学技术的创新可以改进（而不是完全颠覆）现有的企业经营方式。而且最重要的是，早期大众并不想接受其他的产品，同时他们也不愿意一次次地亲自检测并排除这些创新产品中出现的故障。一旦决定使用某一种产品，早期大众就希望它不仅能够正常运作，而且还可以与他们现有的技术基础紧密地融合为一个整体。这种对比仅仅从表面上刻画了早期采用者和早期大众之间的不同和不相容之处。

市场——尤其是高科技市场——是由那些在决定是否购买产品时会相互交流参考意见的人组成。在我们从技术采用生命周期中的一个群体转移到下一个群体的过程中，我们可能会获得很多参考意见，但是它们却并不一定是我们想要的。从有远见的人向实用主义者的过渡最能体现这一点。如果其他技术采用群体之间的沟壑相对来说比较小的话，那么有远见的人和实用主义者之间的沟壑就可以被视为一条巨大的鸿沟。高科技销售商希望——并且真的需要——实用主义者马上购买产品，而实用主义者则需要——或者至少是希望——再等待一段时间。虽然双方都认为自己的立场是非常合理的，但问题却依然存在。

对于正试图跨越鸿沟的企业来说，实用主义者最希望看到的一个现象就是主流市场中存在激烈的竞争局面。如果你和早期市场中有远见的人一同创造了一种全新的价值主张，

第 8 章 生命周期：跨越鸿沟

你或许就可以不必面对任何的竞争者——至少不必面对实用主义者希望看到的那种竞争形式。在实用主义者的地盘上，竞争可以被定义为同类别的不同产品和不同销售商之间的比较性评价。这些比较性评价为消费者的购买过程带来了一种理性的氛围，这让主流市场中的实用主义者感到非常安心。在没有进行综合比较之前，实用主义者并不会急于购买产品。因此，竞争就成为他们决定是否购买的一个根本条件。虽然早期市场中通常不存在任何明显的产品竞争，但是如果想成功地从早期市场过渡到主流市场，则往往需要主动地创造一些竞争。这时高科技企业面临的最大风险就是控制竞争。也就是说，企业最有可能犯下的一个错误就是创造一种只对自己有利的环境。

既然这样，我们应该如何避免一种自利的或者与顾客利益不相关的竞争格局呢？答案的关键就是关注实用主义者的价值观念以及他们考虑的所有事情。现在，你的注意力不应该再放在有远见的人的身上，这一点能够帮助你从正确的概念性模型入手。这个概念性模型就是竞争性定位罗盘，如图 8-6 所示。这个模型的设计意图就是刻画技术采用生命周期各个阶段中不同目标顾客的价值观念，确定他们眼中最合理的竞争格局，并根据这个竞争性格局中包括的所有企业为他们带来的价值特性对这些企业进行比较性的评级，然后再围绕这些排名制定我们自己的产品定位策略。

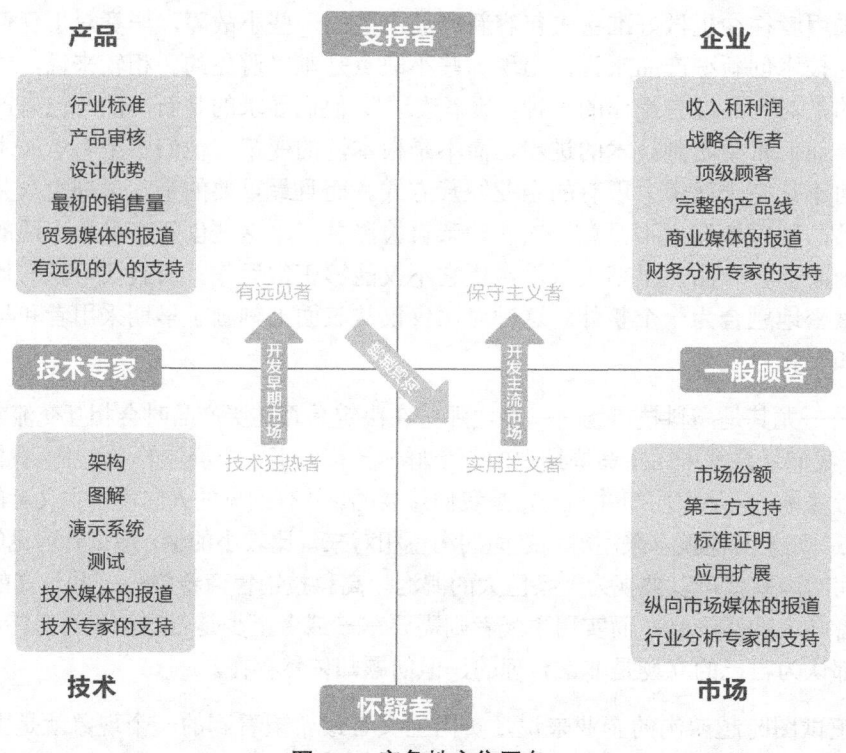

图 8-6　竞争性定位罗盘

高科技营销中一共包括4个价值领域：技术、产品、市场和企业。当产品沿着技术采用生命周期移动的时候，它能够为顾客带来最大价值的领域也会随之发生改变。在早期市场中，几乎所有的购买决策都由技术狂热者和有远见的人决定，最主要的价值领域就是技术和产品。但是在主流市场中，实用主义者和保守主义者主宰着市场中所有的购买决策，核心的价值领域也由技术和产品变为市场和企业。从这个意义上说，跨越鸿沟就意味着企业从以产品为基础的价值领域过渡到以市场为基础的价值领域。竞争性定位罗盘主要包括以下几种内在的驱动力量。

水平轴代表了购买者感兴趣的一系列高科技问题，以及他们对这些问题的理解。一般来说，早期市场是由技术专家主宰的。之所以称之为技术专家，是因为与市场的地位和企业的名望相比，他们更感兴趣的是技术和产品方面的特殊优势。相反，主流市场的主宰者则是一些一般的用户，他们更关注的是市场领导者的地位和企业的长期稳定性，而不是产品的运行速度和原材料的类别等问题。

竖直轴代表的是另一种衡量指标，即购买者对某项产品所提供的价值主张持有的态度，主要可以分为怀疑态度和支持态度。一般情况下，购买者对市场的态度是从怀疑态度慢慢演变为支持态度。在早期市场，技术狂热者就是对新产品抱有怀疑态度的守门人；在主流市场，实用主义者则扮演着与技术狂热者同样的角色。一旦他们确定了某项产品的价值主张，他们的同伴——保守主义者——就可以自由地购买产品。

这个模型还指出这样一个事实：那些对你的价值主张持支持态度的人会对你的产品和企业非常感兴趣，而对你的价值主张持怀疑态度的人则不会这样做。这也就意味着，在市场开发的初期，当顾客普遍对你的产品持怀疑态度时，以产品或企业的优势为基础与他们进行交流是一个错误的做法。这时你并没有资格去夸耀手中的这些资本，因为市场中的顾客并不相信刚刚进入市场的你会与市场中的其他企业有什么不同。

然而，你总有办法征服这些怀疑主义者。在技术专家这个群体中，即使是最坚决的怀疑主义者也一直期望着新技术突破的出现。因此，尽管在最初的时候你并不能争取到他们对你的产品的支持，但仍然可以让他们对你的技术有一定的了解。并且你还可以凭借这些了解获得他们对产品本身的欣赏。他们对你的技术越感兴趣，你就越容易赢得他们的支持。

同样，持怀疑态度的一般顾客或许并不相信没有什么名气的新公司，但是他们却一直对新的市场开发计划很感兴趣。如果能够让一般顾客看到市场中正在逐渐形成但尚未满足的一些需求，而你的产品定位又恰恰是满足这些市场需求，并且这也是你的营销团队非常关注的事情，于是出于他们对这些市场机会的浓厚兴趣，他们会试着去了解你的公司。

高科技领域中两个非常"自然"的营销"节奏"，分别是早期市场的开发和主流市场的开发。在开发早期市场的时候，应当表现出强大的技术优势，并且凭借这种优势获得顾客对你的产品的信任。但是在开发主流市场的时候，你就应当表现强大的市场领导者优势，然后凭借这种优势令顾客信任你的企业。

相反，"跨越鸿沟"代表的却是一种不自然的节奏。高科技企业在跨越鸿沟的时候，需要从一个能够得到有远见的人支持的环境，转变到另一个只能被实用主义者怀疑的环境中。这就意味着企业需要从一个熟悉的领域（在这个领域中，企业只需要考虑产品方面的问题）走到另一个陌生的领域（这时企业需要考虑市场方面的问题），企业面对的顾客也要由一个熟悉的群体（志同道合的技术专家）转变为另一个陌生的群体（对你的产品和公司丝毫不感兴趣的一般顾客）。

现在让我们将以上这些部分合并起来，看看应当如何引发竞争。在图 8-7 中，位于右侧的是主流市场，在这个市场中，以持怀疑态度的实用主义者为主体。如果你的目标是成功赢得这些顾客的信赖，那么你要引发的竞争就需要建立在一些以市场为导向的问题上。因为只有以市场为导向的问题才能够得到实用主义者的关注。换句话说，在早期市场中我们的营销力量关注的是创造以产品为中心的价值属性，但是进入主流市场之后，我们的精力应当集中在以市场为中心的价值属性上。

以产品为中心的价值属性	以市场为中心的价值属性
产品运行速度快	最庞大的安装基础
最容易使用	最多的第三方支持者
最完美的产品	业界内的事实标准
产品的价格	获得产品所有权的成本
独特的功能	支持性产品和服务的质量

图 8-7　早期市场 VS 主流市场

高科技企业在跨越鸿沟的过程中，以市场为中心的价值系统必须成为目标顾客价值观念的基础，而以产品为中心的价值系统对该系统进行补充。目标顾客的价值观念反映了他们对竞争性格局可能持有的观点，以及对他们对刚进入这个格局的新企业的定位。

8.5　总结

虽然我们都知道产品生命周期的概念，但是很多人却不知道每 7 个产品中才有 1 个产品能完整地走完我们所定义的"生命周期"，而且至少有 50% 的产品没能进入主流市场就已衰退了。因此，自公司的创始之日起，我们就需要一个正确的营销模式，以便与这种类型的产品引进方式有效契合。正是因为这个原因，技术采用生命周期模型就成为整个高科技行业所采用的营销方式的中心所在。

当一项不连续性创新被引入市场的时候，企业的市场开发过程会出现明显的停滞，只有成功跨越鸿沟之后，企业才有可能推进市场开发的进程。鸿沟现象将所有新兴的高科技企业推向了一个危险的境地，虽然它们已经在早期市场中占据了稳固的地位，但横于面前的这条鸿沟却迫使它们不得不放弃相对安全的早期市场，然后到主流市场艰难地寻找自己的新位置。鸿沟现象的力量是残酷无情的，它不断推动着企业向主流市场迈进。这时的关键问题就是企业的管理者能否及时意识到从早期市场向主流市场的转变，并充分利用这个转变为自己带来的机遇。

MVP 行动指南

- 对所负责的产品的生命周期进行回顾、梳理、分析，根据当前所处阶段，制定相应的产品、定价、分销、促销策略，并随发展进行调整。

- 在进行非连续性创新产品开发时，要关注技术采用生命周期对产品市场化的影响，将目标客群进一步细分，并结合用户特点制定营销策略。

- 在高科技产品市场化的营销过程中应用技术采用生命周期模型，掌握各个阶段市场用户的特点，采用针对性的营销方式和技巧开拓市场。

- 在产品市场化的过程中，结合技术采用生命周期不同阶段的用户特点，及时调整市场营销策略和方式，避免跌入产品生命周期"鸿沟"。

- 在产品进入主流市场前，对使得企业在早期市场占领导地位的营销技巧、独特做法及所有奇思妙想重新进行评价，然后根据主流市场进行策略调整。

第 9 章

商业模式：重构商业价值链

学习目标

- 了解商业模式的概念，为产品的商业化变现提供最佳路径指导；
- 掌握商业画布模型，为产品价值规模化交付提供体系支撑；
- 了解平台模式，借用平台杠杆放大产品价值或提升商业价值；
- 了解互联网商业模式的本质，学会设计或应用互联网产品价值体系。

很多人都认为，商业模式不是产品经理管辖的范畴，是 CEO 及高层的职责。在第 5 章中我们已经了解了产品的商业化结构，它是企业商业模式的基础。由此可见产品经理直接参与甚至决定了商业模式。从商业视角来看，商业模式是为实现产品批量生产、价值交付、商业变现、运营维护等规模化，最终实现价值最大化而进行的商业架构设计与支撑体系构建。因此，商业模式已经成为"为产品商业化结果负责"的产品经理的必修课。

9.1 商业模式浅析

商业模式的概念是 20 世纪 90 年代后期才开始流行起来的，个人认为这是与 IT 和通信行业的服务价格迅速降低相联系的。我的假设建立在交易成本学说上。因为在战略单元中加工、储存和共享信息变得越来越便宜了，公司在经营方式上有了更多的选择：价值链被分拆并重组；众多新型的产品和服务出现；新的分销渠道的出现；客户群体更为广泛。这最终导致全球化的出现并且带来了更加激烈的竞争，同时也带来了许多新的经营方式。换言之，今天的公司在面对做什么、怎么做、为谁做这些问题的时候有了更多的选择。

这意味着对于产品经理来说，他们拥有了一系列全新的方式来规划自己的产品和企业。以前，因为所有公司的商业模式都大同小异，只要确定一个行业就知道自己该干什么了。今天，在每个行业都产生了许多新型的商业模式，仅仅选择一个有利可图的行业是不够的，你需要设计一个具有竞争力的商业模式。此外，日益激烈的竞争和成功商业模式的快速复制迫使所有公司必须不断进行商业模式创新，以获得持续的竞争优势。

商业模式是一个非常宽泛的概念，通常提及的与商业模式有关的说法很多，包括运营模式、盈利模式、B2B模式、B2C模式、广告收益模式等，不一而足。举几个通俗易懂的商业模式示例：企业可生产出售给其他企业的产品（即企业对企业的商业模式，也称为B2B），或出售给消费者的产品（即企业对消费者的商业模式，也称为B2C）；企业还可以将产品出售给其他企业，后者再将产品出售给消费者（即企业对企业对消费者的商业模式，也称B2B2C）。其中，一些产品只是转手卖到消费者手中，另一些则作为其他产品的一部分进行出售。想象一下汽车零部件公司是如何出售汽车零部件给汽车公司的。汽车公司就像一个组装企业，大多数情况下，它们根本不生产任何零部件。汽车公司又把汽车卖给经销商（其他企业），而经销商最终把汽车卖给消费者或其他公司。

所谓的商业模式是指企业根据自己的战略性资源，结合市场状况与合作伙伴的利益要求，而设计的一种商业运行组织。这种商业运行组织一般会涉及供应商、制造商、经销商、终端商以及消费者等综合性利益，因此，商业模式是一种在多赢价值体系下，主导企业的战略性构思。商业模式描述与规范了一个企业创造价值、传递价值以及获取价值的核心逻辑和运行机制。

一个成功的商业模式不一定是在技术上的突破，可以是对某一个环节的改造，或是对原有模式的重组创新，甚至是对整个游戏规则的颠覆。制造商、品牌商、经销商、终端商，都有自己比较独特的商业模式。这里主要针对产品研发、生产型企业，因此这里所说的商业模式主要是制造商（含品牌商）的商业模式。目前，制造商的商业模式主要有如下6种形式。

○ 直供商业模式

主要应用在一些市场半径比较小、产品价格比较低或者是流程比较清晰、资本实力雄厚的国际性大公司。直供商业模式需要制造商具有强大的执行力，现金流状况良好，市场基础平台稳固，且市场产品的流动速度很快。由于我国市场战略纵深很大，市场特点迥异，渠道系统复杂，市场规范化程度比较低，因此在全国市场范围内选择直供商业模式是难以想象的，即使强大如可口可乐等跨国企业也开始放弃直供商业模式。但是，利润比较丰厚的一些行业与产业还是会选择直供商业模式，如在白酒行业，很多公司就选择了直供商业模式。另外，互联网和电子商务的大力发展，为企业触达消费者提供了特别通道，但这不仅需要企业战略的支持，还需为此建设专业的人才团队。

○ 总代理制商业模式

这种商业模式为我国广大的中小企业所广泛使用。我国广大的中小企业在发展过程中面临着两个最为核心的困难：团队执行力比较差，很难在短时间内构建一个庞大的执行团队，而选择经销商做总代理可以省去很多当地市场执行面的困难；资金实力上有困难，中国中小企业普遍资金实力比较薄弱，选择总代理制商业模式，可以在一定程度上占有总代理上一部分资金，更有甚者，他们可以通过这种方式完成最初原始资金的积累，实现企业的快速发展。

○ 联销体商业模式

随着大量中小企业选择采取总代理制商业模式，市场上好的经销商成为一种稀缺的战略性资源，很多经销商对于鱼目混珠的招商产生了严重的戒备心理。在这样的市场状况下，很多比较有实力的经销商为了降低商业风险而选择与企业进行捆绑式合作，即制造商与经销商分别出资，成立联销体机构。这种联销体既可以控制经销商市场风险，也可以保证制造商始终有一个很好的销售平台。联销体这种方式受到了很多有理想、希望长期发展的制造商的欢迎。娃哈哈就采取了这种联销体的商业模式；空调行业巨头格力空调也选择了与区域性代理商合资成立公司，共同运营市场，并取得了不错的市场业绩。

○ 仓储式商业模式

仓储式商业模式也是很多消费品企业选择的商业模式。很多强势品牌基于渠道分级成本很高、制造商竞争能力大幅度下降的现实，选择了仓储式商业模式，通过价格策略打造企业核心竞争力。比如20世纪90年代，四川长虹电视在中国大陆市场如日中天，为降低渠道系统成本，提高企业在市场上的价格竞争力，长虹集团就选择了仓储式商业模式——企业直接将产品配送到消费者手里。仓储式商业模式与直供商业模式最大的不同是，直供商业模式是指企业不拥有直接的店铺，而是企业将货源直接供应给第三方销售平台，由第三方平台完成产品销售。仓储式商业模式是企业拥有自己的销售平台，通过自己的销售平台完成市场配货功能。

○ 专卖式商业模式

随着中国市场渠道终端资源越来越稀缺，越来越多的中国消费品企业选择专卖形式的商业模式。如小米专卖系统、海澜之家的专卖连锁加盟、格力空调专卖店加盟计划等，都属于专卖式商业模式。选择专卖式商业模式需要具备3种资源中的任何一种模式，或者3种特征均具备。其一是品牌。选择专卖式商业模式的企业基本上具备很好的品牌基础，消费者自愿消费的情况比较多，而且市场认知也比较成熟。其二是产品线比较全。要维系一个专卖店，使其具有稳定的利润，专卖店的产品结构就应该比较合理，因此，选择专卖渠道的企业必须具备比较丰富的产品线。其三是消费者行为习惯。我们必须还要看到，在广大的农村市场，可能这种专卖式商业模式很难起到推动市场销售的作用，因此，专卖式商业模式需要成熟的市场环境。专卖式商业模式与仓储式商业模式完全不同，仓储式商业模式是以价格策略为商业模式核心，而专卖式商业模式则是以形象与高端为核心。

复合式商业模式

由于我国的市场环境异常复杂，很多快速消费品企业在营销策略上也选择了多重形式。复合式商业模式是一种基于企业发展阶段而做出的策略性选择。但是，要特别注意的是，一般情况下，无论多么复杂的企业与多么复杂的市场，都应该有主流的商业模式，而不能将商业模式复杂化做为朝令夕改的借口，使得营销系统在商业模式上出现重大的摇摆。而且，应该知道的是，一旦我们选择了一种商业模式，往往还需要在组织建构、人力资源配备、物流系统、营销策略等方面都应该做出相应的调整，否则就不能认为这个企业已经建立起了成熟的商业模式。

结合以上商业模式不难看出，无论何种商业模式，都是为了将产品顺利地交付到用户手中而实现价值变现的过程。企业能否持续赢利是我们判断其商业模式是否成功的唯一的外在标准。要想使企业有生存空间并能持续地赢利，必须依靠系统的安排、整体的力量，即商业模式的设计。如果一个企业没有弄明白自己的商业模式是什么，一直在靠外在的资本注入而运作，那就相当于这个企业还没有断奶，不具备自力更生的生存能力，更别提持续盈利了。所以商业模式是一个企业健康发展的根本前提，是一个企业最高级别的竞争方式。在任何一个想要长久发展的公司中都是缺一不可的。完善的商业模式可以让一个企业更加科学合理、有的放矢地去运营。

9.2　商业模式画布

泰莫斯定义的商业模式是指一个完整的产品、服务和信息流体系，包括每一个参与者及其在其中起到的作用，以及每一个参与者的潜在利益和相应的收益来源与方式。在分析商业模式的过程中，主要关注一类企业在市场中与用户、供应商、其他合作伙伴的关系，尤其是彼此间的物流、信息流和资金流。因此我们把商业模式涉及的 9 个关键要素整合到一张画布之中——商业模式画布，可以灵活地描绘或者设计商业模式，如图 9-1 所示。

商业模式画布描述的是企业如何创造价值、传递价值和获取价值的基本原理。用通俗的话来说，就是我有什么样的有价值的产品，怎样找到我的客户，并将有价值的产品卖出去。在图 9-1 中，商业模式画布由 9 个模块组成，这 9 个模块能把任何一个产品的商业模式拆解得清清楚楚。

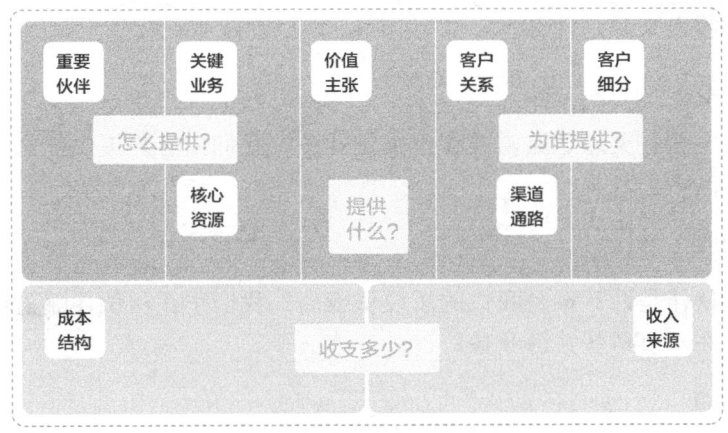

图 9-1 商业模式画布（示意图）

- **客户细分**

客户是商业模式的核心。我们服务于哪些客户群体？要为谁创造价值？谁是我们的重要用户？我们可以定义一个或多个或大或小的客户细分群体，以及我们主要服务的客户群体。一旦作出决议，就可以凭借对特定客户群体需求的深刻理解，仔细设计相应的商业模式。

- **价值主张**

我们要向客户传递什么样的价值？我们正在帮客户解决哪些难题？我们正在满足哪些客户需求？我们正在提供给客户细分群体哪些系列的产品和服务？

- **渠道通路**

通过哪些渠道可以接触到我们的客户细分群体？如何去接触他们？哪些渠道成本效益最好、最有效？如何把渠道商的商业模式进行整合？

- **客户关系**

我们的每个客户细分群体希望与我们建立和保持何种关系？哪些关系已经建立了？这些关系的成本如何？如何把它们与商业模式的其余部分进行整合？同时，我们还需要不断了解客户需求，通过不断改进产品和服务去满足顾客。

- **收入来源**

什么样的价值能让客户愿意付费？他们现在付费买什么？他们是如何支付费用的？每个月的收入来源占总收入的比例是多少？他们更愿意怎样支付费用？

- **核心资源**

我们的价值主张需要什么样的核心资源？我们的渠道通路需要什么样的核心资源？我

们的客户关系和收入来源是什么?

- 关键业务

我们的价值主张、渠道通路需要哪些关键业务?我们向客户提供什么产品或服务?有关键业务才能存活下去?

- 重要伙伴

我们的重要伙伴是谁?谁是我们的重要供应商?我们正在从伙伴哪里获取哪些核心资源?合作伙伴正在从事哪些关键业务?

- 成本结构

我们的商业模式中最重要的固有成本是什么?哪些核心资源以及关键业务花费最多?

很多看起来靠谱的商业计划会在第一次见客户的时候流产,让人感觉所有的时间和精力统统白费。而商业模式画布不仅能够提供更多灵活多变的计划,而且更容易满足用户的需求。更重要的是,它可以将商业模式中的元素标准化,并强调元素间的相互作用。图9-2以小红书的商业模式画布为例供大家参考。

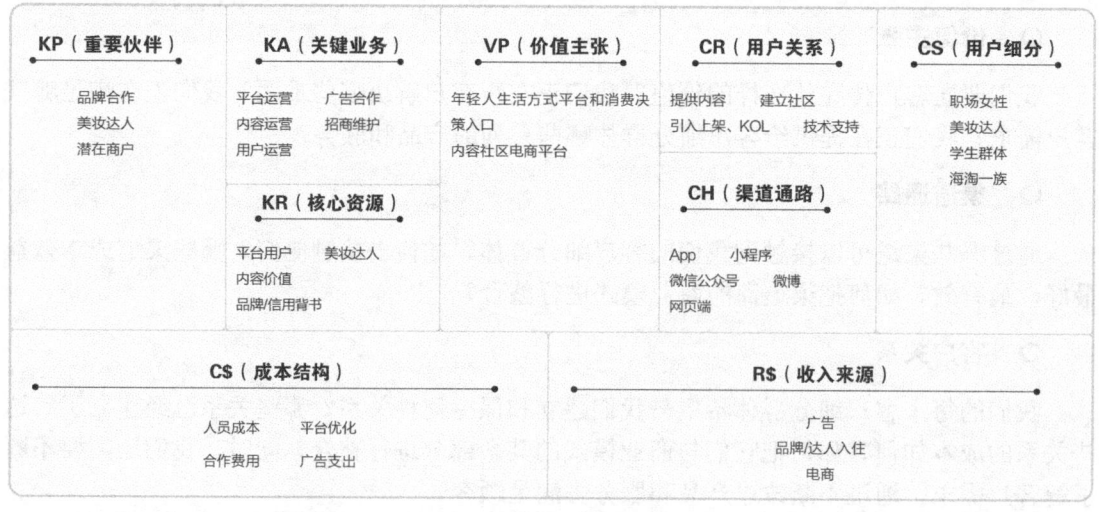

图9-2 小红书商业模式画布

商业模式画布已经成为一种用来描述商业、可视化商业模式、评估商业模式以及改变商业模式的通用语言。它不仅适用于小公司,大公司也同样可以借鉴。虽然大公司的商业模式已经成型,但商业画布却能为其锦上添花,不断形成新的模式。公司规模越大,内部阻力也越大。当公司的机制框架深入骨髓时,员工就更加看重得失,因此就将计划和预算卡得越死。如果招聘的是普通的执行人员,他们的职责就是按规矩做事。如果做事失败了,则是个人的实力不足。但是寻找新的商业模式并非如此，没有人知道如何执行，只有摸着石头过河。而失败只是一次假设测试，不要太在意，不要认为成本很高——通过在商业画布里为每一项加权，可以在真正执行前率先测试出模式的可行性。

9.3 平台模式的价值逻辑与网络效应

前文中讲述的平台是指"产品平台"，这里要讲述的是"商业平台"，或者说是"平台产品"。平台的存在是广泛的，它们在现代经济系统中越来越重要，成为引领新经济时代的重要经济体。现实生活中有很多"商业平台"的例子，比如购物中心（万达购物广场）、电子商务平台（阿里巴巴）、金融服务平台（陆金所）、生活服务平台（美团）、打车共享平台（滴滴）等。平台的消费关系具体表现为：平台上卖方越多，对买方的吸引力越大；同样，卖方在考虑是否使用这个平台的时候，平台上买方越多，对卖方的吸引力也越大。平台的经济功能实质上就是提供或实体或虚拟的交易环境，从而降低消费市场中各方寻找交易伙伴的成本。

平台连接了供应商和消费者，弯曲了原本垂直的价值链条，如图9-3所示。多样化的供给正巧与多元化的需求匹配起来。许多平台企业本质上都是一个轻资产公司，无须进行自我研发和囤积产品。他们不需要拓展自己的生产力，仅需将多边不同群体的供给和需求拉拢起来并对其进行投资，建立一个相当于互动媒介的体系，以达成赢利的目标。

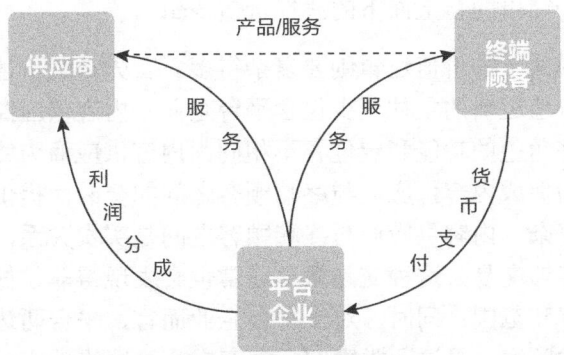

图9-3 平台模式的价值逻辑

平台模式是一种基于价值创造、价值传递与价值实现的商业逻辑。这种价值逻辑具体体现为：首先，平台企业为平台的两边（即供应商和终端顾客）提供各种形式的服务的过程，就是平台模式价值创造的过程；其次，平台企业还担负着为供应商传递产品、服务给终端顾客，这一过程就是价值传递过程，也是平台模式的重要功能；此外，平台企业对来自终端顾客的货币支付以某种契约形式与供应商进行分成，这一过程就是价值分配与价值实现过程。这与商业模式研究领域内达成的为数不多的共识是相吻合的——商业模式本质上是一种价值逻辑。正如一些学者所言，过去十多年商业模式研究领域取得的最大贡献，在于构建了商业模式与价值逻辑之间的联系。

以苹果公司为例来说明平台模式的这种商业价值逻辑。在苹果的平台上，存在 3 种类型的角色：作为中介平台的苹果公司、终端顾客（主要包括 iPod 用户、iMac 用户、iPhone 用户及 iPad 用户）、各种内容提供商（主要包括数字媒体［音频和视频］提供商、手机和电脑应用软件开发商以及为数不多的广告商）。苹果公司为终端顾客提供电子设备和部分软件的过程，就是其创造价值的过程；同时，苹果公司还为软件开发商和广告商提供各种形式的服务，这也是一种创造价值的过程。大量数字媒体和通信电子设备的应用软件，通过苹果这一平台向终端顾客传输的过程，就是苹果完成媒体供应商、软件开发商与终端顾客之间价值传递的过程；苹果公司对来自终端顾客的货币支付与媒体供应商、软件开发商之间按照一定比例进行分成的过程，就是价值分配的过程，同时也是价值实现的过程。

尽管平台模式本质上也是一种商业价值逻辑，但研究同时发现，这种价值逻辑与传统企业商业模式的价值逻辑存在着较大差异，具有自身的特殊性。

1. 平台模式的价值逻辑比传统商业模式更复杂

传统商业模式下，价值逻辑表现为"企业-顾客"，企业为顾客提供产品、服务，顾客为获取产品、服务而支付货币。价值创造源于焦点企业为顾客提供的产品、服务；企业将产品、服务提供给顾客的过程也就是价值传递的过程，顾客的货币支付转化为企业的价值实现。显然，这是一种简单的自上而下的线性价值逻辑。

相比之下，平台模式下的价值逻辑则要复杂得多。首先，就价值逻辑主体的身份和功能来说，平台模式下价值逻辑的主体至少包含平台企业、内容供应商和终端顾客这 3 类性质不同的角色，且这些角色的功能和定位各不相同：内容供应商为终端顾客提供产品、服务，而平台企业则是为促成内容供应商与终端顾客之间的交易而提供服务。其次，这些角色之间的关系也非常复杂。内容供应商与终端顾客之间是买卖关系，但通常几者之间不能直接进行交易，即使能够交易，这种交易效率通常也会表现得非常低下，因而需要借助平台企业提高交易的效率和范围；同时，对于平台企业而言，平台两边的内容供应商和终端顾客是两类性质不同的顾客，且这两类顾客之间存在交叉网络效应，任何一边的强大会吸引另一边的膨胀，而任何一边的缺失都会导致平台的瘫痪，三者之间构成了一个相对独立的闭环系统。在这一闭环系统中，存在着两套价值逻辑体系，即一套是供应商与终端顾客之间的价值逻辑，另一套是供应商、平台企业和终端顾客三者之间的价值逻辑。第一套价值逻辑（即供应商与终端顾客之间的价值逻辑）是平台模式存在的前提和基础，具有主导性；而第二套价值逻辑的存在是为第一套价值逻辑的实现而服务的，具有从属性。但是，若第二套价值逻辑缺失或低效，第一套价值逻辑将受损甚至不复存在。

2. 价值传递在平台模式中居于核心位置

在传统商业模式下，企业为顾客提供产品、服务的过程，就是价值向下游顾客传递的过程。企业能力和竞争的核心体现在如何通过产品、服务的创新来为顾客创造更多的价值。即使没有中间商渠道，企业自身也可以把产品、服务传递给顾客，只是这种传递效率通常不怎么高。

但在平台模式下，价值传递却成了平台模式的关键与核心。这可从平台模式的发展、演变历史得到推断。从最初的集市、拍卖等开始算起，平台模式的历史已有几千年之久，但发展缓慢，一直未能成为社会经济的重要角色。直到人类社会进入网络时代，平台模式才得以爆发。而网络对于平台模式的最大作用正是在于它根本改变了供应商与顾客之间的价值传递模式和效率。传统模式下，供应商既是价值创造者又是价值传递者，这种功能的重叠不符合社会分工，价值传递从中独立出来就成为一种内在要求。平台企业的出现，从根本上改变了供应商与顾客之间关于产品、服务的流通模式，使价值传递效率得到了本质的提升。在现实经济中，平台企业与传统企业（如电商与实体店）之间的竞争、平台企业与平台企业之间竞争的核心，无不围绕产品、服务传递的效率而展开。苹果的 iPod 播放器之所以能一举成名，根本原因并不在于 iPod 播放器具有独特外形与高贵音质，而在于苹果搭建了一个有效地把数字音乐传递给音乐爱好者的 iTunes 平台，大大提高了价值传递效率。可以说，高效的价值传递功能，是平台模式崛起的关键所在。在当今的网络社会，谁能把产品、服务更加有效地传递给顾客，谁就能在最终的市场竞争中掌握控制权。

3. 平台模式价值逻辑的各环节出现分离

在传统商业模式下，在价值逻辑的各阶段中，价值由焦点企业以产品、服务的形式创造出来。企业同时还承担将产品、服务传递给顾客的角色，这一过程就是价位传递过程。顾客以货币支付形式购买产品、服务的过程，就是企业价值实现的过程。可见，在传统企业商业模式价值逻辑的各阶段中，企业是唯一主体。主体角色的一致性，保证了传统商业模式价值逻辑的各阶段不存在分离现象。

但在平台模式下，价值逻辑的各阶段出现了分离。首先，价值创造主体与价值传递主体之间相互分离。在平台模式下，终端顾客的需求来自供应商提供的产品、服务，因而供应商是价值的创造者。但是，由于条件或资源限制，供应商通常无法完成产品、服务向顾客的传递，供应商丧失了价值传递功能，这种价值传递职能转由平台企业来完成。因此在平台模式下，价值创造主体与价值传递主体出现了分离。其次，价值创造过程与价值实现过程相分离。传统模式下，价值创造与价值实现是一体的：企业为顾客提供产品、服务，顾客为此支付货币，"一手交钱，一手交货"。企业为顾客创造价值的同时也为自己获取了利润，价值创造与价值实现同步完成。但在平台模式下，价值创造与价值实现之间不再具有必然联系。很多平台企业（如网站）为顾客（如网民）提供各种服务（如信息搜索、电子邮件等），但却无法从中获取利润。顾客价值的创造与提高并不必然为企业带来利润，价值创造与价值实现出现了分离。这种分离，需要管理者在设计和创新平台模式时引起足够的重视。

建立平台企业的第一步，便是确定这些不同的用户群体是谁，以及他们的原始需求是什么。因此，平台企业需要同时制定能够纳入多边群体的策略，讨好每一方使用者，这样才能真正有效地壮大其市场规模。值得注意的是，当一个平台企业对某一群体采取策略性开放措施，这一群体就将成为生态圈中一个独立的边；反之，若该群体的个体完全由平台企业私有，则不能算作独立的边。多数平台企业不仅能够拓展单一群体之间的关系规模，还能够连接双边（或数边）的使用群体，让不同的群体也能通过平台相连，达到为彼此增值的目的。每个人在使用这些平台的产品或服务时，或许并非怀着为他人创造价值的心态，但实际结果却是整体价值的提升。

在人们接触平台生态圈的瞬间，他们便被多种精心策划的配套机制团团包围，这些机制吸引他们入驻到平台内，与其他用户互动，让他们久留而不愿离去。如何设计适合自己的产业与服务群体的整套机制是门艰深的艺术，而我们必须再次强调，这其中的成败关键便是如何运用网络效应。网络效应在平台商业模式中可以发挥极大的效应，而平台商业模式也需要利用网络效应持续增强竞争力。网络效应可分为同边网络效应和跨边网络效应。同边网络效应指的是，当某一边市场群体的用户规模增长时，将会影响同一边群体内的其他使用者所得到的效用（比如微信用户，一个人的加入会带动其亲朋好友的加入）；而跨边网络效应指的是，一边用户的规模将影响另外一边群体使用该平台所得到的的效用（比如淘宝的卖家和买家，任何一边的增加，都会吸引另一边的增加）。由此可见，平台若能同时激发同边网络效应和跨边网络效应，将能大大增家用户的使用意愿和满足感，进而实现盈利。

初创平台首先必须决定要连接哪两个市场群体（即搭建起双边模式），而后定义谁是付费方，谁是被补贴方（即制定补贴模式）。设定补贴模式的目的就是要在不同的市场群体之间形成一种刻意的不平衡，像倾斜的跷跷板一样引发第一股推动力，进而激发网络效应。平台企业在连接两边以上的群体后，必须决定核心的补贴策略，然后通过一系列的系统化机制，引发网络效应，促进生态圈的成长，凝聚各方成员的互动，并使其产生归属感，然后再通过用户过滤机制维持整个生态圈的质量。如果上述目标全都顺利达成，那么平台生态圈将迅速成长，其规模也将成倍激增。

若要盈利，平台生态圈必须达到一定规模。有些人甚至相信，只要平台做大，人气剧增，盈利模式自然就会浮现。这样的说法仅对了一部分。因商业变现而死亡的平台企业数不胜数，大量的互联网金融 P2P 平台、租房平台、O2O 平台的死亡无不是因为商业变现问题，即开始时没有做产品精算评估，商业价值逻辑不通或不成立。再比如，某个社交平台想在自己壮大后，通过吸引广告商的入住来实现赢利。那么需要注意的是，当今的广告商所看重的不再是盲目地曝光，而是更精准、更有市场连接性的营销模式。运用不断增长的消费者行为数据、向更多的优质企业推广自己的平台营销方案，可以达到良好的双边正向循环。必须通过数据的搜集分析，精确创造出多层级的价值。因此，搜集信息的机制，理应在平台初创初期就被纳入计划。

> **设计平台盈利模式的两大准则**
>
> - 平台商业模式的根基来自于多边群体的互补需求所激发出来的网络效应。因此，平台盈利模式必须找到双方需求引力之间的关键环节，设置获利关卡。
> - 平台模式与传统企业运营模式的不同之处在于，它并非仅是直线型、单项价值链中的一个环节。平台企业是价值的整合者、多边群体的连接者，更是价值生态圈的主导者。

9.4 互联网模式：从"价值链"到"价值环"

大家对互联网已不陌生，它已经紧紧地与我们的生活捆绑在一起。阿里巴巴、腾讯、百度等知名互联网企业的成功更是将互联网模式推到了所有商业模式的顶点。在创业圈，"互联网""互联网+""××平台"等词汇被广泛应用，似乎不提这些就不能证明你的项目有前景。这都与互联网的网络效应分不开。互联网应用加速了产品、服务向用户的传播、交易、交付等一系列环节的效率提升，在降本增效和规模效应上起到了重要作用。基于这一商业本质，"互联网平台"从"平台模式"中脱颖而出，成为大家公认的最成功的商业模式。除此之外，互联网还改变了企业组织商业价值链，从工业时代的"价值链"变为互联网时代的"价值环"，如图9-4所示。

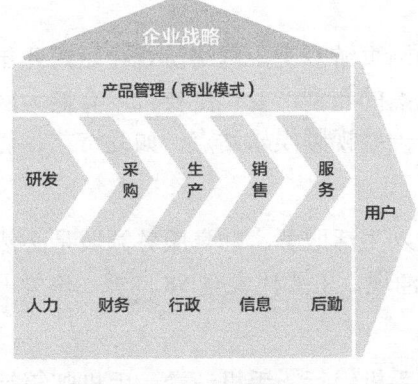
工业时代——"价值链"

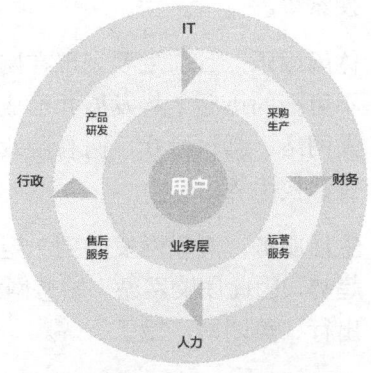
互联网时代——"价值环"

图9-4 工业时代与互联网时代对比

这种改变,将企业通过产品流通获取利润的经营理念,变革为从服务用户生命周期获取利润,这极大地放大了品牌价值,降低了获客成本和运营成本。互联网模式通常以用户中心,为满足用户的某一需求为起点,进行持续地需求和价值挖掘,构建产品价值服务体系,形成商业护城河,然后再进行商业变现产品设计,从用户的全生命周期中获取利润,从而实现商业价值最大化。

如今在"大众创业、万众创新"双创大潮的推动下,成熟可行的商业模式成为了热门话题,尤其是互联网商业模式更是被越来越多的学者、创业者探讨和摸索。根据具体的行业类型和功能特性,可以将互联网的商业模式分为十大类。

- **传统门户**:本质上说就是一个综合信息管理平台,主要提供新闻、搜索引擎、网络接入、黄页展示、电子公告牌、免费邮箱、影音资讯、网络社区、网络游戏、免费网页空间等网络服务。典型的企业有新浪、网易、搜狐等。

- **垂直门户**:也是一种门户平台,但与传统门户不同的是,它不是"大而全",而是"小而专"。各类行业垂直网站涌现并对各大门户形成了强大的竞争。例如搜房网、携程网、猎聘网,各类教育、医疗、化妆等专业网站,都居于垂直门户。

- **电子商务**:遵循经济价值规律,结合实物产品与服务,并通过互联网手段实现交易过程的活动。这类网站很多,如阿里巴巴、淘宝、天猫、京东商城、拼多多、唯品会、当当网、拍拍网等。

- **网络通信**:通过网络进行通信的方式,分即时通信和非即时通信两种。主要代表有QQ、微信、脉脉、陌陌、钉钉等。

- **搜索引擎**:是一个为用户提供信息检索服务的网站,它使用某些程序把互联网上的所有信息归类,从而便于用户查询搜索。主要代表有谷歌、百度、雅虎、360搜索等。

- **休闲娱乐**:目前主要表现在网络游戏和网页游戏上。网络游戏在短短几年内以锐不可挡的迅猛之势发展并形成了一个成熟的新型产业。主要代表有盛大网络、巨人网络、腾讯游戏、网易游戏等,还有一些视频娱乐站点,如爱奇艺、优酷、抖音、快手等。

- **生活服务**:互联网发展到一定时期,进入生活服务、贴身服务领域是必然的发展趋势,因此团购网站、婚恋网站等不断涌现。主要代表有58同城、珍爱网、滴滴出行、美团网、饿了么等。

- **无线增值**:无线增值业务的范围扩展到手机银行、手机证券、手机邮箱等领域,例如借贷宝、同花顺、挖财、企业微信等。

- **社区交友**：Web 2.0 理念中使用非常广泛的一个应用模式是 SNS 社区模式，它是社区功能与交互式 P2P 的结合，典型的代表有人人网、知乎、豆瓣等。
- **导航/资讯**：导航类网站目前主要以网站导航和生活导航应用比较多。比如 hao123 网址导航、网址之家导航。资讯类服务目前体现在时事新闻、商务信息、消费指导、娱乐时尚、财经金融、IT 网络等方面，这类网站以广告为主要盈利模式，比如凤凰资讯网、巨潮资讯网、环球资讯网等。

揭开互联网模式的神秘面纱，所有的互联网商业模式在非互联网领域都能找到与之相对应的商业场景，只不过互联网的应用提升了原有的商业效能或改变了商业价值结构，由此创造并满足了传统商业领域未被满足的用户需求，再或者解决了产业痛点。比如门户网站的本质是新闻出版的互联网化；网络通信是信件、电报、电话的升级版；电子商务是线下贸易的线上化；社区交友是线下社交的线上化；休闲娱乐是玩具的科技化呈现等。只要能从生活或商业活动中发现需求，并与互联网结合就能产生新的商业价值模式。创新，是互联网的基本驱动力。互联网呼唤新的商业模式出现！

互联网模式以互联网为媒介，整合传统商业类型，连接各种商业渠道，具有高创新、高价值、高盈利的特点，并创造出了独特的自身价值及优势，已经成为全新的商业模式，并被传统企业广泛关注和借鉴。

9.5 总结

一家初创企业的日常活动不同于一家成熟企业。初创企业的主要活动应该是探索，而不是执行。这不仅体现在做最小可行性产品（MVP）的产品测试上，还体现在商业模式的验证上。只有商业模式得到测试并验证通过可行，企业才能搞清楚自己究竟要做什么、为什么做以及怎么做，才能尽量减小自己贸然烧钱的风险，降低试错成本。在一切尚不明确的时候，一味地强调执行，可能会导致在错误的方向上越走越远，在烧光投资后，只能结束短暂的创业之旅。

商业模式是一个企业得以运转的底层逻辑和商业基础，如果没有弄清楚一个企业的商业模式，就开始运作一个企业，那就是无本之木、无源之水。商业模式是关系到企业生死存亡、兴衰成败的大事。企业要想获得成功，就必须从制定成功的商业模式开始，成熟的企业是这样，新的企业是这样，发展期的企业更是如此。商业模式是企业竞争制胜的关键，是商业的本质。通过本章对商业模式、平台模式、互联网模式及商业模式画布工具的学习，希望大家可以加深对商业模式的理解，并在工作中应用，这样不仅能创造价值，还能构建价值体系。

MVP 行动指南

- 描述所在企业创造价值、传递价值以及获取价值的核心逻辑和运行机制,与产品级商业模式进行匹配,创新、设计、提升企业商业竞争力。

- 借助商业模式画布工具,对现有商业模式进行拆解、解析、优化,促进产品价值的传播、交易、交付,实现产品规模化、利益最大化。

- 掌握平台模式的价值逻辑,在平台搭建的过程中善用网络效应,通过先撬动一端,然后借助平台价值杠杆撬动另一端,形成平台价值循环。

- 改造企业的价值链,向以用户为中心的价值环转变,在新产品开发和产品管理的过程中以市场用户为导向开展各项工作。

- 在创业型公司经历产品的从 0 到 1 或是成熟企业的非连续产品创新过程中,一定要考虑产品价值交付的底层商业逻辑,即商业模式的设计与验证。

第10章

生态协同：构建产品价值生态

学习目标

- 了解商业竞争法则——波特五力，树立正确的产品生态竞争观念；
- 掌握"做减法"的产品价值生态构建策略，并在企业实践中应用；
- 掌握"做加法"的产品价值生态构建策略，并在企业实践中应用；
- 了解产品商业化演进历程及发展趋势，争取抓住时代新产品机遇。

21世纪，再也没有谁可以完全主导一个商业体系或价值链条，更多的是合作融合、相互依赖、共生共存。这就需要我们在开展商业活动时进行协同，而协同的理想境界被称之为生态协同。大到商业合作，小到产品结构，协同无处不在。我们都知道，产品由核心产品、有形产品、期望产品、延伸产品、潜在产品5个概念层次组成，这提醒我们看产品时不能就产品论产品，而要看产品整体解决方案。在产品的整体解决方案中，可能又包含其他辅助产品，或需要多个产品服务集成，形成新的产品服务。这都促使我们在开发新产品或进行产品管理的时候要注意构建产品价值生态，而不是仅盯着核心产品或有形产品。

本章将围绕如何赢得商业竞争，向大家介绍做加法与做减法的产品价值生态策略，以助企业商业变革。

10.1 竞争法则：从竞争到协同

所有用来出售的事物都是产品。由此可见，产品管理是商业活动，是商业就有竞争。

如果企业赋予产品经理"为产品的商业化结果负责"的职责,那么产品经理就必须面对竞品对手和商业竞争。那么企业如何在竞争中保持优势呢?

要使企业在竞争中保持优势,我们首先要分析一个行业的基本竞争态势。波特五力模型为我们提供了竞争法则:5 种力量模型确定了竞争的 5 种主要来源,即潜在进入者的威胁、客户的议价能力、替代品的威胁、供货商的议价能力及既有竞争者,如图 10-1 所示。

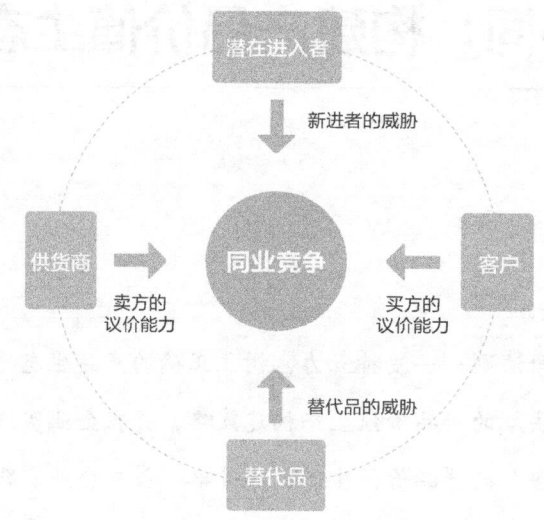

图 10-1 波特竞争五力模型

- **供货商的议价能力**

供货商主要通过提高投入要素价格与降低单位价值质量的能力,来影响行业中现有企业的盈利能力与产品竞争力。供货商力量的强弱主要取决于它们提供给买主的是什么投入要素。当供货商所提供的投入要素的价值占据买方产品总成本的较大比例时,供货商对于买主的潜在讨价还价力量就大大增强。

- **客户的议价能力**

客户通过压价来要求提供较高的产品或服务质量,以获取最大化的价值。

- **潜在进入者的威胁**

潜在进入者在给行业带来新生产能力、新资源的同时,也希望在已被现有企业瓜分完毕的市场中赢得一席之地。这就有可能会与现有企业发生原材料与市场份额的竞争,最终导致行业中现有企业的盈利水平降低。

- **替代品的威胁**

两个处于不同行业中的企业,可能会由于所生产的产品是互为替代品,从而在相互之间产生竞争行为。这种源自于替代品的竞争会以各种形式影响行业中现有企业的竞争战略。

○ **同业竞争的竞争程度**

大部分行业中的企业，相互之间的利益都是紧密联系在一起的。作为企业整体战略一部分的各企业竞争战略，其目标都在于使自己的企业获得相对于竞争对手的优势，所以在实施中就必然会产生冲突与对抗现象，而这些冲突与对抗就构成了现有企业之间的竞争。

这5种竞争力能够决定产业的获利能力，它们会影响产品的价格、成本与必要的投资，也决定了产业结构。任何产业，无论是国内的或国际的，无论是生产产品的还是提供服务的，竞争规律都将体现在这5种竞争的作用力上。因此，波特五力模型是企业制定竞争战略时经常利用的战略分析工具。

但是关于五力分析模型的实践运用一直存在许多争论。较为一致的看法是，该模型更多是一种理论思考工具，而非可以实际操作的战略工具。因为该模型的理论是建立在同行业之间只有竞争关系，没有合作关系的基础之上。但现实中企业之间存在多种合作关系，不一定是你死我活的竞争关系。一般而言，行业的规模是固定的，因此，只有通过夺取对手的份额来占有更大的资源和市场。但现实中企业之间往往不是吃掉对手，而是通过与对手共同做大行业的蛋糕来获取更大的资源和市场。同时，市场可以通过不断的开发和创新来增大容量。这就不得不让我们改变思维模式，除了从竞争的角度去制定竞争战略，还要从合作的角度去思考竞争战略。

在互联网之前的商业行为，不论企业与企业间的交互、用户与用户间的交互，还是企业与用户间的交互，基本都是自上而下的一种线性模式。但互联网是一个网状的形式，不是线性的，这使得这种交互变成点对点的双向交互和多元化交互，价值链各环节参与者之间的连接变得更加紧密，用户可能从产品的研发阶段就参与进来，后续的产品销售、品牌传播、售后服务、需求洞察，都有大量用户的参与。这就打破了传统的组织边界和交互模式，用户和厂商，以及价值链其他环节的参与者就构成了一种商业生态，一种协同共赢的关系。

鉴于商业关系的改变，商业竞争的态势也在发生改变。要想使企业获得竞争优势，首先要明确我们的竞争观念。主流的竞争观念有3种，如图10-2所示。

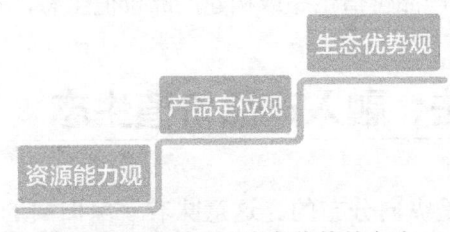

图10-2 保持企业竞争优势的方法

○ **资源能力观**

在相当长的一段时间内，企业认为自己拥有核心资源及能力是具有竞争优势的体现，比如拥有区位优势、技术专利、生产能力、资金实力、市场龙头地位等。但是随着商业的发展，技术更新迭代加速，生产力日益提升，区位优势不再明显，思想观念进入陈旧期，以往的这些资源能力优势壁垒越来越弱，甚至在跨越式发展的技术领域反而尾大不掉，成为转型的包袱。比如手机领域的龙头企业诺基亚、三星等，在短短的数年间就被后起之秀苹果、华为、小米、OPPO 等取代。无数的商业更替案例更是证明，资源能力优势已不再是决定商业竞争成败的关键因素。况且大家都知道资本是逐利的，谁能赢得市场，赢得用户，资源和资本就会投向哪里。

○ 产品定位观

当产品从卖方市场转向买方市场时，产品品类的日益增加不仅加剧了竞争，而且还让消费者的选择出现困难。此时，为赢得竞争企业往往采用市场细分战略和差异化战略，这两种战略的本质都是将自身的产品与其他产品区分开来，从而获得消费者的认可和采纳。由此，定位理论开始盛行，即企业选择有吸引力的目标市场、目标客群，提供有针对性的产品，建立产品优势竞争地位。创业企业初始起步，或成熟企业开发新产品时，采用产品定位观可以起到专注、聚焦、集中优势资源进行突破的作用，以此打造产品竞争优势，赢得竞争。

○ 生态优势观

在新技术应用层出不穷、产业环境日趋动荡、消费者对一体化解决方案的期望越来越高的背景下，产业边界逐渐模糊，跨界合作与价值共创成为潮流。中小企业开发推广产品时要使自身成为产业链中的一份子，发挥关键作用；大企业的产品战略布局要融合中小企业的灵活优势，巩固行业竞争地位。在共生、共融、共赢的时代背景下，企业不仅要关注自身的价值链，还要重新定义和优化价值网上的活动，管理利用好不拥有的资源。

企业如果想要拥有长期的获利能力，就必须了解所处的产业结构，深入分析影响企业竞争力的核心要素，了解竞争法则。从一定意义上讲，竞争战略是源于企业对竞争规律的深刻理解。波特为我们提供了 3 种实用的竞争战略：市场细分战略、差异化战略和成本领先战略。但这 3 种战略在生态协同的时代背景下，已不再完全适用，接下来我们通过"做减法"和"做加法"向大家介绍如何融入产品价值生态或构建产品价值生态，帮助企业获取竞争优势。

10.2 做减法：融入产品价值生态

在过去，计算机产业是纵向分布的。这意味着一家旧式的计算机公司将拥有自己的半导体芯片供给部门，依照自己的设计，在自己的工厂用这些芯片组装自己的计算机，开发自己的操作系统软件，在市场上出售自己的应用软件。公司自身的这些芯片、计算机、操作系统和应用软件将作为配套产品由公司的销售人员售出。这样的产品组合既有优势，也有劣势。优势在于当一家公司开发了自己的芯片、硬件和软件，并由自己的员工出售及进行售后服务时，所有的一切协调为一个无缝的整体；劣势在于，一旦客户购买一个专利系列的产品，便会深深陷入其中。如果遇到了问题，你不能只抛弃掉这纵向系统中的一部分，而是不得不放弃整个系列的产品，而这样做的代价实在太大。因此，纵向分布式计算机公司的客户在做出第一个选择前往往要经过深思熟虑。显而易见，围绕这一笔交易的竞争是激烈的，因为只要赢得了这一回合便会带来长期的效益。这也是数十年来商业运作的方式。

随着时间的流逝，微处理器出现了。由于微处理器成为计算机产业的基本构件，计算机制造的成本大大降低，这样个人计算机在家庭和商业中都成为极受欢迎的工具，这改变了计算机产业的整体结构，并由此出现了一个新兴的横向式产业体系。在这种新的模式下，没有一家公司再拥有自己成套的装置。顾客可以从横向式结构的芯片柜台上挑选一块芯片，从计算机柜台上挑选一个品牌的机箱，从操作系统柜台上挑选一种操作系统，从零售店或者货架上随意挑选一个成品应用软件；然后将所有这一切带回家中，将它们组装在一起，它们就能够协同工作。这也许有些费力，但大家可以克服这种困难，毕竟现在只花 3000 元就可以买回一个从前花费 10 倍价格的计算机系统。这种诱人的前景使得顾客主动克服现有的缺憾，做出购买组装机的决策及行动。

由此可见，在 20 世纪 80 年代，计算机的产品结构、生产方式、商业生态已经改变。旧式纵向的方式已经进化至新式横向的方式，如图 10-3 所示。

图 10-3　计算机产业的转型

不仅计算机的基础发生改变，竞争的基础也改变了。在同一水平领域内的竞争者为了争取最大的市场份额而在技术和市场上奋力地争斗着。这种新的计算方式的力量源泉在于大规模的生产和销售，胜利者无疑日益强大，而失败者逐渐地衰弱下去。1980年以后，当IBM公司选择英特尔作为自己的PC机内置处理器时，英特尔已成为微处理器制造产业中最受欢迎的一员。从此，计算机产业的成员（即计算机制造厂家和操作系统供应商）发现将自己的产业建立在英特尔架构的微芯片上更容易获得经济效益。为什么会这样呢？因为英特尔每年生产的产品更多。如果你将自己的产业建立在这一行业的领军者之上，你自己的业务也将发展壮大。应用程序的开发人员也受到市场占有率因素的驱使，针对市场占有率更高的Windows系统开发应用程序，而逐渐放弃小众的操作系统。这也一步步地增强了英特尔的微处理器和微软的操作系统的力量。

基于纵向的产业结构逐步向横向转化，形成纵横交错的产品价值生态网络。企业成为价值网络中密不可分的一部分，因为它们的产品通常会作为一个组成部分，以某种方式被分级装入或使用在其他产品中，并最终从属于终端应用系统。以计算机产品价值生态网络为例（见图10-4），计算机系统结构综合了各种不同的组成成分，包括计算机、外围设备（例如打印机、传真机和纸带等）、软件、机房等；在下一层，计算机本身也构成了一个结构性系统，由中央处理器、多芯片封装和电脑版、随机存储器（RAM）、终端、控制器和硬盘等部件组成；再往下细分，硬盘也是一个系统，其组成部分包括电机、启动器、轴承、磁盘、磁头和控制器；以此类推，磁盘本身也可看作一个由铝制转盘、磁性材料、黏着剂、磨料、润滑油和涂层等组成的系统。

当今，计算机产品系统由大大小小的品牌商、外围设备供应商、零部件生产商、操作系统和软件厂商等共同创建完成。每一个产品成为产品价值生态中的一部分，发挥自己的价值和作用。如果你发明了一项新技术，有一个好的点子，或者开发了一款辅助设备或软件，可以应用到计算机领域，那么你必须融入现有的计算机产品价值生态才能生存。在产品开发的那一刻，你就要明确你在价值网络中所处的位置，知道如何做好价值连接，并塑造独特的竞争优势。如果你已经是价值网络的一份子，你要选择在基本毛利率较高的价值网络内的创新，这才被视为有利可图的创新，否则不太可能获得各种资源或引起管理者或投资人员的兴趣。

在我们所举的例子中，纵向计算机必须同时生产计算机平台、操作系统和软件，而横向计算机公司只需要提供某一方面的产品，如计算机平台、操作系统或软件。横向产业因其突出的功能特性，一般会比纵向产业更符合成本效益。简单地说，在多种领域中都成为一流要比仅在一个领域中领先艰难得多。当一种产业中的竞争愈加激烈时，各家公司被迫退至其最强的方面并开始专业化，这样无论最终它们占据何种阵地，都可成为世界专业结构的领先者。哪怕是昔日的巨头IBM都不得不面临这种竞争，选择放弃纵向产业结构，做减法，通过加强合作来融入横向价值网络。随着时间的流逝，越来越多的公司开始遵循这些规则。

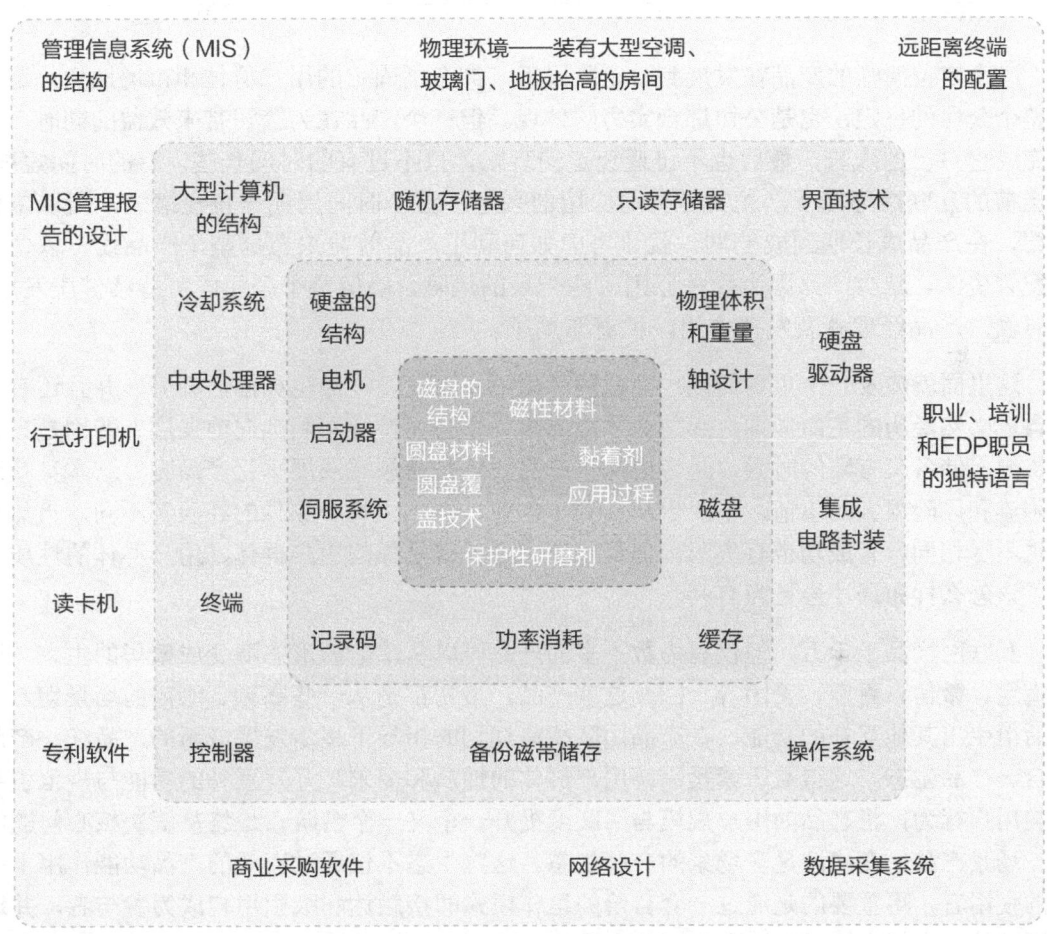

图 10-4　计算机产品价值生态网络

横向产业体系公司的生死存亡依赖于产品的规模生产和批量投放市场。它们拥有自己的规则，在激烈竞争的横向计算机产业中，成绩斐然的公司都熟知这些不言而喻的规则。遵循了规则，公司就有了竞争和成功的机会；摒弃了规则，无论自己的产品质量如何优异，无论计划完成得多么圆满，公司都会举步维艰。我对于以横向式为基础的产业来说，这些规则算是具有普遍性的，同时在产业和贸易的很多企业中也存在转向横向结构的趋势。在此，建议企业在发展战略上选择横向发展，而非纵向发展：做减法，融入产品价值生态。

10.3 做加法：构建产品价值生态

一个定位清晰的产品在发展到一定阶段后，拥有了固定的用户群体和市场地位。这是对整个公司的肯定，也是公司综合实力的体现。但一个产品在为公司带来效益的同时，也在完成它自己的成长，最后也不可避免走向衰亡，只不过有的时间长些，有的时间短些。在当前的互联网环境下，尤其是移动应用的兴起，这个时间周期一直在缩短。所以未雨绸缪，在产品成长期到成熟期，就该考虑如何利用产品效益来布局整个产品线，以便合理配置资源，减少产品因为种种原因可能带来的风险，确保整个公司的可持续健康发展。这时候，产品经理就要发挥作用，忙着布局了。

这里面就涉及一个重要问题：互联网环境瞬息万变，产品也如雨后春笋，并且还有着它自己必然经历的生命周期，那怎么才能支撑一个公司持续不断地向前发展？特别是当你的资源、储备又有限的时候，是考虑深耕产品，还是跨领域发展平行产品呢？这本身就是很困难和风险很大的事情，不亚于从 0 到 1 创业。再加上每个领导的经验都不同，自然结果也不尽相同，有成功也有失败。但最应该考虑的就是你的用户群体，用户群体的性质决定了该怎么样布局才会更为有利。

互联网产品千千万，但仅有为数不多的产品可以从单一的形态演变成繁华的生态，比如淘宝、微信、百度、美团等。回顾这些产品，最初都是从一些高频、刚需的场景切入，然后衍生出其他互补的功能，在产品团队战略规划的指导下逐步发展成新的产品线、产品组合、产品生态。这得益于紧紧围绕用户群体的性质和需求，开发互补的功能与规范引导各类用户行为，将产品的用户规模与活跃度提升一个又一个台阶，最终从解决核心问题的单一场景产品，变成涉足多场景的产品生态。这些生态不仅通过直观的产品功能作用于产品的使用者，更重要的是通过一套自洽的运作模式间接触达和吸引用户成为参与者，并通过联动他们来极大地提升这个生态的产品体验。

小米公司通过 MIUI 系统聚拢人气，获得了一大批粉丝。在有了 50 万 MIUI 用户之后，开始规划设计、生产小米手机。这一阶段，小米公司专心打磨 MIUI 和手机的品质，利用高性价比吸引大量用户，通过手机将用户和小米连接起来，也通过粉丝文化将人与人连接起来。经过第一阶段在供应链、技术等方面的实力积累，在第二阶段，小米公司以手机为核心和基础，不断向外拓展产品范围，形成聚焦于"手机周边、智能硬件、生活耗材"的产品生态。如图 10-5 所示，每一圈层的产品类型都不一样，载体不同，但背后的逻辑是相同的，即通过小米手机和米粉连接。这就意味着生态产品能够和小米手机共享客户群体和销售渠道，并有可能给小米手机带来新的客户群。在这个过程中，小米公司一方面通过生态链企业的优质产品继续吸引新用户，完成"人与物"的连接，进而完成小米用户间"人与人"的连接;另一方面,小米公司开始用智能硬件提前布局物联网,为下一阶段实现"物与物"的连接打下基础。截止目前,小米公司的产品价值生态模式已经获得了巨大的成功。

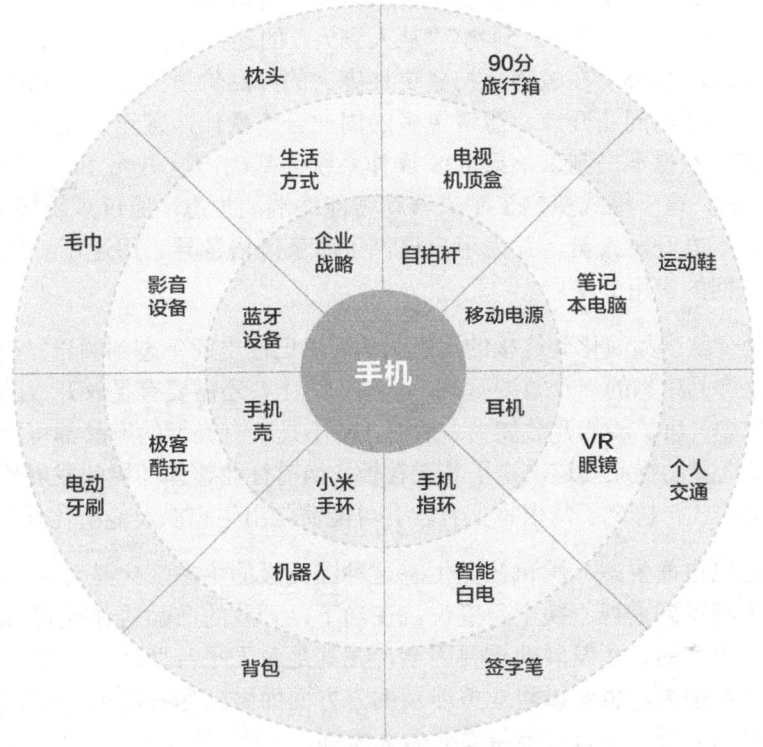

图 10-5 小米产品生态三层投资圈

○ **第一圈层:手机周边**

耳机、小音箱、移动电源等。具有供应链、客户群等多方面的天然优势,也是相对最熟悉的战场。同时,产品和手机有搭配空间,意味着生态链企业能够和小米公司共享用户群体。

○ **第二圈层:智能硬件**

空气净化器、净水器、电饭煲、无人机、平衡车、机器人等。硬件智能化是趋势,小米公司也具有孵化智能硬件的能力,智能硬件能够通过小米手机控制,进一步实现连接。

○ **第三圈层:生活耗材**

毛巾、牙刷、行李箱等。在消费升级的大背景下,生活耗材的需求量会很大,而且生活耗材产品的稳定性属性能够对科技公司的不稳定性进行对冲。这些生活耗材能够在小米销售渠道购买。

经过研究我们大胆预测，小米公司第三阶段的战略主张是在前两个阶段的基础上构建大物联网时代。这一预测不是空穴来风，而是基于雷军和小米公司对于未来商业走向的判断。在未来，小米公司不是蓄力发展任何手机、软件等具体的产品，而是聚焦于构建万物相连的 IoT 系统，在经过了"从人到物""从人到人"的连接过程之后，最终实现"物与物"的连接。这就要求小米公司在战略上构建更加庞大的产品价值生态，范围不仅包含自身产品、周边产品，还要向同业开放，邀请更多的同业合作伙伴，甚至是竞争对手加入小米产品价值生态。在此不得不提到以苹果 iOS 操作系统为基础，以 App Store 作为分发平台的"系统-应用"模式，这一模式奠定了苹果移动智能终端的生态，通过系统层级的开放能力，促进和孵化了第三方开发人员，并为用户提供了海量风格各异、用途不一的 App，极大地推动了移动互联网的应用浪潮。

产品生态是一款产品演化到终极的形态。从阿里巴巴电商生态到腾讯社交生态，很容易看出平台模式是产品生态的一个重要基础，但基于之上，还需要有足够开放的合作态度与有序多赢的产品规则、可扩展的开放能力。然而，并不是所有类型的产品都可以演化出这种量级的生态，产品选择的行业赛道决定了其天花板。当前行业整体环境的发展趋势、行业切入点和产品的业务模式，决定了从根本上有没有可能演化出生态以及能演化什么形态的生态。

虽然阿里巴巴电商生态、腾讯社交生态这种国民级的生态演化是可遇不可求的，但是产品生态化越来越受到重视。换个角度说，在当下，开放的产品协作模式与追求多赢的目标越来越成为一个产品长久发展的重要因素，尤其是对于平台型产品来说。一个企业的资源再丰富，人才再强大，也难以将业务涉及的方方面面做到尽善尽美。唯有开放，借助更多外部合作伙伴的力量，才有可能将事业做大做强。

越来越多不同行业的项目都号称要建立自己的生态，企业跳出简单的服务提供者角色，转而尝试挖掘和连接更多优秀的第三方服务提供商，以整合者的角色将第三方的内容和服务引入到平台内，最终供给到用户端；另一方面，通过平台的开放能力和用户资源帮助第三方服务商生存发展，优化其服务能力。尤其是近几年微信生态的成果以及各种圈内大佬、媒体和分析家的演说和布道，至少从理论层面说明了产品生态化是突破业务发展天花板的一种重要方式。

10.4　商道：生态协同带来的商业变革

2020 年春节期间，新冠疫情迅速向全国蔓延，全国上下共同抗击疫情，为此采取了多项防控措施，但经济的脚步并未放缓，众多企业开启了居家办公的工作模式，线上培训、线上购物、线上办公、线上门诊等一系列依托于互联网环境下的商业变革纷纷出现。就连各地的政府领导都开始直播带货，这不禁让我们畅想商业的 5.0 时代。在此之前，先让我们看看商业历史的演变过程，如图 10-6 所示。

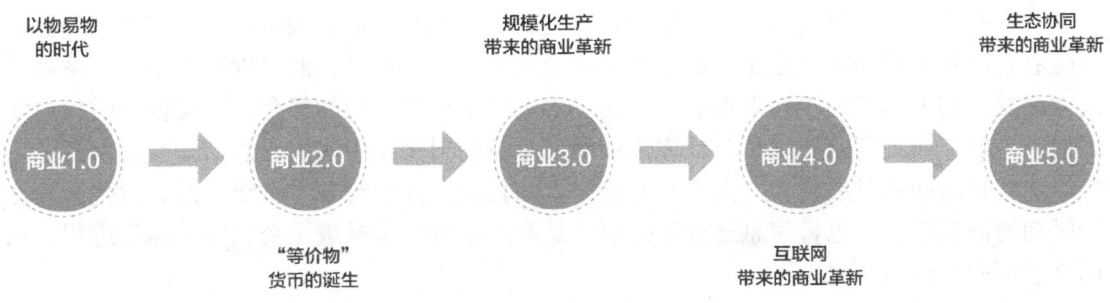

图 10-6　商业历史的演变过程（1.0-5.0）

1. 商业 1.0——以物易物的时代

商业这一行当的源头恐怕要追溯到原始社会的以物易物。人们发现，因为大家的职责不同，工作能力不同，最终产生的产品也不尽相同。例如，男性出去打猎，拿回的是动物的肉，而女性则进行浆果采摘、养蚕织布等低体力消耗的工作。男性用打猎获得的肉与女性产出的浆果、布料、衣物进行互换，这之间就产生的最初的交易，其本质也仅是产出物与产出物的交换。

2. 商业 2.0——"等价物"货币的诞生

以物易物的交易环境具有其明显的弊端，即如果交易双方对于需求无法达成一致，那么交易就无法进行下去。于是，人们开始寻找可能起到媒介作用的物品，如贝壳、金银等等价物。这也产生了商业的第一次革新，交易的双方不再需要衡量对方的物品是否需要，而是开始更加关注于如何获得名义上的货币。需求是多变的，而货币才是中间恒定的万能商品。可以说商业 2.0 的变革最重要的一点就是消除了交易双方对于产出物（产品）的需求不对称的弊端，改为通过等价"货币"进行衡量兑换。

3. 商业 3.0——规模生产带来的商业革新

科技革命带来了生产力的提升，规模化生产的变革，人们也逐渐从单一地利用生产力赚取利润，转变为对初级物料进行再加工，从中获取更高的利润。无论是个体生产者的深度加工，还是生产厂家的诞生，都仅是产品生产流程中生产线长度的变化而已。在此基础上，社会不断地演化出现代商业的基本模式：规模化生产和产品化销售。这一阶段可以定义为商业的第二次革新，产品的深度加工使其更贴近于用户的需求，而销售的过程也因中间商的诞生变得更加完善，但中间商为了保护好因信息不对称产生的利润，也在一定程度上限制了信息的对称性。虽然产品的适应性普遍提高，销售渠道也随之拓宽，但双方交易信息流却更加闭塞。

4. 商业 4.0——互联网带来的商业革新

线上购物平台的诞生打通了长期闭塞的交易双方的信息流。淘宝、京东等线上购物平台随着互联网时代的到来更是迅速席卷全国乃至全世界，而且在此基础上诞生了一系列的商业模式。越来越多的年轻人依靠自身的技术走向了现代商业的舞台，全民创业时代也随之而来。前文提到商业的 3.0 时代完全依靠信息流的封闭从中赚取差额，而互联网商业之所以能够短时间内发展壮大，离不开基础知识的普及。知识带来了全新的商业时代。而这一时期的商业革新，也将信息充分连接到交易双方，进一步推进了企业的一体化进程，也助推了创业浪潮的兴起。

5. 商业 5.0——生态协同带来的商业变革

自媒体平台的崛起不仅仅是商业模式的创新，更是全新的商业演变的探索。自媒体平台将传统的线上宣传媒体的主体延伸至全民，甚至在此基础上创造了一个职业——自媒体运营。商业形态在短短的几年内从自媒体平台（公众号、今日头条、百家号）的软文推广，演化到小视频平台（抖音、快手、西瓜视频）的内容消费，再到网红直播卖货（淘宝、京东、拼多多入局）促进电商升级，开放的内容生态协同平台已经从简单的信息传播和娱乐领域，延伸和深深地植入到复杂的商品交易领域。无论是自媒体创业人，还是居家办公人员，均是"产品价值"的创造者和传播者，加之现在网络交易体系的不断完善，商业的走向很可能是人人均为生产者，人人又均是消费者。

得益于 4G 网络的普及和 5G 网络的大力发展，信息高速网络被大幅加宽，如同"绿皮车"到"高铁"的升级，必将带来生产力的提升、效能提升，以及边际成本的降低。加上大数据、物联网、人工智能、区块链等新技术的日益成熟，应用范围逐步扩大，价值生态的网络效应会被无限放大，由此带来的商业变革必将影响未来的商业形态——人人都是生态网络的消费者，也是生态网络的贡献者，参与到生态协同有形或无形的工作任务中。

今年疫情的发展逼迫企业员工开启了居家办公的新篇章，或许这就是商业的 5.0 时代的全新开端。都说"非典"造就了淘宝、京东，而这次新冠疫情也会给整个商业带来更多思考和变革，因为只有适应变化，我们才能持续地生存。

相信这次突如其来的疫情，能让更多企业重新梳理自己的产品，重新找寻新的发展契机。2020 年，终将见证一次值得期待的行业性升级！

10.5 总结

"同行是冤家"，这很正常，因为同行业有竞争关系，尤其有利益冲突。当开发新产品或开展商业活动的时候，我们必须要面对竞品或竞争对手的威胁，但是我们往往忽略了协作，更忽略了协作能我们带来的竞争优势。在竞争日趋激烈的今天，我们不知道哪天就会被一个无名的竞争对手所打败，而且一对一的对抗已经很难再获取绝对优势，协同竞争将成为一种新的竞争选择。

协同竞争有两大原则：将产品融入现有的产品价值生态网络中，并做好价值链连接，依靠同业力量壮大自己；在条件允许的情况下，构建自己的产品价值生态，引入合作伙伴进行生态协同，构筑共同防御护城河。协同竞争已经成为近几年非常流行的一个新名词，是新形势下出现的新选择。

随着全球经济一体化、资源配置国际化的加剧，一些创新型企业在发现市场机会以后，没有能力占有竞争所需要的相应资源，设置有效的进入壁垒，以便实现从初级竞争到垄断竞争的迅速过渡，因此只好借助他人的力量共同"做馅饼"，通过合作实现共同致富，等到馅饼做大以后，才开始竞争。这种方式对中小型企业、对前景未知的新产品来说，不失为上策。与其设置种种障碍阻止对手加入竞争，不如将发明设计以优惠的价格转让给竞争者，以打消他们独立开发设计类似产品的念头，从而承认本企业在市场上的领导地位。只要企业有实力继续从事新技术、新产品的开发设计，能走在本行业的前列，这种协同竞争就远比死拼硬扛要省力，也更有效。本章避开竞争，重点讲述生态协同，描绘融入产品价值生态与构建产品价值生态的价值和作用，目的就在于告诉产品经理，在当今的生态协同的大趋势下，协同比竞争更重要，更能让产品获得竞争力。

MVP 行动指南

- 借助波特五力对企业的竞争力进行分析,并树立企业竞争理念,根据企业客观条件选择市场细分战略、差异化战略或成本领先战略。

- 在新产品开发时做减法,精准定位,聚焦核心需求,集中优势资源,并将产品融入现有产品价值生态或其他价值生态网络中,以获取竞争优势。

- 在产品进入成熟期后做加法,围绕用户群体特点挖掘关联需求,开发新功能或新产品,构建产品价值生态,构筑商业护城河。

- 关注生态协同带来的商业变革,顺应时代趋势,先融入现有产品生态价值网络,再构建自己的产品价值生态网络。

- 未来人人都是生态网络的消费者,也是生态网络的贡献者,我们每个人都置身其中,要切身地去体会,并将所感、所想、所悟用到实际工作中。

附录 A MVP 职业生涯规划

自 2010 年移动互联网快速崛起以来，至 2020 年，产品经理一度是最热门的职业。因为产品经理决定产品"长什么样"，是距离 CEO 最近的人，甚至被称为 CEO 的后备军。这些都间接说明产品经理的重要性。但更诱人的还是那高达数十万元，乃至上百万元的年薪，甚至作为项目核心成员还有股权和期权激励，因此，产品经理相比其他人更可能实现财务自由。但是产品经理还有另外一面，产品经理有"产品汪"的称号，且上边面对 CEO，左边面对客户，右边面对运营，下边面对技术，还有其他职能部门需要衔接，纵使有三头六臂，依然觉得分身乏术。"996"成为产品经理常态，这也是求职时必须接受的潜规则。产品经理薪资高，做得多，而做得多就难免会出错，因此"背锅侠"也成为产品经理的另外一个称号。用户不买账，目标达不成，万能的甩锅就是"产品不好"。可没人知道多数产品经理的职权范围仅限于承接需求、画原型、推动研发上线而已，并非本书所定义的产品 Owner 角色。甚至在业界，让产品助理去写商业计划书的事都屡见不鲜，这简直就是"杀鸡用牛刀"的翻版案例。

更让人泪奔的一幕是：有一段时间网上一直在流传，产品经理在 35 岁以后只能去"开滴滴"。与公司不会再去聘任大龄程序员一样，公司也不会再去聘任只会承接需求画、原型、写文档、推动研发的产品经理。这让我不禁想起，从 2010 年算起，第一批大学毕业踏入互联网开始做产品经理的人马上就要 35 岁了吧！也有无数的产品小伙伴向我反馈：去面试时只见前台来访登记表上标注最多的就是产品经理求职；也有很多公司硬性要求面试产品经理时需要从几十个甚至上百个中挑选一个；还有部分公司委托猎头全网搜索，只要对口或竞争对手的产品经理。这无疑都增加了产品经理的"再就业"门槛。鉴于大学并没有产品经理这个专业，产品经理多是内部转岗培养出来的，或是参加速成培训班孵化出来的，并没有经过专业化系统的学习和培训，在跳槽时除了跳到竞品公司，其实很难有其他选择。不过，即使到了竞品公司，也很难将自己的过往成功经验应用到新公司。除了环境条件不同以外，最重要的是因为行业竞争变化太快，在"喜新厌旧"的互联网领域，纯粹地借鉴或复制很难行得通。综合以上各种因素，就出现了多数产品经理从业 3～5 年后普遍遇到的职业瓶颈：晋升难、加薪难、跳槽难，甚至面临被随时淘汰的风险。

那么有没有什么办法可以破解这一瓶颈呢？通过职业生涯规划可以解决这些问题。我们无力改变行业和现状，但我们可以改变自己。在改变自己之前，要先弄明白以下这 3 个哲学命题：我在哪里？我去哪里？我怎么去？

A.1 我在哪儿

想要弄清楚你目前所在的位置，则需要对目前所掌握的知识、技能和经验有一个诚实的评估。有了这个评估基础，你就能决定该如何提高自己作为一个产品经理的能力，无论是通过自己的努力来改善，还是通过其他方式改善。这里向大家提供了一个量表诊断工具——自我能力评估模型，如图 A-1 所示。这是一个自我评估的评估问卷，能帮助你找到你目前的位置，以帮助你思考自己的成长方向。这个评估问卷不是一个测试。它的目标是帮助你在一些主要的产品管理能力上建立一个可供参考的标准，是虚拟能力的直观呈现。整个评估问卷的结构是按照第 1 章中的"互联网行业产品经理能力模型"设计的，所以它的通用适配性可能存在一定的局限性。如果你觉得它某些地方不够合理、科学，可以对项目和分值进行调整和公测。

图 A-1 按照基本型能力（60 分）、期望型能力（40 分）、兴奋型能力（20 分）3 个大类、50 个子项进行了拆分。之所以总分为 120 分，而不是 100 分，是为了区分卓越产品经理与普通产品经理的差别。3 个分类的设计很容易使你区分出自己是合格、优秀，还是卓越。在采用 A、B、C、D 四个级别进行子项能力区分的同时，为了更加精准，这里还采用了加权平均数，即每个子项的分值不尽相同，但总数不变，以区分每个子项的权重。最后将各项分值汇总起来，即可得到综合评分结果。下面详细介绍不同选项的意义，作为评估参考。

- 选项 A 代表迹象非常明显。你的经验得到了完全的认可，你被认为是某方面的专家或楷模，可以指导别人。

- 选项 B 代表有明显的迹象。你通过持续的行动证明了自己可以胜任这个任务，并且与你合作的同事也对你的能力有信心。

- 选项 C 代表有一些迹象，表明你有这方面的经验。然而，你并没有获得足够多的机会来展现你的能力。

- 选项 D 代表没有迹象。这个评估表明你还有没做过的事，以及在你的职业生涯中，还没有机会展示的技能和经验。不要认为选项 D 是一个负面的评价，它主要用来帮助发现你的短板，或需要发展提升的新领域。

序号	能力分类	类值	能力项目	分值	能力子项	子值	A级	B级	C级	D级	自选	得分
					自我能力评估表（2017—张乐飞）							
1	基本型能力	60	沟通能力	2			2	1	0.5	0	A	2
2			逻辑能力	2			2	1	0.5	0	A	2
3			执行能力	3			3	2	1	0	A	3
4			学习能力	3			3	2	1	0	A	3
5			协调能力	10	资源争取	2	2	1	0.5	0	A	2
6					周期把控	3	3	2	1	0	A	3
7					成本控制	5	5	3	2	0	A	5
8			市场判断	10	行业趋势	3	3	2	1	0	A	3
9					竞争对手	7	7	4	2	0	A	7
10			用户调研	10	需求采集	2	2	1	0.5	0	B	1
11					用户研究	3	3	2	1	0	B	2
12					用户模型	5	5	3	2	0	B	3
13			需求管理	10	需求打包	2	2	1	0.5	0	B	1
14					需求评估	3	3	2	1	0	A	3
15					需求转化	5	5	3	2	0	B	3
16			产品设计	10	UC用例	2	2	1	0.5	0	B	1
17					思维导图	3	3	2	1	0	A	3
18					原型设计	5	5	3	2	0	B	3
19	期望型能力	40	人格魅力	5			5	3	2	0	B	3
20			产品战略	10	产品愿景	2	2	1	0.5	0	B	1
21					产品定位	3	3	2	1	0	B	2
22					产品规划	5	5	3	2	0	B	3
23			商务能力	10	销售策划	2	2	1	0.5	0	C	0.5
24					产品推广	3	3	2	1	0	C	1
25					商务合作	5	5	3	2	0	B	3
26			数据分析	5	数据模型	2	2	1	0.5	0	B	1
27					数据分析	3	3	2	1	0	A	3
28			管理能力	5	项目管理	2	2	1	0.5	0	B	1
29					制度流程	1	1	0.5	0.3	0	B	0.5
30					自我考核	1	1	0.5	0.3	0	A	1
31					计划总结	1	1	0.5	0.3	0	A	1
32			技术能力	5	信息架构	1	1	0.5	0.3	0	A	1
33					数据设计	1	1	0.5	0.3	0	A	1
34					交互设计	1	1	0.5	0.3	0	B	0.5
35					审美能力	1	1	0.5	0.3	0	A	1
36					技术研发	0.5	0.5	0.2	0	0	A	0.5
37					测试能力	0.5	0.5	0.3	0.2	0	A	0.5
38	兴奋型能力	20	影响力	2	号召力	1	1	0.5	0.3	0	C	0.3
39					名人效应	1	1	0.5	0.3	0	C	0.3
40			行业专家	3	IT行业	1	1	0.5	0.3	0	C	0.5
41					垂直领域	2	2	1	0.5	0	C	1
42			创新能力	5	产品创新	2	2	1	0.5	0	B	1
43					设计创新	1	1	0.5	0.3	0	C	0.3
44					管理创新	1	1	0.5	0.3	0	C	0.3
45					文化创新	1	1	0.5	0.3	0	C	0.3
46			特有资源	10	技术资源	1	1	0.5	0.3	0	C	0.3
47					客户资源	2	2	1	0.5	0	C	0.5
48					资金资源	2	2	1	0.5	0	C	0.5
49					人脉资源	3	3	2	1	0	C	1
50					政府资源	2	2	1	0.5	0	C	0.5
	评分汇总合计	120		19		120	105	120	69.5	38.9	0		81.6

备注：A为熟练掌握的技能，B为实战过的技能，C为理论掌握的技能，D为未知未实践过的技能

评分评级：100分以上为专家级别，80分以上为资深级别，60分以上为高级别，40分以上为中级级别，20分为初级级别

图 A-1　自我能力评估模型（示例）

这个评估模型有两个应用场景。第一个是基于上述的评估机制对自己的能力进行自我评估，用于全面地衡量和检验自己的能力。第二个是你可以邀请你的上级对你进行评估，让上级来审查并核实你目前技能和经验（可以借此或以此为依据提请晋级加薪；很多大企业都有类似的评级模型，用于给员工定级定薪）。同时，这也会帮助你与上级建立一个融洽的氛围。在这个氛围里，你们可以就如何帮助你走向职业成功的因素达成一致。这个评估表也可以帮助你知道自己在哪些方面还需要额外的指导，或者在哪些方面已经有足够的经验，甚至在哪些方面你已经足够成熟到可以去指导别人的程度。

一旦完成了这个评估表，你就能找到需要着重发展的领域。接下来要做的就是制定发展目标。你可以自己一个人制定这些目标，也可以和上级一起制定，或者两者都采用。最好是能和你的上级一起完成这件事，因为这样能证明你在积极地成长，而且在目前的职业发展和指导上，你也会需要你的上级的参与。此外，你的上级也许还能帮你找到一些其他的资源，当开展不同的工作时，他们可以给你提供相应的指导。与上级积极协作的另一个好处是能将你的职业发展与公司的战略保持一致。如果每年都能做一次评估，或者和你的上级一起完成这个评估，那么你会清楚地看到自己职业生涯的成长路径。如果你目前的角色涉及指导别人，通过使用这些工具，你也会对他们的进步深感满意。

> **注意**
>
> 无论是上述提到的哪一方面，你所获得的知识未必与你的经验相称。切记，我们要避免对自己的经验有错误的预估。在课堂上学习了利润表的描述，并不代表你就能在真实的生产环境中有评估成本变动的经验。或者，如果你认为自己有很好的适应性和灵活性，但是在别人眼里你却是僵化和不可变通的，那么你很快就会被"识别出来"，然后你会很容易被边缘化。

A.2　我去哪儿

在完成自我评估后，你会得到一个关于自己的综合评价得分。使用一个结构化的、数据驱动的方法是非常有帮助的，因为你正以一个产品经理的角色来管理你的职业发展。这个得分能帮助你看清自己在哪儿，并知道下一步去哪儿。你可根据图 A-2 所示的产品经理成长阶梯对号入座。

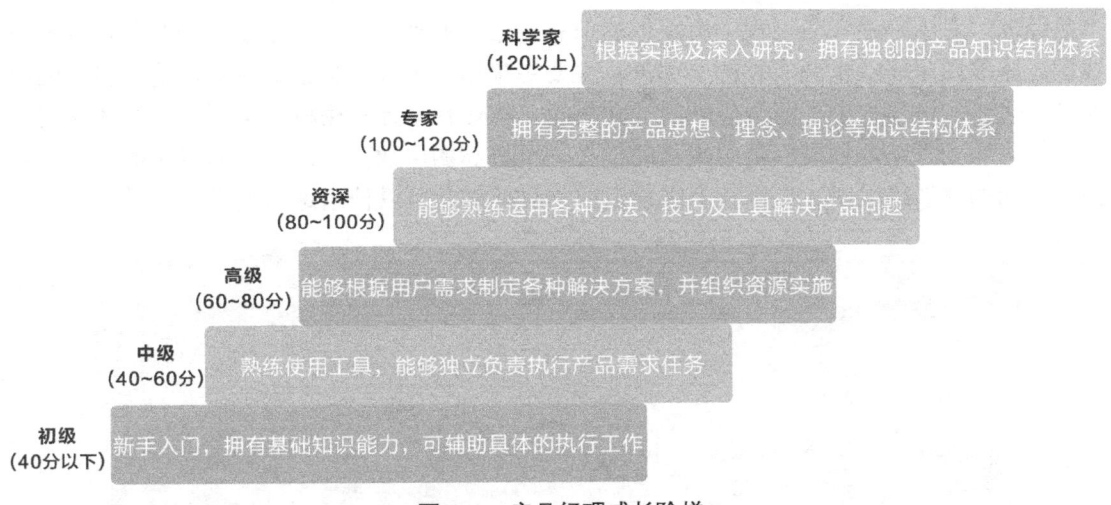

图 A-2　产品经理成长阶梯

也许，当你刚看到图 A-2 时会感觉无法适从，或认为视角有局限性，不符合市场对产品经理级别的定位与描述。况且，目前的产品经理更加注重行业经验和所属领域的沉淀积累，这些都是事实，我也不否认。由于版面有限，这里不再表述我对市场主流的看法与评价。但我认为成熟的产品经理可以依靠专业的产品知识跨领域解决产品问题，就像项目管理和企业管理一样，产品管理也是通用学科。这也是我分级的依据，也是写作本书的初衷，即向产品经理提供通用的产品管理思想、理论、方法与工具。依靠这样的知识结构和能力素养，你不仅可以成为真正的产品经理，还能实现跨领域"再就业"或晋级成为产品 Owner，实现真正的职业生涯价值，而不再是背着高大上的头衔，干着打杂的事。

每家企业给产品经理的定义都不尽相同，但是你要明确自己的成长之路。当你的岗位与职业发展不匹配时，就要向领导表明你的职业发展规划，并争取发展空间。如果是因为公司平台的原因，缺乏成长的机会与空间，则可以依靠你的专业知识技能再选一个平台，继续职业生涯之路，直至成为真正的产品经理。当你成为了产品 Owner（你才真正地成为 CEO 后备军），再经过一定的沉淀和积累后，你的职业生涯将不会再有瓶颈，你会成为真正意义上的稀缺人才——进入公司核心领导层，年薪百万，拥有股权，财务自由指日可待，甚至有一天，你会自带产品项目创业成为 CEO，这一切都有可能。

A.3　我怎么去

当完成自我评估后，你会找到很多成长的方向。这些方向会帮助你成为一个更高效的产品经理。对于你在评估过程中所获得的信息，最好的使用方法就是创建一个职业成长路线图。路线图是职业生涯成长的一部分，主要用来帮助你弥补自己的短板，建立自己的职业竞争优势。这里提供了两个额外的行动模板：职业行动计划模板（见图 A-3）和学习项目模板。职业行动计划模板是用来帮助你在一个较高的层次上，制定你需要做的项目或者需要参加的培训路线图。当你和上级设定成长目标时，可以使用这个模板。

姓名：	
计划日期：	
领导姓名（导师）：	
总结一些你在下一年要达成的目标，并且陈述为什么这些目标是重要的：	

需要发展的能力和技能	计划内的工作项目或发展行动	评估项目持续时间和目标完成时间	你计划要合作的其他人或者需要使用的其他资源	完成时间及上级管理层的工作结果

图 A-3　职业行动计划模板

　　一个应用学习项目是用来发展某项具体的技能或能力的。你也许一年需要开展很多个这样的项目。当你和上级制定项目或者工作计划时，将这类工作计划融入其中，将会帮助你在开展工作时更有目的性，并且能促进你和上级之间的融洽关系。可使用图 A-4 所示的应用学习项目模板来指导你的工作，并与你的上级进行协商。当你向上级或其他人提出一个建议并且希望获得他们支持，以及开展一个综合且复杂的项目时，也可以使用这个模板。举例来说，如果你还没有领导过一个产品上市，则可以使用这个模板向上级汇报你的工作计划。

　　产品经理总是处于一个学习和成长的状态中，有时候是有目的性地学习，而有时候是意外地学习。我自己就有很多意外的学习经历，写作本书也是，让我有了很多意外的收获。希望在你的整个职业生涯中反复使用职业评估工具，它会帮助你更好地审视自己的技能和经验，帮助你找到需要关注的领域，明确自己成长方向，并借助两个行动模板将本书的知识应用到自己的实际工作中，快速成长。更重要的是，你还能利用这些工具来帮助那些将来有可能会为你工作的人。

姓名：	
项目名称：	
重要性：	
计划发展的技能和经验：	
项目目标：	
需要使用的技术和方法：	
需要合作的人员：	
管理层需要提供的支持：	
你需要提供的证明：	

图 A-4　应用学习项目模板

附录 B 与 MVP 同行

不知道大家是否会经常爬山？2017-2019 年，我利用业余时间先后登上了华山、泰山、恒山、衡山、嵩山，并到达了海拔 5200 米的珠穆朗玛峰大本营，那里拥有世界海拔最高的寺庙——绒布寺。我的身体素质并不怎么好，能登上五岳主峰对我来说是一件非常有挑战的事。那么是什么促使我到达顶峰的呢？我一开始认为是"体力"，因为我在夜晚花了 8 个小时，喝了 2 灌红牛、6 瓶矿泉水才到达华山东峰的观日台。后来，我发现能登上山顶靠的是"坚持"，依赖于清晰的目标、不服输的信仰和坚定的毅力。这是我总结的外因和内因，但我忽略了一个最重要的客观因素——与人同行，每一次登山我都不是孤身一人。如果让我一个人去攀登这五座山峰，恐怕是坚持不下来。人的本性害怕孤独，与人为伍不仅可以消除孤独，还可以激发一个人的潜力。当你筋疲力尽的时候，朋友会促使你前行。

回想起创办产品会的初心，也是想找一群志同道合的人一同前行。人都有惰性，缺乏自律。当我们看到别人在前进、成长、晋升、加薪的时候，或许能刺激到我们敏感的"攀比"神经，促使我们有所行动：他们都可以，为什么我不行，我也要试试。也正是在这种最简单的心理促进作用下，一个普通人才有所作为。就像数年前，我认为图书写作是一件非常神圣和遥不可及的事情，恐怕要到 45 岁有了丰富的阅历和人生体验后才能实现。慢慢地，在产品会，在我的身边，出现了写过图书的作者，我便认为"我也能行"。在专业领域积累了数年后的今天，我提前 10 年实现了这一愿望。

在产品经理自身知识、技能和经验评估中你会发现，企业对产品经理这个岗位的要求甚多。在求职过程中，企业对产品经理定义的岗位职责更是五花八门。由此可见，产品经理这个职业并不好做，也并非一蹴而就，不是仅靠上个培训班就能年薪数十万，而是需要长时间的学习、实践、积累，是一个漫长的过程，犹如登山，不是每一个人都能坚持登上山顶。有人没有勇气开始（入门），有人会被中途淘汰（裁员），有人会主动放弃（转行），还有些人只能做基础工作（画原型/写文档），只有少数人才能在经过努力和沉淀后成为真正的产品经理（产品 Owner）。那么，如何才能使自己坚持下去成为真正的产品经理呢？我们都是普通人，很难靠那颗并不强大的内心走到最后。我们的最佳选择就是抱团取暖，与 MVP 同行。

需要声明的是，这里的 MVP 有两层含义。第一层是本书的主旨，即做最小可行性产品（MVP）。如同试读人员反馈的一样，本书内容并没有紧紧地围绕主题进行写作，前后贯穿得也不够好。这些我都认可，因为将超过 30 万字的内容紧紧扣题，表达一个中心思想，是非常困难的事情。本书是我的处女作，我没能做到这一点，后续我会继续努力，争取在再版的时候为大家呈现更加聚焦和有深度的内容。再就是，产品管理这一工作是一个复杂的系统工程，包括做最小可行性产品（MVP）。在写作的过程中，我才发现很难有一套标准的方法论可以确保达到理想效果。在此，只能向大家提供涉及产品管理，以及做最小可行性产品（MVP）方面的思想、理论、方法和工具，帮助大家尽可能科学地做好新产品开发和上市后的产品管理工作，提高工作效能，降低试错成本。做最小可行性产品（MVP）的方法与实践，需要所有的产品经理，以及认可这一理念的工作者共同去探索、总结、交流、分享，而后汇总而成，是一个持续的过程。MVP 的第二层含义是产品会是基于 MVP 核心思想、理念、价值观及原则而建立起来的社群组织，我们暂且将其定义为"MVP 联盟——产品经理学习型组织"，这里有一群认可 MVP 的同道中人。如果你也认可 MVP 的核心思想、理念、价值观及原则，或要探索 MVP 方法与最佳实践，不妨加入我们，一同前行！

"三人行，必有我师"。MVP 联盟有你的老师，你也会成为他人的老师。MVP 联盟会因为你的加入而更加精彩！

参考资料

[1] 埃里克·莱斯. 精益创业 [M]. 吴彤, 译. 北京: 中信出版社, 2012.

[2] Marty Cagan. 启示录: 打造用户喜爱的产品 [M]. 七印部落, 译. 武汉: 华中科技大学出版社, 2011.

[3] 张甲华. 产品战略规划. 北京: 清华大学出版社, 2014.

[4] 穆德, 亚尔. 赢在用户 [M]. 范晓燕, 译. 北京: 机械工业出版社, 2007.

[5] 美奎琪·贝克利, 杜尔赛·帕雷德斯, 肯纳庞·罗派得卡拉特. 产品经理创新手册 [M]. 吴彤, 王竹, 译. 北京: 人民邮电出版社, 2017.

[6] 加瑞特. 用户体验要素: 以用户为中心的产品设计 [M]. 范晓燕, 译. 北京: 机械工业出版社, 2014.

[7] 钱艳俊, 林军. 新产品开发流程管理. 北京: 中国科技出版传媒股份有限公司(原科学出版社), 2019.

[8] 何勉. 精益产品开发. 北京: 清华大学出版社, 2017.

[9] 琳达·哥乔斯. 产品经理的第二本书 [M]. 吴振阳, 译. 北京: 机械工业出版社, 2017.

[10] 杰弗里·摩尔 (Moore G. A.). 跨越鸿沟: 颠覆性产品营销圣经. 赵娅, 译. 北京: 机械工业出版社, 2009.

[11] 郝志中. 用户力. 北京: 机械工业出版社, 2015.

[12] 肖恩·埃利斯摩根·布朗 (Sean Ellis). 增长黑客: 如何低成本实现爆发式成长 [M]. 张溪梦, 译. 北京: 中信出版集团, 中信出版社, 2017.

[13] 刘津, 孙睿. 破茧成蝶2: 以产品为中心的设计革命. 北京: 人民邮电出版社, 2018.

[14] 产品开发与管理协会. 产品经理认证 (NPDP) 知识体系指南 [M]. 陈劲, 译. 北京: 电子工业出版社, 2017.

[15] 史蒂文·海恩斯. 产品经理装备书 (原书第2版) [M]. 余锋, 译. 北京: 机械工业出版社, 2017.